Le grand livre
du Responsable Qualité

Éditions Eyrolles
61, bd Saint-Germain
75240 Paris cedex 05

www.editions-eyrolles.com

DES MÊMES AUTEURS
Réussir la démarche qualité, 2009

CHEZ LE MÊME ÉDITEUR
Manager la qualité pour la première fois, Florence Gillet-Goinard, Jean Margerand, 2006

© Groupe Eyrolles, 2011
© Éditions Eyrolles, 2018
ISBN : 978-2-212-54959-1

Florence Gillet-Goinard

Bernard Seno

Le grand livre du Responsable Qualité

EYROLLES

Éditions d'Organisation

SOMMAIRE

Partie 1
Les fondamentaux de la qualité

Partie 2
Les bonnes pratiques qualité
et les outils associés

Partie 3
Le management de la fonction qualité

Chapitre 25
Bien réussir sa prise de fonction de responsable qualité 429

Chapitre 26
20 conseils pratiques pour réussir sa mission 437

LISTE DES FIGURES

INTRODUCTION

Qu'y a-t-il encore à dire sur la qualité ? Quelles sont les nouveautés ? Cette question nous est fréquemment posée par les acteurs de l'activité économique, qu'ils soient dirigeants ou cadres en charge de projets opérationnels. Il est vrai que les cinquante dernières années ont apporté tant de grands changements dans l'approche stratégique de la dimension qualité pour les entreprises et les organisations, qu'il est légitime de se poser ces questions.

Examinons brièvement le chemin parcouru dans la deuxième moitié du XXe siècle concernant les questions de qualité.

Dans les pays occidentaux, l'intérêt pour la qualité s'est d'abord manifesté dans les flux de production pour lesquels les ingénieurs ont mis en œuvre des méthodes visant à éliminer les défauts, les erreurs, les malfaçons. Le Japon, champion toutes catégories du « judo économique » dans les années 1970, a bousculé les positions, et les États-Unis ainsi que l'Europe ont dû s'interroger et se remettre en question, afin de ne pas être distancés définitivement en matière de qualité et de productivité. En ces temps pas si lointains, le client occidental s'est tourné peu à peu vers les produits nippons, de meilleure qualité et moins chers : voitures, appareils photo, lecteurs et téléviseurs en tout genre, mais aussi machines industrielles : robots, installations, moyens de manutention ont été importés du pays du Soleil-Levant. Cette période a eu le grand mérite de révéler aux acteurs et aux décideurs de nos organisations industrielles ou de nos prestataires de service, l'importance du client dans l'approche qualité. Les services marketing et les réseaux commerciaux ont apporté une contribution majeure aux réflexions sur la qualité ainsi que sur la position et les attentes des clients. Mais l'on n'avait encore rien vu, si l'on ose dire !

Les années 2000 sont celles de l'émergence à grande vitesse du grand dragon chinois, dont la philosophie en matière de qualité est pour le moins masqué par sa capacité – mais jusqu'à quand ? – à produire en quantité et à des prix de revient sans comparaison possible avec ceux de l'Occident, pour des raisons connues de tous : une rémunération extrêmement faible de la nombreuse main-d'œuvre, tout au long du cycle de production, y compris chez les propres sous-traitants des grands industriels. Les difficultés financières des grands pays occidentaux ont, elles aussi, contribué à laisser croire que la qualité « on en reparlera quand ça ira mieux… ». Le client est alors tellement préoccupé par le coût, qu'il semble faire une pause dans ses exigences en matière de qualité.

En réalité, les acquis du XXe siècle sont toujours présents, et sont encore des principes directeurs de tout système de management d'une activité : éviter la production de défectueux, maîtriser les flux, respecter le lieu de travail (ordre et propreté), écouter le client, intégrer les fournisseurs, expliquer et former, mesurer pour progresser, afficher les résultats, et bien sûr donner du sens quand on est en position de manager, tous ces principes sont définitivement ancrés dans la culture des entreprises du monde entier. Ce qui ne signifie pas pour autant qu'ils sont acquis, des retours en arrière étant toujours possibles. Du côté du client, la situation est identique, et culturellement, il n'y a pas de retour en arrière possible pour lui, d'autant que les réseaux modernes de communication lui permettent d'exister, de comparer, de se manifester.

Sans doute, les années à venir nous réserveront-elles encore des surprises en matière de coût de production. Il fut un temps où l'indicateur exclusif de pilotage dans l'industrie était le coût de la main-d'œuvre. Demain, sans doute, le coût des matières premières deviendra-t-il prioritaire. Sans doute également, le client va-t-il changer profondément de physionomie en matière de comportement d'achat. Déjà 50 % des clients d'aujourd'hui sont nés avec le Web. Ils communiquent et achètent de manière différente des clients des années 1990.

Enfin, les préoccupations adjacentes à la qualité, environnement, santé, sécurité, bien-être, deviennent majeures.

Comment demain satisfaire l'ensemble des besoins de chaque client, selon la définition historique de la qualité ? L'avenir ne manquera pas de répondre à cette question.

Dans cet ouvrage, nous avons actualisé toutes les approches méthodologiques et managériales des cinquante dernières années. Selon nous, le pilotage de la qualité est un savant dosage de méthodes rationnelles et de management habile. Cet ouvrage respecte cet équilibre dans son contenu. Les cadres et les collaborateurs qui exercent leur activité dans le métier de la qualité y trouveront de nombreux conseils pratiques pour bien vivre leur mission au quotidien. Enfin, les managers pourront remettre de l'ordre dans leurs idées, si besoin est, concernant les stratégies possibles à adopter en interne pour porter un projet et une ambition forte autour de la qualité.

Partie 1

LES FONDAMENTAUX DE LA QUALITÉ

1. Vers une démarche qualité réussie.

2. L'évolution du concept qualité.

3. Conformité, satisfaction et fidélisation.

4. La mission de la direction qualité.

5. La qualité au long des 11 étapes du cycle de vie du produit.

6. Les étapes de la démarche fondée sur le PDCA.

7. La qualité en production, dans les ateliers.

8. La qualité dans les services.

9. Les référentiels au service de la qualité.

10. Les points d'ancrage d'une démarche qualité.

11. Susciter, entretenir et animer la motivation à la qualité.

Chapitre 1

Vers une démarche qualité réussie

Avant de mettre en œuvre une démarche qualité, l'entreprise doit apporter des réponses aux 5 interrogations suivantes, pour se donner toutes les chances de réussir.

LA QUALITÉ POUR QUI ?

Une démarche qualité est créatrice de valeur pour les clients, les actionnaires, le personnel et les dirigeants.

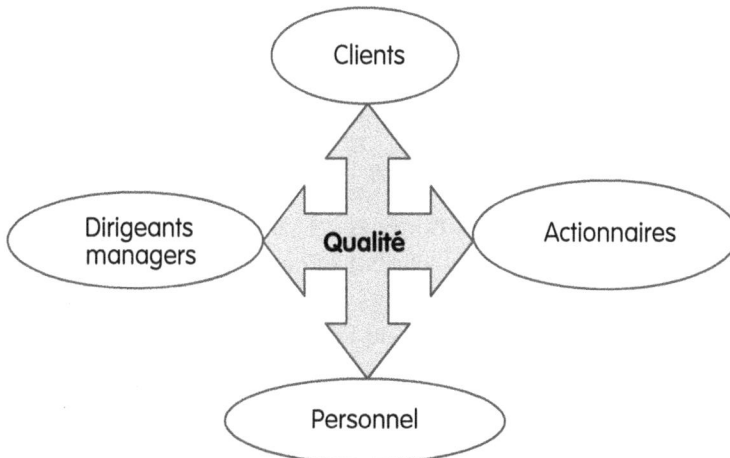

Figure 1 - À qui profite la qualité ?

La qualité est destinée principalement au client, acheteur et/ou utilisateur du produit

Un produit est « de qualité », s'il répond aux attentes du client et s'il en assure sa satisfaction. Ainsi, une entreprise engagée dans une démarche qualité met en place une organisation qui garantit aux clients une satisfaction à tout coup, mais aussi à moindre coût pour elle. La satisfaction des clients ne peut donc pas se faire au détriment de la rentabilité de l'entreprise, bien au contraire ! Nous le verrons, la non-qualité lui coûte cher.

Nous pouvons postuler que la qualité d'un produit ou d'un service, est constituée par l'ensemble de ses caractéristiques, qui assurent l'aptitude à satisfaire les besoins d'un client. Le seul juge et instrument de mesure de la qualité fournie par une entreprise, est bien le client :

Je souhaite un téléphone léger : le poids du téléphone que l'on me propose est une des caractéristiques qui me permettent de juger de sa qualité.

Je veux des vacances animées : le nombre de prestations offertes par le club de vacances constitue un critère de choix et un indicateur de satisfaction.

Un produit « de qualité » répond donc aux besoins exprimés par le client mais également, et cela est parfois plus difficile à réaliser, à ses besoins implicites.

Mon téléphone doit être facile d'utilisation, fonctionner correctement, ne pas être rayé.

Mon club de vacances doit être propre, les chambres suffisamment spacieuses.

La démarche qualité est donc avant tout une approche tournée vers le client. Cela impose à l'entreprise qui s'engage vis-à-vis de lui d'avoir clairement identifié et compris ses besoins.

La qualité profite aux actionnaires

Les actionnaires recherchent des bénéfices. Une politique qualité efficace leur permet d'agir sur le maintien du capital client et la réduction des coûts de revient consécutive à la baisse des coûts de non-qualité. La maîtrise de la qualité et l'amélioration de la rentabilité de l'entreprise s'obtiennent en faisant la chasse au gaspillage aux retouches, aux coûts des réclamations.

La qualité bénéficie au personnel

La qualité concerne l'ensemble du personnel de l'entreprise. Chaque collaborateur, chaque service, est acteur de la qualité. Elle permet aux employés de l'entreprise de « mieux vivre le quotidien » car chacun dans une organisation est tour à tour client et fournisseur de l'autre.

La qualité participe à la tâche des dirigeants, même si certains restent parfois à convaincre

Plus qu'un mal nécessaire, telle qu'elle est perçue encore parfois, l'organisation qualité assure, au final, des gisements de compétitivité pour l'entreprise :

- en fidélisant les clients ;
- en réduisant les coûts de non-qualité liés à la fois aux dysfonctionnements internes et aux réclamations des clients ;
- en instaurant un climat serein au sein de la société induit par un fonctionnement plus fluide et plus efficace de son organisation.

LA QUALITÉ POURQUOI ?

Quelles sont les motivations qui conduisent les dirigeants à initier un projet qualité ? Pourquoi une entreprise s'engage-t-elle dans une démarche qualité ?

Parce que, dans une gamme de produits qui lui convient, le client a le choix

Le client préfère s'adresser à des entreprises qui fournissent des produits conformes à ses attentes et au meilleur prix. Dans son esprit, la qualité est indissociable du prix. Le niveau d'exigence du client est proportionnel au prix qu'il paye.

Le challenge de toute entreprise est par conséquent d'offrir le meilleur rapport qualité/prix du marché :

J'affiche des prix bas pour une qualité au plus juste.

Je propose des produits chers avec une qualité maximale.

Je propose des produits au prix du marché à une qualité équivalente, sinon supérieure à celle de mes concurrents.

Cette notion de meilleur rapport qualité/prix est au cœur de la logique qualité mise en place par l'entreprise. Elle sert le client qui évalue ainsi l'entreprise à l'aune de la perception qu'il a des produits qui lui sont proposés.

Ce produit répond-il à mes attentes ?

Est-il d'aspect satisfaisant ?

Fonctionne-t-il correctement dès sa première utilisation ?

Cette évaluation par le client est complétée par l'ensemble des services complémentaires apportés par l'entreprise au client :

- la qualité des informations fournies ;
- les conseils donnés ;
- l'efficacité de la prise de commande ;
- le respect du délai de livraison ;
- la qualité du service après-vente ;
- la fiabilité du produit tout au long de sa durée d'utilisation.

Chaque interaction entre le client et l'entreprise, que ce soit par l'intermédiaire de personnes (standardiste, hôtesse d'accueil, vendeur) ou par l'utilisation du produit, est l'occasion pour le client d'évaluer la performance de cette entreprise selon ses propres critères.

Le client est exigeant. Et toutes les entreprises veulent aujourd'hui conserver et fidéliser leurs clients. Un buzz sur le Net d'un client mécontent peut avoir des conséquences catastrophiques sur l'image de l'entreprise. Les informations vont vite, partout, et peuvent nuire à l'image d'une société.

Parce que le client l'impose

Il n'est pas possible pour l'entreprise de prétendre gagner un contrat, sans prouver au client sa capacité à le satisfaire. Elle doit lui démontrer qu'elle a tout mis en œuvre pour garantir la conformité de son produit à ses attentes.

Parce que l'amélioration de la compétitivité est devenue une évidence

Maîtriser la qualité de leurs produits et de leurs services tout en diminuant les coûts de revient, est une exigence pour toutes les entreprises. Comment une société peut-elle se permettre de perdre 10 % de son chiffre d'affaires en coûts de non-qualité ? L'enjeu est trop important pour rester sans réaction. La concurrence, de plus en plus agressive, fait que si l'on ne progresse pas en matière de qualité, on recule.

Parce que la qualité de vie au travail l'exige

La nouvelle génération, de type Y (et bientôt de type Z) a de nouvelles exigences. Elle attend de ses employeurs un travail réalisé dans des conditions acceptables : sans stress excessif, sans « horripilants » inutiles qui soumettent l'organisation à des tensions et incompréhensions, et où chacun peut apporter sa contribution à l'ensemble.

LA QUALITÉ POUR QUOI ?

Les objectifs d'un dirigeant de société qui s'engage dans une démarche qualité sont multiples et variables selon le type d'entreprise. Citons, entre autres, la satisfaction et la fidélisation des clients dans le cadre du développement commercial de la société, et la diminution des coûts de non-qualité pour améliorer sa compétitivité.

L'atteinte de ces objectifs passe par :

- une connaissance approfondie du client et de ses attentes ;
- une organisation simple et fiable portée par un personnel compétent, responsable et engagé ;
- une volonté forte de la direction d'être le moteur d'une démarche d'amélioration.

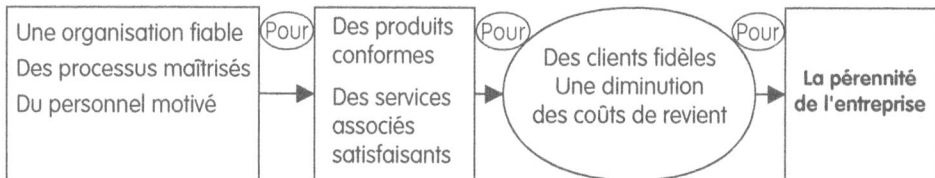

Figure 2 - Les finalités d'une démarche qualité

En synthèse, la démarche qualité contribue à la compétitivité de l'entreprise.

LA QUALITÉ COMMENT ? LES 7 PRINCIPES D'ACTION

Sept principes d'action sous-tendent une démarche qualité réussie : les 6 premiers principes contribuent à la maîtrise de la qualité, le 7ᵉ principe concerne la logique d'amélioration continue.

Principe 1 - Raisonner à partir du client

Ce raisonnement se fait à deux stades :

- comprendre ce que veut le client et sur quels éléments il évalue la performance du produit ou du service, et donc de l'entreprise. Nous sommes ici dans le domaine de l'écoute du client ;
- évaluer, mesurer la qualité perçue par le client et traiter ses réclamations.

Principe 2 - Mesurer la non-qualité en interne

Il s'agit de diagnostiquer, d'identifier tous les gisements de progrès au sein de l'entreprise (y compris les réclamations clients).

Principe 3 - Concevoir sans non-qualité

Travailler sans relâche pour définir et concevoir des produits et des services « de qualité ».

Principe 4 - Approvisionner et réceptionner sans non-qualité

Engager ses fournisseurs dans une démarche de progrès, exiger d'eux des produits « de qualité ».

Principe 5 - Produire sans défaut (produit ou service)

Organiser l'entreprise pour produire systématiquement bien, et ce dès la première fois :

- en s'appuyant sur le professionnalisme de chacun ;
- en définissant et en partageant les responsabilités ;
- en mettant à disposition des moyens adaptés ;
- en favorisant des conditions de travail propices ;
- en instituant des méthodes de travail claires et connues de chacun ;

- en mettant en œuvre un plan de contrôle des produits pertinent ;
- en pratiquant des réflexes d'autocontrôle (chaque personne contrôle son propre travail) en cas de risques importants de non-qualité.

Principe 6 - Livrer sans défaut ni retard

Optimiser le processus de livraison.

Principe 7 - S'engager dans une démarche de progrès permanent

Cet engagement se fait à 2 niveaux :
- celui du quotidien qui permet d'exploiter chaque dysfonctionnement et d'agir immédiatement sur les causes ;
- celui du moyen terme qui fixe des objectifs annuels de progrès et des plans d'actions associés.

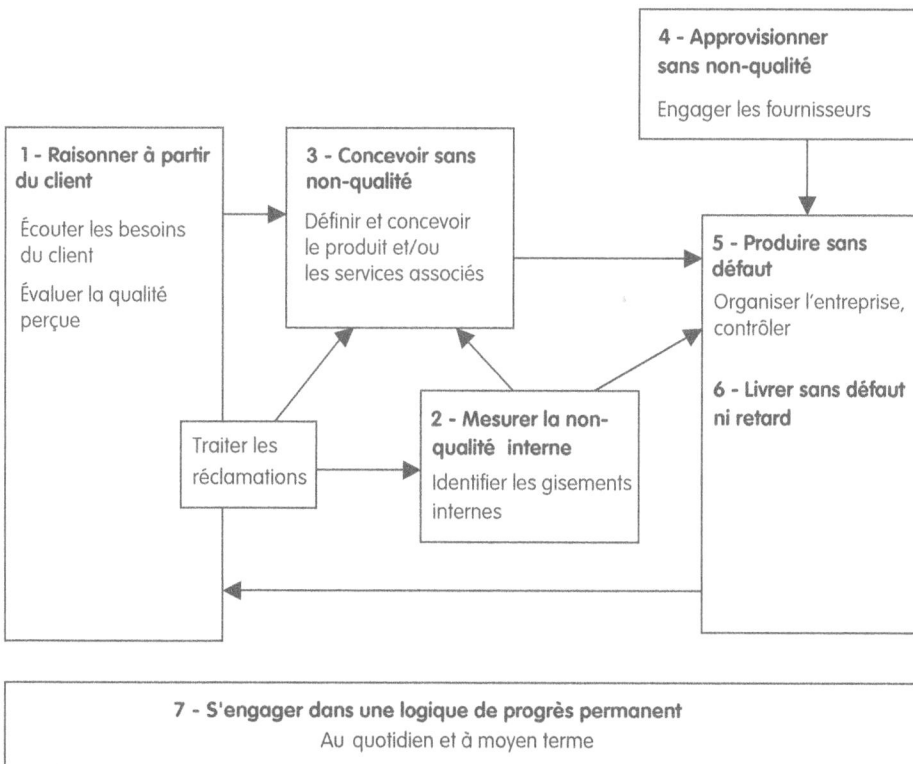

Figure 3 - Les 7 principes d'action d'une démarche qualité

LA QUALITÉ AVEC QUI ?

La démarche qualité est initiée et soutenue par la direction de l'entreprise. Elle est pilotée par le responsable qualité et son équipe (assistant(e), correspondants, ingénieurs qualité). Cette démarche est évidemment construite pour et avec les clients.

Il s'agit ici d'un management **qualité par les managers** (dans cet ouvrage, nous ne parlerons pas de management par la qualité), qui vont intégrer la qualité comme une dimension évidente dans le travail de leur équipe, et entraîner ainsi l'ensemble de leurs collaborateurs dans l'action.

Enfin citons également les fournisseurs qui sont des acteurs majeurs dans l'amélioration des produits et ou services.

Chapitre 2

L'évolution du concept qualité

Le concept même de qualité a beaucoup évolué au cours du temps.

LES ANNÉES 1950 OU LE TEMPS DU « SERVICE CONTRÔLE »

Jusque dans les années 1950, la qualité est exclusivement associée à la conformité. Le service qualité s'appelle alors le « service contrôle ». Le service production fabrique et le service contrôle agit comme un « service gendarme » ; il
vérifie et verbalise (dans certaines entreprises, les contrôleurs émettent alors
des procès-verbaux de non-qualité !).

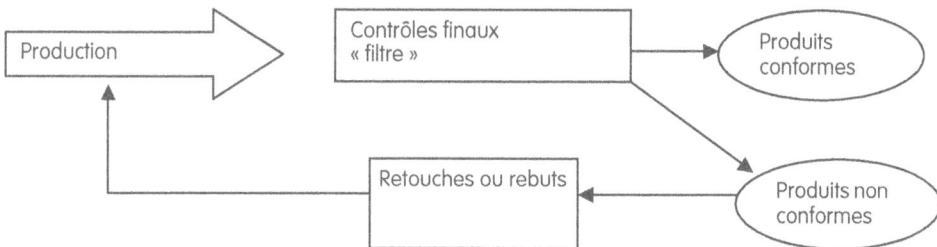

Figure 4 -7 Qualité = contrôle final

C'est, en fait, le temps du déploiement de l'Organisation scientifique du travail
(OST) prônée dans les années 1940. Les entreprises créent des services contrôle

très étoffés, mais dont la responsabilité se borne au contrôle *a posteriori* des produits pour en garantir la conformité.

Cette solution de contrôle *a posteriori* a ainsi vite laissé apparaître ses limites :

- le contrôle *a posteriori* n'est pas efficace à 100 % ;
- le contrôle *a posteriori* induit des coûts importants car la production de défectueux se poursuit pendant le temps de contrôle ;
- les nombreux contrôles successifs coûtent très cher en temps passé et en mobilisation des hommes ;
- le risque d'écart entre conformité et qualité est réel. Si associer conformité et qualité est évident, cela nécessite que les caractéristiques liées à la conformité du produit soient bien définies en lien avec les attentes des clients et ce n'est pas toujours le cas ;
- la déresponsabilisation de la production est avérée en ce qui concerne la conformité, puisqu'elle est confiée au contrôle ;
- les retouches sont effectuées dans des ateliers fantôme, dont l'activité florissante devient la remise en conformité.

Ces constats ont amené les entreprises à évoluer vers des organisations et des concepts plus matures.

LES ANNÉES 1960 : INTÉGRATION DU CONTRÔLE EN PRODUCTION

Ces nouvelles organisations sont caractérisées par :

- l'intégration des fournisseurs aux démarches de progrès ;
- la mise en œuvre de contrôles tout au long de la chaîne de production avec l'apparition de l'autocontrôle.

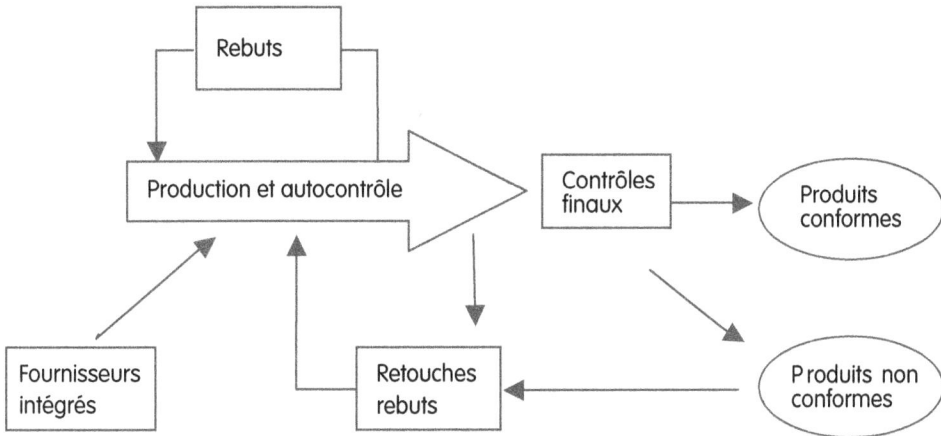

Figure 5 - Qualité = contrôle intégré

LES ANNÉES 1970 : PRIORITÉ À L'AMÉLIORATION ET À LA PRÉVENTION

Les professeurs américains Deming et Juran révolutionnent la notion de qualité en préconisant l'amélioration continue et sans relâche de la production. Selon eux, trois éléments sont à privilégier :

- la prévention pour anticiper sur la production de produits non conformes en travaillant sur la notion de détrompeurs qui empêchent la réalisation d'une non-conformité, et sur la mise en œuvre d'une organisation adaptée (formation du personnel, machines « capables », méthodes de travail définies…) ;

- la maîtrise statistique du procédé pour détecter les dérives des machines et éviter la production de non-conformes ;

- la logique d'amélioration continue qui a pour objectif de résoudre les problèmes et supprimer définitivement les causes des dysfonctionnements.

Les démarches d'écoute client prônées par le professeur Shiba complètent ce dispositif dans les années 1980.

LES ANNÉES 1980 : DE LA COURSE AU ZÉRO DÉFAUT À L'ASSURANCE QUALITÉ

Au-delà de l'investissement en matière de prévention sur les hommes, les moyens et les fournisseurs, des groupes de progrès ou cercles de qualité voient le jour et permettent de résoudre collectivement des problèmes récurrents. On passe du curatif au préventif et au correctif.

L'application de la règle des zéros est le gage de la qualité

Il faut faire bien, viser le zéro défaut (concept japonais). La règle des 5 zéros en matière de qualité s'affiche et se déploie : zéro défaut, zéro stock, zéro papier, zéro panne, zéro délai. Chaque entreprise peut alors rajouter son propre « zéro » : zéro réclamation, zéro mépris, zéro désordre au poste de travail…

L'assurance qualité engage tous les services de l'entreprise

Les années 1980 voient aussi apparaître la notion d'assurance qualité.

L'assurance qualité est définie comme l'ensemble des dispositions préétablies et systématiques touchant la production mais aussi d'autres services tels que les achats, la logistique, la maintenance, les ressources humaines… qui permettent de donner confiance à un client sur la capacité du fournisseur à répéter et à maîtriser son niveau qualité.

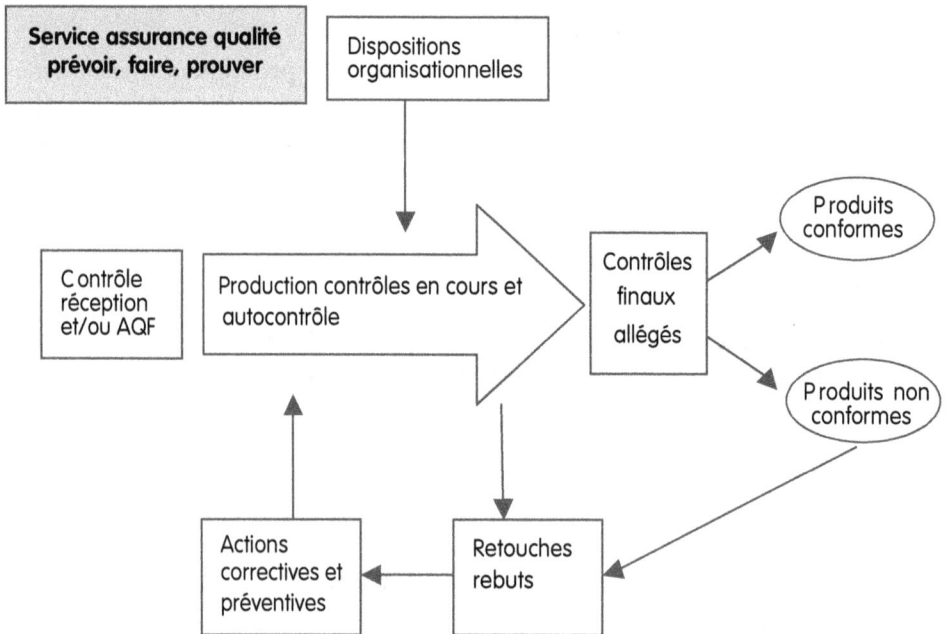

Figure 6 - Qualité = prévention et amélioration continue

LES ANNÉES 1990 : DE L'ASSURANCE QUALITÉ À LA QUALITÉ TOTALE

La démarche assurance qualité est sous-tendue par les normes ISO

Les premiers certificats ISO 9001 apparaissent en France dans les années 1990. L'apparition de ces certifications est une bonne chose car elles représentent une démarche qualité qui inclut la conception, le contrôle et la métrologie, les achats, les ressources humaines (formation), les actions correctives… la direction a ainsi le devoir de démontrer son engagement et de définir une politique qualité.

Dans ce contexte, le responsable qualité reste « responsable de la qualité », et l'assurance qualité rend très statique et procédurière la démarche.

Il est également demandé aux fournisseurs de pratiquer l'Assurance Qualité Fournisseur (AQF), afin de limiter progressivement les contrôles à la réception.

L'entreprise, dans le cadre de la version 88 puis 94 de la norme ISO 9001, doit présenter à ses clients, ou un représentant de ses clients, des documents (manuel qualité, procédures) prouvant que des règles qualité étaient établies et des enregistrements (rapports de contrôles, d'audits) pour prouver que ses règles sont réellement appliquées.

Il ne suffit donc plus de contrôler physiquement des produits ou des prestations, mais de garantir que l'organisation globale contribue à leur conformité.

L'intention était bonne et pourtant… Certains excès ont conduit à caricaturer la démarche d'assurance qualité, et à la limiter à un principe « Écrire ce que je fais, faire ce que j'ai écrit »… en oubliant le principe clé de la qualité : celui de la remise en cause et du progrès continu.

Les services « contrôle qualité » deviennent alors des services « assurance qualité ». Le contrôle est souvent basculé en production.

L'ambitieux objectif de la démarche de qualité totale

Certaines entreprises qui veulent aller plus loin en matière de qualité parlent déjà dans les années 1980 non pas d'assurance qualité mais de **qualité totale** *(Total Quality Management* – **TQM)**.

Cette démarche globale s'appuie sur quatre principes :

- l'entreprise doit satisfaire à la fois ses clients, ses partenaires, ses salariés et ses actionnaires tout en s'intégrant à la collectivité ;

- la qualité n'est pas réservée aux seuls services de production et services support, tout le monde est concerné au sein de l'entreprise. Chacun est client et fournisseur à tour de rôle. Chaque collaborateur est acteur de la qualité et assume ses responsabilités. La relation client-fournisseur interne est déployée alors dans toute l'entreprise ;

- l'entreprise mesure ses performances en recherchant à la fois des résultats qualité, des résultats financiers, des résultats en termes de satisfaction du personnel…

- pour progresser, l'entreprise doit se fixer des objectifs ambitieux, calés sur les meilleurs, et construire un projet entraîné par le corps managérial.

> Le TQM a été modélisé au sein de différents référentiels :
> - En Europe : l'EFQM (European Foundation for Quality Management).
> - Aux États-Unis : le prix Malcolm Baldrige.
> - Au Japon : le prix Deming.

LES ANNÉES 2000 : LE MANAGEMENT DE LA QUALITÉ S'IMPOSE

Les années 2000 voient éclore la version 2000 de la norme ISO 9001 qui fait évoluer de façon significative l'assurance qualité vers le management de la qualité.

La version ISO 9001 V2000, puis 2008, impose en effet des changements radicaux :

- le recentrage de l'organisation sur les besoins du client et la mesure de sa satisfaction ;

- la diminution des exigences en matière de procédures ;

- l'approche processus (développée plus loin dans notre ouvrage) ;

- la recherche permanente de résultats et de démonstration de la mise en œuvre d'une boucle d'amélioration.

Il ne suffit plus de démontrer l'application de procédures, la norme impose de prouver que des objectifs mesurables sont définis (et atteints), des plans d'actions formalisés et suivis pour l'ensemble des processus.

Les pilotes de processus deviennent des acteurs clés de la démarche. Le responsable qualité devient parallèlement un chef de projet, un coordinateur.

La production assure le plus souvent les activités de contrôle (ce service contrôle fait d'ailleurs fréquemment partie de la fabrication).

Aujourd'hui donc, le contrôle n'est plus la seule réponse aux questions de qualité. Il ne sert plus à filtrer les non-conformités produites comme dans les années 1950 mais à vérifier l'efficacité des activités de prévention mises en œuvre pour produire conforme.

Nous sommes donc passés de la qualité subie à la qualité maîtrisée (le terme contrôle a évolué vers le « control » anglais c'est-à-dire la maîtrise).

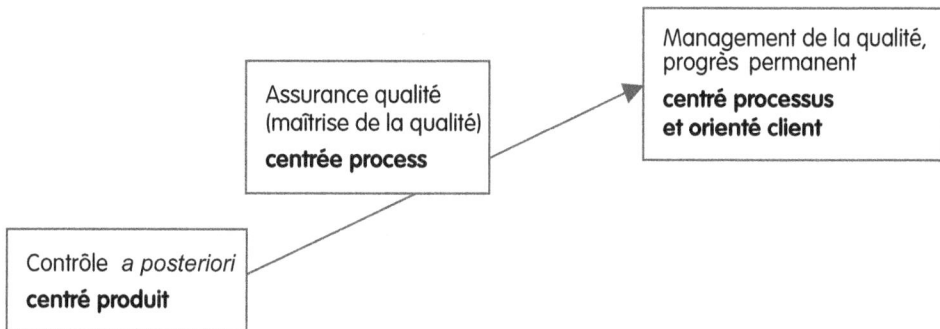

Figure 7 - De la qualité subie à la qualité maîtrisée

QUEL MANAGEMENT DE LA QUALITÉ DANS LES ENTREPRISES D'AUJOURD'HUI ?

La logique de progrès permanent prédomine et toute l'entreprise y contribue.

Le client est intégré au plus tôt dans les processus de conception, dans le cadre de démarches « à l'écoute du client » La satisfaction du client est évaluée, suivie. Les réclamations sont enregistrées et traitées.

Dans les entreprises sont donc maintenant déployés des démarches préventives, des contrôles juste nécessaires et des réflexes d'actions correctives en cas de dérive.

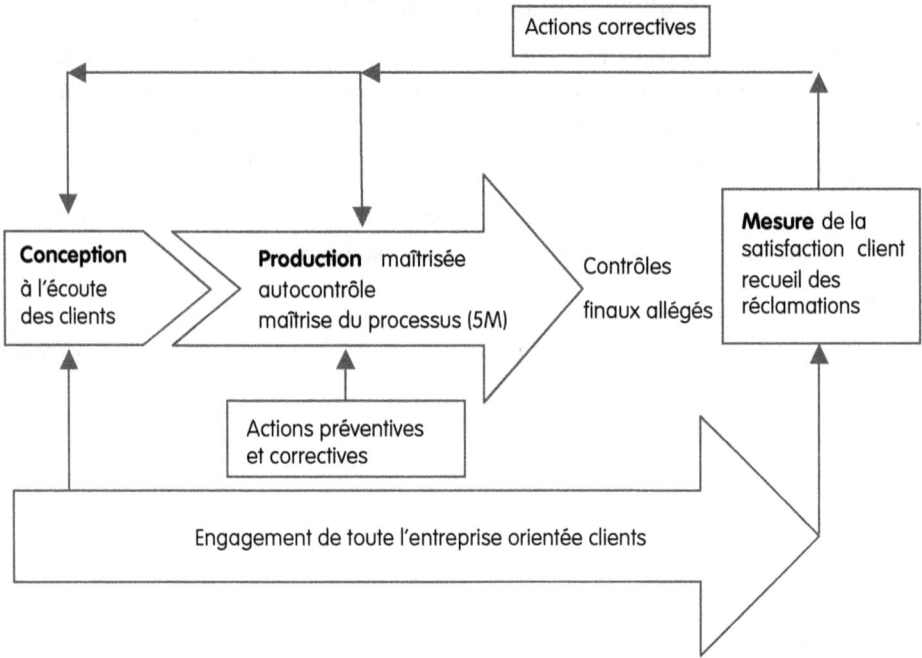

Figure 8 - La qualité visée aujourd'hui

Chapitre 3

Conformité, satisfaction et fidélisation

CONFORMITÉ ET QUALITÉ : DEUX CONCEPTS DIFFÉRENTS MAIS COMPLÉMENTAIRES

Conformité et qualité sont deux concepts souvent associés, et pourtant, le fait de produire conforme n'est pas toujours une garantie pour obtenir la qualité.

Produire conforme garantit la satisfaction des clients, si l'entreprise s'est assurée que les caractéristiques de conformité du produit sont bien établies à partir des exigences clients et y répondent en tout point.

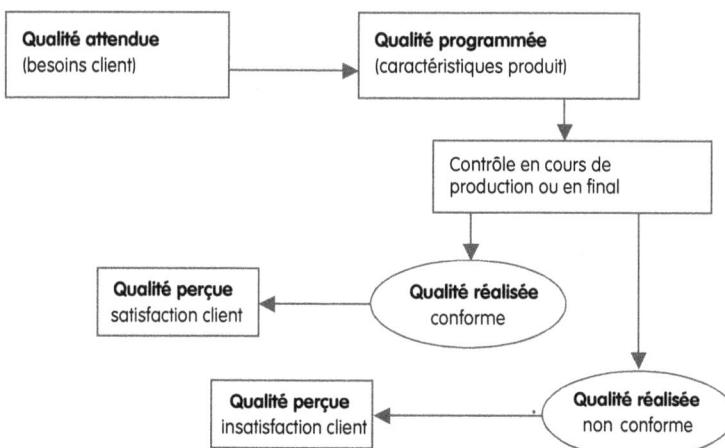

Figure 9 - De la qualité attendue à la qualité perçue

Exemples

– Une entreprise fournit à un client son armoire fabriquée conformément à la spécification donnée à la production : 176 cm.
  Le besoin du client est de 175 cm…
  Le produit est donc conforme pour la production mais ne satisfait pas le client, qui ne peut utiliser le produit.

– Dans une société d'expédition, le magasinier décide de livrer le mercredi après-midi au lieu du mercredi matin planifié. La livraison est hors délai. Et pourtant, dans ce cas, le client est satisfait car il ne pouvait réceptionner la livraison le matin !

Le danger de cette confusion entre les deux concepts est d'induire un constat non objectif en interne. Le personnel pense « faire bien » parce qu'il produit conforme mais, au final, le client n'est pas satisfait parce qu'il ne reçoit pas ce qu'il attend. Et en plus, il s'entend dire : « Notre produit est bon, votre réclamation est infondée ».

⚬ Inversement, des spécifications mal pensées conduisent le responsable qualité à signer des dérogations : le produit défini comme non conforme en interne est satisfaisant pour le client.

> La qualité ce n'est pas faire bien ou le mieux possible, c'est assurer la juste satisfaction de ses clients.

Pour ce faire, il faut vérifier que les spécifications, caractéristiques produit (qualité programmée) permettent bien de satisfaire les besoins des clients (qualité attendue). Cette étape réalisée, il est ensuite nécessaire de vérifier, avant de livrer/délivrer au client, que le produit ou service qui lui est fourni (qualité réalisée) répond bien à ses exigences, qu'il est conforme. C'est le contrôle qui garantit cette validation.

Le client, qui reçoit ce produit ou bénéficie de cette prestation, a toutes les chances d'en être satisfait. L'entreprise mesure cette satisfaction par le biais d'enquêtes.

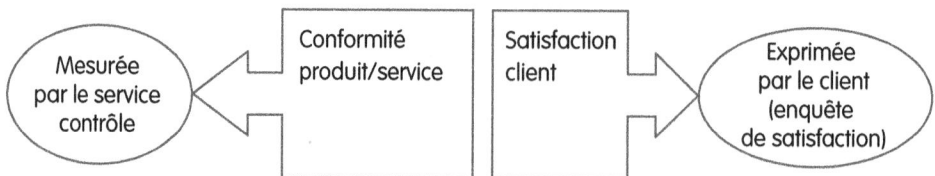

Figure 10 - Conformité et satisfaction

Satisfaction, qualité produite et conformité sont donc indissociables. Le contrôle demeure un outil clé de la qualité. Toutefois, il ne suffit pas de faire du contrôle produit pour « faire de la qualité » même si aujourd'hui les activités de contrôle sont ajustées, adaptées aux risques de non-qualité et permettent de vérifier l'efficacité de la maîtrise du processus.

COMMENT FAIRE FONCTIONNER LE TANDEM SATISFACTION-FIDÉLISATION ?

Le challenge commercial de toute entreprise est de protéger et d'accroître son capital client.

Connaître celui à qui vous vendez : le client

Le client des années 2010 est bien différent de celui du XXe siècle.

Aujourd'hui, le client a presque toujours le choix. Il veut être compris, préféré et pose ses conditions.

Il dispose d'un nombre impressionnant d'informations en temps réel, par l'intermédiaire d'Internet et des revues spécialisées. Les associations de consommateurs permettent de disposer immédiatement des points de vue des utilisateurs sur les produits, les services et les entreprises.

Le client informé sait comparer et choisir.

Il est exigeant parce que le choix est important. L'ère du produit spécifique a supplanté l'ère du produit standard. Le client veut du « sur-mesure ».

Ses besoins évoluent rapidement, et de nouveaux comportements d'achat apparaissent. Face à une société de consommation de masse, le client « écologique et responsable » est apparu.

La crise économique a généré des attentes en matière d'économie. Ce nouveau client change la donne. Dans un contexte économique de plus en plus concurrentiel, satisfaire le client ne suffit plus. Il faut le fidéliser, en l'amenant :

- à préférer l'entreprise à un autre fournisseur potentiel ;
- à réacheter le produit et en découvrir d'autres ;
- à recommander l'entreprise à d'autres clients potentiels.

Des bienfaits de la fidélisation

La fidélisation est un facteur essentiel de rentabilité :

- il coûte 10 fois moins cher de conserver un client que de prospecter pour en conquérir un nouveau ;
- un client fidèle recommande l'entreprise et en assure « gratuitement la promotion » ;
- un client fidèle réachète le produit, et peut aussi élargir sa gamme d'achats à d'autres familles de produit.

Pour rentabiliser un client, autrement dit amortir les coûts de prospection et d'acquisition d'un nouveau client, deux à trois ans sont nécessaires selon les secteurs d'activité.

De la satisfaction à la fidélisation… un parcours sans faute

Fidéliser un client c'est obtenir sa préférence.

Deux options s'offrent à l'entreprise pour atteindre cet objectif :

- le fidéliser en rendant difficile son départ (« partir est difficile ») ;
- le fidéliser par la qualité des services et des produits proposés.

Nous allons naturellement travailler sur cette seconde option.

Lorsque le client sait qu'il ne trouvera pas mieux ailleurs, il n'a pas envie de quitter son fournisseur, son prestataire. La relation instaurée est une relation de confiance, gagnant-gagnant. La mise en place aujourd'hui d'une démarche marketing associée avec les pass, les cartes de fidélité… contribue également à cette fidélisation.

- Désormais, la prospection est à l'ordre du jour pour attirer de nouveaux clients. Assurer une qualité des produits et des services irréprochables, et disposer d'un service client performant en cas de problème, fournit au client des raisons durables de rester.

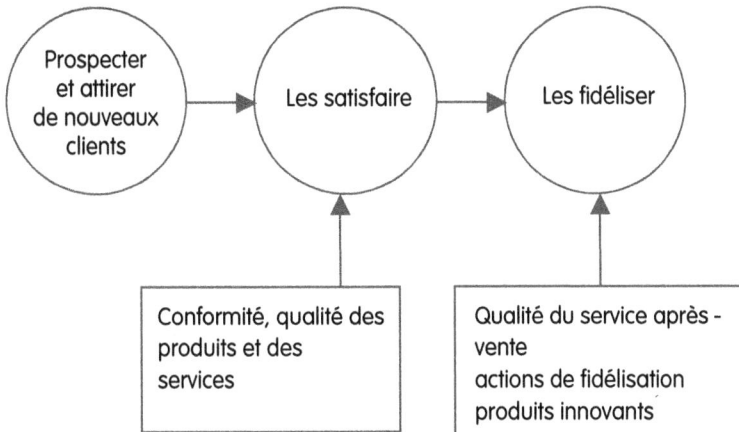

Figure 11 - Pérenniser son capital client

Les postulats de base en matière de fidélisation

- Un client satisfait n'est pas forcément fidèle, parce qu'il peut considérer qu'il trouvera aussi bien ailleurs.
- Un client insatisfait n'est pas non plus forcément infidèle, car c'est peut-être pour lui compliqué de changer de fournisseur.
- Un client fidèle est enthousiaste.
- Un client fidèle est satisfait des produits achetés et des services associés, et sait qu'il ne trouvera pas mieux auprès de la concurrence.
- La fidélisation n'est jamais acquise.
- L'innovation aide à fidéliser les clients.

La fidélisation est un challenge de tous les instants

Chaque jour, le challenge vis-à-vis du client est :

- de le satisfaire ;
- de répondre à ses attentes implicites et explicites, tout au long du cycle de vie du produit ou du service délivré ;
- de le séduire par des avantages clés (des garanties, des promotions, etc.).

Il s'agit de conserver coûte que coûte ses clients durement acquis, au prix d'une organisation impeccable, fiable, et d'un traitement des réclamations sans faille.

La fidélisation passe aussi par l'innovation : c'est en permanence que le client doit être heureusement surpris par son fournisseur. En répondant aux besoins latents du client, l'entreprise s'efforce d'aller au-delà de ses attentes. Elle s'assure ainsi de sa fidélisation.

Les différents niveaux de maturité de la relation client

- la relation d'indifférence : le client est ignoré

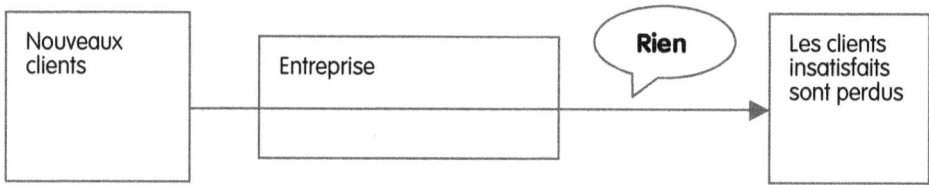

Figure 12a

- la relation de barrage : le client est rendu captif. Il est difficile pour lui de changer de fournisseur

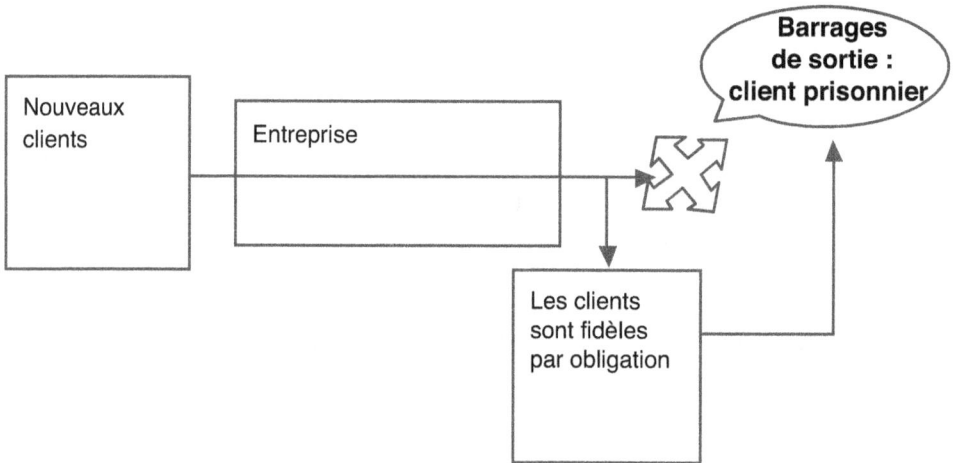

Figure 12b

• la relation de colmatage : le client est entendu

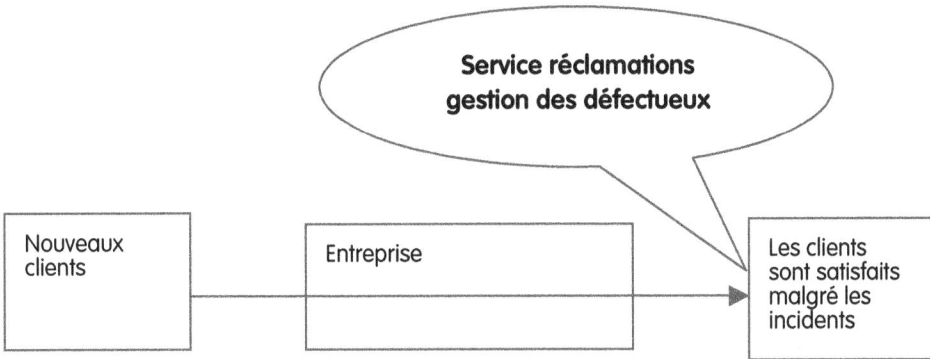

Figure 12c

• la relation proactive : le client est écouté

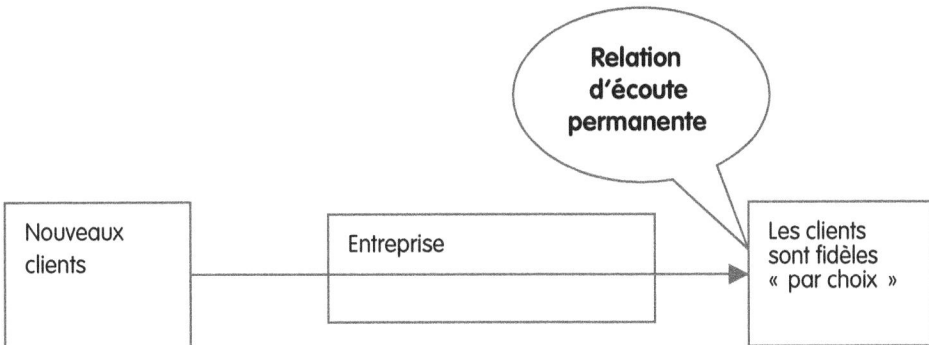

Figure 12d

Figure 12 - Quatre niveaux de relation client

Deux approches pour aller au-delà de la satisfaction des besoins

Les années récentes ont vu se développer des approches tournées vers le client ; qu'il s'agisse de recueillir son avis, de mesurer sa satisfaction ou de mieux répondre à ses attentes, les démarches et les méthodologies se sont multipliées.

On a ainsi travaillé sur le parcours du client, certains ont essayé de tourner l'entreprise vers le client, d'orienter les processus vers le client, jusqu'à faire entrer le client dans l'organisation.

Des résultats notables ont été obtenus en utilisant de telles approches. Nous allons ici développer deux approches complémentaires : la conception à l'écoute du marché et l'outil de Kano.

La conception à l'écoute du marché

La conception à l'écoute du marché, ou du client, développée par le professeur Shiba[1] dans les années 1990 et au-delà, rassemble à elle seule toutes les préoccupations ci-dessus.

Il s'agit d'écouter une douzaine de clients particulièrement bien sélectionnés et de les interviewer en face-à-face. Le but ici n'est pas de savoir s'ils sont satisfaits ou non d'un produit ou d'une prestation, mais de comprendre leurs attentes, leurs besoins latents, de telle sorte à concevoir, en fonction de ces exigences, le nouveau produit ou la nouvelle prestation idéale. Les attentes du client sont formalisées sur une feuille A4 sous forme d'un diagramme en arbre (voir partie 2).

Le modèle de Kano

Pour qualifier les attentes à partir des *verbatim* des clients, Shoji Shiba s'est appuyé sur le diagramme de Kano. Le professeur Kano, à la fin des années 1970, a élaboré une méthodologie complète qui s'appuie sur une enquête quantitative d'une centaine d'utilisateurs potentiels. Les résultats sont traités de telle sorte à obtenir une photographie claire des attentes.

Le bilan est représenté sur un graphique, dit graphique de Kano, qui représente les 3 types d'attentes client et l'impact sur la satisfaction client, selon que l'attente est assurée ou non :

Les attentes basiques ou obligatoires

Le client a des attentes qu'il souhaite voir satisfaites, de manière obligatoire et évidente. Ces attentes ne créent pas de satisfaction pour le client, car le fait que le produit ou service y réponde constitue pour lui une évidence, un dû.

---

1.   Shoji Shiba, Didier Noyé, Bertrand Jouslin de Noray, Martine Morel, *La Conception à l'Écoute du Marché*, Insep Consulting Editions, 1995.

Elles ne peuvent qu'induire de l'insatisfaction en cas de non-qualité. Ces attentes basiques sont souvent implicites.

… Que le siège de mon véhicule neuf soit propre et sans accroc ni tache.

Les attentes proportionnelles ou de performance

Elles sont d'autres attentes que le client veut voir prises en compte, et pour lesquelles il module son exigence. Plus ces attentes sont assurées, plus le client est
satisfait. Le client compare les différents produits ou services proposés par la
concurrence sur ces critères.

… Que le siège ait une ample latitude de déplacement avant-arrière.

Dans cet exemple, plus la longueur de glisse est importante et plus le client est
satisfait.

Les attentes attractives ou de séduction

Elles correspondent aux besoins latents du client. Celui-ci, sous réserve que les
attentes obligatoires et proportionnelles soient satisfaites, sera séduit, fidélisé par
la satisfaction de ces besoins latents. Lorsque le client exprime un désir nouveau,
c'est une attente latente que l'on peut qualifier d'élément d'attraction.

- *J'aimerais que le siège se lève quand je m'assois dans la voiture.*

Attentes et satisfaction : le diagramme de kano

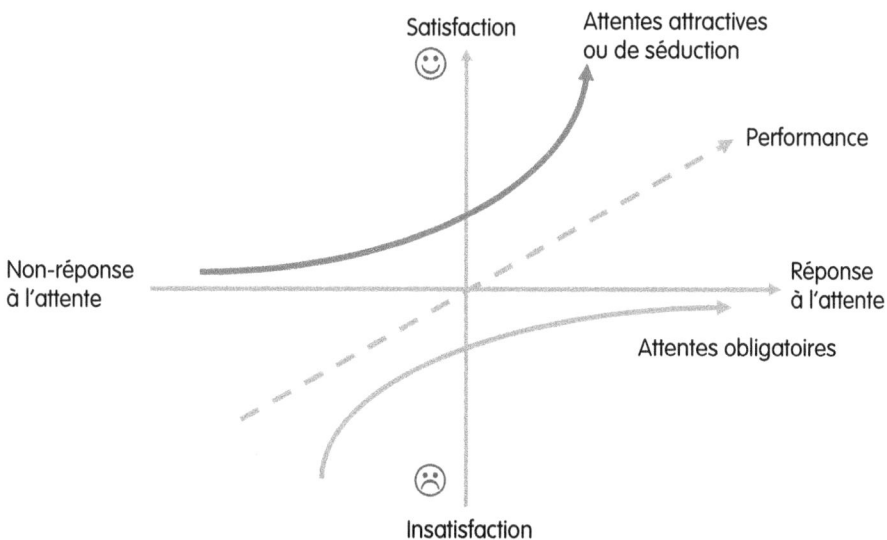

Figure 13 - Les attentes client vues par Kano

Chapitre 4

La mission de la direction qualité

Les lettres de mission, lorsqu'elles existent, s'efforcent de définir les attendus et les objectifs permanents de la fonction qualité, ainsi que les moyens affectés et les budgets correspondants. Ces documents précisent également le cadre dans lequel cette mission se réalise et les relations hiérarchiques ; autrement dit, qui rend compte de quoi et à qui.

La définition de la mission d'une direction qualité que nous proposons est la suivante :

> « Garantir aux clients la conception et la mise à disposition d'un produit ou d'un service répondant à ses attentes, conforme à la promesse technique, et/ou commerciale et globalement rechercher l'amélioration continue de la compétitivité de l'entreprise. »

Évidemment, si l'entreprise n'a pas de marché mais est une administration ou une organisation « No profit », elle a néanmoins des missions et la direction qualité elle-même doit garantir, dans ce cadre-là, que la prestation délivrée est bien celle qui est prévue.

Dès lors que la définition de cette mission est posée, se dessinent les conséquences opérationnelles et les difficultés inhérentes à sa réalisation.

La conséquence de l'écriture de cette mission est que la direction de la qualité a la responsabilité de la conformité, sans pour autant avoir d'autorité hiérarchique sur les équipes de production ou de réalisation.

D'où les questions qui nous intéressent et auxquelles il nous faut essayer de répondre : comment se décline cette mission en sous-missions ? Comment la direction de la qualité peut-elle exercer son autorité ? Comment mesurer son efficacité ? À quel profil de personne cette fonction peut-elle convenir ? Comment le manager s'y prend-il pour être l'avocat du client et le porte-parole de l'entreprise, n'y a-t-il pas contradiction ? Si elle contribue à la compétitivité de l'entreprise : dans quel cadre ? Sur quels leviers agit-elle ?

LA MISSION SE DÉCLINE EN 3 TÂCHES ESSENTIELLES

Pour garantir la conformité, la satisfaction des clients, la direction de la qualité a, dans des temps reculés, effectué essentiellement des missions de contrôle, d'inspection au sens anglo-saxon.

Aujourd'hui, une direction de la qualité exerce son métier de manière sensiblement différente, toujours avec le souci de garantir la conformité. En effet, les activités de contrôle à proprement parler, sont assurées en grande partie directement par les équipes opérationnelles. Le concept du « c'est celui qui fait qui garantit la conformité » est devenu peu à peu universel.

La pratique de l'autocontrôle et les systèmes de contrôle automatiques intégrés aux installations quelles qu'elles soient, permettent d'assurer la qualité sans qu'il y ait nécessité de recontrôler après-coup. Il s'agit là d'un principe général largement répandu.

Bien entendu, dans certains secteurs d'activité, il reste indispensable de pratiquer des contrôles indépendants, voire renforcés, pour être certain que les caractéristiques du produit ou que les exigences élevées requises pour réaliser la prestation sont effectivement présentes. C'est le cas du secteur médical, aérien ou aérospatial, nucléaire, informatique concernant la manipulation de données sensibles ou de certains secteurs agroalimentaires.

Au-delà des activités de contrôle, le service qualité a en charge aujourd'hui 3 activités clés :

- la maîtrise de la conformité des produits ;
- la mesure à la fois de la qualité réalisée et de la qualité perçue, et sa comparaison avec la concurrence ;
- le pilotage des plans de progrès au travers de la déclinaison de la politique qualité rythmée par le PDCA mais aussi dans une logique de résolution de problème au quotidien.

```
┌─────────────┐  ┌─────────────┐  ┌─────────────┐
│ Mettre en   │  │ Mettre en   │  │ Surveiller, │
│ œuvre des   │  │ œuvre des   │  │ auditer les │
│ actions de  │  │ plans de    │  │ pratiques   │
│ prévention  │  │ contrôle    │  │             │
└─────────────┘  └─────────────┘  └─────────────┘
```

1 - Assurer la conformité des produits et services aux exigences clients et à la réglementation

Déclencher des actions correctives au quotidien

3 - Piloter les plans d'action

2 - Mesurer, comparer

Qualité perçue clients

Les 3 tâches de la direction qualité

Qualité réalisée en interne

Déployer la politique qualité par des plans de progrès (PDCA)

Coûts de non-qualité

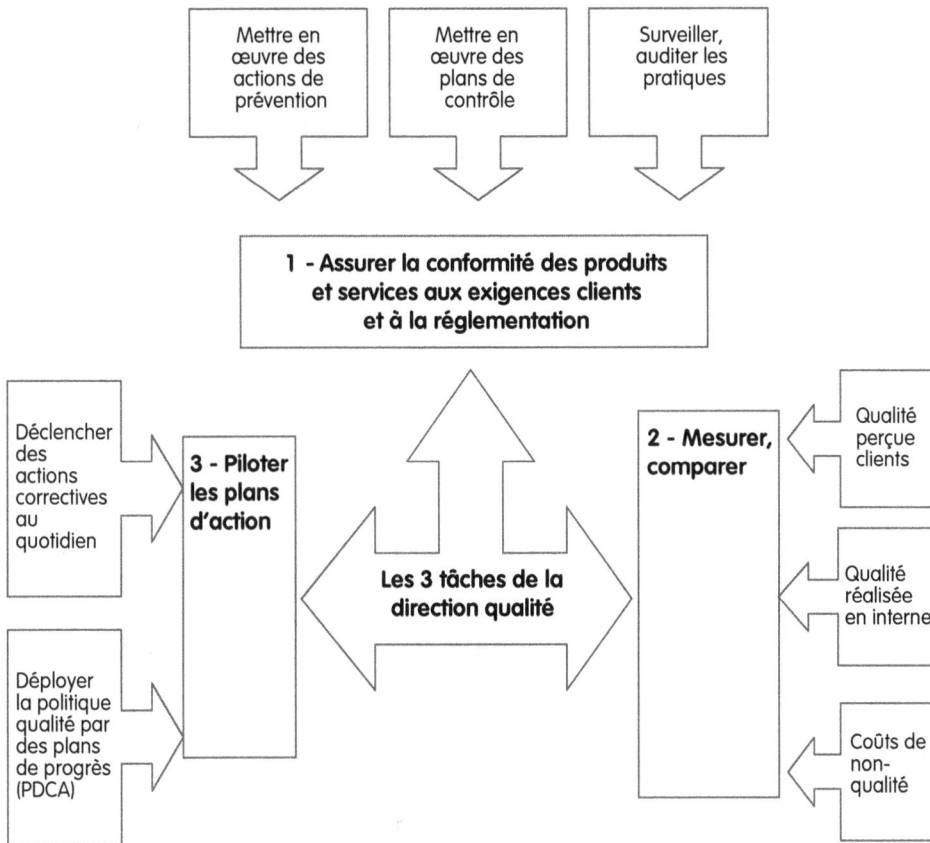

Figure 14 - Les 3 tâches de la direction qualité

Assurer la conformité des produits et services

C'est la première tâche de la direction qualité qui doit s'assurer que tout est mis en œuvre pour garantir la conformité des produits et services délivrés aux clients. À cet effet, elle pratique des **analyses préventives** en utilisant des méthodes éprouvées :

- la formalisation et l'application des bonnes pratiques de travail ;
- la définition et la mise en œuvre de plans de contrôle produit ;
- le travail sur les procédés et le milieu.

Cette recherche de prévention se fait en travaillant sur les risques liés aux processus (méthode de l'Amdec).

La direction qualité reste vigilante quant à la mise en chantier par les différents services des plans d'action décidés, et elle **contrôle** régulièrement qu'il n'existe pas de dérive inquiétante dans les bonnes habitudes initialement prises, au travers d'**audits** internes notamment. Dans cette activité, que l'on peut qualifier de surveillance en continu, elle doit garder un œil sur les moyens utilisés, les siens ou ceux des autres services, puisqu'ils sont les instruments de mesure de référence (métrologie).

La garantie de conformité est non seulement une exigence vis-à-vis des clients, mais s'entend aussi comme le respect des normes et règlements, définis par les autorités et les institutions nationales ou internationales. Il s'agit donc pour la direction de la qualité de pratiquer une veille permanente pour intégrer dans les cahiers des charges et dans les différents processus concernés, les exigences correspondantes.

Mesurer, comparer

La mission de la direction qualité étant de garantir au client, ou au bénéficiaire, que la promesse est bien tenue, il lui faut donc définir et mettre en œuvre un système de mesure adapté pour **connaître en permanence le niveau de satisfaction des clients**. Les outils, le développement des systèmes d'information en continu grâce aux technologies nouvelles, permet de gagner du temps pour réagir vite en cas de nécessité.

Mesurer en soi ne suffit pas, il lui faut pouvoir comparer ses performances à la concurrence ou aux résultats des autres prestataires et cela même s'il n'y a pas de concurrence au sens commercial (enseignement public, activité médicale, contrôle aérien…). Ici encore, on attend de la direction de la qualité qu'elle contribue, avec les équipes marketing et commerciales, à fournir les informations indispensables au pilotage de l'entreprise ou de l'organisation. La mesure va aussi s'élargir à la **réalisation de diagnostic**, la recherche des dysfonctionnements internes, l'**évaluation des coûts de non-qualité**,

Piloter les plans d'action

Il s'agit des plans d'action court terme pour corriger les erreurs, en particulier si les conséquences sont potentiellement graves ou les effets très dommageables pour le client. Nous sommes ici dans la mise en œuvre d'**actions correctives** par la recherche des causes racines des dysfonctionnements.

Il s'agit également des plans de progrès à moyen terme pour améliorer, anticiper, prévenir et entraîner toute l'organisation dans la spirale du progrès permanent, dans le but de contribuer à l'amélioration de la compétitivité de l'entreprise (travail en conception, amélioration des procédés, recherche d'une meilleure efficacité en interne).

Ce travail comporte, dans la logique du PDCA, la phase de définition des axes de travail avec la direction générale (**politique qualité**), la phase de définition du plan d'action avec les responsables et enfin celle du suivi de la mise en œuvre. Cette dernière mission est fondamentale car elle crédibilise toutes les autres. En effet, l'assurance que ce qui a été décidé est réellement mis en place de manière effective, renvoie l'image d'un grand professionnalisme auprès du personnel : « On fait ce que l'on a dit », « On est efficace », « Ça avance », peut-on entendre au sein des organisations où les chantiers de progrès avancent.

COMMENT LA DIRECTION DE LA QUALITÉ PEUT-ELLE EXERCER SON AUTORITÉ ?

L'autorité du responsable qualité repose de façon formelle et informelle sur sa position dans l'organigramme et sa capacité à obtenir des résultats concrets.

La place du responsable qualité dans l'organigramme

À l'image de toute fonction, le positionnement du responsable qualité dans l'organigramme lui confère déjà une « certaine autorité » ou non. S'il rend compte au président ou au directeur, il a les coudées plus franches pour faire entendre la voix de la qualité que s'il dépend hiérarchiquement d'un directeur opérationnel, par exemple du directeur des opérations ou du directeur industriel.

Dans les très grandes sociétés, la situation est encore plus complexe, avec des responsables qualité locaux rattachés fonctionnellement à un directeur qualité central et opérationnellement aux directeurs de sites de production ou aux directeurs régionaux, ou encore à des chefs de centre. Dans ce dernier cas, le responsable qualité se retrouve dans la position d'un ambassadeur. Il est soumis au diktat de son responsable hiérarchique « qui le paye » et il a en charge, malgré tout, d'exprimer le point de vue de l'autorité centrale en matière de qualité. Le point d'équilibre est souvent difficile à trouver.

La capacité du responsable qualité à obtenir des résultats

Ce qui confère, bien entendu, une véritable autorité au responsable qualité, quelle que soit sa position dans l'organisation, ce sont ses actions et sa capacité à obtenir des résultats concrets sur des sujets difficiles.

S'il se murmure dans l'entreprise que le directeur de la qualité a obtenu du président-directeur général le report de six mois pour le lancement d'un produit nouveau qui risque de ne pas être au point et de ruiner pour deux ans l'image de marque auprès des clients, évidemment tout le monde va murmurer : « Il est très fort ! » Si tel directeur de la qualité réussit à mener à son terme l'application d'un plan de prévention en conception malgré une somme incalculable de difficultés et le peu d'aide fournie de la part des équipes concernées en priorité, celles de la direction recherche et développement, il devient un personnage reconnu et à l'autorité évidente.

Ce sont essentiellement leurs faits d'arme qui valent au directeur de la qualité et à son équipe une véritable reconnaissance, laquelle se traduit peu à peu en autorité. Pour dialoguer d'égal à égal avec les autres fonctions, l'homme de la qualité, considéré parfois comme un empêcheur de tourner en rond, a besoin de se construire une image positive, savant mélange d'exigence technique et d'exercice situationnel de son talent.

La question de l'efficacité se pose pour la fonction qualité comme pour toutes les fonctions de l'entreprise.

MESURER L'EFFICACITÉ DE LA FONCTION QUALITÉ

Quels sont les indicateurs qui permettent de mesurer l'efficacité de la fonction qualité ?

Les indicateurs subjectifs ou l'appréciation personnelle

Un directeur de la qualité auquel son responsable avait suggéré de réfléchir à cette question et de proposer des réponses, lui avait répondu : « C'est comme si vous demandiez à mon épouse si je suis un bon mari ! » Sans doute voulait-il signifier par là qu'il y a une bonne part de subjectivité dans l'appréciation de l'efficacité pour la fonction qualité.

- Si je suis le manager et si je suis convaincu de l'intérêt de disposer d'une direction qualité qui agit en prévention, qui se pose en conseillère, qui propose des solutions, qui intervient en cas d'urgence de façon utile, j'aurai, bien sûr, un regard plus positif au moment de m'interroger et d'apprécier l'efficacité de cette fonction.

- Si, à l'inverse, je suis un manager peu convaincu par l'intérêt d'une fonction qualité quelle qu'elle soit, si je la considère plus comme un mal nécessaire que comme une vraie valeur ajoutée, j'aurai une vision moins indulgente.

Ainsi l'efficacité de la fonction qualité est mesurée à l'aune de l'appréciation du manager, qu'il s'agisse du patron de la PME, du site, ou qu'il s'agisse du directeur général ou du président pour une société plus importante qui se sera fait « son idée » au travers des différents retours informels des clients, des managers, des collaborateurs.

Il est aussi possible bien sûr de demander l'avis des personnes sous forme d'enquêtes ! À l'image de la méthode du 360° *feed-back*, on peut, de temps à autre, interviewer les managers et le personnel pour recueillir leur opinion sur l'efficacité de la fonction qualité. Les résultats permettent de se faire une idée de l'image perçue, de mieux répondre à certaines attentes, voire de réorienter certaines missions de la fonction.

Les indicateurs objectifs ou les éléments factuels

Les indicateurs objectifs se retrouvent évidemment dans la définition de la mission de la fonction qualité (conformité du produit ou de la prestation, satisfaction des clients ou plus largement des bénéficiaires).

En effet, plus les produits et les prestations sont conformes, plus ils sont livrés ou délivrés sans défaut, sans réclamation, et plus on peut considérer que la qualité est maîtrisée, et qu'en conséquence les équipes qualité ont contribué à ce résultat.

Lorsque le niveau de satisfaction des clients augmente ou lorsque la quantité de clients satisfaits augmente, sans doute peut-on y voir une contribution du travail des collaborateurs de la direction de la qualité. Si les produits et les prestations sont bons du premier coup, si le gaspillage diminue, si les locaux sont bien tenus, si le personnel est fier du travail accompli, il y a fort à parier que la culture qualité instillée dans l'organisation par le service qualité y est pour quelque chose.

Enfin, le sentiment que l'on progresse, même si les résultats ne sont pas encore là, s'il est partagé par l'ensemble du personnel, signifie que la direction qualité et ses collaborateurs sont, eux aussi, au même titre que les autres équipes, des acteurs efficaces au service de cet effort collectif.

La règle des 50/50

À notre sens, l'efficacité de la fonction qualité tient pour moitié à l'appréciation personnelle et pour l'autre moitié aux éléments factuels.

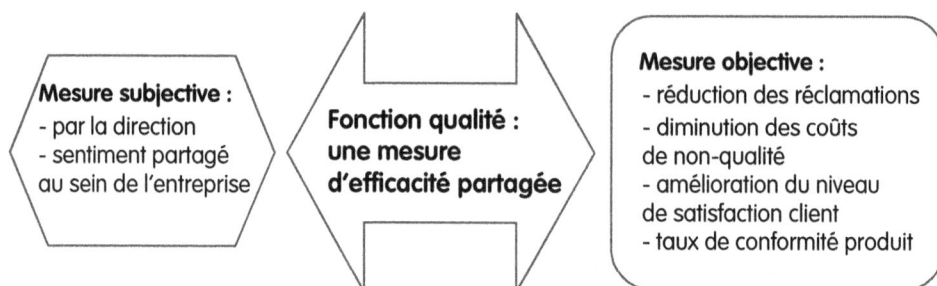

Mesure subjective :
- par la direction
- sentiment partagé au sein de l'entreprise

Fonction qualité : une mesure d'efficacité partagée

Mesure objective :
- réduction des réclamations
- diminution des coûts de non-qualité
- amélioration du niveau de satisfaction client
- taux de conformité produit

Figure 15 - Mesurer l'efficacité de la fonction qualité

QUELS PROFILS POUR QUELLES MISSIONS ?

Les différentes missions de la qualité conduisent à s'interroger sur les profils adaptés pour exercer de façon efficace l'un ou l'autre des métiers présents au sein d'un service qualité.

Selon nous, les profils utiles qui peuvent trouver un terrain de jeu correspondant à leurs attentes sont au nombre de quatre : le policier, l'ambassadeur, le missionnaire, le cascadeur.

Le profil policier ou l'exercice de la rigueur

« Moi mon boulot c'est de contrôler, pas de discuter ! »

Tout naturellement, pour réaliser directement des opérations de contrôle, ou pour en superviser la réalisation, le service qualité a besoin de profils de personnes rigoureuses et disciplinées, prêtes à exécuter des missions, des travaux, nécessitant beaucoup d'abnégation. Il fut un temps où, dans les usines terminales de fabrication automobile, une plaisanterie avait cours pour souligner le côté intransigeant de certains collaborateurs du service contrôle. Les équipes de production disaient d'eux : « *Ils se coucheraient en travers de la piste de sortie des véhicules s'il le fallait pour empêcher la commercialisation d'un véhicule à la qualité incertaine.* » Cette déclaration était un tantinet ironique, mais n'en constituait pas moins un hommage amical rendu à leur honnêteté et leur intégrité légendaire.

Lorsque nous évoquons les opérations de contrôle à effectuer, mineures ou majeures, ponctuelles ou répétitives, nous songeons aux contrôles sur les produits et prestations commercialisables, ou simplement délivrées par un service public. Il faut y associer les missions d'audits de toutes sortes, audits produit, processus ou système, qui requièrent, elles aussi, des aptitudes d'observateur objectif.

Il serait juste de dire que le profil « inspecteur », au sens d'enquêteur, est à associer et à rapprocher du profil policier. En effet, au-delà d'un contrôle rigoureux à effectuer, un certain talent pour rédiger des rapports, des comptes rendus, des synthèses est très utile pour rechercher les causes des écarts ou les origines des incidents et donner des pistes de solutions efficaces aux problèmes rencontrés.

Le profil ambassadeur ou la tempérance à l'œuvre

« Qu'est-ce que je peux faire pour éviter le conflit ? »

Ce profil apparaît comme une évidence, dès lors qu'il s'agit de faire avancer des dossiers pour améliorer la qualité en collaboration avec d'autres équipes. Mieux vaut envoyer en mission auprès des équipes de production ou commerciales, ou plus encore chez des fournisseurs, des profils de collaborateurs sachant écouter, faire la part des choses et contribuer à la production d'idées constructives. Si l'on observe la réalité diplomatique, il arrive qu'un ambassadeur soit « renvoyé » par le gouvernement du pays hôte ! Si l'on n'y prend garde, un manque de doigté dans une façon de faire, de se comporter, des mots jugés comme déplacés peuvent ruiner les travaux d'une équipe qualité lorsqu'elle opère sur le terrain d'un service hôte. Le langage de la diplomatie est alors recommandé.

On attend bien sûr d'un ambassadeur qu'il représente les valeurs de son pays. Le « pays » de la qualité véhicule des valeurs de rigueur et d'exigence, et en corollaire de progrès et d'innovation. Piloter un plan de progrès exigeant auprès d'un fournisseur requiert le savoir-faire d'un ambassadeur de haut niveau. Il ne suffit pas de taper du poing sur la table pour voir se transformer une situation de qualité très dégradée en situation de qualité maîtrisée. L'ambassadeur prend le temps de la préparation et donne des délais pour passer d'un état à un autre.

Il est ici important de rappeler que le service qualité constitue une entité, et qu'à l'image de l'équipe sportive, chacun y joue un rôle particulier à un instant donné. Lorsque le contexte change, selon que l'on gagne ou que l'on perd, l'un ou l'autre des équipiers a l'opportunité de se mettre en avant pour un temps et pour répondre aux exigences du moment. En effet, lors de la mise en place d'un plan de progrès avec une ou des équipes de l'entreprise ou d'un fournisseur, lorsque le chantier n'avance pas au bon rythme, il peut être opportun que les profils policier prennent le relais des profils ambassadeur pour un temps afin de faire un état des lieux objectif et de brandir la menace de sanctions soit administratives, soit techniques, soit financières ou commerciales.

Le profil missionnaire ou la préconisation en action

« Je dois les convaincre de faire de la prévention »

Derrière ce terme, on imagine volontiers un évangélisateur au visage chaleureux ! En quoi les missions du service qualité peuvent-elles offrir à un tempérament de missionnaire l'occasion d'être utile à l'entreprise ?

La direction ainsi que les services opérationnels posent fréquemment à la direction qualité des questions concernant d'éventuelles méthodes nouvelles, voire miraculeuses, pour améliorer la prévention et mieux maîtriser la qualité : « Qu'est-ce qu'on pourrait faire pour remettre de l'ordre dans le flux de production ? » « Tu n'aurais pas une méthode pour nous permettre de nous assurer que le produit est au point avant le lancement série ? » « Écris-nous une procédure pour éviter de reproduire les cafouillages que nous avons connus récemment en clientèle. »

Dans de telles situations, l'homme de la qualité se trouve confronté à un double défi : choisir une méthode de travail déjà existante ou en inventer une, et la mettre en œuvre de façon efficace. Lorsqu'il a répondu à la première partie de la sollicitation, son âme de pionnier doit s'éveiller pour aller sur le terrain et expérimenter, expliquer, former, corriger, encourager, sourire et s'extasier éventuellement ! Demandez à des personnes ayant travaillé longtemps dans la fonction qualité, combien de fois l'une d'entre elles a entendu dire : « J'ai pris mon bâton de pèlerin pour les aider à mettre en place les nouvelles règles » ou « … appliquer la nouvelle méthode de prévention » ou « … leur rappeler les bonnes pratiques »…

Le profil missionnaire est indispensable au sein d'une équipe qualité qui est en permanence confrontée à un double challenge. Elle avance à visage découvert pour promouvoir un esprit de discipline, ce n'est jamais le plus facile, le laxisme se vendant mieux que la rigueur dans l'entreprise comme ailleurs dans la société. Elle a, en outre, pour objectif de faire avancer ses idées, pour lesquelles elle est mandatée, auprès de populations qui ont, d'une manière générale, un souci de productivité qui les empêche parfois d'être totalement vigilantes.

Le profil cascadeur ou la victoire à l'arraché

« J'arrive, je vais réussir ! »

Nous terminons avec un profil plus rare et malgré tout indispensable au sein d'une équipe qualité, en particulier en situation de crise. Ce profil est utile pour la réalisation de certaines missions que l'on pourrait qualifier d'impossible. Il s'agit de celles qui exigent des talents particuliers pour les mener à bien. Il arrive que la direction de la qualité soit sollicitée de façon impromptue pour traiter un incident majeur en clientèle et trouver rapidement une solution, au moins provisoire, afin de dépanner les clients. Dans ces moments-là, l'application des procédures d'urgence, lorsqu'elles existent, est confiée à une *task-force* qui doit éteindre l'incendie : rattrapage de produits en clientèle, expertises d'urgence sur des chantiers, élimination de substances dangereuses mises en circulation… Les conséquences de tels incidents pouvant être dramatiques et l'enjeu émotionnel étant considérable, les dirigeants des sociétés ou les autorités de tutelle, attendent de la part des intervenants qu'ils manifestent des qualités d'efficacité, de rapidité, et un mental à toute épreuve.

Une direction de la qualité fait appel dans de tels cas à des collaborateurs qui savent intervenir rapidement, sont capables de décider de manière autonome et sans attendre. Ils sont à même de mettre en application des solutions opérationnelles immédiatement.

« C'est une mission taillée sur mesure pour toi, tu as carte blanche, tiens-moi au courant », c'est par ces mots qu'est initiée la mission du responsable de l'équipe en charge d'intervenir de toute urgence. Dans une autre vie, ils eussent été astronautes, ou secouristes, ou encore pompiers.

LE MANAGER DE LA QUALITÉ EST L'AVOCAT DU CLIENT ET LE DÉFENSEUR DE L'ENTREPRISE

La posture n'est pas aisée à tenir

- Comment concilier la défense des intérêts du client, au sens du respect par l'entreprise de la conformité des produits et prestations, et celle des intérêts de cette même entreprise, qui a des objectifs économiques particulièrement exigeants à tenir ? C'est là toute la difficulté de la mission du manager de la qualité et de son équipe.

Figure 16 - Responsable qualité : un double enjeu

Le manager de la qualité n'est pas un arbitre au-dessus de l'entreprise, il n'en est qu'un salarié, avec un rôle et une définition de fonction bien précis. Cette posture n'est pas toujours facile à tenir devant une direction d'entreprise coincée en permanence, entre des actionnaires exigeants en matière de résultats et un marché où le moindre écart, la moindre erreur, en matière de qualité, sont immédiatement sanctionnés par les « contrôleurs externes », médias, associations de consommateurs et nombreux réseaux sociaux en ligne.

Comment trouver le bon équilibre ?

Rappelons-le : tout d'abord, une définition de fonction claire et une dépendance hiérarchique parfaitement établie et connue de tous vont permettre au manager et aux équipes qualité de se positionner pour remplir leur mission.

Ensuite, le fait que le président-directeur général s'exprime régulièrement sur le thème de la qualité, qu'il montre et démontre son engagement sur des faits précis en matière de qualité constitue une aide au positionnement du manager et de ses équipes qualité.

Enfin, le manager qualité gagnera, quant à lui, à rapidement afficher ses idées sur la façon dont les sujets concernant la qualité doivent être traités. Plus qu'une profession de foi, ce sont ses premiers pas dans la fonction qui le qualifient auprès de son responsable hiérarchique, de ses collègues, de ses collaborateurs et du corps social de l'entreprise.

> S'appuyer sur ses points forts pour se rendre visible et asseoir son autorité.

Un peu de chance en la matière ne nuit pas… encore faut-il la provoquer !

- S'il a un profil d'ambassadeur, et qu'une situation difficile à résoudre se présente, impliquant un fournisseur important et unique, il trouvera là l'occasion rêvée de mettre en évidence son talent. On gardera ainsi de lui l'image d'un habile négociateur recherchant les intérêts de chacun, et assurant rapidement un retour à la norme en ce qui concerne la qualité délivrée par l'entreprise.

- S'il est plus à l'aise pour jouer les « Monsieur la rigueur », une occasion s'offrira rapidement à lui pour lui permettre de mettre en évidence son tempérament exigeant dès lors qu'il s'agit de qualité. Un bras de fer intelligent avec l'équipe de production ou le service commercial laissera immédiatement de lui l'image d'un défenseur intransigeant de la conformité.

Rien n'est pire pour le manager qualité, et pour l'image de la qualité qu'il véhicule, que de donner l'impression qu'il applique la volonté de son responsable hiérarchique sans apporter son point de vue ! Certes, il n'est pas question d'imaginer qu'il s'oppose régulièrement aux décisions de celui-ci, fussent-elles contraires aux intérêts de la qualité, mais on attend néanmoins du manager qualité qu'il manifeste une vraie constance et de vraies prises de position fondées sur ses propres croyances et frappées du sceau du bon sens, les questions de qualité relevant la plupart du temps de ce légendaire sens commun des réalités.

LE RÉSEAU QUALITÉ

• L'homme de la qualité, dont la mission est par nature essentiellement transversale, s'appuie pour l'accomplir sur un « réseau » constitué de nombreux relais, en plus de son équipe qualité en liaison directe et hiérarchique avec lui. Il s'agit à la fois de la direction, de l'ensemble du corps managérial, des correspondants qualité, des auditeurs de chaque collaborateur…

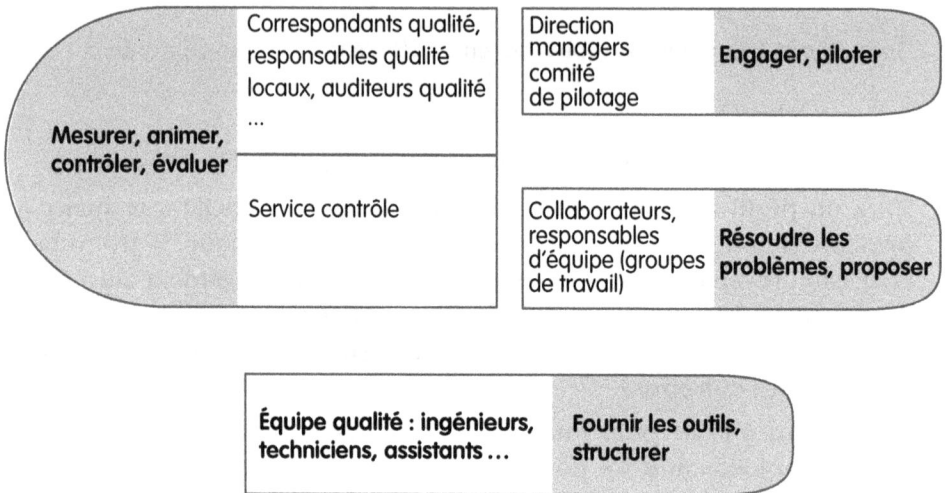

Figure 17 - Le réseau qualité

L'équipe de direction en action

Le premier appui de la mise en œuvre de la démarche qualité est celui de la direction. Vient ensuite le réseau actif constitué des managers qui seront les appuis forts et incontournables de la démarche. C'est par eux que « passe » la démarche qualité pour être mise en œuvre de manière opérationnelle sur le terrain avec les collaborateurs.

De manière structurée, le responsable qualité constitue un **comité de pilotage** (comprenant direction et principaux managers) pour coordonner, formaliser, suivre les actions. Le comité de pilotage est une entité décisionnelle. Il fait des choix, valide, engage, donne les moyens.

Les groupes de travail animent la démarche en lien avec les managers

Le responsable qualité pour animer la démarche organise aussi des groupes de travail multimétiers, multifonctions dont le but est de résoudre des problèmes et d'améliorer des pratiques. Les groupes de travail sont temporaires ou permanents.

Rappelons ici le grand succès des « cercles de qualité » dans les années 1980, et dont la raison d'être était l'amélioration permanente de la qualité au plus près de la production de valeur ajoutée. Ils ont été parfois appelés « groupes de progrès ». Certaines structures d'amélioration qualité peuvent exister le temps que dure la recherche de la solution à une préoccupation particulière. Ils sont, dans ce cas-là, appelés « groupes de résolution de problème ».

Si la contribution de ces structures complémentaires à la démarche qualité est essentielle, elle requiert cependant un pilotage intelligent de la part de la direction qualité, mais surtout des managers des directions opérationnelles. Il est important pour un bon fonctionnement de ces structures de sentir un soutien adulte des équipes de direction qui se manifeste par un accompagnement dans leurs travaux, une communication positive sur les résultats obtenus et l'organisation régulière de séances de présentation par ces équipes devant les managers, des progrès réalisés.

Le service contrôle pour mesurer la conformité

Le service contrôle est aussi une entité forte dans le dispositif qualité : dans les entreprises industrielles, cette équipe contrôle est souvent rattachée à la production. Les contrôleurs, les opérateurs en autocontrôle, assurent la vérification de la conformité des fabrications.

Les correspondants qualité font progresser la démarche sur des points précis

Outre l'appui dont le manager bénéficie de la part de la direction, outre certains soutiens qu'il doit également trouver auprès de responsables d'autres fonctions (managers), il lui est possible de construire un réseau de correspondants qualité.

L'appellation de correspondants ayant une connotation passive, nous recommandons de trouver un vocabulaire plus dynamique pour désigner l'activité de ces collaborateurs : par exemple, animateurs, délégués, relais...

Les correspondants qualité sont des personnes appartenant aux autres directions de l'entreprise et exerçant déjà une activité « métier » dans leur service respectif, et auxquelles on confie une mission particulière sur le thème de la qualité.

Il peut s'agir d'une responsabilité permanente pour faire avancer les dossiers qualité tout au long de l'année, ou de charges liées à des projets d'entreprise proches de la qualité. On constate ainsi que certaines organisations désignent pour un an ou deux un « animateur » qualité en charge de faire avancer les chantiers qualité dans sa direction, de rendre compte de cet avancement à sa propre direction et à la direction qualité.

On leur demande également de communiquer régulièrement pour tenir l'ensemble des collaborateurs de son service au courant de l'avancement des projets, d'indiquer les principaux succès obtenus, d'évoquer les difficultés rencontrées, et d'en profiter pour donner du souffle à la démarche afin de motiver les collaborateurs.

La mission de ces relais n'est pas facile à remplir, sans doute leur faut-il une bonne dose de tempérament « missionnaire » pour aller de l'avant. Pour autant, assurer ce travail pendant une période donnée est un excellent apprentissage du métier de la qualité pour le titulaire, et peut constituer pour lui un formidable tremplin pour s'investir de manière permanente dans une fonction liée à la qualité. Une formation initiale est indispensable pour ces personnes afin de leur communiquer les fondamentaux de la démarche qualité : les engagements de l'entreprise quant à la primauté du client, les méthodologies de déploiement, les principaux outils utilisés, la façon de s'y prendre pour travailler en transversal dans sa propre direction.

Les responsables qualité locaux sont présents dans les grandes organisations

Mentionnons aussi un relais naturel qui existe dans les grandes organisations, et dont il nous faut rappeler l'existence : les responsables qualité locaux. Leur mission est à 100 % centrée sur la qualité. Ils dépendent fonctionnellement du directeur qualité central.

Les auditeurs qualité sont là pour aboutir à un plan d'action efficace

Nous ne pouvons clore cette section sans parler des auditeurs qualité, véritables facilitateurs du progrès dans l'entreprise. Ils assurent, en plus de leur métier, une mission d'audits qualité en relation fonctionnelle avec le service qualité. Ils ne sont pas auditeurs à temps plein. Ils réalisent leurs audits dans un temps défini. Leur mission est de constater objectivement des pratiques et des résultats sur le terrain, et surtout d'obtenir de la part des audités un plan d'action échéancé.

Quelle que soit la nature des relais utilisés pour « booster » la démarche qualité, tous sont indispensables au succès de la démarche qui se veut le vecteur fédérateur de l'ensemble des collaborateurs de l'entreprise autour de valeurs fondamentales partagées.

Le réseau qualité est à construire, à former, à encourager, à valoriser. Nous traitons largement de la vie et du management d'une équipe qualité dans la partie 3.

Chapitre 5

La qualité au long des 11 étapes du cycle de vie du produit

Le service production, la direction des opérations ou la direction qualité ne sont pas les seuls à contribuer à la satisfaction du client et à la qualité d'un produit ou du service ; elles sont, en fait, le résultat d'un travail transversal de nombreux services qui contribuent à leur construction pas-à-pas.

- Ce travail collectif peut être en partie visualisé par le schéma page suivante, qui représente le cycle aboutissant à la satisfaction du client. Il fait apparaître la contribution des principaux acteurs. La réussite d'une étape est conditionnée par la réussite de l'étape précédente.

Onze étapes jalonnent « la logique qualité » tout au long de la vie du produit et/ou de la prestation, pour garantir la satisfaction du client.

ÉTAPE 1 - ÉCOUTER LE CLIENT

La compréhension des attentes des clients est de la responsabilité du service marketing, secondé par le service qualité. Il s'agit de comprendre le marché, cibler les clients et formaliser leurs besoins implicites et explicites.

Les données de sortie de l'étape : le diagramme des attentes, le cahier des charges client.

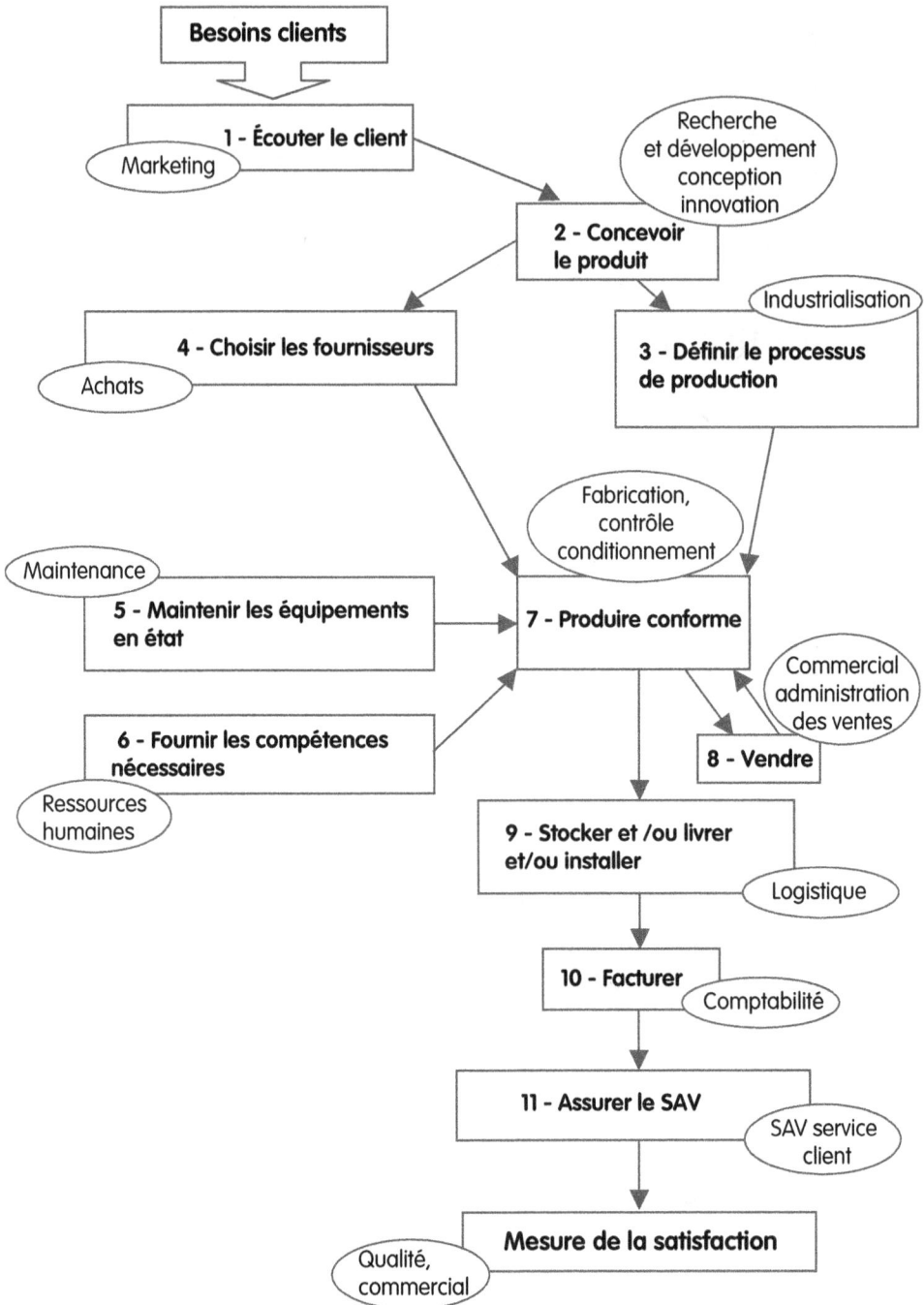

Figure 18 - La qualité à toutes les étapes du cycle de vie du produit

ÉTAPE 2 - CONCEVOIR LE PRODUIT

Il s'agit ici de définir le produit ou le service répondant aux attentes du client, d'en établir les caractéristiques clés de conformité. Cette étape est réalisée par les services recherche et développement, conception, innovation.

Cette phase inclut la conception du produit et de son conditionnement. Dans l'industrie, elle peut inclure la fabrication de prototypes.

L'étude des fonctionnalités d'un produit ou d'un service permet de raisonner de manière objective sur les services à rendre avant d'envisager les solutions. De ce point de vue, il s'agit d'une séquence fondamentale pour l'obtention de la qualité. Les fonctions remplies par un produit doivent permettre de répondre aux besoins des clients.

Mettre en regard les besoins et les fonctions proposées assure d'identifier la sous-qualité et la sur-qualité en matière de conception.

Sous-qualité et sur-qualité

• Sous-qualité : des besoins clients ne sont pas satisfaits.

Exemple : le client souhaite que la machine à laver ait une fonction rinçage, et rien n'est prévu à cet effet.

• Sur-qualité : des fonctions sont prévues mais ne correspondent pas à des besoins clients.

Exemple : la machine à laver donne l'heure, mais cette fonctionnalité ne correspond pas à un besoin du client.

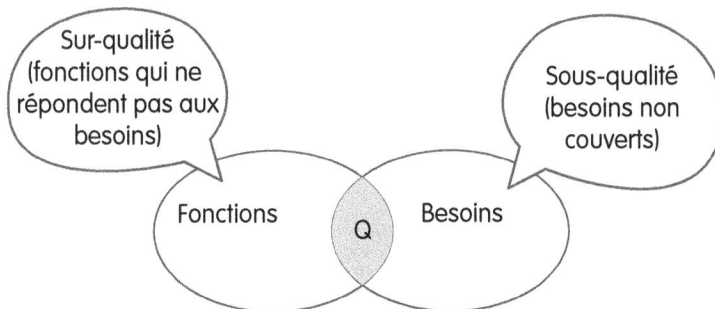

Figure 19 - Fonctions et besoins : l'équilibre qualité

Les données de sortie de l'étape : le prototype, la fiche technique produit avec les spécifications internes, les éléments de validation de la conception, la nomenclature, les résultats de l'Amdec produit – Analyse des modes de défaillances, de leurs effets et de leur criticité –, un outil qui permet d'anticiper les défaillances d'un produit abordé dans le chapitre 2.

ÉTAPE 3 - DÉFINIR LE PROCESSUS DE PRODUCTION

Il s'agit de définir la façon selon laquelle sera fabriqué le produit – avec quels moyens/outils/machines –, les étapes de sa fabrication et les activités de sur-veillance associées (incluant les activités de contrôle du produit et de sur-veillance du procédé). On sait donc comment fabriquer ; avec quoi ; et qui doit contrôler quoi, où et comment.

La bonne réalisation de ce travail conditionne la performance qualité/coûts/ délai du processus. C'est à ce stade que sont définis les verrous et les détrom-peurs qui évitent les erreurs, et/ou leur dépistage immédiat.

Les données de sortie de l'étape réalisée par l'industrialisation : la gamme de fabrication, les consignes de postes, les résultats de l'Amdec processus, le plan de surveillance du procédé.

ÉTAPE 4 - CHOISIR LES FOURNISSEURS

L'entreprise choisit des fournisseurs capables de livrer des produits en adéqua-tion avec le niveau de qualité attendu en termes de délais, spécifications pro-duites, quantité et conditionnement.

À cet effet, il lui faut :

- définir avec précision le besoin (sous la forme d'un cahier des charges) ;
- évaluer, sélectionner les fournisseurs en amont sur leur capacité à fournir un niveau qualité satisfaisant et régulier, en auditant leur organisation sur leur site de production ;
- établir un contrat précis, incluant les niveaux qualité demandés et les procé-dures à appliquer en cas de litige ;
- définir, si besoin, les contrôles à la réception.

Les données de sortie de l'étape réalisée conjointement entre qualité, achats et production : le cahier des charges fournisseurs, les résultats des évaluations, le choix des fournisseurs, le plan de contrôle associé.

ÉTAPE 5 - GÉRER ET MAINTENIR LES ÉQUIPEMENTS EN ÉTAT

Les machines, les moyens de production, les équipements de contrôle doivent être gérés, autrement dit, être répertoriés et entretenus.

Des machines et des moyens de production répertoriés

En amont, ils doivent être choisis aptes, capables (nous verrons la définition technique de la capabilité plus loin). Si l'on doit produire des pièces de 10 mm de diamètre avec une tolérance de 0,1 mm (soit 9,9-10,1) avec une machine qui, parfaitement réglée, produit entre 9,8 et 10,2, on sait, dès le départ, qu'il faut contrôler à 100 % !

De la même manière, demander à un opérateur de s'assurer de la conformité avec un mètre ruban ne viendrait pas à l'esprit.

Une fois opérationnels, les moyens sont entretenus pour rester efficaces.

Des machines et des moyens de production entretenus

Dans le cadre des appareils de mesure et de contrôle, nous parlons de métrologie. Pour les machines, nous sommes dans le domaine de la maintenance.

Il existe 3 politiques de maintenance :

- la maintenance curative, déclenchée en cas de panne de défaillance machine ;
- la maintenance préventive, échéancée dans le temps ;
- la maintenance prédictive.

Une maintenance efficace exige une organisation réactive et proactive, associée à une gestion du stock de pièces de rechange adaptée.

> Aujourd'hui de nombreuses entreprises font le choix de sous-traiter la maintenance.

Les données de sortie de l'étape : un plan de maintenance à jour, du matériel entretenu.

ÉTAPE 6 - FOURNIR LES COMPÉTENCES NÉCESSAIRES

La volonté de produire avec une qualité maîtrisée, exige d'intégrer la dimension « ressources humaines » à la réflexion. Il est donc essentiel de définir, pour chaque poste de fabrication, les compétences clés que doit avoir le collaborateur, et de mettre en œuvre une organisation qui garantit une adéquation poste-compétence permanente.

Cela exige, de la part des ressources humaines et managers :

- un recrutement adéquat ;
- une formation aux postes incluant une sensibilisation pour comprendre l'importance donnée à la qualité au sein de l'entreprise, les risques de non-qualité liés au poste, les consignes à suivre, etc.
- un accompagnement dans les premiers temps pour vérifier la bonne compréhension des informations données, de type tutorat ;
- une qualification aux postes si besoin ;
- une sensibilisation régulière aux principes et enjeux de la qualité.

Les données de sortie de l'étape : du personnel motivé et compétent.

ÉTAPE 7 - PRODUIRE CONFORME

Il s'agit de produire en respectant les consignes de production et de contrôle définies en amont de la production par :

- la mise à disposition auprès des opérateurs de méthodes de travail claires et adaptées (des modes opératoires des gammes de fabrication, des consignes de contrôle, des plans, des modèles de produits, etc.) (étape 3) ;
- la fourniture de matières premières conformes par un choix et un suivi adapté de fournisseurs (étape 4) ;
- l'utilisation de moyens, de machines adaptées et entretenues, y compris les appareils de contrôle (étape 5) ;
- la création d'un environnement de travail adéquat (lumière, silence, etc.) ;
- un personnel compétent et motivé (étape 6).

Les managers de production utilisent, appliquent les dispositions prévues, détectent et traitent les non-conformités, et engagent des plans de progrès si nécessaire.

L'aide des diagrammes d'Ishikawa et d'Euler

Le professeur Ishikawa a modélisé cette approche sous la forme du diagramme des 5M qui met en évidence les relations cause-effet, ici, en l'occurrence, les facteurs clés de production permettant d'assurer la conformité du produit.

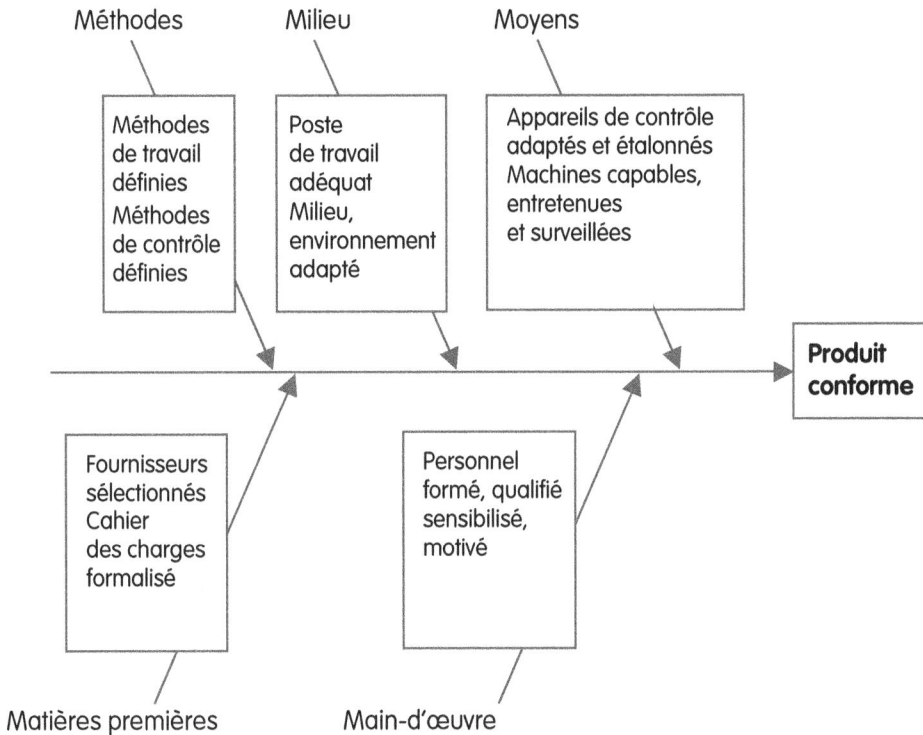

Figure 20 - Les 5M appliqués à la conformité produit

Pour compléter l'analyse, on ajoute traditionnellement le management qui contribue à la bonne application de ces dispositions.

Un plan de contrôle aussi bien fait soit-il, ne sert à rien s'il n'est pas appliqué. Il appartient aux managers, aux responsables d'équipe de s'assurer que chacun dispose des données, moyens, compétences nécessaires et les utilise de manière correcte.

À ce stade nous avons identifié les besoins des clients, et programmé la qualité à réaliser, il nous faut maintenant appliquer. Est-ce simple ? Pas sûr ! Il faut rester vigilant sur les écarts possibles.

Regardons ensemble tous les cas possibles à l'aide du diagramme d'Euler.

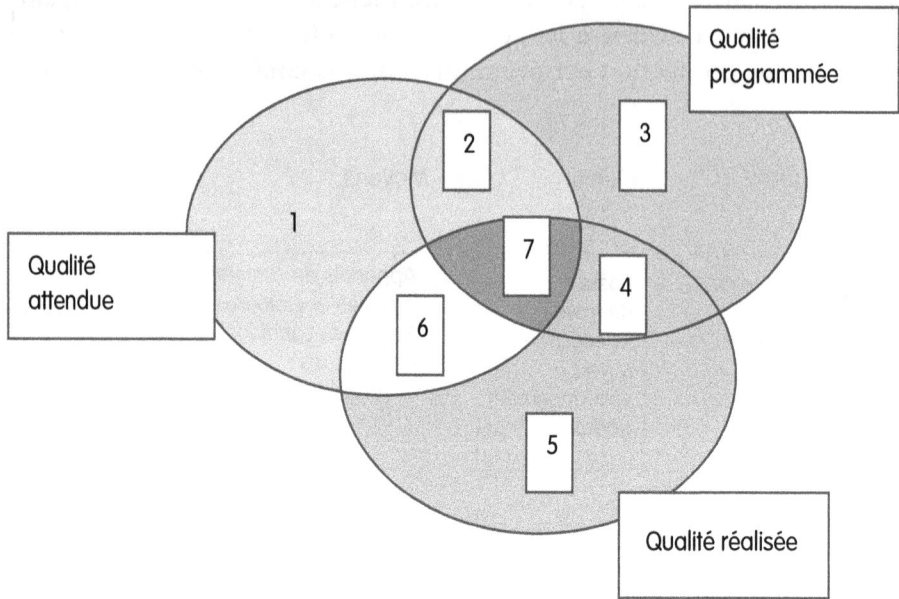

Figure 21 – Diagramme d'Euler

Ce diagramme définit quatre zones :

- la zone de l'insatisfaction client ▢ :
  - parce que certains des besoins ne sont pas pris en compte (espace 1) ;
  - parce que certains des besoins ont été pris en compte mais que l'entreprise n'y a pas répondu (à la suite de dysfonctionnements, de non-qualité) (espace 2).
- la zone de la sur-qualité ▢ :
  - la qualité programmée est supérieure aux besoins qu'ils soient exprimés, implicites ou latents. Elle est donc inutile et coûteuse. La sur-qualité peut être programmée mais non réalisée (espace 3) ;
  - la sur-qualité est programmée et réalisée (espace 4) ;
  - la sur-qualité est réalisée en fabrication mais non prévue (espace 5).
- la zone de la qualité obtenue par hasard (« coup de bol ») ▢ : on répond aux besoins sans l'avoir prévu (espace 6) ;

- la zone de la qualité maîtrisée ▨ : ce qui est prévu correspond aux besoins clients, et ce qui est prévu est réalisé à 100 % (espace 7). Cet espace devrait, en fait, être le seul si les cercles se superposent à 100 %.

Revenons à notre production…

Le plan de contrôle produit et/ou plan de surveillance procédé répond aux questions : qui contrôle quoi ? à quelle étape ? à quelle fréquence ? et avec quel matériel ?

Contrôler c'est bien, mais pas suffisant puisque le contrôle ne sert qu'à déterminer la conformité ou la non-conformité. Ce sont les dispositions prises à l'issue du contrôle, en fabrication, qui sont fondamentales et qu'il s'agit de définir : quelle est la marche à suivre quand un contrôleur, un opérateur ou une machine de contrôle automatique détecte une non-conformité ?

La marche à suivre qu'il s'agisse de l'isolement du lot douteux, de l'identification des produits non conformes, de la décision de rebut-retouche ou d'une dérogation, est définie dans une procédure qualité.

Des enregistrements relatifs à la qualité permettent de valider l'application des contrôles prévus.

Les données de sortie de l'étape : les résultats des contrôles, les indicateurs qualité, la détection des produits non conformes.

ÉTAPE 8 - VENDRE

Le marketing a pour mission de comprendre et de définir les attentes du marché et des clients. La conception doit imaginer un produit répondant à ces attentes et la production doit assurer la conformité de la fabrication. Les services commerciaux et d'après-vente ont pour rôle, quant à eux, de valoriser la qualité des produits de l'entreprise. Ils doivent, en outre, vendre à leurs clients, parmi la gamme de produits proposés, ceux dont ils seront parfaitement satisfaits *a posteriori* car ils correspondent réellement à leurs besoins.

> Il ne s'agit pas de vendre ce qu'il y a en stock, mais ce dont a besoin le client.

L'étape de vente comprend :

- la reformulation du besoin du client ;
- le conseil qui s'appuie sur l'examen des caractéristiques fonctionnelles et réelles du produit, et l'évaluation de l'adaptation du produit aux besoins client (une personne âgée vivant toute seule a-t-elle réellement besoin d'une machine à laver haute technologie et compliquée d'utilisation ?) ;
- la mise en valeur des arguments, dont ceux concernant la qualité des produits ;
- l'engagement sur des délais de livraison réalistes et vérifiés.

Lorsque la vente est faite avant la conception, c'est l'étude de faisabilité qui assure la qualité à venir.

La vente peut s'effectuer aussi en amont de la production. Dans ce cas, le respect du délai annoncé au client est un facteur clé de satisfaction.

Les données de sortie de l'étape : une vente garantissant la satisfaction du client et la rentabilité de l'entreprise.

ÉTAPE 9 - STOCKER – LIVRER – INSTALLER

Le produit ou service est vendu.

Le produit est fabriqué. Le cas échéant, il est prêt à être stocké, livré puis installé chez le client. Toutes ces sous-étapes sont réalisées de manière professionnelle :

- un stockage qui respecte les caractéristiques du produit fabriqué ;
- une livraison dans les délais, intégrant les protections nécessaires pour ne pas dégrader le produit. Ces dispositions tiennent compte du trajet, de la durée, des modalités associées. Le conditionnement et le transport sont à imaginer et à définir en amont en phase d'industrialisation (« on ne conçoit pas de non-qualité », « on ne reçoit pas de non-qualité », « on ne fabrique pas de non-qualité », « on ne livre pas de non-qualité ») ;
- une installation qui, lorsqu'elle existe, inclut la vérification par le fabricant de la bonne marche du produit et permet au fournisseur de former l'utilisateur.

Les données de sortie de l'étape : un produit en état de marche.

N.B. : dans le cas des services, nous le verrons, le produit est conçu et réalisé sans possibilité de stockage ou de livraison. Le contrôle final n'est guère possible…

ÉTAPE 10 - FACTURER

L'étape de facturation termine le cycle de vie du produit conçu, fabriqué, livré, installé.

La séquence de facturation reflète l'image de l'entreprise. L'exactitude, la précision et la lisibilité de la facture sont des caractéristiques rassurantes pour le client qui en prend connaissance. Elles sont une marque de qualité.

Les données de sortie de l'étape : une facture conforme aux conditions de vente.

ÉTAPE 11 - ASSURER LE SERVICE APRÈS-VENTE (SAV)

En cas de panne du produit ou de non-conformité du service réalisé, le client mécontent fait appel au fournisseur. Il réclame, demande, exige parfois une solution rapide et/ou un dédommagement.

Le SAV de l'entreprise est organisé pour :

- prendre en charge rapidement la demande du client,
- ou proposer rapidement une solution de remplacement (réparation du produit, échange…).

> Les attentes des clients se sont de plus en plus orientées vers des garanties de longue durée.

Les données de sortie de l'étape : un client à nouveau satisfait.

Au final, la satisfaction du client est assurée par la prise en compte de ses attentes et de ses besoins tout au long du cycle de vie du produit, et lors de chacune des transactions qu'il effectue avec le prestataire ou le fournisseur.

Il reste à ce stade à l'entreprise à mesurer la satisfaction de ses clients pour engager les actions d'amélioration adaptées (cela peut induire d'agir aux différentes étapes du cycle de vie).

Chapitre 6

Les étapes de la démarche qualité fondée sur le PDCA

LE PDCA EST L'OUTIL MÉTHODOLOGIQUE PAR EXCELLENCE DU MANAGEMENT DE LA QUALITÉ

Le PDCA est un concept théorique, une méthodologie fondée sur la notion de cycle et élaborée par William Edwards Deming (1900-1993).

Ce professeur américain a enseigné aux dirigeants japonais un certain nombre de méthodes pour améliorer la qualité en conception et maîtriser la qualité en production, notamment par l'utilisation d'approches statistiques.

Créée dans les années 1950, remise à l'ordre du jour par la norme ISO 9001 V2008, la roue de Deming est un concept d'amélioration fondé sur un cycle en 4 temps, dénommée PDCA : Plan, Do, Check, Act, autrement dit, Planifier-Prévoir, Faire, Contrôler, Agir (pour améliorer).

Ces 4 étapes permettent d'améliorer les résultats d'une entreprise, d'un processus ou d'une activité. Ce sont les fondamentaux du management de la qualité.

L'application répétée du cycle de Deming assure la mise en œuvre d'une démarche d'amélioration continue et l'ancrage culturel de cette façon de faire.

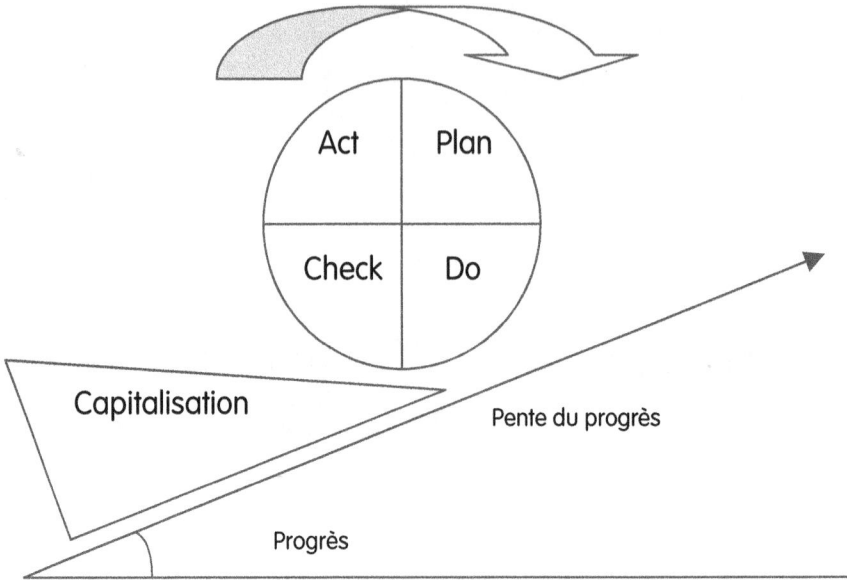

Figure 22 - Le PDCA de Deming

« Plan » pour planifier, prévoir

La première étape est celle de la formulation des objectifs. Il s'agit de définir ce qui doit être amélioré et les objectifs à atteindre.

Par exemple : réduire nos délais de livraison d'une journée.

En plus de la formulation des objectifs, cette étape comprend également l'identification des actions clés qui doivent être engagées pour atteindre ces objectifs : nous évoquons ici la notion de plan d'action qui définit qui fait quoi, et dans quels délais.

Plan d'action		
Objectif : réduire nos délais de livraison d'une journée		
Actions :	**Qui est responsable de la bonne réalisation de cette action ?**	**Quand l'action doit-elle être soldée ?**
• réduire le délai de chargement et déchargement	PO	31 mars
• sensibiliser le personnel	MP	15 février
• redéfinir les trajets	LM	20 juillet
• optimiser les tournées	LM	20 juillet

Tableau 1 - Exemple de planification

« Do » pour faire

La deuxième étape est celle de la mise en œuvre des actions prévues dans le plan d'action.

« Check » pour contrôler

La troisième étape est celle de la vérification de la mise en œuvre et des résultats. Le suivi de la réalisation des actions et la mesure des résultats s'appuient sur les informations fournies par des indicateurs qualité et les résultats d'audits internes.

«Act » pour agir

La dernière étape est celle de la réaction qui peut prendre des dimensions très larges selon les cas. Si les résultats évalués à l'étape précédente sont corrects, on peut envisager de capitaliser ou de généraliser les bonnes pratiques mises en œuvre. Lorsque les résultats ne correspondent pas aux objectifs fixés, un mini-PDCA de correction est appliqué.

Une fois le PDCA terminé, un nouveau cycle est lancé.

Chaque étape entraîne l'autre, et vise à établir un cercle vertueux du progrès continu. La mise en œuvre du cycle complet permet d'améliorer sans cesse la qualité d'un produit, d'une œuvre, d'un service, d'une entreprise.

Pour éviter les risques de retour en arrière, on représente parfois la roue avec une cale qui l'empêche de redescendre, et qui symbolise une organisation au sens large du terme, qui capitalise les pratiques ou les décisions et évite de régresser.

PDCA OU SDCA ?

Le PDCA vise à l'amélioration continue. Le « P » est le point de départ : la qualité planifiée.

Le SDCA est un cycle de standardisation qui assure la maîtrise de la qualité. Le « S » est le point de départ : la qualité standardisée prévue.

- S : définir des caractéristiques produit à obtenir, des modes opératoires à appliquer ;
- D : produire en respectant les standards définis ;

- C : contrôler les produits et surveiller les processus ;
- À : ajuster si besoin pour revenir aux standards.

Dans un premier temps, quand les variations d'un processus sont trop importantes, on peut faire précéder le PDCA d'un SDCA.

- Une fois le nouveau standard qualité obtenu, on peut continuer en SDCA.

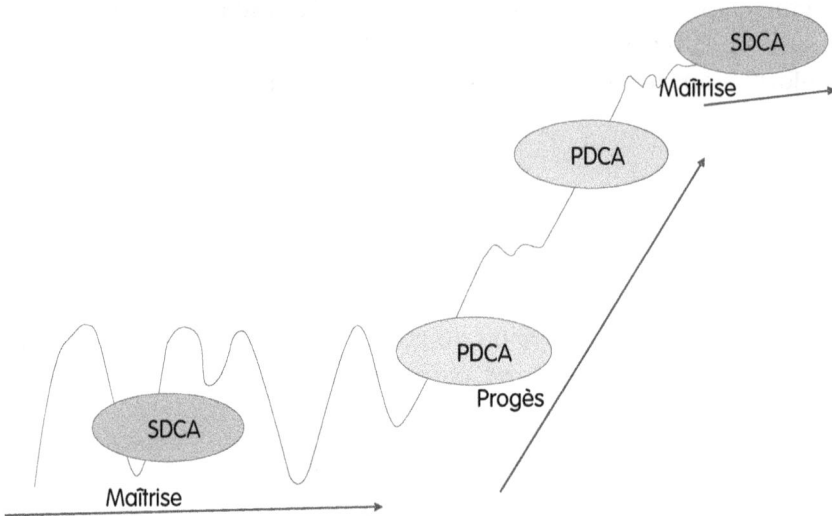

Figure 23 - SDCA ou PDCA ?

LE **PDCA** REVISITÉ

La roue de Deming a fait ses preuves comme outil méthodologique pour travailler sur le thème de l'amélioration permanente, mais il est possible de le compléter et de l'enrichir pour le rendre encore plus pertinent. On peut imaginer la roue de Deming en 6 étapes et non plus en 4.

- Une première étape est ajoutée, celle du diagnostic (**Diagnose**), phase indispensable d'analyse des « symptômes », pour savoir d'où l'on part et pouvoir définir des objectifs réalistes. En effet, parfois, certains managers s'engagent dans le « Plan » sans disposer de constats factuels chiffrés.
- La deuxième étape, celle de la planification (**Plan**) est conservé restructurée en deux niveaux : la planification des objectifs (Plan 1), puis la planification des moyens à mettre en œuvre pour atteindre ces objectifs (Plan 2).
- La troisième étape reste inchangée, celle de la mise en œuvre du plan d'action (**Do**) défini lors de la phase précédente.

- La quatrième étape, celle de la vérification et de la mesure (**Check**), reste incontournable mais se structure ici encore en deux temps : la vérification de la mise en œuvre du plan d'action (Check 1), puis la vérification de l'atteinte des résultats (Check 2).

- L'analyse des résultats amène à la cinquième étape, celle du pilotage (**Act**). Deux possibilités s'offrent alors :
  - si les résultats sont ceux attendus, la phase de capitalisation et de formalisation lui succède (Act 1) ;
  - en cas de non-atteinte des objectifs, une analyse est nécessaire : il s'agit de retravailler sur le diagnostic ou de remettre en cause les objectifs, le plan d'action, la mise en œuvre sur le terrain et de déclencher des actions complémentaires si besoin (Act 2).

- Une sixième et dernière étape finalise le nouveau PDCA, celle de la validation du maintien dans le temps des résultats obtenus (**Control**), qui inclut la communication interne et externe, ainsi que le bilan des actions (bilan sur les résultats, les investissements, les modalités de pilotage, la participation des acteurs, etc.).

Nous pouvons alors parler de DPDCAC, et plus exactement de DPPDCCAAC soit un **DP2DC2A2C.**

Voici donc une proposition de PDCA revisité.

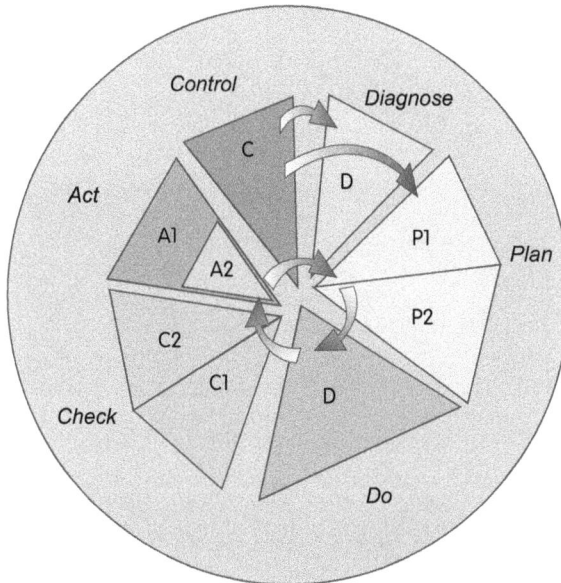

Figure 24 - Le PDCA revisité

Chapitre 7

La qualité en production, dans les ateliers

La caractéristique d'une démarche qualité en production est son côté « matériel » associé au produit fabriqué. Contrairement aux services, le produit est palpable, visualisable, et ses caractéristiques peuvent être vérifiées avant qu'il ne soit livré au client.

RESPONSABILITÉS DU SERVICE PRODUCTION

Si l'on considère que les matières premières sont fournies par le service achats, que les informations concernant le produit à fabriquer, les méthodes de travail ainsi que le plan de contrôle sont délivrés par le service industrialisation et/ou méthodes, que le personnel est recruté par le service ressources humaines en adéquation avec les spécificités demandées, le service production a alors les responsabilités suivantes :

- l'application des consignes définies sur les instructions de la fabrication ;
- le contrôle des produits tel qu'il est prévu dans le plan de surveillance ;
- la mise en place d'une organisation qui permet de maîtriser le produit non conforme après sa détection, et d'améliorer en permanence la qualité des produits (fondée sur le principe des 5M que nous avons vu précédemment) ;
- le maintien de la motivation du personnel et sa formation aux postes de travail.

N.B. : dans les petites entreprises, le service production peut aussi avoir la responsabilité de définir les méthodes de travail.

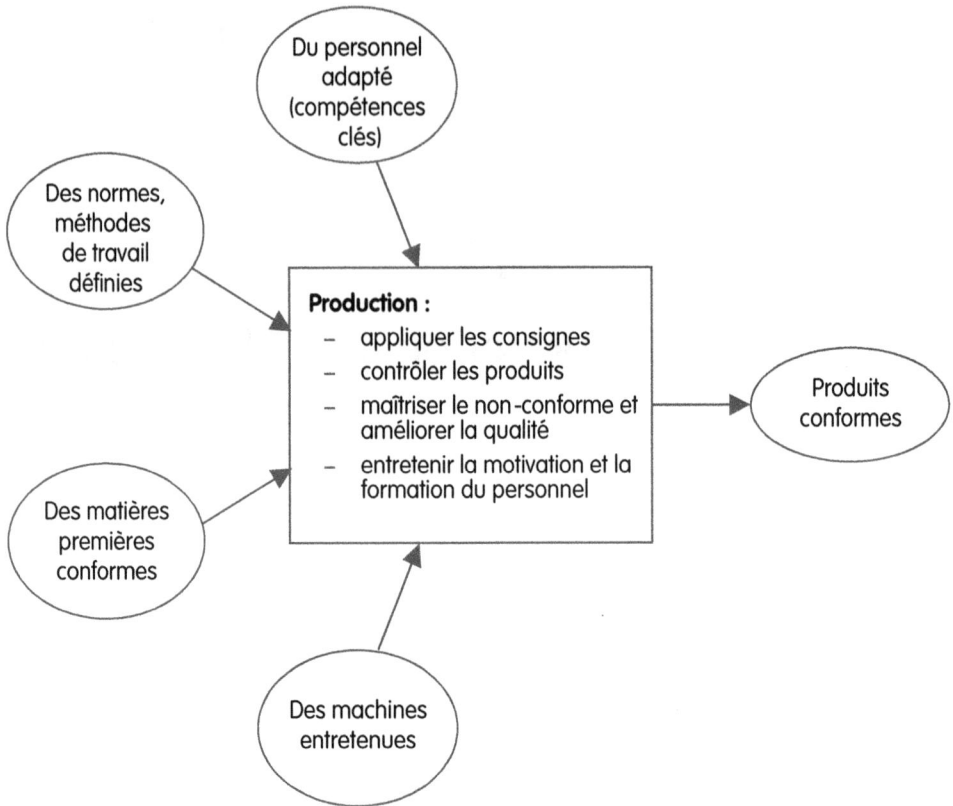

Figure 25 - La mission qualité de la production

Les impératifs de la qualité en production sont donc nombreux. Pour chaque poste de la ligne de fabrication, il convient de disposer :

- de responsabilités qualité : qui est responsable de quoi ?
- d'un personnel compétent, formé aux règles de la qualité interne et sensibilisé ;
- des informations décrivant le produit à fabriquer (quoi ?) ;
- de moyens matériels nécessaires à la fabrication et au contrôle (avec quoi ?) ;
- de consignes de travail (comment ?) ;
- de consignes de contrôle qui clarifient qui contrôle quoi, ces informations incluant les instructions d'autocontrôle ;

- de feuilles d'enregistrements qui permettent de noter les résultats de contrôle ;
- de procédures qui décrivent que faire en cas de détection du produit non conforme.

Ainsi, la qualité de réalisation des produits repose à la fois sur les processus, les ressources humaines, la maintenance, les méthodes et les achats.

Nous listons ci-dessous les activités clés ainsi que les actions concrètes associées à engager par le personnel de production pour assurer la conformité des produits fabriqués à tous les coups, du premier coup au moindre coût.

Activités clés à maîtriser	Actions à mener
Évaluer le niveau de qualité des produits fabriqués	• exploiter les résultats de contrôle et de mesure
	• mettre en place les indicateurs pertinents
Contrôler les produits	• organiser les contrôles
	• appliquer le plan de contrôle
	• organiser le poste de travail
	• enregistrer les résultats
	• utiliser des appareils fiables et étalonnés
Appliquer les méthodes définies	• former et sensibiliser le personnel
	• assurer la qualification des opérateurs notamment dans le cadre de l'autocontrôle
	• assurer la maîtrise documentaire
Maîtriser le produit non conforme	• appliquer les procédures correspondantes
	• organiser l'espace physique pour isoler les produits non conformes
Améliorer la qualité des produits	• établir la liste des problèmes de qualité - produits prioritaires
	• organiser des groupes de travail pour résoudre les problèmes récurrents et/ou critiques
	• travailler sur la prévention
	• assurer la maîtrise des procédés
	• mettre en œuvre le PDCA dans son service
	• aider les services support à définir leurs actions pour contribuer à l'amélioration
Réagir en cas de réclamation clients	• sécuriser les livraisons et les productions
Créer un environnement de travail adapté	• s'assurer de la mise à disposition de moyens adaptés (production, contrôle)

Un travail de clarification pour définir parfaitement le rôle respectif des opérateurs et des managers dans l'obtention de la qualité est également nécessaire.

- Le manager est celui qui donne envie de faire bien, qui donne le ton en matière de qualité. Il organise le travail, fournit aux opérateurs des moyens

« capables », crée un environnement sécurisé et adapté, explique les procédures à appliquer.

Il est également celui qui forme, informe les opérateurs, suit les résultats des contrôles, incite à l'expression de suggestions et organise des groupes de travail pour progresser.

- L'opérateur est celui qui applique les consignes fournies, alerte en cas de doute, contrôle son travail avant de le livrer « au poste suivant » et propose des améliorations.

L'OBJECTIF PRIORITAIRE EST DE NE PAS PRODUIRE DE NON-QUALITÉ

Malgré les consignes de poste, la maintenance préventive, la formation et le tutorat des nouveaux arrivants, des erreurs peuvent être commises. Elles peuvent avoir un impact critique chez le client.

Dans les ateliers, la recherche de la prévention doit être permanente. Il est indispensable de repérer là où les erreurs sont possibles, et d'imaginer comment les éviter.

Pour assurer une qualité zéro défaut sur les caractéristiques de sécurité ou critiques, la mise en place de systèmes anti-erreurs est indispensable. Il s'agit d'éviter de faire une erreur, que ce soit lors de la production, du montage ou du contrôle, ou de détecter immédiatement l'erreur qui vient d'être commise.

La maîtrise de la qualité en production s'appuie sur le travail des défauts maîtrisables par les opérateurs. Les opérateurs maîtrisent la conformité sous réserve :

- qu'ils aient compris ce que l'on attend d'eux, et qu'ils sachent parfaitement que la qualité de leur travail fait partie intégrante de l'évaluation de leur performance ;
- qu'ils aient les moyens pour bien faire : la compétence, l'information, les outils matériels ;
- qu'ils puissent pratiquer l'autocontrôle, et détecter à coup sûr les défauts ;
- que leurs questions et suggestions soient écoutées par les managers.

Mais malgré toutes ces précautions, l'erreur est encore toujours possible… car elle est humaine ! Une personne aussi concentrée et motivée soit-elle, peut générer un défaut de façon involontaire. L'erreur peut être commise soit pendant la production (une faute d'orthographe dans la rédaction par exemple), soit pendant le contrôle.

Les 3 types d'erreur humaine selon Juran

• L'erreur humaine commise par inadvertance

L'erreur est inconsciente, involontaire et imprévisible. L'analyse de la fréquence dans le temps de ces erreurs montre une répartition aléatoire (caractéristiques de préoccupation personnelle), ou rythmée dans le temps (fatigue de fin de journée ou avant les repas).

Pour éviter ce type d'erreur, il s'agit de maintenir l'attention des opérateurs (rotations de poste, présence des managers, sensibilisation répétée, audits…) et/ou mettre en place des systèmes anti-erreurs qui alertent ou bloquent la production en cas d'erreur (un correcteur d'orthographe alerte en cas de faute) ;

• L'erreur humaine commise par incompétence

L'erreur est *a priori* involontaire, constante dans le temps et fortement variable d'un opérateur à l'autre, selon le niveau de qualification. Elle est prévisible. L'opérateur ne sait d'ailleurs pas toujours qu'il se trompe. L'incompétence se situe aussi bien au niveau de la réalisation de l'opération que du contrôle associé.

Ce type de défaut est évité par la formation, la définition de méthodes de travail partagées, une habilitation au poste qui confirme l'aptitude de l'opérateur au poste et les compétences acquises.

• L'erreur humaine commise de façon volontaire

L'erreur est faite consciemment ! Si ce type d'erreur est extrêmement rare, elle est aussi très complexe à traiter. Pourquoi un opérateur pourrait-il choisir de saboter volontairement le travail si le management lui fournit un cadre de travail satisfaisant ?

Chapitre 8

La qualité dans les services

La notion de qualité de service est associée à la fois à la qualité dans les sociétés de service telles que les banques, les assurances, les hôpitaux, les sociétés de distribution, les administrations… mais également à la qualité dans les services associés à la production tels que le commerce, la logistique, etc.

ASSURER PRESTATION DE BASE ET PRESTATION ASSOCIÉE

À la différence des produits physiques facilement contrôlables, le service est immatériel et sa réalisation s'appuie sur la relation avec le client. Celui-ci n'évalue plus l'entreprise au travers de la qualité du produit. Son niveau de satisfaction dépend pour beaucoup de la qualité de la relation qu'il a avec les membres de la société de service.

Cette qualité de service est donc à considérer à deux niveaux :

- la satisfaction des attentes opérationnelles du client (fond) ;
- la satisfaction des besoins relationnels du client, c'est-à-dire la façon dont a été traitée sa demande (forme).

On évoque dans ce cas la notion de prestation de base et prestation associée.

Le challenge à relever est donc double pour la société de service : répondre de façon adéquate aux attentes opérationnelles du client (répondre à son besoin), tout en lui offrant des prestations associées également satisfaisantes.

Exemple

Le patient dans un hôpital veut être en priorité bien soigné mais au-delà de cette attente de base, il évalue la qualité de service de l'établissement sur la qualité de l'accès, de l'accueil, des repas, l'amabilité et la disponibilité du personnel.

Il s'agit alors d'assurer un service de base irréprochable (sur le cœur de métier) sans négliger les « à-côtés ».

	Prestation associée O.K.	Prestation associée K.-O
Prestation de base O.K.	Bravo ! Tout bon !	Le client a le sentiment d'être un numéro.
Prestation de base K.-O	Le client vous perçoit comme gentil mais incompétent.	Zéro ! Tout faux !

Tableau 2 - Qualité de service : le double challenge

LE PERSONNEL EST UN ÉLÉMENT CLÉ DE LA QUALITÉ DE SERVICE

Une compétence à double niveau

Chaque collaborateur en contact avec le client, doit posséder et démontrer une compétence technique : il sait apporter des réponses satisfaisantes au client, agir en vrai professionnel… Il a aussi pour mission d'adapter son attitude pour ne transmettre au client que des émotions positives. C'est ce qu'on appelle avoir « le sens du client » !

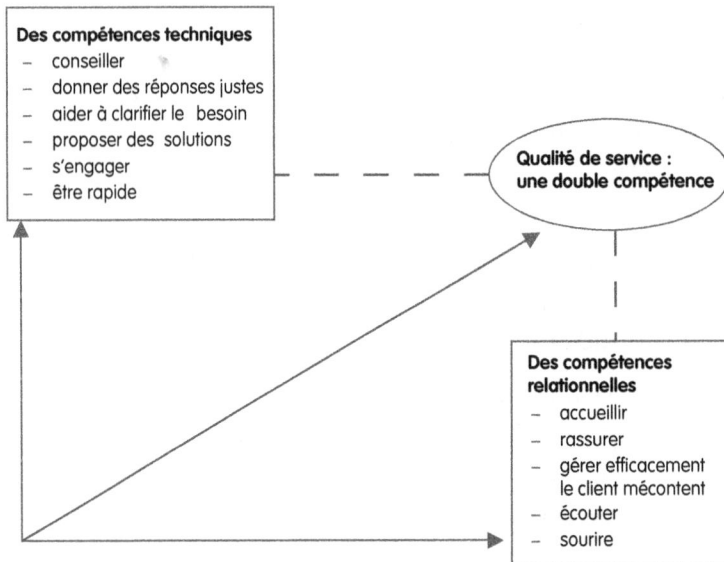

Figure 26 - Qualité de service : le double challenge

Les sept attitudes clés à adopter vis-à-vis du client

La personnalisation

Le client a des besoins de reconnaissance qui se traduisent, en particulier, par le désir d'être identifié par son nom.

Nommer le client à partir des informations dont on dispose dans son dossier et lui montrer de l'intérêt, est un principe de base pour construire une relation durable.

Évitez...	Préférez...
B'jour	*Bonjour monsieur Durand*
Vous avez déjà acheté chez nous	*Je lis dans votre dossier que vous êtes un client fidèle, monsieur Durand*

L'interaction

Être en interaction positive et de proximité avec le client, tel doit être l'obsession du personnel en *front office*. Il est impératif à ce sujet, de regarder le client, même si on ne peut pas s'occuper immédiatement de lui, de lui sourire, d'établir un dialogue, et surtout de savoir se mettre à sa place !

L'interaction doit être suivie par la capacité de ce personnel à faire remonter au service concerné les informations récupérées auprès du client : une remarque négative, même orale, une réflexion, une réclamation téléphonique, une suggestion…

L'anticipation

Le client a horreur de subir. Il attend de ses prestataires qu'ils ne l'obligent pas à les contacter en cas de problème, et que ce soit la société dans ce cas-là qui anticipe le contact. Le client attend de la société, à la fois transparence et réactivité.

Votre colis arrivera demain et non aujourd'hui.

Votre rendez-vous aura 10 minutes de retard.

L'écoute

Pour satisfaire le client, il est nécessaire, nous l'avons vu, de comprendre ses attentes : comprendre ce qu'il veut… ou ce qu'il ne veut pas !

L'écoute du client, à ce niveau, est la clé de la compréhension. Mais écouter, c'est aussi prendre les devants, en posant des questions.

Les 3 types de question pour bien écouter le client

La question ouverte qui le laisse s'exprimer :

- Que recherchez-vous ?
- Quel est votre besoin ?
- Comment pouvons-nous vous aider ?

La question de reformulation, pour valider que l'on a bien compris ce qu'il recherche :

- Vous recherchez une voiture familiale pour de petits trajets, c'est bien cela ?

La question balai, pour valider sa satisfaction par rapport à l'entretien :

- Cette solution correspond-elle bien à ce que vous attendez de nous ?
- Avez-vous toutes les informations que vous souhaitez ?
- Est-ce bien ce que vous vouliez ?

La recherche de solution

Le client achète des solutions, pas des problèmes. Vous n'avez pas pu le satisfaire ? Peu importe pourquoi. Dans l'immédiat, la priorité est de trouver une solution.

Calmer le client en lui expliquant que « le service informatique est tombé en panne », n'est pas une solution. Le personnel en *front office* doit avoir le souci d'éviter de faire partager au client les soucis et la non-qualité de son entreprise. Il s'efforce, au contraire, de démontrer son efficacité en lui proposant des solutions rapides et efficientes.

Il est bon de mettre en évidence le bénéfice pour le client plutôt que la solution brute.

Évitez...	Préférez...
Vous serez livré dans 48 heures	*Dans 48 heures, votre matériel sera installé et vous pourrez lancer la production de votre nouveau produit*
Vous allez découvrire de nouvelles fonctions Excel	*Dans 28 minutes, vous pourrez faire les tris que vous souhaitez à partir de ce tableau*

L'attitude positive

La relation avec le client se construit sur l'émotion. Les mots ont un poids.

Bannissez…	Usez…
Les mots ou expressions négatives :	**de formulations positives :**
• Vous semblez ignorer que… • Vous faites erreur • Vous n'avez besoin de rien… ? • Ne voulez-vous pas… ? • Ne pensez-vous pas… ? • Ne souhaitez-vous pas… ?	• Vous voulez A, ou vous vous préférez B ? • Savez-vous que… ? • Souhaitez-vous des informations complémentaires ? • À propos de votre question… • Puis-je vous aider ?
Les mots malheureux qui éveillent chez le client une image sombre ou incertaine :	**des mots à connotation valorisante et rassurante :**
• Ennui, souci, danger, dette, problème… • Réclamation, objection, concurrent… • Peut-être, malheureusement… • Soyez sans crainte… • Ne vous inquiétez pas… • Vous ne faites pas une mauvaise affaire… • Je crois que…	• Avantage, intérêt • Je suis persuadé que… • Soyez assuré que…

L'engagement

Plusieurs types d'engagement vis-à-vis du client ont du sens quand il s'agit de chercher à le satisfaire. Et le fait de s'engager régulièrement et de concrétiser des promesses faites, est un facteur déterminant pour conforter le client dans ses certitudes.

Évitez…	Préférez…
Vous serez servi rapidement	*Vous serez livré dans 24 heures (engagement de résultats)*
Nous vous rappellerons prochainement	*M. Gillet vous rappellera dans 48 heures (engagement de résultats)*
Notre équipe est performante	*Nous mettons à votre service une équipe de 10 personnes habilitées (engagement de moyens)*

OPTIMISER LE PARCOURS DU CLIENT

Identifier tous les moments de vérité

Chaque moment de la relation de l'entreprise avec le client, qu'elle soit par l'intermédiaire d'un mail, d'une personne au téléphone, en face-à-face, par courrier ou même indirecte, est ce que l'on appelle « un moment de vérité » : un instant au cours duquel le client évalue l'entreprise.

L'addition de ces moments de vérité constitue une carte, celle de la perception que le client a de l'entreprise.

L'identification de tous ces moments de vérité dans le parcours du client, lui assure de recevoir la meilleure prestation possible auprès de chaque personne en *front office*, dans chaque service, à chaque instant.

Satisfaction client

= Qualité perçue par le client
= Somme de la perception des moments de vérité
tout au long du parcours client

Le parcours du client dans l'entreprise est constitué par toutes les étapes qu'il franchit avant et après la prestation proprement dite.

Chaque étape constitue une interaction avec l'entreprise, visible par le client (et vécue avec lui et par le *front office*) et créatrice de valeur ajoutée. Chaque étape a une influence sur le client et sur sa perception de l'entreprise. La perception de la qualité de la prestation par le client est globale.

Tous les détails comptent ! La perception du client n'est pas centrée uniquement sur la qualité du service fourni. En réalité, elle englobe également la somme de toutes les perceptions de chaque « moment de vérité », qui représente pour lui un souvenir positif de sa relation avec le prestataire… ou un moment à oublier.

Les 3 composantes du moment de vérité du client

- Ce qu'il voit.
- Ce qu'il entend.
- Ce qu'il ressent.

Tout ce qui lui laisse un souvenir marquant de la qualité de service de l'entreprise !

Agir en prévention sur le parcours client

La règle de base en matière de qualité de service est celle de la proactivité. Il s'agit avant tout de prévenir les défaillances et de tout mettre en œuvre pour assurer la satisfaction du client, à chaque fois.

> Le service ne peut pas toujours, à la différence du produit, être contrôlé avant d'être délivré au client, puisqu'il est réalisé en temps réel.

Un travail est donc à réaliser sur le parcours client :

- identifier chaque étape du parcours, l'étudier et la passer au crible. On repère ce qui peut ne pas fonctionner, on imagine le scénario catastrophe qui laisserait le client mécontent !
- identifier les ressources à mettre en œuvre, celles qui sont nécessaires pour faire bien, dès la première fois, à chaque fois ;
- associer à chaque étape clé, si besoin, des standards de service garantissant la satisfaction du client.

Imaginer le scénario catastrophe

Vouloir satisfaire les clients, c'est choisir de prévoir avant de risquer subir.

Le risque de ne pas satisfaire les clients est d'autant plus important si aucune réflexion n'a été engagée à ce sujet. Plus le temps passé dans la relation avec le client est long, plus grand est le nombre de paramètres à maîtriser et plus le risque de ne pas satisfaire le client est élevé. La gravité des défaillances potentielles est à prendre absolument en compte.

Exemple

Un séjour de 15 jours dans un centre de vacances pour y pratiquer des activités sportives et culturelles, présente sans doute plus de risques potentiels qu'une courte visite de 10 minutes dans un musée.

Une méthode possible pour passer au crible les **incidents** potentiels est inspirée de l'Amdec développée dans le chapitre 2. Cette méthode est largement développée dans l'industrie pour anticiper les défaillances d'un produit ou les non-conformités d'une production.

Anticiper, prévoir, c'est diminuer le risque !

Mettre en œuvre les ressources nécessaires

Pour ne laisser au client que des impressions positives, à chaque étape de son parcours, l'entreprise investit au niveau :

- du personnel : sa compétence, son comportement (bienveillance, empathie, disponibilité), sa tenue ;
- de l'environnement : l'accès, le cadre (design, décor, propreté) ;
- des moyens mis à disposition : tout ce que le client peut voir (bureau de réception client), lire (journaux en libre accès, panneaux d'affichage), entendre (bruits d'ambiance).

Beaucoup de prestations de service s'effectuent aujourd'hui en ligne, et il est important d'appliquer ces principes aux services téléphoniques ou aux services du Web.

Créer et vérifier l'application des standards de service

Le standard de service définit la façon dont l'entreprise répond aux besoins des clients, selon quelle organisation et quelles règles pour assurer un service de qualité.

Il s'agit de passer du « le client veut » à « voici comment faire pour satisfaire le client ».

Les différentes formes d'un standard de service

- **Des consignes de poste**, qui définissent une procédure sur la façon de faire des opérationnels :
  – laisser sonner le téléphone moins de 4 sonneries ;
  – en cas de poste occupé, établir un renvoi automatique sur le standard ;
  – répondre par un message où sont déclinés le nom de la société, les nom et prénom de l'interlocuteur, et ajouter « à votre service » ;
  – mettre en attente par un renvoi sur une rubrique « infos services » ;
  – employer un ton aimable ;
  – reformuler la question pour s'assurer que l'on a compris le besoin du client.
  (pratiques d'une société de service)
- **Un guide de bonnes pratiques**, pour rappeler les bons comportements de l'entreprise vis-à-vis du client.

Ce guide comprend :
  – ce qu'il faut faire ;
  – ce qu'il ne faut pas faire.
- **Une charte**, qui engage l'entreprise vis-à-vis de ses clients en termes de résultats ou de moyens.
  – Nous vous remboursons la différence si vous trouvez moins cher ailleurs.
  – Vous avez pris la peine de nous écrire, nous vous répondrons sous 8 jours.
  – Vous serez informés immédiatement de la situation au cours du voyage si vous restez arrêtés plus de 5 minutes.
  – Pour la provenance de nos viandes, nous assurons la traçabilité.
  – Au-delà de trois caddies en attente, nous ouvrons d'autres caisses.
  (pratiques de diverses sociétés de service)
- **Une grille « environnement »**, qui décrit l'environnement type à mettre en place pour accueillir les clients :
  – accueil : sourire, main tendue, formule de politesse ;
  – tenue : badge avec prénom, nom et fonction.
  – panneaux de signalisation indiquant l'entrée, l'atelier, les bureaux, les toilettes, la sortie.
  – plantes vertes (dont une à l'accueil).
  (pratiques d'un atelier d'un garage automobile)
- **Un moyen mnémotechnique**, pour rappeler les bons réflexes à acquérir.
Par exemple, « SAP » : sourire, attention, personnalisation.
- **Une clarification des indicateurs clés**, communicables aux clients et qui concrétisent la qualité de service fournie au client :
  – 80 % des appels sont traités en moins de 10 secondes ;
  – le premier cocktail est servi moins de 5 minutes après extinction du signal « Attachez vos ceintures » ;
  – les portes de débarquement sont ouvertes moins de 2 minutes après l'arrivée de l'avion au terminal ;
  – le dernier bagage est débarqué moins de 15 minutes après l'arrivée du vol ;
  – 85 % des vols partent avec moins de 5 minutes de retard.
  (pratiques d'une compagnie aérienne)

Il ne s'agit pas de se noyer sous des règles. L'important, en réalité, est de partager, capitaliser sur les incontournables du métier, ceux qui assurent la satisfaction des clients du premier coup et à tous les coups !

S'engager vis-à-vis des clients implique une formation du personnel à la compréhension et à l'appropriation de ces standards. Les managers expliquent en quoi ces standards sont importants, et comment les appliquer. De manière continuelle, ils encouragent à l'application de ces pratiques.

Régulièrement, les entreprises s'assurent de l'application des standards par des moyens divers. Le client mystère est un de ces moyens, largement utilisé et applicable dans tous types de sociétés.

Le client mystère, un vrai « faux client »

Le client mystère est une personne inconnue de la société. Elle joue le rôle du client, en travaillant sur un scénario précis. Elle se met dans la peau du client type, vit la prestation, puis remplit un questionnaire et un rapport d'étonnement.
Le client mystère permet de mesurer les écarts entre ce qui est fait et ce qui devrait être fait. Il peut réaliser la même analyse chez les concurrents.
Le client mystère fait aussi part de ses remarques et de ses commentaires constructifs sur la prestation.
Si dans une société de service il peut se mettre à la place du client tout au long de la réalisation de la production, dans une société industrielle le client mystère peut être utilisé pour évaluer la qualité de service du standard, du service commercial, du service après-vente, etc.

Chapitre 9

Les référentiels au service de la qualité

Un référentiel est un document « de référence », sur lequel l'entreprise s'appuie pour construire son système qualité. Le référentiel peut être imposé ou non par le client, spécifique à un métier ou généraliste.

LES NORMES QUALITÉ

Nous n'évoquerons pas ici des « normes produit » qui fixent des exigences liées aux caractéristiques des produits, mais des textes de référence qui définissent l'organisation qualité au sein d'une entreprise en termes de responsabilité, documents clés, outils à mettre en œuvre.

> Les normes ISO fournissent des exigences, ou donnent des lignes directrices relatives aux bonnes pratiques de management.

Fondée en 1947, l'ISO (*International Standard Organization*) ou Organisation internationale de normalisation, est une association constituée actuellement de 149 comités membres nationaux de normalisation (Afnor en France), qui représentent chacun leur pays. Pour élaborer les normes internationales, l'ISO est organisée en comités techniques, sous-comités et groupes de travail.

Aujourd'hui le référentiel qualité le plus connu est l'ISO 9001 V2008, et plus globalement la série des normes ISO 9000.

Les normes ISO de la série 9000

La norme ISO 9001 est une des normes de la série des normes ISO 9000 relatives aux systèmes de management de la qualité. Avant tout, elle sert de base à la certification d'une entreprise.

Les deux autres normes clés de la série 9000 sont l'ISO 9000 et l'ISO 9004.

L'ISO 9000

L'ISO 9000 décrit les « Principes essentiels et vocabulaire » applicables à un système de management de la qualité. Les 8 principes clés décrits dans ce référentiel, et qui constituent le fil directeur d'une démarche de management ISO 9001, sont : l'orientation client, le leadership, l'implication du personnel, l'approche processus, la gestion par approche système, l'amélioration continue, l'approche factuelle pour la prise de décision, les relations mutuellement bénéfiques avec les fournisseurs.

L'ISO 9004

L'ISO 9004, « Gestion des performances durables d'un organisme – Approche de management par la qualité », donne les lignes directrices pour l'amélioration des performances. Cette norme, prévue pour un usage en interne et non à des fins contractuelles de certification, vise à l'amélioration continue des performances de l'entreprise par un management par la qualité. En complément de l'ISO 9001, cette très intéressante norme aborde la performance de l'entreprise dans son ensemble, et donne des clés pour construire un système qualité efficace et efficient, qui va donc satisfaire les clients mais aussi les autres parties intéressées.

L'ISO 9004, dont la dernière version date de 2009, complète l'ISO 9001 mais seule l'ISO 9001 reste certifiable. Une annexe précise les correspondances entre ISO 9001:2008 et ISO 9004:2009, article par article.

L'ISO 9001

La norme ISO 9001 décrit les exigences relatives à un système de management de la qualité pour une utilisation soit interne, soit à des fins contractuelles ou de certification. Il s'agit d'un ensemble d'obligations que l'entreprise doit suivre. La version en vigueur de l'ISO 9001 est la version datée de 2008. De manière globale, les exigences décrites dans ce texte sont relatives à 6 grands domaines :

- un système de management de la qualité qui préconise une organisation de l'entreprise par processus ;
- l'élaboration d'un système documentaire simple et adapté aux activités de l'entreprise qui doit permettre de clarifier, formaliser les bonnes pratiques en matière de qualité ;
- une expression des responsabilités de chacun, et plus particulièrement l'engagement formel de la direction qui formule les orientations qu'elle veut donner à la démarche (politique qualité) ;
- la mise en place de ressources humaines et immatérielles adaptées pour assurer le fonctionnement et l'amélioration des processus ;
- la maîtrise des processus clés de l'entreprise, qu'ils soient ceux du métier ou des processus support (conception, achats, commerce, etc.) ;
- la mise en œuvre de l'amélioration continue en s'appuyant sur la roue de Deming, pour engager résolument l'entreprise dans un plan de progrès en cohérence avec les exigences des clients et de la direction. Cette logique de progrès s'appuie aussi sur la mise en œuvre d'actions de progrès au quotidien.

La certification ISO n'est pas délivrée par l'ISO elle-même, mais par un organisme certificateur accrédité par le Comité français d'accréditation (COFRAC) tel que l'Afnor certification, le Bureau Veritas, la Société Générale de Surveillance (SGS), etc.

L'organisme certificateur atteste, au travers d'un audit de plusieurs jours, que le système de management de l'entreprise respecte les exigences de la norme ISO 9001. La certification est obtenue, puis renouvelée tous les trois ans, après un audit du système qualité. Cette certification porte sur l'organisation de l'entreprise et non sur ses produits.

Les autres référentiels qualité les plus reconnus

- **CMMI** (*Capability Maturity Model Integration*) : normes américaines du SEI (*Software Engineering Institute*) définissant le niveau de qualité des pratiques de développement logiciel, et utilisé plus globalement dans le développement de projets. Ce modèle permet d'évaluer la maturité de l'entreprise sur 5 niveaux.
- **HACCP/ISO22000** : référentiel de système de management de la sécurité alimentaire spécifique au secteur de l'industrie agroalimentaire.
- **ISO TS 16949** : référentiel automobile développé par les membres de l'IATF (*International Automotive Task Force*), composée en particulier des constructeurs et des équipementiers automobiles. L'ISO TS 16949 est un référentiel qui inclut les exigences de l'ISO 9001, en y ajoutant des spécificités automobiles.
- **EN 9100** : norme européenne décrivant un système qualité pour le marché aéronautique. Cette norme a son équivalence aux États-Unis (AS 9100) et en Asie (JISQ 9100).
- **ISO 13485** : norme qui précise les exigences des systèmes de management de la qualité (SMQ) pour l'industrie des dispositifs médicaux. Elle s'appuie sur les exigences de la norme plus générale ISO 9001, dans le contexte de cette industrie.
- **BPF** (bonnes pratiques de fabrication) : référentiel qualité dans le domaine de l'industrie pharmaceutique.

LES MODÈLES D'EXCELLENCE MANAGÉRIALE

Le modèle européen : l'EFQM

L'*European Foundation for Quality Management* ou Fondation européenne pour le management par la qualité, est une association qui a pour mission de promouvoir l'excellence dans les entreprises au travers de son modèle EFQM. Ce modèle est un référentiel de management, qui aide les entreprises à mieux se structurer et les managers à en améliorer significativement les résultats.

Les challenges des entreprises qui choisissent l'EFQM sont multiples :

- rechercher résolument la satisfaction des clients, la rentabilité de l'entreprise mais aussi la satisfaction des partenaires, parties prenantes de l'entreprise (individus, groupe de personnes pouvant être impacté ou pouvant impacter l'entreprise) ;
- déployer une démarche dans toute l'entreprise, sous l'impulsion des managers dont le leadership va entraîner l'ensemble des collaborateurs. La démarche vise à réussir ensemble un projet collectif et concret, décliné en

objectifs mesurables dans chaque activité où chacun se sent impliqué et engagé ;

- s'organiser par processus dans une cohérence globale ;

- manager par les faits pour que chaque décision soit étayée ;

- conduire le changement par l'apprentissage, l'innovation et l'amélioration continue.

Ainsi, une direction qui choisit ce modèle pour son entreprise démontre sa volonté d'améliorer les performances financières et non financières, de manière équilibrée (résultats satisfaction client, satisfaction du personnel, intégration dans la collectivité, etc.). Elle choisit de mobiliser tous ses managers et tous ses collaborateurs dans une logique d'amélioration continue, et vise des résultats à la hauteur des meilleurs (le *benchmarking* fait partie des bonnes pratiques de l'EFQM).

Le modèle EFQM s'articule autour de neuf critères :

- Cinq d'entre eux concernent l'organisation et le management (facteurs) : stratégie, leadership des dirigeants, management des ressources humaines, gestion des ressources et des partenaires, pilotage des processus ;

- les quatre autres concernent les résultats tournés client : personnel, responsabilité sociétale et autres indicateurs clés de l'entreprise.

Les résultats découlent des facteurs.

Les facteurs influent sur les résultats.

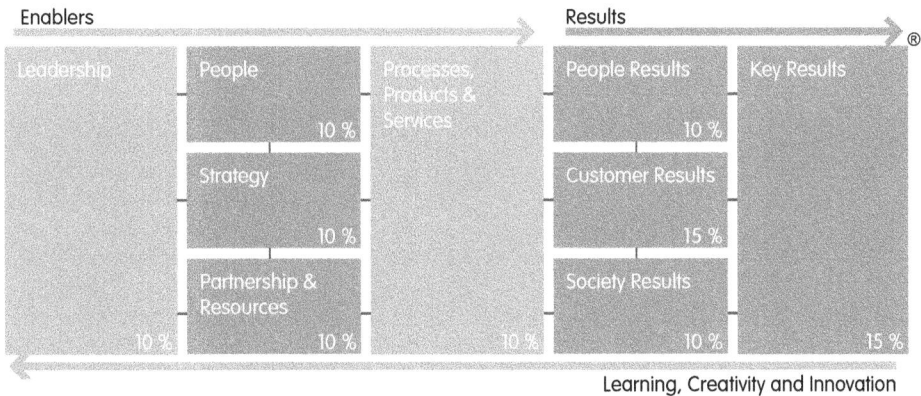

Source EFQM Model 2010

Figure 27 - Modèle EFQM

Dans un premier temps, le modèle EFQM permet à une entreprise de s'auto-évaluer et de se comparer à ses pairs. Chaque année, en Europe, environ 10 à 20 lauréats obtiennent un prix EFQM, la classification des catégories étant la suivante : Grande entreprise/Unité opérationnelle/Secteur public/PME filiale de groupe/PME indépendante.

Chaque catégorie comporte 3 types de prix : Finaliste/Gagnant d'un prix (selon 1 critère)/Lauréat.

L'entreprise qui a fait acte de candidature, doit présenter un dossier auprès d'un jury qui lui attribue une note. Si le dossier est sélectionné, une équipe de 3 à 5 évaluateurs, qualifiés EFQM, réalise pendant une semaine, une visite d'évaluation. Le jury examine les rapports d'évaluation, et décide de l'attribution des prix EFQM au meilleur.

Le modèle EFQM intègre indirectement de nombreux référentiels qualité (ISO 9001, ISO 14001, OHSAS 18000, Six Sigma, *Investor In People*…), et peut donc être considéré comme une suite logique à une démarche de certification ISO 9001.

Les modèles internationaux

Au Japon : le prix Deming a été créé en 1952.

Aux États-Unis : le prix Malcolm Baldrige est décerné depuis 1987, par le président, à des entreprises « excellentes » en matière de qualité selon les critères du modèle américain.

Chapitre 10

Les points d'ancrage
d'une démarche qualité

Comment lancer la démarche qualité ? La réponse est dans la mise en place de points d'ancrage qui permettent de lancer le PDCA.

POSER LES BASES, LES PRINCIPES FONDATEURS

Une direction qui s'engage au nom de toute l'entreprise

La direction choisit de mettre en œuvre dans son entreprise une organisation qui vise à garantir la satisfaction des clients. La direction signifie par là que la démarche qualité n'est pas le choix du responsable qualité mais bien celui du dirigeant.

Et cette volonté n'est pas uniquement concrétisée par la rédaction d'une lettre d'engagement affichée dans les ateliers. Au travers de cette implication personnelle qui engage toute l'entreprise, la direction accepte :

- d'être « le décideur » qualité, celui qui oriente la démarche et tranche en cas de besoin ;

- d'être un vrai « sponsor » de la démarche dans le sens où il va la valoriser, la mettre en avant, la soutenir, et surtout appuyer le responsable qualité en cas de besoin auprès des opérationnels ;

- de remettre en cause son organisation, car mettre en place un système qualité nécessite parfois de revoir la façon de travailler, de se comporter…
- de se donner les moyens de ses ambitions. Une démarche qualité requiert des investissements financiers qu'il faut assurer.

Une identification des rôles qui clarifie les responsabilités de chacun

Identifier au sein de toute l'entreprise, qui est responsable de quoi en matière de qualité et l'écrire, est une bonne façon de mettre en œuvre la logique qualité qui, nous l'avons vu, suit le cycle de vie du produit ; chaque service contribue à l'obtention de la qualité et doit l'avoir intégré dans sa façon de fonctionner.

Cette définition des rôles se fait en parallèle de la création de la structure qualité : qui est le responsable qualité ? Comment va être organisé le service qualité ? Nomme-t-on des animateurs qualité dans les services ?

FIXER LE CADRE

Une fois ces principes fondateurs posés, le comité de direction et le responsable qualité vont clarifier ce qu'ils attendent de la démarche, et exprimer les axes de travail (fondements de la politique qualité) : compte tenu du contexte, des résultats internes, des exigences clients, de la concurrence, où sont les priorités ?

C'est aussi l'occasion de définir les indicateurs de réussite associés.

Les 5 questions à se poser avant de lancer le PDCA

- Que voulons-nous améliorer ?
- Voulons-nous travailler en interne (organisation) ou en externe (vers nos clients) en priorité ; où sont nos urgences ?
- Comment saurons-nous que nous avons réussi ?
- Quels sont les indicateurs à suivre et les objectifs associés ?
- Quels moyens attribuons-nous à ce projet ?

Cette réflexion peut conduire à l'élaboration d'une fiche projet. Ainsi, un comité de direction peut-il choisir de travailler :

- sur un projet de certification ;
- sur une démarche visant à améliorer la qualité perçue par les clients ;

- sur les process internes de l'entreprise ;
- sur l'intégration d'une culture client (plus qu'une culture produit) ;
- sur l'amélioration de la rentabilité par la baisse des coûts de non-qualité.

LANCER LE PDCA REVISITÉ

Il s'agit ici d'abord de comprendre, de faire le bilan de l'existant de manière objective, pour ne pas partir avec des idées préconçues. C'est le moyen d'identifier les forces et les faiblesses de l'entreprise, ses atouts et ses freins.

Une fois le bilan fait (en cohérence avec le périmètre défini préalablement par la direction), on peut lancer l'étape de planification c'est-à-dire définir des axes de travail précis, exprimer des objectifs mesurables à atteindre en matière de résultats ; cela dépend du projet.

On peut ainsi imaginer :

- diminuer de 30 % les réclamations critiques ;
- diminuer de 50 % les coûts de non-qualité ;
- diminuer de 30 % les défauts dans l'atelier A ;
- mettre en place l'autocontrôle pour diminuer les retours clients de 20 %.

Il reste ensuite à planifier les actions à mettre en œuvre au sein de l'entreprise pour atteindre ces objectifs : nous sommes ici dans l'exercice de la construction du plan d'action. Qui doit faire quoi pour réussir le challenge ? Les actions à engager peuvent être très variées ; elles dépendent à la fois des orientations fixées par la direction et de la situation initiale.

Quelques actions « classiques » qualité

- Au niveau des achats :
  - formaliser les cahiers des charges des produits achetés ;
  - mettre en place des critères qualité de sélection de nouveaux fournisseurs ;
  - créer un système de suivi des performances des fournisseurs et sous-traitants ;
  - créer un contrôle des produits à la réception.
- Nous avons abordé précédemment le PDCA, revu le concept en y intégrant notamment une phase de diagnostic.

- **Au niveau de la conception :**
  – mettre en place une planification des étapes de conception et les responsabilités associées ;
  – définir les données d'entrée indispensables ;
  – mettre en place une vérification de la conception (on s'assure que le produit ou service conçu répond bien aux exigences d'entrée) ;
  – mettre en place une validation de conception (on vérifie que le produit ou service remplit les fonctions d'usage prévues) ;
  – vérifier les premières productions et ajuster si besoin.
- **Au niveau de la production :**
  – formaliser les plans de surveillance des produits tout au long du process de fabrication, avec à chaque étape les caractéristiques clés liées au produit à obtenir et les moyens de le contrôler ;
  – instaurer l'autocontrôle ;
  – mettre en place la métrologie (vérification et étalonnage des appareils de mesure).
  – définir des règles pour maîtriser le produit non conforme (y compris les procédures de dérogation) ;
  – formaliser une maintenance préventive ;
  – assurer la formation et la motivation des opérateurs ;
  – écrire les consignes de poste pour garantir l'obtention de la conformité des produits.
  – imaginer des systèmes anti-erreurs ;
  – mettre en place un système de suggestions.
- **Au niveau du service qualité :**
  – instaurer des réunions régulières avec les services opérationnels ;
  – établir un tableau de bord qualité ;
  – définir les plans d'amélioration ;
  – mettre en œuvre des groupes de travail sur la résolution de problème ;
  – créer un circuit de recueil des réclamations clients et leur exploitation systématique ;
  – créer des fiches d'actions correctives et assurer la formation associée.

FAIRE DES POINTS RÉGULIERS

Une fois les actions définies, des points réguliers sont organisés pour vérifier la mise en œuvre de ces actions et leur efficacité. Ces points réguliers peuvent être effectués au travers d'audits internes et/ou par le suivi d'indicateurs.

APPRENDRE À CORRIGER

Les bilans sont des constats. Ce qui est important, c'est la manière de manager, de piloter en fonction des résultats.

Les résultats positifs déclenchent des félicitations et une réflexion pour capitaliser sur les bénéfices : il faut alors formaliser les pratiques mises en œuvre, les généraliser.

Les résultats négatifs initient une étude pour comprendre les causes de l'écart constaté par rapport à ce qui était prévu et la mise en place d'actions afin de le réduire. Cette phase s'arrête quand les résultats sont à la hauteur des prévisions, et que ces résultats sont pérennes dans le temps.

REPENSER SES OBJECTIFS

Une fois les objectifs atteints et maintenus, le responsable qualité propose de nouveaux challenges pour progresser encore sur les mêmes sujets, ou dans d'autres domaines.

À toutes les étapes, la communication et le travail en équipe doivent trouver leur place.

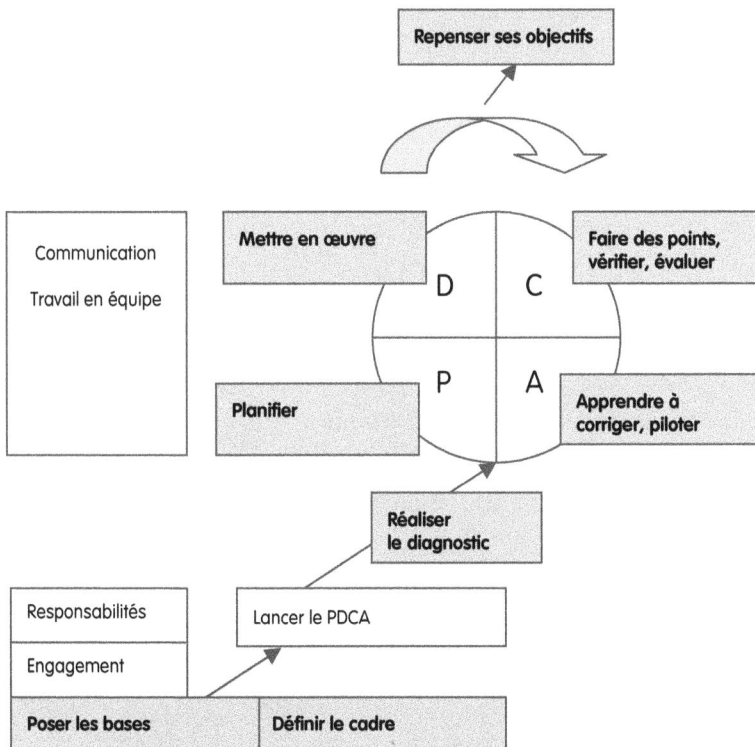

Figure 28 - Les étapes de la démarche qualité

Chapitre 11

Susciter, entretenir et animer la motivation à la qualité

L'OBTENTION DE LA QUALITÉ EST-ELLE UNE QUESTION DE MOTIVATION ?

C'est la question que se posent régulièrement les managers, à l'occasion de mises en œuvre d'actions en vue d'améliorer la qualité des produits et des prestations. La tentation est grande, il est vrai, d'attribuer la baisse de qualité, ou son absence durable, à une implication et une attention insuffisantes des équipes de production, des forces de vente, des personnels en contact avec les clients. Il arrive même que les origines de certains incidents lourds de conséquences soient parfois imputées à un manque de concentration, voire d'envie de bien faire, de certaines catégories de personnel.

Mais avant de poursuivre notre réflexion et donner les bonnes pistes d'action pour motiver les « troupes » à la qualité, arrêtons-nous sur le sens et le contenu du mot « motivation », au-delà de son usage banalisé.

La motivation est un puissant moteur de vie

Qui oserait prétendre que la motivation n'est pas un facteur positif pour obtenir des résultats dans la vie ? Et que, par effet de symétrie, son absence ne risque pas de nuire à la qualité de réalisation d'un projet ou à l'obtention de la conformité dans le déroulement d'une tâche ? Évidemment, plus l'être humain est motivé, c'est-à-dire porté par un élan puissant, plus ses sens et son énergie sont mobilisés pour aller de l'avant et bien faire, et plus il a de probabilités d'obtenir de bons résultats.

La responsabilité partagée de la motivation

« Ils ne sont pas motivés ! » telle est la rengaine entendue de la part de managers au sujet des personnels opérationnels, de parents à propos de leurs enfants, voire d'entraîneurs évoquant l'état psychologique de leurs joueurs. Ce petit refrain a la constance d'une appréciation portée par le guide concernant le guidé. Et c'est là que le bât blesse ! S'« ils ne sont pas motivés », c'est sans doute parce que ces managers, parents, entraîneurs, ne sont eux-mêmes pas motivés ! Et à notre sens, la responsabilité de ces personnes en charge de leadership est engagée pour moitié dans ce manque de motivation.

« Mon équipe n'est pas motivée à la qualité... et la tienne ? »

Notre approche en ce qui concerne la motivation à la qualité, est donc d'inciter les managers et les décideurs à « balayer devant leur porte ». Pour ce faire, nous conseillons aux comités managériaux et de direction, de commencer en séminaire à répondre aux questions suivantes avant d'engager une action auprès du personnel sur le thème de la qualité.

Les bonnes questions à se poser

- Quel exemple, lorsque je prends des décisions, est-ce que je donne moi-même de ma motivation en matière de qualité ?
- Comment sont reçues et perçues par les équipes mes prises de position ?
- Que puis-je attendre d'elles dans de telles conditions ?

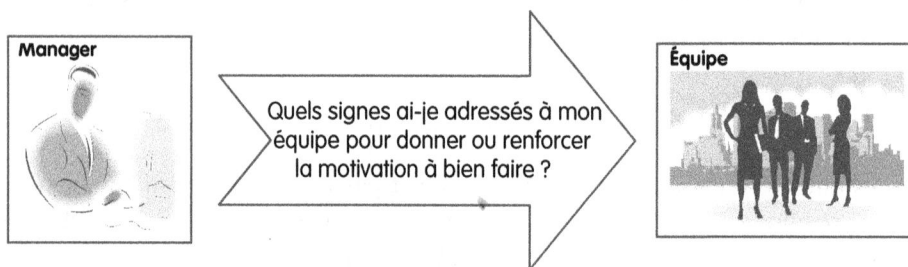

Quels signes ai-je adressés à mon équipe pour donner ou renforcer la motivation à bien faire ?

Figure 29 - La motivation, une relation manager/managés

Le poids de l'histoire en défaveur de la qualité

Un fait est certain, la grande majorité des décisions prises depuis la fin de la Seconde Guerre mondiale dans le monde de l'économie et des affaires par tous les dirigeants, est guidée par la rentabilité à court terme, selon le modèle dominant anglo-saxon. Il a été, et il reste, intellectuellement très difficile à toutes ces générations de gouvernants et de décideurs, de se projeter et d'investir sur des démarches de développement de l'entreprise fondées sur la valeur « qualité », laquelle ne correspond à aucune représentation concrète partagée dans quelque société que ce soit.

Il est, semble-t-il, plus facile d'entraîner les foules avec un « Viens, on va gagner de l'argent ! » qu'avec un « Viens, on va faire un bon travail ! » Quelques dirigeants charismatiques et convaincus ont certes réussi en leur temps à imposer leur vision faite d'exigence de qualité, mais la dure réalité économique les a rattrapés !

Exemple

Dans les années post-2000, l'exemplaire Toyota a fini par lâcher sur la qualité pour des raisons économiques, et le résultat s'est traduit par des soucis de qualité sur certains modèles, entraînant des rappels en clientèle nombreux et peu glorieux pour ce porte-drapeau de la glorieuse industrie nippone.

Alors, dans ce contexte, obtenir la qualité, ne semble pas aussi simple qu'il y paraît ! La qualité ne serait-elle qu'une affaire de motivation ? Le simpliste processus « J'ai envie de la qualité, alors je la construis, je la réalise, je l'obtiens, je la partage » est non seulement réducteur mais irréaliste.

Ramenons le discours sur la motivation et ses conséquences en termes d'attitudes managériales et de plans d'action à sa véritable dimension.

RESPONSABILISER LES MANAGERS POUR ENTRETENIR LA MOTIVATION DES ÉQUIPES

Le fait est que ce sont rarement les équipes de production, les hommes et les femmes de terrain, les employés et les opérateurs, qui manquent de motivation. De toute évidence, cette motivation initialement présente, disparaît peu à peu en raison souvent des décisions prises et du comportement des managers. En effet, l'homme au travail est généralement, en tout cas majoritairement, enclin à aller de l'avant et à accomplir au mieux les tâches qui lui sont clairement assignées contre la garantie d'un salaire régulier. La motivation minimale est présente.

L'enthousiasme, autrement dit l'expression physique d'une grande motivation, peut apparaître sous l'action combinée de l'obtention de résultats collectifs remarquables, de l'attitude exemplaire du manager, de la possibilité d'envisager une progression de carrière intéressante, d'être reconnu pour son travail… ou plus simplement d'avoir la paix dans son activité !

Nous nous proposons de développer ici 3 conditions du maintien de la motivation.

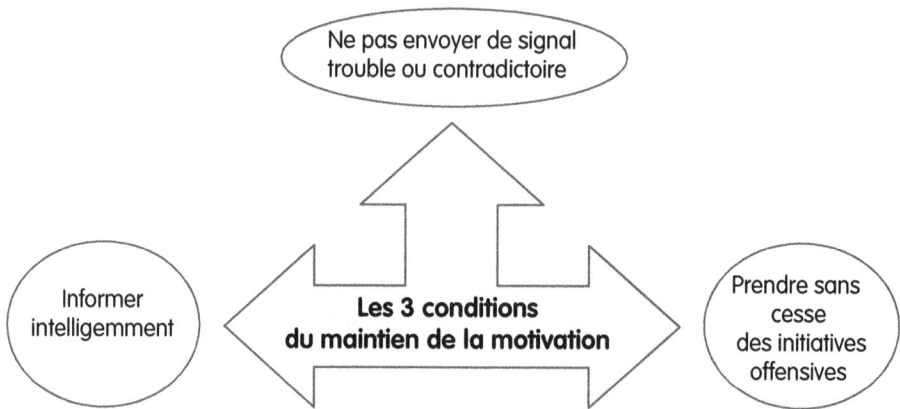

Figure 30 - Les 3 conditions du maintien de la motivation

Ne pas envoyer de signal trouble ou contradictoire

Défendre une position qui pose question ou prendre une décision difficilement compréhensible par le personnel, contrarie le long travail de construction managériale autour de la qualité.

- Si un directeur décide de transférer une production dans une usine située dans un pays ou une zone dont il sait qu'elle n'a pas atteint un niveau suffisant de maîtrise de la qualité, mais où le coût apparent de production est nettement moindre, quel message délivre-t-il aux collaborateurs des autres sites ? Celui de la qualité ou celui la profitabilité à court terme ? À la place du «Tous ensemble pour la qualité ! » mis en avant, le message réellement perçu est : «Tous ensemble pour les actionnaires ! »…

- En situation de ventes difficiles, une direction qui privilégie la quantité à la qualité, prend des risques en matière de conformité ? produit, de satisfaction client, d'image de la société. Les expressions qui traduisent ou qui représentent ces pratiques à risque sont : « Nous allons surbooker… annuler… », « Il n'y a qu'à employer des intérimaires… alléger le contrôle… », « Servons en priorité les clients du Top 40… », « Abaissons notre niveau d'exigence, les concurrents n'en font pas autant… » Les équipes traduisent aussitôt ces discours dans leur langage : « À la direction, ils n'en ont rien à faire de la qualité ! »

- Pour réaliser ces fameuses économies d'échelle après lesquelles les organisations de taille moyenne, en particulier, courent, la direction décide d'alléger la structure en supprimant le poste de responsable qualité pour le fusionner avec une autre fonction. Quelle traduction, une fois encore, le personnel fait-il de cette échappatoire ? « C'est tellement important la qualité que l'on supprime le poste du responsable ! »

Avec de tels choix, les managers qui ont pourtant construit patiemment un discours cohérent sur la qualité, ont beaucoup à faire pour récupérer de la motivation en matière de qualité de leur personnel.

> Les prises de décision des managers sont toujours les facteurs clés de renforcement ou de diminution de la motivation du personnel.

Informer intelligemment

De manière générale, négliger d'informer finit toujours par créer de la frustration, des angoisses, générer des commentaires chez les collaborateurs, et bien sûr, laisser place à des informations déformées ou fausses. Dans ce cas, tout manager est convaincu de la nécessité d'informer. Mais comment informer ?

L'association des deux mots « informer » et « intelligemment » vient du fait qu'en matière de communication, il n'y a pas de recette pour maintenir la motivation à la qualité, et qu'il s'agit toujours d'un véritable travail à valeur ajoutée pour le manager de la qualité.

Informer intelligemment nécessite d'abord de sélectionner les informations à communiquer. Pour ce faire, il lui « suffit » de répondre à ces 2 questions :

- En quoi ces informations peuvent-elles renforcer la motivation des troupes ?
- Quelles sont celles qui risquent d'avoir l'effet contraire ?

Ensuite, il lui faut valider les informations qu'il a choisi de communiquer, en les testant auprès de quelques personnes de l'entreprise.

Être attentif à la nature de l'information à communiquer

La nature de l'information que l'on communique influe sur le niveau de motivation du personnel. Et parfois, communiquer une information positive peut avoir un effet de démobilisation !

Exemples

Un manager sportif annonce à ses joueurs que leur principal concurrent a perdu son match quelques heures plus tôt ; de ce fait les joueurs peuvent être tentés de lever le pied au moment de débuter leur rencontre. L'adversaire a perdu, tant mieux ! Contre quel adversaire nous nous battons si nous n'avons plus personne devant nous au classement ?

On informe à l'avance l'équipe du départ de son entraîneur : comment dans ce cas avoir envie de se dépasser pour lui, alors que celui qui sait entretenir la bonne pression et mettre en condition pour remporter les victoires part sous d'autres cieux ?

Délivrer l'information de façon positive

La façon dont cette information est transmise est tout aussi importante. En matière de qualité, il peut être très encourageant pour les équipes de voir les résultats présentés de manière positive plutôt que négative. Il est nettement plus satisfaisant d'entendre ou de lire que l'on a fabriqué « 90 % de bons produits directement du premier coup », que « 10 % de mauvais produits à retoucher ».

Informer en piquant au vif

La façon pour le manager de délivrer l'information en l'assortissant à la fois de sa propre responsabilité et de l'engagement à venir de l'ensemble du personnel, est également une bonne tactique car elle touche à la fois l'orgueil individuel et collectif.

Exemples

« Ce n'est pas possible d'être aussi mauvais, d'avoir autant d'incidents en clientèle. Jamais par le passé nous n'avons connu une telle médiocrité. Moi-même j'ai honte de nos résultats. Relevons le défi... »

« On n'est pas bons ! Je ne sais pas pourquoi ni ce qu'il faut faire pour nous améliorer. Constater que même nos concurrents, qui ont moins de moyens que nous, obtiennent de meilleurs résultats, m'interpelle, me contrarie, et en même temps aiguise mon appétit. Nous allons y arriver ensemble… »

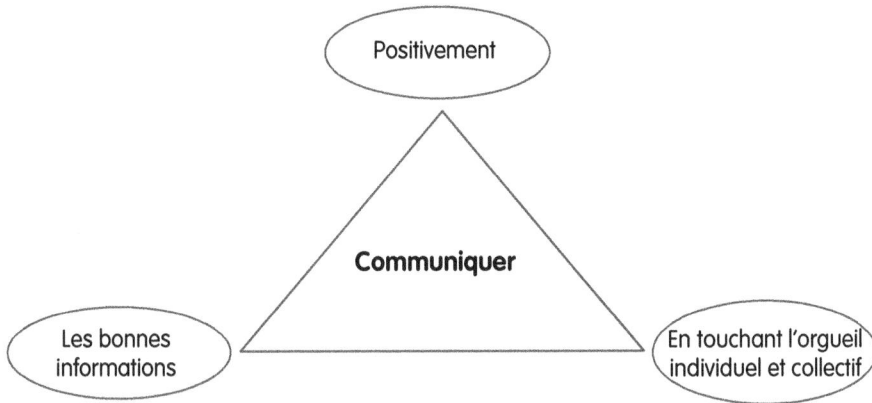

Figure 31 - Communiquer oui mais bien !

Prendre sans cesse des initiatives offensives

Un bon moyen de laisser filer la motivation consiste à ne jamais rien changer à ce qui marche. Soyons clairs, s'il s'agit de maîtriser des processus physiques, il est vrai que conserver un mode de fonctionnement qui a fait ses preuves et permet l'obtention de produits et prestations de qualité, est un principe de saine gestion de la production. Dès lors que l'on se préoccupe du fonctionnement, et en particulier de la motivation d'organisations humaines, il n'y a rien de pire que de ne jamais rien changer. Comme en amour, où la routine est mortelle, en matière de motivation sur le lieu de travail pour aller de l'avant dans le domaine de la qualité, le *statu quo* finit par lasser, et la motivation s'estomper.

> ### Le *statu quo* ou la négation même de la motivation
>
> Le *statu quo*, c'est dire toujours les mêmes choses, au même moment, au même endroit, de la même façon, avec les mêmes personnes, dans la même ambiance. C'est également utiliser toujours les mêmes méthodes, exiger toujours les mêmes informations pour les mêmes objectifs, ne jamais changer son discours au point de faire sourire les collaborateurs.
> Le *statu quo*, c'est jouer sans cesse au premier de la classe en visant des résultats que l'on n'atteint jamais, en justifiant et en expliquant tout à la manière d'un docteur en physique ou en gestion !

Il est important en matière de motivation à la qualité de surprendre en proposant des façons de faire originales, quitte à revenir à des façons de faire plus classiques lors d'un autre cycle de gestion de l'entreprise.

Les initiatives que le manager de la qualité peut prendre pour bousculer son équipe et celles des autres services, sont de deux ordres : rendre ludique la démarche qualité pour créer « du jeu positif », exciter les neurones et chatouiller les ego des collaborateurs, et jouer de l'effet de surprise en « sortant du bois » lorsque les équipes s'y attendent le moins.

Créer « du jeu positif »

L'organisation de challenges annuels ou mensuels pour déterminer quel est le service ou l'unité de production qui a le meilleur taux de satisfaction client ou le meilleur indice de qualité de production, est une pratique à développer.

Un axe intéressant est de mettre en compétition les collaborateurs sur la meilleure progression en matière de qualité, indépendamment des valeurs absolues.

Exemple

La mise en compétition des équipes avec les concurrents du marché, lorsque l'on dispose d'indicateurs partagés avec certains confrères :
- Faire mieux que Toyota en matière de qualité produits finis sortie usine ;
- Devancer les industriels italiens en matière de qualité perçue dans la rubrique design ;
- Être cité comme la référence en matière de qualité de service avant trois ans.

À l'intérieur de son service, le manager de la qualité peut également mettre en œuvre le challenge de l'équipe la plus ordonnée avec des chantiers 5S, ou la plus appréciée des autres entités pour son efficacité en organisant une mini-enquête interne.

Une autre façon de faire pour engager les équipes dans la démarche qualité, est d'envoyer quelques collaborateurs en « patrouille » dans le réseau commercial, aller écouter les clients, ou chez des confrères, et les missionner ensuite pour réaliser un rapport d'étonnement sur le thème : « Que font-ils d'étonnant et d'utile en matière de qualité ? Quels enseignements en retirer ? » Au manager de la qualité après de valoriser les meilleures suggestions qui vont découler des réponses.

Enfin, un manager qui a de l'audace, le directeur général ou le responsable qualité, peut organiser une journée « Prenez la place du chef ! ». Ainsi, une fois par an, le collaborateur le plus performant de l'année sur le thème de la qualité a le droit de « prendre la place du chef », en le côtoyant toute la journée et en partageant ses prises de décision.

Jouer de l'effet de surprise

L'année civile constitue le cycle de vie de l'entreprise, et les opportunités ne manquent pas de surprendre « en faisant autrement », « en faisant autre chose ». Les chantiers et les sujets de préoccupation sont suffisamment nombreux pour imaginer des *scenarii* qui rompent avec les habitudes.

> **Exemples vécus**
> – Un manager de la qualité, avec l'accord de son patron, imagine de cesser de communiquer les résultats qualité pendant trois mois pour susciter les réactions des autres responsables devant ce défaut d'information. Rapidement, toute la société s'aperçoit de cette absence. Dès lors, et pendant un an, le tableau de bord qualité est encore plus attendu que d'ordinaire, et le niveau de motivation concernant la qualité renforcé.
> – Un responsable qualité « disparaît » pendant quelques semaines, l'objectif recherché étant de créer un choc et de provoquer des modes de fonctionnement différents, aussi bien auprès de ses collaborateurs qu'auprès des collègues des autres services. La nature ayant horreur du vide, le jeu consistant à continuer à assurer la mission en son absence, crée une véritable émulation positive dans l'organisation autour de la qualité.

Si le manager qualité repère des signes avant-coureurs qui laissent à penser que la motivation baisse au sein de ses équipes, en application du principe de précaution, il peut confirmer son diagnostic à l'aide d'un « scanner motivationnel » à base d'interviews.

S'il se confirme que ce niveau baisse, le manager qualité, avec l'appui de la direction, agit sur les 3 leviers décrits précédemment et utilise tous les ressorts de la communication pour stimuler, surprendre et organiser le jeu sur le terrain de l'entreprise.

ANIMER LA QUALITÉ SUR LE TERRAIN

À quels moments de la vie d'un produit la qualité se construit-elle ?

À l'image de la vie biologique pour laquelle, dès la conception, le nouveau-né construit les grandes caractéristiques intangibles du futur adulte qu'il sera, les qualités fondamentales d'un produit ou d'une prestation sont élaborées lors de la phase de sa conception. Selon les dires d'experts, à la suite d'études menées sur cette question, la qualité se construit à 80 % pendant cette phase.

Les 20 % restants de la qualité du produit ou service sont donc à garantir en phase de réalisation. Pendant cette phase, où la démarche dite « d'amélioration continue » se développe, toutes les informations recueillies au quotidien deviennent également utiles pour concevoir le produit de demain de manière encore plus juste, plus intelligente, plus proche des souhaits des clients, et finalement obtenir la qualité tant désirée.

Pour ces deux raisons, autrement dit « produire conforme » et « améliorer en permanence », l'animation de la qualité au quotidien est au cœur de toutes les préoccupations des organisations.

La mise en œuvre de la qualité en *top down*

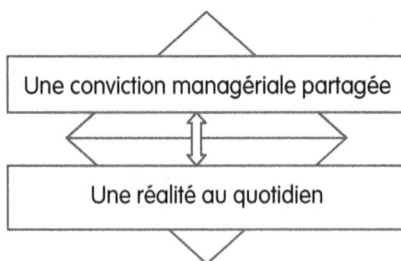

Figure 32 - Mise en œuvre de la qualité en *top down*

La qualité, une conviction managériale partagée...

Nous l'avons noté, ce qui se fait de bien ou de moins bien dans une entreprise est toujours largement dicté par le discours et l'attitude du patron, du président, du chef... Les produits ou les services de qualité ne sont jamais obtenus par la seule volonté quasi « missionnaire » des équipes et des collaborateurs. Ce sont avant tout les managers qui font la qualité, et curieusement sans toucher physiquement au produit ou sans jamais délivrer la prestation elle-même.

« Bien faire son travail et faire du bon travail » constitue un concept de vie professionnelle qui peut être partagé facilement au sein des équipes entre responsables et collaborateurs. Et le fait d'acquérir et de consolider un véritable savoir-faire en matière de qualité de réalisation est particulièrement rassurant pour les équipes de collaborateurs.

En effet, il s'agit alors de la partie visible de la qualité. Au même titre que la méthodologie 5S est un système de management exigeant et donc efficace, le processus de la qualité pendant la phase de production constitue un vrai système de management.

Un directeur de site industriel nous disait dans les années 1990, après une carrière exceptionnelle tout entière consacrée à la production : « La qualité, c'est tous les jours que cela se gagne, il ne faut jamais rien lâcher. » Certes, « ne rien lâcher sur la qualité » est exigeant mais cette exigence au quotidien est jouissive pour tous, managers et collaborateurs, à la fois sur le plan rationnel et émotionnel.

Lorsque les équipes managériales ont la forte conviction que la qualité est une valeur fondamentale de toute vie en collectivité, il reste à la mettre en œuvre dans la réalité quotidienne. Et c'est là que les choses deviennent difficiles.

La qualité s'apprend et se construit tous les jours

La performance en matière de qualité de réalisation ressemble à la performance sportive. Derrière des performances exceptionnelles se cache toujours un énorme travail, un long entraînement. Le talent ne suffit pas. Pour la qualité, il en va de même.

... Et la qualité devient une réalité quotidienne chez Toyota

Depuis des décennies et de manière constante, le constructeur japonais Toyota, malgré de récentes difficultés, demeure un modèle en ce qui concerne l'animation de la qualité au quotidien sur le terrain. Ce modèle se traduit par la production de véhicules aux qualités reconnues par les clients lors des enquêtes de satisfaction et mesurée par les constructeurs eux-mêmes lorsqu'ils partagent leurs informations : meilleure finition, meilleure fiabilité, meilleure ergonomie. Ces remarquables résultats s'obtiennent pour une part, dès la conception (nous l'avons déjà évoqué), pour une autre part, au sein des usines du groupe, pour une autre part encore, grâce au travail des fournisseurs et des équipementiers. À bien y regarder, en fait, tous les fondamentaux de cette construction d'une qualité durable chez Toyota proviennent avant tout de la valeur centrale de la société exprimée dans la vision des présidents successifs de l'entreprise : la qualité est le pilier de la rentabilité.

Évidemment, Toyota a toujours été une entreprise profitable, mais le leadership managérial est centré sur l'exigence de qualité. La productivité est pour une large part la conséquence de la qualité : moins de rebuts, moins de retouches et de reprises, moins de déchets, moins d'espaces nécessaires pour produire grâce à une meilleure utilisation des mètres carrés (jusqu'à 30 % de mètres carrés en moins pour des usines comparables à celles d'autres constructeurs), moins de temps perdu à négocier autour de la question de savoir si « c'est bon ou c'est mauvais »...

Des bienfaits de l'animation de la qualité au quotidien

La qualité est un sujet sérieux mais non grave ; l'action managériale peut s'y exprimer en toute liberté, sans frein. En effet, le manager de terrain a la possibilité sur un sujet non polémique et incontestable intellectuellement, d'ouvrir les discussions, de faire de la pédagogie, d'apprendre à connaître ses troupes, de découvrir des talents cachés, de réveiller les collaborateurs endormis et de canaliser les hyperactifs.

Les moments de partage au sein des équipes sur le thème de la qualité sont des moments de vie professionnelle privilégiés. La production d'idées, la confrontation des points de vue, la prise de décision collective, sont toujours riches de promesse et vecteurs de satisfaction.

L'efficacité du manager découle de l'application de 4 principes directeurs

La satisfaction du manager provient à la fois d'une volonté personnelle afin de vivre positivement son métier et de l'enrichissement de tous en menant des chantiers d'amélioration continue sur le lieu de travail.

Quels sont les principes qui font de ce manager de terrain un homme heureux personnellement et comblé en matière de qualité ?

Les 4 principes du manager en matière de qualité

- Un discours simple et compris de tous, tu auras.
- Aussi exigeant avec toi-même qu'avec tes collaborateurs, tu seras.
- Peut faire mieux, toujours tu diras.
- Le client, toujours tu respecteras.

Un discours simple et compris de tous, tu auras

Le thème de la simplicité revient régulièrement dans les commentaires faits à propos des discours managériaux. Qu'il s'agisse de solutions techniques sur les produits ou de façons de diriger les hommes et l'entreprise, il n'est pas rare d'entendre : « Ils nous ont pondu une usine à gaz » ou bien « Notre organisation est trop complexe, personne n'y comprend rien ». Face à ces constats de dépit et ces manifestations de contrariété, les organisations s'efforcent parfois d'inciter les managers à « décompliquer » les choses.

Certains pensent que la complexité est dans la nature de tout système vivant. D'autres prétendent qu'il s'agit de cycles. Quoi qu'il en soit, en matière de transmission d'informations entre deux ou plusieurs individus, le constat est sans appel : parler simple et « avec ses tripes » permet d'être entendu. Et pour parler simple, il faut se construire un schéma de pensée simple.

Lorsque le manager s'exprime sur le thème de la qualité, en particulier devant ses troupes, et sur le lieu de travail, ce sont ses mots à lui qui traduisent sa pensée profonde.

S'il souhaite que les équipes s'engagent plus, par exemple, il peut demander à ceux qui ont obtenu des résultats positifs de cette façon-là de témoigner lors d'une courte présentation. Un témoignage, au même titre qu'un bon croquis, vaut souvent mieux, en matière de qualité, qu'un long discours. Il devient facile ensuite pour le manager de renforcer son attente : « J'aimerais que l'on arrive plus souvent à ce type de résultat, que chacun puisse contribuer à sa façon à améliorer notre qualité et celle de nos prestations en proposant des idées et des solutions, que l'on réussisse ou non à les mettre en œuvre. L'important est d'aller de l'avant. Ce que j'attends de vous, c'est que vous entriez dans cette démarche. »

Qu'entendent les collaborateurs ? Ce qu'ils veulent bien entendre direz-vous !

> Nous avons constaté que la constance en la matière garantit à terme, un effet d'entraînement. Si le manager se tient à son discours simple sur la satisfaction des clients et l'amélioration, il finira par être entendu et apprécié pour son exigence par la majorité de ses collaborateurs.

Le point clé à propos du « message simple » se situe au niveau du manager lui-même.

Il est indispensable qu'il ait les idées claires sur ce qu'il attend en termes de qualité. Il est vrai que beaucoup de managers, y compris dans la famille des dirigeants, n'ont pas toujours, à propos de la qualité, la même vision que celle qu'ils ont sur la rentabilité, les affaires commerciales ou le développement à l'international.

Pour animer la qualité au quotidien, sur le terrain, il n'est pas de meilleure fondation pour le manager que ses certitudes propres sur ce qu'il veut obtenir, sur ce qu'il attend clairement de ses équipes en termes d'attitudes et de résultats. Si son message n'est pas clair ou s'il est trop souvent changeant, le résultat sera catastrophique.

Aussi exigeant avec toi-même qu'avec tes collaborateurs, tu seras

Nous semblons bien évidemment enfoncer une porte ouverte avec ce deuxième principe presque moralisateur… Le terrain, et c'est peu dire, est le lieu où tout se voit, tout se perçoit, où toutes les émotions se manifestent. Il est donc déterminant que les faits et les gestes des uns et des autres en matière de qualité soient parfaitement cohérents.

Si le manager dit : « J'attends de chacun qu'il soit force de proposition » et s'il n'en fait pas lui-même, l'effet managérial est moindre, voire déformé.

Il arrive fréquemment que les collaborateurs finissent par faire des propositions « bidon » pour satisfaire leur manager. Il arrive même que certains soient très actifs dans ce domaine pour obtenir les faveurs du « chef », ou tout simplement pour avoir la paix…

Être manager sur le terrain est un grand privilège. En effet, le manager de terrain bénéficie de l'effet de levier. Tout ce qu'il fait et dit, est rapporté et amplifié. On assiste même, avec les moyens de communication en ligne, à des partages d'information instantanés et qui s'avèrent parfois dangereux, les faits étant analysés et les commentaires diffusés sans recul ni analyse.

La liste des situations dans lesquelles le manager a l'opportunité d'être exemplaire est trop longue pour être établie. Examinons trois de ces moments de vérité où il peut être effectivement très présent et marquer les esprits de ses collaborateurs, en particulier quand il a les cartes en main, et n'est pas à la merci d'injonctions contradictoires de sa direction.

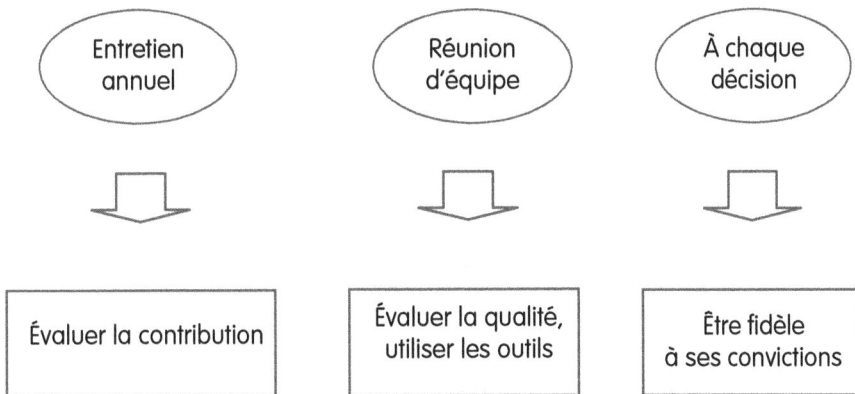

Figure 33 - Les 3 instants clés où le manager peut marquer les esprits

Lors d'un entretien d'évaluation annuel ou périodique

Ces entretiens sont l'occasion d'aborder, parmi d'autres thèmes, le sujet de la qualité. « Se dire les choses » en matière de qualité avec l'autre, est une façon de donner l'exemple. Comment ? En soulignant ce qui fonctionne bien et en abordant également les sujets d'insatisfaction, ceux sur lesquels l'autre peut s'améliorer. C'est une façon de dialoguer de manière objective, positive et constructive et qui donne un modèle de ce que doit être la démarche qualité.

Si le manager est clair et constructif pendant un entretien d'évaluation, ses collaborateurs seront préparés pour affronter les questions opérationnelles en se mettant dans cet état d'esprit : Ça ne marche pas, comment peut-on faire ? Que peut-on améliorer ? Que faut-il modifier ? Comment a-t-on fait quand on a réussi ? Que font les meilleurs ? Quel objectif se fixe-t-on ensemble pour les mois à venir ?

En réalité l'image qu'il renvoie à l'autre dans ce contexte des entretiens est très modélisante, il est essentiel pour le manager, surtout celui qui est en charge de la qualité, de démontrer cohérence, courage et surtout intelligence émotionnelle. Sur le terrain, tous les jours, ensuite, il a le privilège de s'appuyer sur ces moments de vérité vécus pendant les entretiens individuels pour construire patiemment avec son équipe « la maison de la qualité ».

Lors de l'animation d'une réunion qualité journalière ou hebdomadaire, voire mensuelle

On attend du manager de terrain qu'il respecte de manière parfaite ces rendez-vous. En effet, les équipes sont très sensibles à cette idée de respect des engagements concernant le calendrier. Si le manager affirme : « La réunion quotidienne de dix minutes que j'ai décidé de vivre avec vous et au cours de laquelle nous examinons les événements de la veille, en particulier les incidents survenus, est un rendez-vous obligatoire », il est dans son rôle. Si, effectivement, il la reporte trop souvent, s'il accepte trop d'absences des uns et des autres, s'il déroule la réunion qualité sans la rigueur et l'exigence voulues, il renvoie l'image d'un « chef de meute » qui perd la main et qui ne maîtrise plus complètement son sujet. Les collaborateurs en parlent entre eux, ils sont de moins en moins attentifs aux paroles du chef, et inéluctablement, l'efficacité dans les résultats s'en ressent.

Au cours de ces séances, il doit veiller à intégrer des points sur la performance qualité de son activité, à utiliser les outils et méthodes dites « de la qualité », développées dans la partie 2. En les utilisant et encourageant ses collaborateurs à les employer, il donne l'exemple et démontre qu'il croit en leur efficacité.

En un mot, là encore dans le cadre de l'animation managériale au quotidien, il s'efforce d'être irréprochable.

Lors de la prise de décision quotidienne, importante en matière de qualité

« Celui qui est fidèle dans les petites choses est aussi fidèle dans les grandes » est-il dit dans la Bible. Il est aisé d'appliquer ce propos à la vie d'une équipe au quotidien et en particulier aux décisions et aux attitudes de son manager.

Plusieurs fois par jour, et la plupart du temps au vu et au su de tous, il exprime des points de vue sur la marche des affaires, le bien-fondé des décisions du directeur, la facilité ou la difficulté à travailler avec tel ou tel service, la place donnée au client, les responsabilités des uns et des autres en matière de qualité, et sur bien d'autres sujets encore. À l'évidence, il ne peut pas échapper au risque positif, celui d'être exemplaire, tout comme il ne peut pas échapper au risque négatif, celui de ne pas l'être. Il ne s'agit pas de morale, mais bien d'attitude.

L'être humain a tendance à « copier » ce que fait le leader, et tout naturellement les collaborateurs, selon les modes de fonctionnement permanents de leur responsable opérationnel, auront des réflexes positifs ou non s'agissant de qualité.

Pour vivre la qualité au quotidien de la meilleure des façons, le manager doit s'efforcer de prendre des décisions cohérentes avec son engagement qualité, de partager en permanence ces décisions, de les commenter et les expliquer, sans organiser de grands colloques, mais souvent des séances rapides de travail de quelques minutes au cours desquelles il échange et écoute, puis décide avec le plus de transparence possible.

Peut mieux faire, toujours tu diras

Cette idée selon laquelle il est toujours possible de mieux faire est à prendre selon nous avec beaucoup de doigté.

Pour animer la qualité au quotidien de la meilleure des façons qui soit, le manager doit avoir un discours positif et encourageant. En s'appuyant sur le principe fondamental de la démarche qualité qui est l'amélioration continue, il encourage ainsi à atteindre des objectifs nouveaux et supérieurs.

Le terme de bienveillance en matière managériale peut être utilisé dans ce cas. Le rôle du manager est de tirer les troupes vers l'avant certes, mais en restant dans un cadre compatible avec leurs moyens psychologiques du moment. Il arrive au sein de certaines structures que les équipes se démoralisent, non pas parce que les résultats ne sont pas au rendez-vous mais parce que « on n'en fait jamais assez », disent-elles. Elles expriment par là leur agacement à devoir toujours faire mieux et plus.

> Managers, ne soyez pas comme ces professeurs qui en demandent toujours plus à leurs élèves, déjà brillants parfois, et fabriquent de futurs managers trop exigeants et peu réalistes !

Cette précaution intégrée, encourager chacun et encourager le collectif à mieux faire constitue une dynamique du management de la qualité au quotidien essentielle et attendue des collaborateurs.

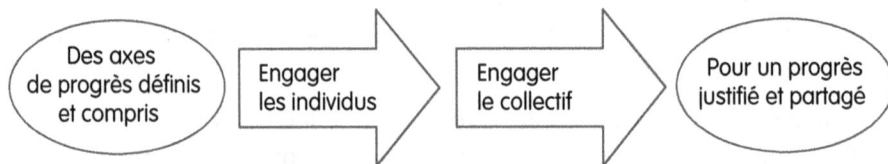

Figure 34 - La logique d'entraînement

Sur le terrain, chacun voit l'autre régulièrement, il finit par le connaître par cœur, comme au sein d'un couple, à la ville. Ici la recette est la même, il s'agit pour durer de surprendre sans déstabiliser.

Si le manager réussit à surprendre ses équipes, si celles-ci néanmoins continuent à reconnaître ses façons de faire habituelles, elles sont à la fois rassurées et « emballées » et vont de l'avant. Il peut demander à l'un de préparer la séance quotidienne d'examen des résultats et demander à ce même collaborateur de proposer lui-même les pistes d'amélioration, de fixer un objectif pour la semaine à venir. Il peut inviter un manager d'une autre équipe à participer à ce type de réunion, par exemple le manager d'un service client, et d'inciter à améliorer tel ou tel point.

En résumé, la méthode managériale sur le thème de l'amélioration permanente sur le terrain est celle de la pédagogie sensitive, qui est contraire à celle dite « du bulletin de notes ». On ne fait pas progresser les équipes au quotidien, sur le terrain, en s'appuyant uniquement sur les résultats, et en distribuant les bons et les mauvais points. Comme l'a dit un grand leader : « Il n'y a pas besoin d'un manager pour fixer les objectifs et mesurer les résultats, les gens savent le faire tout seuls... » À méditer.

Le client, toujours tu respecteras

Le client, vu au sens humaniste du terme comme « celui auquel l'on rend le service », est et demeure le fondement de toute réflexion en matière de qualité. Comment répondre à ses attentes, comment l'écouter activement, comment le considérer comme un allié et non comme un adversaire ?

Elles sont nombreuses les réflexions qui veulent mettre le client au cœur de l'organisation et qui conduisent à formuler et à écrire les valeurs sur lesquelles le dirigeant s'appuie pour construire son leadership, et manager son entreprise avec conviction et enthousiasme.

Nous choisissons de mettre en avant une de ces valeurs, celle qui est à véhiculer en permanence sur le terrain, tous les jours, et chaque minute de chaque jour : le respect du client.

Pour un manager de terrain, c'est une chance merveilleuse de pouvoir s'appuyer sur le client afin de véhiculer auprès de ses collaborateurs à travers lui, le respect de l'autre. En quoi s'agit-il d'une chance ? Très souvent, les managers sont amenés à transmettre aux équipes des messages provenant de la direction et dont le contenu et la teneur ne suscitent pas chez elles un enthousiasme débordant. Avec en toile de fond le client et le respect de l'autre, valeurs éternelles et difficilement discutables, un manager de terrain, qu'il soit en production, dans un secteur commercial, dans le domaine administratif, trouve l'occasion de faire réfléchir et raisonner ses collaborateurs, dès lors qu'un incident survient ou que deux points de vue s'affrontent pour décider de la conduite à tenir.

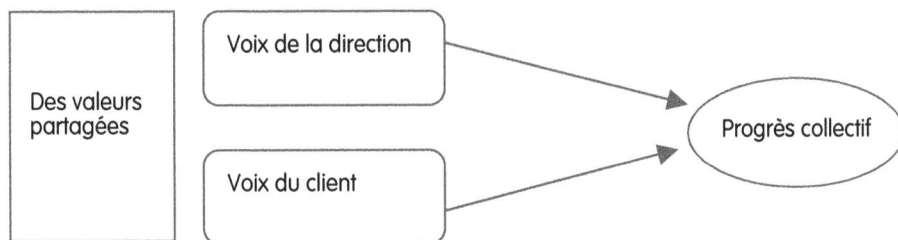

Figure 35 - Manager son équipe dans une dimension qualité

Exemples

– Je réalise une opération d'assemblage en production et je constate un changement ou des difficultés pour assurer la conformité. J'évoque cette question avec mon manager de terrain en lui indiquant que cette dérive lente peut conduire à des risques d'incidents rapidement. Quelle belle occasion pour lui de réunir son équipe pendant quelques minutes pour évoquer cette préoccupation et aller de l'avant en proposant des solutions. À cet instant le respect du client est en jeu : « Aimerions-nous être un client victime de notre propre incapacité à respecter à 100 % nos exigences de qualité ? »

– Je reçois un client dans un point de vente. Il me parle de ses difficultés à maîtriser complètement l'ensemble des fonctionnalités de son nouvel ordinateur
portable. D'autres clients font également cette démarche. Le manager commercial de ce point de vente doit saisir cette opportunité pour travailler sur
les causes de cette insatisfaction et contribuer à la résolution du problème.
L'attitude inverse, celle du peu de respect du client serait d'évoquer l'incapacité de certains clients à se débrouiller tout seuls ! Si le manager entend certains de ses collaborateurs s'exprimer ainsi, il a l'ouverture immédiate pour
engager la discussion sur le thème : « Que signifie selon vous le respect du
client dans la situation présente ? »

Le niveau d'exigence de ce quatrième principe, est très élevé. C'est la raison
pour laquelle l'idée du respect du client doit être murie ou revisitée en comité
de direction. L'objectif de ce travail étant de s'assurer, ou tout du moins de vérifier, que le degré de compréhension de l'équipe de direction est le même pour
chacun. Il est toujours compliqué pour un directeur et ses responsables de se
présenter devant leurs collaborateurs en n'étant pas certains que chacun met
les mêmes intentions derrière les mêmes mots.

Une fois ce partage réalisé, le respect du client devient ou redevient une valeur
sûre et fiable pour tout responsable de terrain qui peut continuer à éduquer
« en vue de la qualité ».

PARTIE 2

LES BONNES PRATIQUES QUALITÉ ET LES OUTILS ASSOCIÉS

Cette partie est consacrée au savoir-faire lié à la fonction qualité. Nous y présentons les outils les plus importants, ceux qui permettent aux équipes qualité de créer une dynamique et de réussir le double challenge de la satisfaction clients et de la performance collective. Attention toutefois ! Chaque outil n'a d'utilité que dans le cadre d'une volonté ciblée. Il n'est que ce que l'on en fait. Certaines entreprises sont formées à tous les outils qualité, elles les mettent en pratique mais de manière plus ou moins performante, plus ou moins rigoureuse et peu coordonnée.

La réussite du projet qualité combine outils et management (nous entendons par management : l'engagement, la dynamique créée par les managers).

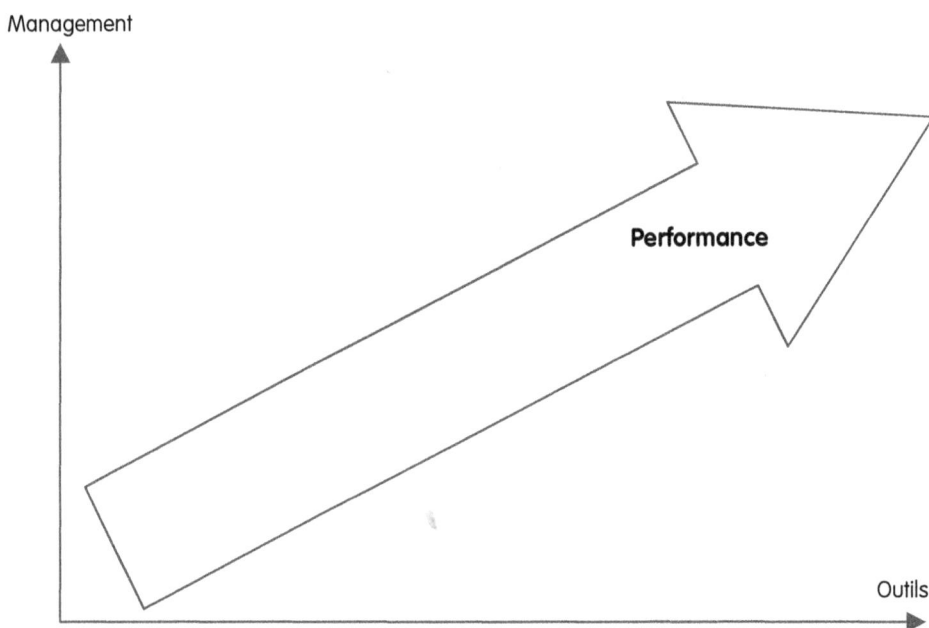

Figure 36 - Les deux clefs du succès

L'usage de méthodes ne remplacera jamais la dynamique managériale, ils nous sont indispensables pour structurer, organiser la démarche.

Chaque outil a son but, sa finalité. Dans une démarche qualité il est possible de les regrouper en 4 familles : organisation, évaluation (ou contrôle), prévention et résolution de problème (correction).

	Organisation	Contrôle Évaluation	Prévention	Correction
La qualité et le client				
La définition du client	X			
Le diagramme des attentes du client	X			
La maison de la qualité	X	X		
L'enquête de satisfaction client		X		
Le mapping de la qualité perçue		X		
Le traitement des réclamations client				X
Le déploiement de la culture client	X		X	
Maîtriser la qualité en conception				
Le PDCA en conception	X			
Le descriptif du processus de conception	X			
L'Amdec produit				X
Le dossier de conception				X
Maîtriser la qualité en production				
Le PDCA en production	X			
Le descriptif du processus de production	X			
L'Amdec processus		X	X	
L'histogramme de la production		X	X	
Capabilités machine et procédés			X	
La MSP ou SPC			X	
Le mode opératoire	X			
L'autocontrôle		X		
Le plan de contrôle		X		
Le plan de surveillance		X		
Le traitement du produit non conforme				X
Le traitement d'une réclamation client				X
La traçabilité	X			
La sélection et le suivi des fournisseurs	X		X	

	Organisation	Contrôle Évaluation	Prévention	Correction
Les poka-yoké ou systèmes anti-erreurs			X	
Réussir une démarche d'amélioration continue				
La lettre d'engagement de la direction	X			
La politique qualité	X			
Les coûts d'obtention de la qualité		X		
Les coûts de non-qualité		X		
La fiche de recueil de dysfonctionnement		X		
Le Pareto des réclamations clients		X		
L'audit qualité à blanc		X		
Les objectifs qualité	X			
Le plan d'action qualité	X			
Le tableau de bord qualité		X		
L'audit interne		X		
La réunion qualité	X			
La revue de direction		X		
Manager par les processus				
La cartographie des processus de l'entreprise	X			
La fiche processus	X			
La procédure	X			
La Balanced Score Card ou BSC		X		
Résoudre un problème				
La matrice de décision		X		
Le diagramme de Pareto		X		
Le QQOQCCP		X		X
Le brainstorming				X
Le diagramme des 5M ou en arête de poisson				X
Les 5P				X
La grille d'efficacité	X			
La fiche d'action corrective				X

	Organisation	Contrôle Évaluation	Prévention	Correction
Réussir sa certification				
Le planning de certification	X			
Les exigences de la norme ISO V2008	X			
Les conseils pour réussir la certification			X	
Communiquer et animer la qualité au quotidien				
La formalisation des bonnes pratiques	X			
Le manuel qualité	X			
La communication en interne : le plan de communication	X			
La communication des résultats	X			
Rendre concrète la qualité sur le terrain	X			
La revue qualité	X			
L'animation au quotidien	X		X	

Chapitre 12

La qualité et le client

Il n'y a pas de démarche qualité sans connaissance du client, de ses attentes, de sa perception. S'engager dans une démarche qualité, c'est s'engager à comprendre ce que veulent les clients, à mesurer leur satisfaction, à réagir à leur déception, et parallèlement à déployer une culture client dans toute l'entreprise. Les 7 outils que nous présentons permettent de travailler sur la qualité attendue et la qualité perçue.

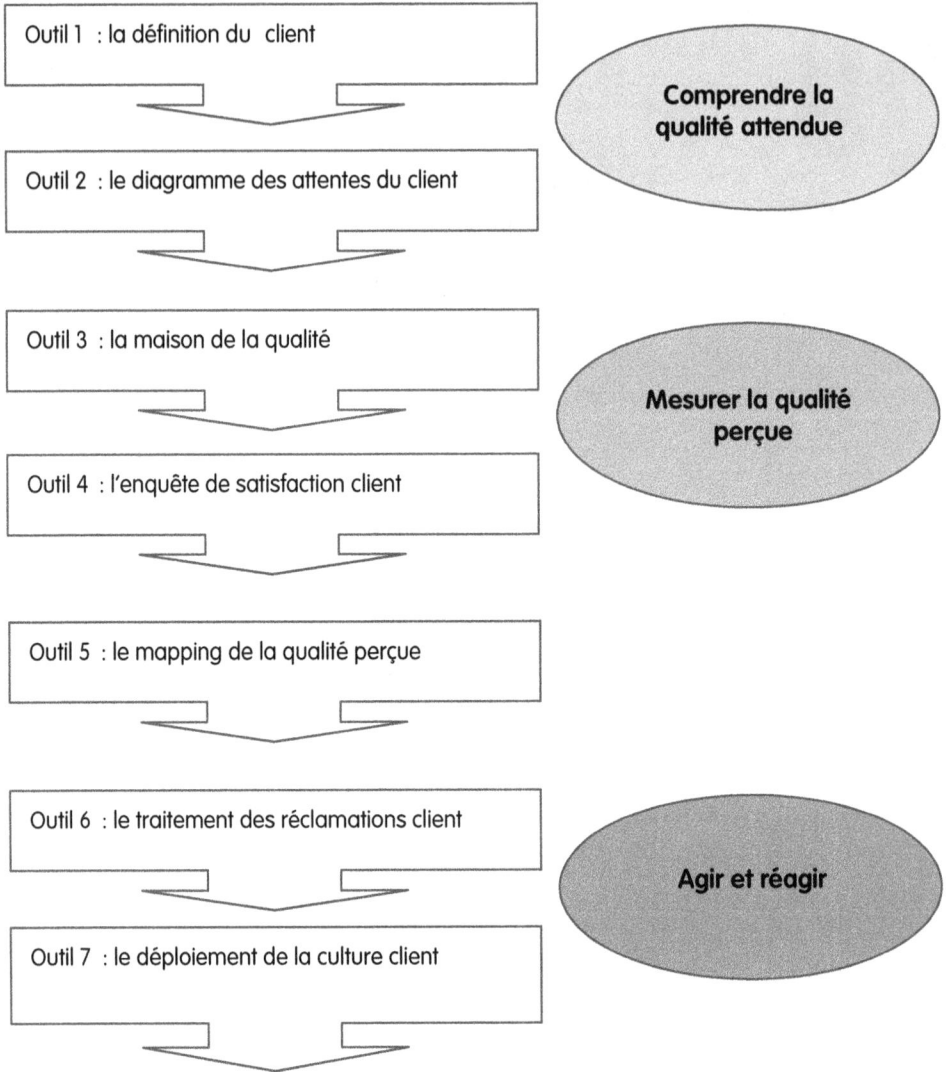

Outil 1 : la définition du client

Comprendre la
qualité attendue

Outil 2 : le diagramme des attentes du client

Outil 3 : la maison de la qualité

Mesurer la qualité
perçue

Outil 4 : l'enquête de satisfaction client

Outil 5 : le mapping de la qualité perçue

Outil 6 : le traitement des réclamations client

Agir et réagir

Outil 7 : le déploiement de la culture client

Figure 37

OUTIL 1 : LA DÉFINITION DU CLIENT

C'EST QUOI ?

La définition du client s'obtient en répondant aux questions suivantes :

- à qui fournissons-nous notre produit ou notre service ?
- qui nous juge sur la qualité de notre travail ?
- vis-à-vis de qui avons-nous des engagements à respecter ?

À QUOI SERT-IL ?

La définition du client permet de donner un sens concret à la démarche qualité. Sans vision claire de la notion de client, celle-ci ne peut réussir. Il faut ainsi que chacun dans l'entreprise ait compris qui il doit satisfaire.

À QUOI FAUT-IL FAIRE ATTENTION ?

Cette notion de client n'est pas toujours évidente, et il est important de bien clarifier la notion de :

- client acheteur, qui passe la commande (relation contractuelle) et qui paie ;
- client consommateur, qui utilise le produit ;
- client intermédiaire, qui reçoit le produit sans l'utiliser ;
- client prescripteur, qui a le pouvoir de décision.

Conseils

Pensez à clarifier la notion de client interne et de client externe :
- posez le postulat que chacun dans l'entreprise est à la fois client et fournisseur ;
- partez de l'entreprise, et zoomez dans les services puis les fonctions pour définir la notion de client interne.

Acceptez que chaque client ait ses attentes, ses exigences particulières.

LES QUESTIONS LES PLUS FRÉQUENTES

Tous les clients sont-ils à traiter de la même manière ? Non ! Il faut d'abord se fixer des priorités pour identifier les clients qui sont à satisfaire en priorité (car dans certains cas les attentes peuvent être contradictoires).

De plus, la règle de Pareto s'applique naturellement à ce domaine : 80 % de votre chiffre d'affaires est réalisé par 20 % des clients. Ces VIP sont vos priorités, comme les clients stratégiques sont votre futur.

La notion de client interne est-elle indispensable, notamment au sein des groupes ? Oui ! Dans les groupes, une entité peut se sentir hors course car ses clients sont « imposés ». Et alors ? Ces clients sont encore plus exigeants et la démarche qualité s'impose naturellement.

EXEMPLE DE DÉFINITION CLIENT AU SEIN D'UNE ENTREPRISE FABRIQUANT DES ALIMENTS POUR CHIENS

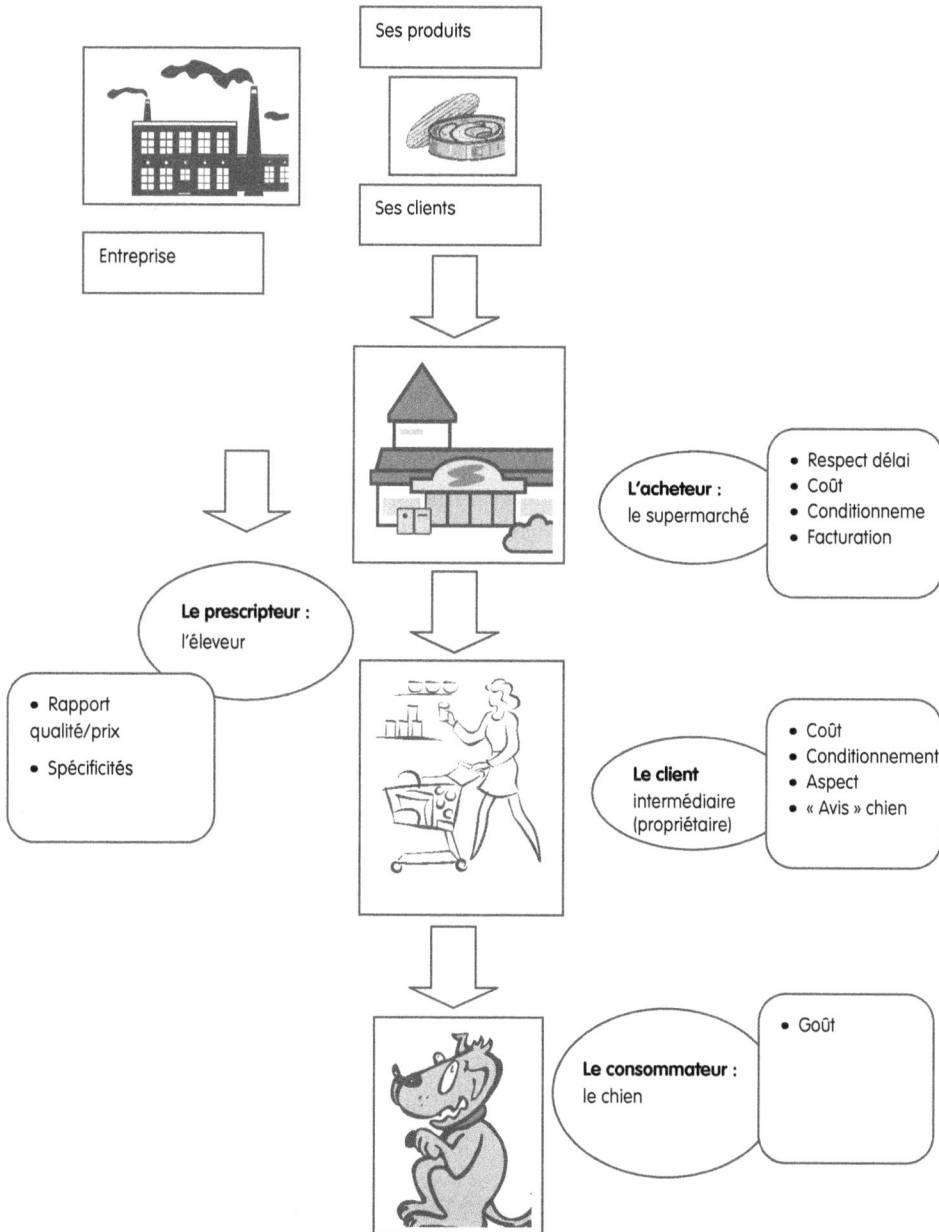

Ses produits

Entreprise

Ses clients

L'acheteur :
le supermarché

- Respect délai
- Coût
- Conditionneme
- Facturation

Le prescripteur :
l'éleveur

- Rapport qualité/prix
- Spécificités

Le client
intermédiaire
(propriétaire)

- Coût
- Conditionnement
- Aspect
- « Avis » chien

Le consommateur :
le chien

- Goût

Figure 38

OUTIL 2 : LE DIAGRAMME DES ATTENTES DU CLIENT

C'EST QUOI ?

C'est un graphique qui, sur un document A4, décrit et formalise les principales attentes des clients ciblés.

À QUOI SERT-IL ?

Construire ce diagramme est une étape indispensable pour démarrer une démarche qui vise à satisfaire les besoins des clients, besoins qu'il faut donc connaître. C'est à la fois une base de travail (pour construire l'enquête de satisfaction et choisir les indicateurs pertinents), et un moyen de communication interne. Chaque collaborateur comprend ainsi les attentes de ses clients.

À QUOI FAUT-IL FAIRE ATTENTION ?

Travailler pour et avec le client.

Accepter de mettre noir sur blanc des évidences.

Travailler en groupe avec les membres de l'entreprise, et profiter de ce travail pour faire rentrer la voix du client dans l'entreprise.

COMMENT LE CONSTRUIRE ?

Le diagramme se construit à partir d'interviews d'une quinzaine de clients ciblés et de caractéristiques homogènes.

Un intervieweur pose les questions, un autre prend des notes : tout ce que dit le client ! Ses mots, ses expressions…

Les résultats des interviews sont exploités pour en déduire les véritables attentes des clients, qui expriment parfois une solution plus qu'une attente : par exemple, quand le client dit « Je veux que vous mettiez du polystyrène dans vos cartons », son attente est finalement « Les produits doivent être protégés ».

20 à 24 attentes clés sont à sélectionner. Elles sont formulées sur des Post-it, puis regroupées par affinités.

Le diagramme des attentes est ensuite construit.

COMMENT L'UTILISER ?

On peut croiser ce diagramme des attentes avec les processus identifiés au sein de l'entreprise et s'assurer que les processus répondent à un besoin, et que chaque attente est bien prise en compte, au moins dans un processus.

On l'utilise bien sûr pour construire l'enquête de satisfaction.

Il aide aussi à trouver les indicateurs tournés clients.

Conseils

Démarrez cette écoute client, bien en amont du projet qualité.

Embarquez dans cette démarche tous les métiers de l'entreprise, y compris et surtout les équipes de production.

Renouvelez cette étude régulièrement, en tenant compte de la rapidité d'évolution des besoins clients.

Recherchez à la fois les attentes actuelles et les attentes latentes.

Faites valider le diagramme établi par une quinzaine de clients environ, auxquels vous pourrez aussi demander d'attribuer pour chaque attente un coefficient d'importance (noté de 1 à 10).

LES QUESTIONS LES PLUS FRÉQUENTES

Pourquoi seulement une quinzaine de clients ? On a pu observer que 90 % des besoins sont recueillis après avoir interviewé entre 12 à 15 clients d'une même cible.

Combien de temps pour le construire ? Compter entre 3 et 6 mois.

Comment choisir les clients à interviewer ? Les choisir parmi les clients les plus exigeants et les plus créatifs.

Quelles questions poser aux clients ? **Des questions de bon sens, finalement très simples :**

- qu'attendez-vous de notre entreprise et de nos produits ? Et de ce produit-là en particulier ?
- sur quoi jugez-vous la performance de notre produit ?
- quelle image associez-vous à notre produit ?
- quels sont vos critères d'appréciation ?
- sur quoi pourrions-nous nous améliorer ?

EXEMPLE D'UN DIAGRAMME DES ATTENTES DES CLIENTS D'UNE AGENCE DE VOYAGES

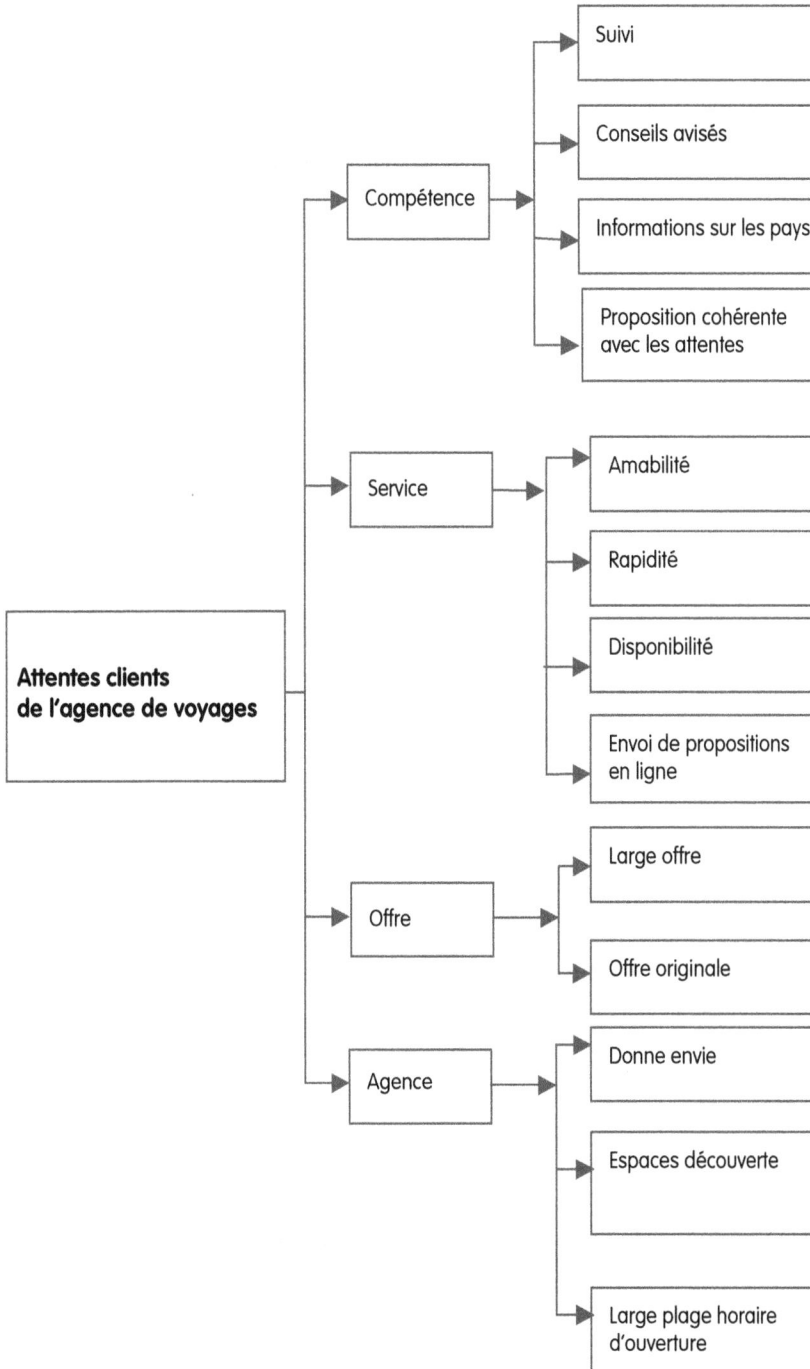

Figure 39

OUTIL 3 : LA MAISON DE LA QUALITÉ

C'EST QUOI ?

C'est un graphique qui permet de visualiser rapidement :

- le niveau de satisfaction client sur chacune des attentes (qualité perçue) ;
- la performance des concurrents (*benchmarking*) ;
- la qualité réalisée au travers des indicateurs clients choisis.

À QUOI SERT-IL ?

La maison de la qualité, aussi appelée « matrice de la qualité », aide à définir des objectifs centrés clients.

Elle concilie la voix du client et le langage technique de l'entreprise.

COMMENT LE CONSTRUIRE ?

À gauche, positionner les attentes clés (diagramme en arbre).

Tout à droite, indiquer les résultats de l'enquête client.

Au milieu, en ligne, désigner les caractéristiques mesurables permettant de répondre aux attentes clients et indiquer au centre les corrélations attentes/caractéristiques.

En bas, noter les résultats internes et les résultats des concurrents.

Conseils

Construisez cette maison de la qualité en équipe (production, conception, commercial, marketing...). Cet outil prend tout son sens s'il est élaboré de cette façon.

Faites une maison de la qualité pour chaque sous-ensemble produit ou service, au besoin.

LES QUESTIONS LES PLUS FRÉQUENTES

Quand la construire ? C'est un outil de consolidation. La maison ne peut être finalisée, qu'une fois l'ensemble des données recueillies.

À quelle fréquence la revoir ? Elle va évoluer à la fois en fonction des résultats internes et externes, et de la révision des besoins clients.

Faut-il la communiquer ? Oui bien sûr ! La maison de la qualité est en fait un tableau de bord qui permet de suivre la qualité perçue et la qualité réalisée, et de vous comparer à la concurrence.

N'est-elle pas compliquée ? Non, bien expliquée, elle se lit facilement.

EXEMPLE D'UN EXTRAIT D'UNE MAISON DE LA QUALITÉ POUR UN TÉLÉPHONE PORTABLE

Qualité attendue	taux de panne	poids	temps de connexion	nombre de jeux proposés	capacité mémoire	durée batterie	Qualité perçue/10
Fiabilité	X						7
Légèreté		X					9
Rapidité			X				7
Beaucoup de jeux				X			3
Capacité mémoire importante					X		9
Autonomie						X	6

Objectifs visés	taux de panne	poids	temps de connexion	nombre de jeux proposés	capacité mémoire	durée batterie
Nous	6,5 %	90 g		3	8 Go	6 h
Concurrents	7 %	110 g		5	8 Go	8 h

OUTIL 4 : L'ENQUÊTE DE SATISFACTION CLIENT

C'EST QUOI ?

L'enquête de satisfaction permet de recueillir le niveau de satisfaction du client, de comprendre comment il évalue la performance de l'entreprise fournisseur, en global, et sur chacune de ses attentes clés.

À QUOI SERT-IL ?

Au-delà du constat des points forts et des points faibles de l'entreprise, elle sert à déclencher un plan d'amélioration et à en mesurer l'efficacité.

Elle permet aussi de sensibiliser le personnel sur l'intérêt des mesures quantitatives.

CE QU'IL CONTIENT

L'enquête, à proprement parler, est un support qui permet de mesurer, selon le cadre préalablement défini, sur une échelle, l'opinion des clients :

* de manière globale ;
* pour chacune de ses attentes clés (en se limitant à 20-25) ;
* pour un périmètre ou un événement donné.

Elle peut aussi porter sur une évaluation comparative par rapport à la concurrence directe.

À QUOI FAUT-IL FAIRE ATTENTION ?

À soigner la forme.

À faire court (le client doit pouvoir répondre en moins de 5 minutes).

À formuler clairement les questions.

À laisser une place pour les commentaires.

À adapter la forme aux cibles clients.

COMMENT LE CONSTRUIRE ?

La construction de l'enquête s'appuie sur l'étude qualitative des besoins menée en amont (diagramme des attentes des clients).

La notation de la satisfaction du client peut se faire de différentes manières, une échelle à 4 niveaux étant souvent utilisée :

- L'échelle de Likert (le client confirme ou pas une affirmation).
  Exemple : les conditionnements des produits protègent-ils bien les produits livrés ?
  Tout à fait d'accord, plutôt d'accord, pas vraiment d'accord, pas du tout d'accord.

- L'échelle de satisfaction.
  Exemple : comment évaluez-vous les conditionnements utilisés pour protéger nos produits ?
  Très satisfaisants, satisfaisants, peu satisfaisants, très insatisfaisants.

- L'échelle des sourires, qui est souvent utilisée : ☺ , ☺ , ☹ , ☹ ,

- L'échelle des notes, avec une cotation de 0 à 10.
  Exemple : notez nos conditionnements et leur capacité à protéger nos produits, de 0 (très insatisfait) à 10 (très satisfait).

Il est important aussi de penser à mesurer au-delà de la satisfaction des clients, leur niveau de fidélité. Il est possible d'utiliser, par exemple, les formules suivantes : « Envisageriez-vous de recommander notre entreprise ? », « Comptez-vous revenir chez nous lors de votre prochain achat ? »

Enfin la mesure de l'importance attribuée aux attentes est essentielle. Si elle n'a pas été réalisée en amont, elle pourra être ajoutée à l'enquête de satisfaction.

Conseils

Soyez décidé, dès le départ, à agir. Beaucoup d'entreprises lancent des enquêtes sans engager *a posteriori* des actions de progrès.

Appréhendez avec précaution les résultats si vous réalisez une enquête statistique : plus la taille de l'échantillon qui a répondu est grande, plus le résultat sera précis. Des tables statistiques vous aideront à évaluer le degré de précision de votre enquête.

Sachez que le taux de réponse à une enquête est rarement supérieur à 40 %.

Choisissez avec précaution le mode d'administration de l'enquête :
- l'auto-administration (mise en libre-service) ;

- l'enquête par téléphone ;
- l'enquête par courrier ou par mail ;
- l'enquête en face-à-face est très adaptée pour les interviews des clients stratégiques.

Au-delà du constat, engagez un plan de progrès rapide, pour démontrer en interne et aux clients l'importance que vous attachez à leur *feed-back*.

LES QUESTIONS LES PLUS FRÉQUENTES

Faut-il absolument réaliser une enquête de satisfaction clients ? Oui, à un moment ou à un autre, cette enquête formalisée est incontournable pour obtenir des clients une mesure de la qualité perçue.

N'oublions pas qu'il existe d'autres capteurs pour recueillir des informations sur la perception des clients : remontée de données en provenance des personnes en contact avec le client, remontée des commerciaux qu'il faut encourager, étude des réclamations, des données SAV, observation et écoute informelle des clients en situation… Ces collaborateurs (accueil, achats, comptabilité) doivent avoir dans leur fiche de mission, ce recueil d'informations pour en mesurer toute l'importance.

Peut-on aussi réaliser une enquête auprès de clients internes ? Oui, bien sûr, l'enquête de satisfaction prend tout son sens à partir du moment où il y a une volonté d'écoute et de progrès.

Cela va-t-il vraiment nous apporter quelque chose ? Nous connaissons déjà ce que pensent nos clients : bien sûr, des évidences apparaissent mais également de bonnes et de mauvaises surprises. L'enquête auprès des clients évite une erreur fréquente : penser qu'un client silencieux est forcément satisfait. Elle permet aussi de quantifier la satisfaction.

EXEMPLE D'ENQUÊTE DE SATISFACTION CLIENT

« Vous nous avez fait confiance pour l'entretien de votre voiture et nous vous en remercions. Soucieux d'améliorer constamment notre qualité de service, nous avons besoin de connaître votre niveau de satisfaction. Merci de prendre trois minutes pour répondre à cette d'enquête afin de mesurer nos progrès et engager, le cas échéant, des actions d'amélioration. »

Fiche d'enquête

	Très satisfait	Satisfait	Insatisfait	Très insatisfait	Non concerné
La facilité de prise de rendez-vous					
La prise en charge de votre véhicule					
La compréhension de votre besoin					
Le respect des délais annoncés					
Le respect de votre demande					
La clarté de la facture					
Les informations préalables fournies					
L'état de propreté de votre véhicule					
Votre niveau global de satisfaction					

	Certainement	Oui sans doute	Vraisemblablement pas	Sûrement pas
Recommanderiez-vous notre enseigne ?				

Nos points forts

....

....

....

Nos axes de progrès

....

....

....

Qu'aimeriez-vous dire de plus ?

....

....

....

OUTIL 5 : LE « *MAPPING* » DE LA QUALITÉ PERÇUE

C'EST QUOI ?

Le *mapping* client est l'analyse factuelle, sans interprétation, des données fournies par le client au travers de l'enquête de satisfaction. Il permet de visualiser sur un même graphique le degré de satisfaction du client pour chaque attente, ainsi que l'importance qu'il attribue à chacune d'entre elles.

À QUOI SERT-IL ?

Il est un des éléments de l'exploitation des résultats de l'enquête client qui contient d'abord les pourcentages globaux de satisfaction formulés. Par exemple :

- 20 % de nos clients sont très satisfaits.
- 60 % des clients sont satisfaits ou très satisfaits (% d'excellence).
- 19 % de nos clients sont peu satisfaits.
- 1 % de nos clients sont très insatisfaits.

Ensuite, la même analyse peut être faite par attente clé. Il est possible également de raisonner par agence, par usine, par thème le cas échéant.

Le compte rendu de l'enquête peut aussi inclure les attentes pour lesquelles les résultats sont en hausse ou en baisse significativement par rapport aux résultats de l'enquête précédente.

Le *mapping* se concentre sur l'analyse de la perception des clients, pour chacune des attentes. Il aide ainsi à déclencher un plan de progrès pour améliorer la perception des clients, et gagner en fidélisation.

CE QU'IL CONTIENT

Le *mapping* client est donc un graphique qui reprend pour chaque attente, en abscisse, le niveau de satisfaction, et en ordonnée, l'importance que le client y attribue. Ce diagramme aide à visualiser rapidement :

- les points forts et d'excellence de l'entreprise (importance et taux de satisfaction élevés). L'entreprise peut communiquer sur ces points forts ;

* les axes de progrès prioritaires (importance élevée et taux de satisfaction faible).

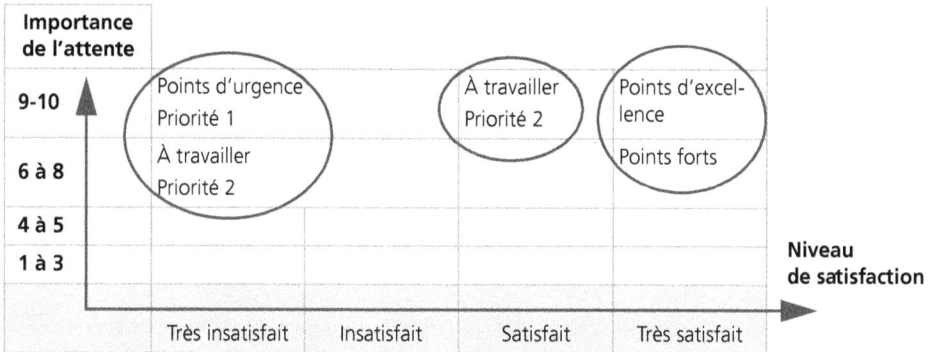

Si l'enquête a été réalisée en se comparant à la concurrence, une carte « face-à-face » peut être utilisée pour présenter les résultats.

Si le client a noté l'entreprise et son concurrent direct, il est possible de calculer un ratio R égal à la note de l'entreprise/note du concurrent. Ainsi, plus le ratio est élevé plus l'entreprise devance ses concurrents.

Le graphique ci-dessous présente les résultats comparatifs pour un téléphone portable. Il permet de visualiser les zones d'avantage concurrentiel (valeurs au-dessus de 1) et les zones de déficit concurrentiel (valeur au-dessous de 1).

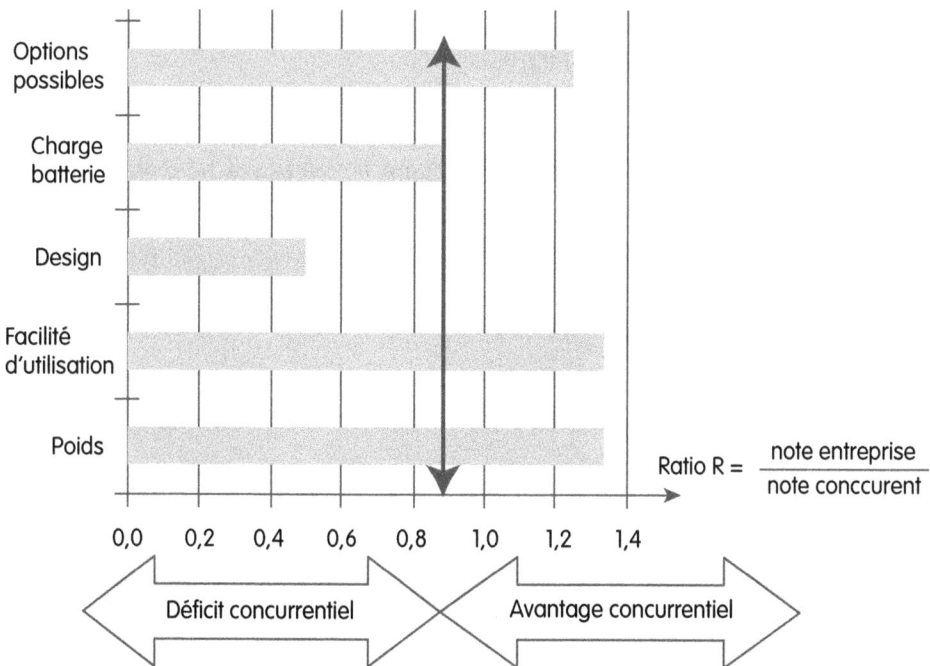

Figure 40

Parfois, le client est amené à évaluer directement l'entreprise par rapport à la concurrence. Les résultats sont alors représentés ainsi :

Très inférieur	Inférieur	Égal	Supérieur	Très supérieur
		poids		
		facilité		
	design			
		batterie		
		option		

Conseils

Privilégiez les graphiques commentés (un graphique vaut mieux qu'un long discours), pour faciliter l'assimilation des résultats.

Associez les points d'insatisfaction aux *verbatim* du client, pour sensibiliser les collaborateurs.

Visualisez l'évolution dans le temps des résultats ; elle permet de mettre en évidence la progression ou la régression de l'entreprise perçue par le client, sur un point donné.

Établissez une synthèse des résultats ; elle permet de se concentrer sur les points marquants.

Assurez la communication des résultats :
- en interne, pour préparer l'action ;
- en externe, auprès des clients (à privilégier quand les constats de progrès sont réalisés).

Intégrez les indicateurs clés issus de l'enquête, au tableau de bord de la direction.

Veillez à ne pas trop globaliser les résultats.

EXEMPLES DE *MAPPING* CLIENT

Résultats de l'étude quantitative de satisfaction des clients de la société PPO

L'étude de cette année fait suite à celle réalisée l'an passé. Ella a été lancée pour mesurer l'efficacité des actions engagées dans le site de production. Le taux de retour a été de 45 % (le même que lors de la précédente enquête), soit 150 réponses exploitables.

L'exploitation des résultats permet de poursuivre la démarche d'amélioration continue, qui a pour finalité la fidélisation des clients.

Si l'on regarde les résultats donnés dans le tableau suivant, on constate que le **taux de satisfaction globale a augmenté de 10 %** cette année (80 % de clients satisfaits et très satisfaits cette année, contre 70 % l'année précédente), et surtout la proportion de très satisfaits a évolué positivement.

	Année n	Année n-1
Très satisfaits	30 %	35 %
Satisfaits	40 %	45 %
Insatisfaits	20 %	15 %
Très insatisfaits	10 %	5 %

Dans le graphique ci-dessous sont positionnées les différentes attentes des clients en tenant compte de leur taux de satisfaction et de l'importance qu'ils leur attribuent.

Ainsi, les clients sont peu satisfaits de l'efficacité commerciale et des délais, qui sont pourtant des attentes importantes.

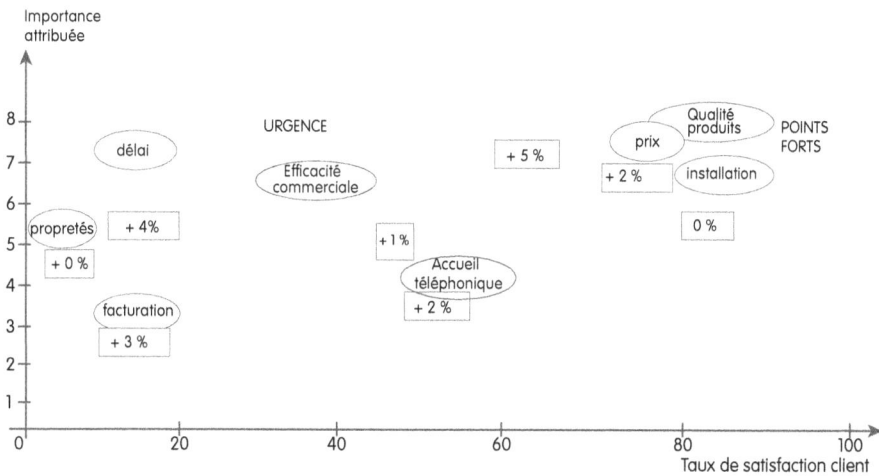

Figure 41

Comparaison des cours

Le graphique ci-dessous nous donne les résultats de satisfaction pour les différents produits. On constate ainsi que c'est le produit JP 5 qui satisfait le plus les clients et qu'il y a urgence à travailler sur le produit JF3 pour les satisfaire.

% de satisfaction

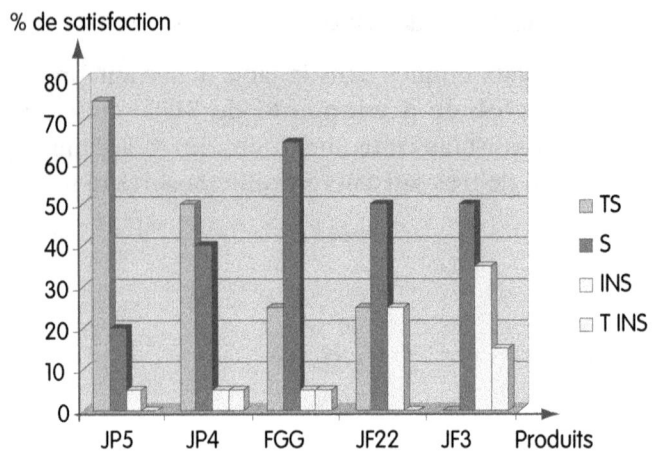

Figure 42

TS : % de clients très satisfaits

S : % de clients satisfaits

INS : % de clients insatisfaits

T INS : % de clients très insatisfaits

% de TS + S

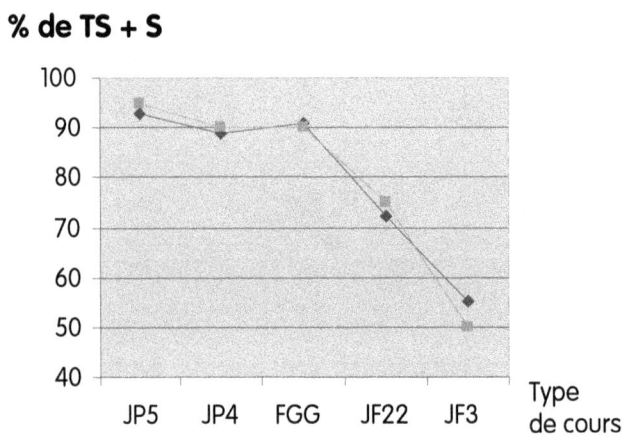

Figure 43

OUTIL 6 : TRAITEMENT DES RÉCLAMATIONS CLIENT

C'EST QUOI ?

C'est le processus qui assure la prise en compte de la réclamation, son traitement efficace, et donc le retour à la satisfaction du client affecté.

La réclamation peut être caractérisée par l'expression du mécontentement du client, qui s'adresse à son entreprise fournisseur pour faire part de son insatisfaction et demander une solution rapide ou un dédommagement.

À QUOI SERT-IL ?

Un client qui réclame est un test pour l'entreprise, qui peut choisir de transformer ce « pépin » en pépite. Ce test permet de démontrer au client sa capacité à écouter, à réagir, ou à choisir « l'autisme » (le silence) et le voir déserter !

Le processus de traitement de réclamation se traduit concrètement par une procédure interne, connue de tous, et qui aide chacun à réagir vite et bien.

CE QU'IL CONTIENT

Le processus de traitement des réclamations est en 7 étapes clés :

Recueil : il appartient à chaque collaborateur de savoir reconnaître l'expression d'une insatisfaction client, de la reformuler, et de la transmettre (mail, fiche, courrier) au service qualité.

Enregistrement : les entreprises se sont bien organisées ces dernières années pour structurer leur service client, et notamment leur traitement des réclamations. Beaucoup ont créé des fiches de réclamations, qui permettent de tracer le traitement depuis l'identification jusqu'à la validation du retour à la satisfaction du client.

Qualification : pour être traitée convenablement, une réclamation doit être qualifiée : qui réclame ? Quand ? Sur quel produit ou service (quelle commande ? quelle livraison ?…) ? Quel est le motif de la réclamation ? Que veut le client : immédiatement et *a posteriori ?*

Accusé de réception : à destination du client, il atteste de la prise en compte « officielle » par l'entreprise de sa réclamation et lui donne les prochaines étapes de son traitement.

Traitement curatif : il existe deux niveaux de traitement :

- celui qui est immédiat :
  - le client n'est pas livré à temps, il faut le dépanner et mettre en œuvre des actions d'urgence ;
  - le client a reçu un produit défectueux et ne peut l'utiliser, il faut lui échanger rapidement ;
- celui qui se situe *a posteriori*, qui est davantage de l'ordre du dédommagement : dans ce cadre, il peut être judicieux de définir une grille de compensation qui, selon l'importance du problème (et du client), donne les solutions de dédommagement possibles.

Traitement correctif : c'est la phase d'analyse des causes, pour éviter le renouvellement de cette réclamation. Comment, dans l'entreprise, allons-nous agir pour nous assurer de l'impossibilité de toucher négativement de nouveaux clients ?

Bilan des réclamations : c'est l'ultime étape, celle qui débouche sur des prises de décision : sur quoi agir ? Que surveiller ?

À QUOI FAUT-IL FAIRE ATTENTION ?

Les deux éléments clés du traitement de la réclamation sont le recueil et la qualification.

- Le recueil se fait partout où le client est en contact avec l'entreprise. Si les réclamations majeures arrivent souvent par écrit, voire par téléphone, il est bon de recueillir, au quotidien, toutes les sources d'agacement ou d'insatisfaction mineures, mais souvent répétées des clients.
- La qualification est fondamentale : la question est de savoir si la réclamation est justifiée, et si oui, quelle est sa gravité.

Conseils

Déployez l'idée au sein de votre entreprise que le client qui « râle » est un client qui vous donne l'opportunité de le conserver et d'améliorer votre image. Il n'y a rien de plus catastrophique pour l'image de l'entreprise qu'un client qui réclame dans le vide. Non reconnu, ignoré, il ne manque pas d'en parler et d'altérer l'image de votre entreprise. À l'heure de l'Internet, l'information circule si rapidement qu'il faut réagir vite et bien !

Évitez certains comportements face au client mécontent (parfois agressif, il hurle et veut qu'on l'entende, qu'on l'écoute et surtout que l'on agisse) :

- minimiser son problème ;
- chercher à lui démontrer d'office qu'il a tort ;
- lui demander de rappeler, d'écrire, de contacter un autre numéro : soyez proactifs !
- accabler les autres services de l'entreprise responsables de son « malheur » ;
- chercher des excuses « bidon » ;
- répondre inlassablement : « C'est en cours… ».

Privilégiez les attitudes responsables :

- chercher à comprendre son problème, et surtout ce qu'il attend de votre entreprise ;
- agir en amont, et ne pas attendre que le client réclame alors que vous le savez déçu ;
- rechercher des solutions avec lui ;
- reformuler sa déception : « J'ai bien compris que vous êtes déçu » ;
- agir vite si sa demande est urgente ;
- protéger coûte que coûte l'image de votre entreprise ;
- présenter des excuses pour les désagréments occasionnés ;
- agir réellement en cohérence avec le dommage subi.

LES QUESTIONS LES PLUS FRÉQUENTES

Toute réclamation est-elle justifiée ? Non, nous l'avons vu, une réclamation n'a de sens que s'il y a un écart entre la qualité réalisée et la qualité promise.

Combien de temps a-t-on pour accuser réception d'une réclamation ? 24 heures, si vous voulez faire pro !

Un client mécontent peut-il être fidèle ? Oui, bien sûr. Votre capacité à traiter avec efficacité sa demande spécifique, vous permet de créer une réelle relation de confiance avec lui.

Faut-il viser le zéro réclamation ? Non, surtout pas ! Une entreprise qui n'a plus de réclamations à traiter, est sans doute devenue sourde à ses clients. Visez déjà l'absence de réclamation majeure.

Faut-il mesurer le coût des réclamations ? Oui, ces coûts font partie des coûts de non-qualité externes, et incluent le coût du traitement administratif (temps passé par les commerciaux et le service qualité), et le coût des dédommagements (avoirs, remises…).

Comment motiver les personnes en contact avec les clients pour qu'elles prennent en compte leur insatisfaction ? Avant tout, en facilitant le recueil ainsi que le transfert de l'information, et en leur démontrant votre capacité à les exploiter !

Comment faire le bilan des réclamations ? Le Pareto est un outil simple, qui permet de visualiser rapidement quels sont les types de réclamations les plus importants, les produits les plus impactés, les réclamations les plus coûteuses.

Quels indicateurs suivre ? Ceux ci-après ont fait leurs preuves :

- le nombre de réclamations par mois (à activité constante), ou le pourcentage de réclamations par rapport au nombre total des prestations ;
- le pourcentage de réclamations traitées en dix jours ;
- le pourcentage de clients mécontents fidélisés ;
- le ratio : coût des réclamations/chiffre d'affaires.

EXEMPLES DE FICHE RÉCLAMATION ET DE PROCÉDURE DE TRAITEMENT DE RÉCLAMATION

Fiche de réclamation

Date : le 3 janvier	client : M. APS	Commande : JP0023Fr
Motif d'insatisfaction : colis arrivé abîmé Le client a besoin de son colis pour la fin de la semaine		
Reçu service qualité le 3 janvier	Contact téléphonique client le 4 janvier	
Décision : réclamation validée		
Décision immédiate : renvoi de la commande pour arrivée le 6 janvier Client OK sur la solution		
Validation : le client a bien reçu son colis et en bon état		
Dédommagement : non		
Action corrective : oui, problème répétitif, 3 depuis le début du mois		
Causes identifiées : le transporteur concerné est nouveau et non rôdé aux précautions d'usage		
Actions correctives : actions des achats au niveau du fournisseur. Contact le 11 janvier. Il doit vérifier les conditions de transport et de manipulation Un point est prévu le 30 janvier		
Mise en œuvre de la solution : le fournisseur a sensibilisé son personnel. Il a mis en place des sur-conditionnements spéciaux pour les colis fragiles		
Validation : le 30 mars, aucune nouvelle réclamation		
Réclamation soldée le 30 mars		

Procédure de traitement de réclamation

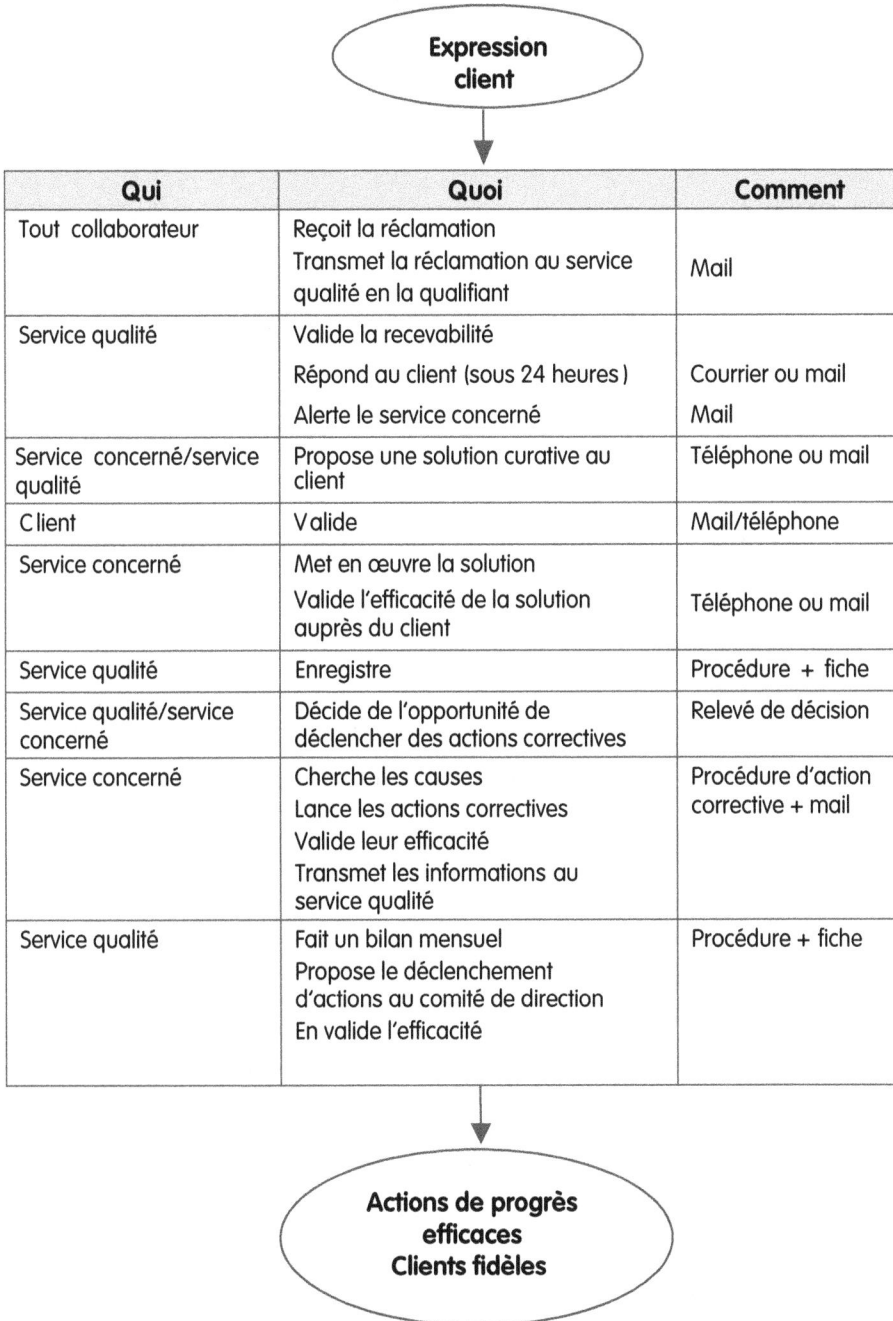

Expression
client

Qui	Quoi	Comment
Tout collaborateur	Reçoit la réclamation	
	Transmet la réclamation au service qualité en la qualifiant	Mail
Service qualité	Valide la recevabilité	
	Répond au client (sous 24 heures)	Courrier ou mail
	Alerte le service concerné	Mail
Service concerné/service qualité	Propose une solution curative au client	Téléphone ou mail
Client	Valide	Mail/téléphone
Service concerné	Met en œuvre la solution	
	Valide l'efficacité de la solution auprès du client	Téléphone ou mail
Service qualité	Enregistre	Procédure + fiche
Service qualité/service concerné	Décide de l'opportunité de déclencher des actions correctives	Relevé de décision
Service concerné	Cherche les causes	Procédure d'action corrective + mail
	Lance les actions correctives	
	Valide leur efficacité	
	Transmet les informations au service qualité	
Service qualité	Fait un bilan mensuel	Procédure + fiche
	Propose le déclenchement d'actions au comité de direction	
	En valide l'efficacité	

Actions de progrès
efficaces
Clients fidèles

Figure 44

OUTIL 7 : LE DÉPLOIEMENT
DE LA CULTURE CLIENT

C'EST QUOI ?

Il s'agit du déploiement au sein de l'entreprise des bonnes pratiques, des attitudes, qui mettent la priorité sur la satisfaction du client. Le challenge consiste à engager toute l'entreprise vis-à-vis de ses clients, à faire partager à chacun cette volonté de les fidéliser, parce qu'ils sont uniques et importants.

À QUOI SERT-IL ?

C'est un outil de mobilisation, garant de la réussite de la démarche qualité.

CE QU'IL CONTIENT

Instaurer une culture client c'est au-delà de la garantie des compétences techniques des collaborateurs, s'assurer que chacun a bien compris les objectifs visés : des clients satisfaits et fidèles qui recommandent l'entreprise.

Cette culture peut être concrétisée par une charte qualité qui formule les engagements pris par l'entreprise vis-à-vis de ses clients, et les attitudes à développer par l'ensemble du personnel.

À QUOI FAUT-IL FAIRE ATTENTION ?

Éviter que le discours ne reste un discours ! Dans les faits, le management se doit d'être exemplaire pour démontrer au quotidien l'importance qu'il attribue à la qualité et la priorité qu'il donne au client.

Conseils

Traduisez la charte par métiers, ou services ; elle y gagnera en efficacité.

Posez-vous la question « Comment cela se traduit-il dans mon activité quotidienne, mon métier ? » pour chaque point de la charte.

Mettez en œuvre des formations adaptées.

Rappelez régulièrement les engagements et travaillez sur les axes de progrès avec vos collaborateurs.

Incitez chacun à s'auto-évaluer sur sa capacité à répondre aux éléments de la charte.

LES QUESTIONS LES PLUS FRÉQUENTES

La culture client est-elle un état d'esprit ? : Oui et non. Oui, car elle devient une compétence collective. Non, car au-delà d'une attitude, d'une approche, elle se mesure factuellement par des indicateurs.

Qui porte ce discours ? Sans aucun doute, les managers exemplaires qui se doivent être les premiers à s'engager vis-à-vis des clients.

EXEMPLE DE CHARTE QUALITÉ

Toute personne en contact avec le client lui doit respect et bienveillance : chacun véhicule l'image de notre entreprise et en est l'ambassadeur.

Le client attend de nous le respect de nos engagements.

Notre professionnalisme nous conduit à ne délivrer à nos clients que des produits conformes à leurs attentes, dans les délais convenus.

En cas d'insatisfaction, tout doit être mis en œuvre pour aider le client à retrouver la confiance en notre entreprise.

Dans notre travail de tous les jours nous savons :
- *être disponible ;*
- *écouter et échanger ;*
- *travailler en équipe pour progresser ;*
- *nous parler pour nous dire « les choses » factuellement, sans agressivité ;*
- *être courtois ;*
- *avoir une présentation personnelle soignée ;*
- *contribuer à l'esprit d'équipe ;*
- *nous remettre en cause personnellement.*

Chapitre 13

Maîtriser la qualité en conception

Un produit mal conçu entraîne à terme une insatisfaction client. Une organisation qualité floue en conception induit des non-conformités certaines. Il y a peu de place pour le hasard : ce qui est bien conçu est facile à faire et à utiliser.

Pour que le produit soit de qualité dès sa conception, 4 outils développés ici sont à mettre en pratique.

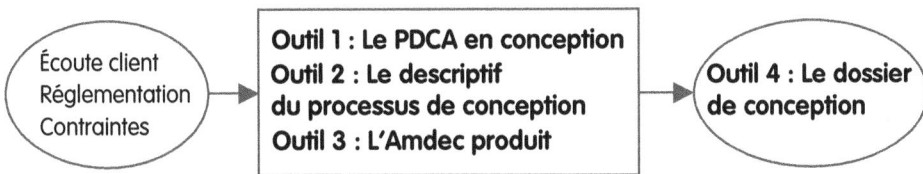

Écoute client
Réglementation
Contraintes

Outil 1 : Le PDCA en conception
Outil 2 : Le descriptif
du processus de conception
Outil 3 : L'Amdec produit

Outil 4 : Le dossier
de conception

Figure 45

OUTIL 1 : LE PDCA EN CONCEPTION

C'EST QUOI ?

C'est le fil directeur qui permet de maîtriser la qualité du processus de conception. Il reprend les 4 phases clés du PDCA dans une logique de maîtrise, et non d'amélioration continue.

À QUOI SERT-IL ?

Complémentaire au PDCA d'amélioration continue, il définit les grandes phases destinées à garantir que les données de sortie du processus sont conformes aux exigences de départ.

CE QU'IL CONTIENT

4 phases.

Planifier

- Planifier le processus de conception pour définir qui fait quoi dans ce processus.
- Planifier les revues de conception.
- Définir le processus et ses livrables.
- Former les acteurs.

Mettre en œuvre

- Respecter le planning et les procédures clés.
- Réaliser les tests, les vérifications et validations de conception.

Vérifier

Au travers des revues de conception, vérifier qu'il n'y a pas d'écart entre :
- le budget prévu et le budget prévisionnel ;

- les délais fixés et le délai final ;
- les données de sorties à chaque étape et les exigences clients ;
- les contraintes internes et les attentes client.

Agir

- Mettre en évidence les écarts.
- Rechercher les causes.
- Entreprendre les actions correctives.
- Vérifier l'effet.
- Capitaliser les bonnes pratiques.
- Communiquer.

À QUOI FAUT-IL FAIRE ATTENTION ?

Partager ces principes avec l'ensemble des équipes agissant sur le processus.

Convaincre de l'utilité de chaque phase et de leur formalisation (planifier et écrire).

S'assurer que chacun a bien compris les livrables attendus du processus de conception, et le perçoit comme le processus amont de la production.

Conseils

Formalisez le processus de conception dans une procédure.

Matérialisez les différentes conceptions en cours, sur un planning visuel à propos duquel toute l'équipe peut partager.

Assurez-vous que chaque conception fait bien l'objet d'un REX (retour d'expérience), pour entrer dans une phase d'amélioration.

LES QUESTIONS LES PLUS FRÉQUENTES

Pourquoi autant de formalisme ? Parce que le formalisme permet de partager et de garder en mémoire. Le processus de conception (outil suivant) reprend ces 4 phases.

Le PDCA s'applique-t-il à chaque conception ? Oui, chaque projet est rythmé par ces 4 phases.

OUTIL 2 : LE DESCRIPTIF DU PROCESSUS DE CONCEPTION

C'EST QUOI ?

C'est l'enchaînement de toutes les activités réalisées par des fonctions différentes qui va permettre de concevoir un produit conforme aux attentes du client, mais aussi et surtout de préparer la production.

À QUOI SERT-IL ?

À « faire bien du premier coup ».

Les indicateurs de performance de ce processus peuvent être :
- le respect des délais ;
- le respect des budgets alloués ;
- le nombre de demandes de modifications produit réalisées après-coup ;
- le nombre de demandes de modifications de plans, documents techniques ou autres, réalisées par la production ;
- le nombre de demandes d'évolution du produit requises par les clients, la production ou le SAV ;
- les coûts.

CE QU'IL CONTIENT

Les entrées (ce dont on a besoin pour concevoir), et surtout les livrables (le dossier de conception fini).

Il décrit ce qui est mis en œuvre pour satisfaire l'ensemble des clients de ce processus (clients externes, production, qualité, achats, actionnaires, etc.). Il décrit ainsi les différentes phases de conception et de vérification ainsi que les interfaces avec les autres processus.

Il indique le pilote du processus qui assure la coordination entre des différents métiers, et est le garant de l'atteinte des objectifs fixés.

À QUOI FAUT-IL FAIRE ATTENTION ?

Pour qu'il soit utile, ce processus doit être un compromis entre ce qui est et ce qui devrait être de manière idéale.

Conseils

Posez-vous les questions suivantes, pour chaque étape :
- qui fait quoi ?
- avec quels moyens ?
- pour quelle caractéristique qualité ?
- selon quels éléments de temps, de procédés, de techniques, de savoir-faire ?

LES QUESTIONS LES PLUS FRÉQUENTES

Cette formalisation du processus peut-elle être un frein à la créativité ? Non, il s'agit de clarifier, formaliser les différentes étapes de conception, sans entrer dans le détail.

Quel est le périmètre du processus ? Cela dépend de la taille de l'entreprise. Il se situe après la démarche d'écoute du marché (marketing), et avant la phase de production.

EXEMPLE DE PROCESSUS DE CONCEPTION D'UN NOUVEAU PRODUIT

Pilote : Michel Seneau	Validation le 3. 10. 2010
Finalités du processus	

* assurer la conception des nouveaux produits en cohérence avec les attentes des clients, la réglementation et les contraintes de la production et des achats
* assurer le lancement de ces nouveaux produits, dans un objectif de zéro défaut dès le premier produit

Attentes des parties intéressées	**Acteurs principaux**
• client : conformité aux besoins et au cahier de charges fonctionnelles • actionnaires : respect des délais et des budgets • achats : définition des exigences des nouveaux composants • production et qualité : fourniture des livrables : conception validée, qualification procédé • service Sécurité Santé Environnement (SSE) : mise à jour du document unique, diminution des impacts environnementaux produit/procédé	• marketing • conception et développement • industrialisation méthodes • qualité contrôle • achats • production
Entrées	**Sorties**
• plan de développement • besoins marché • réglementation • résultats veille	• dossier conception (y compris Amdec produit) • cahier des charges (CC) des nouveaux composants • résultats échantillons initiaux • validation procédé • argumentaires commerciaux
Indicateurs de performance	**Activités de surveillance**
• respect des délais • respect des budgets alloués • nombre de demandes de modifications produit faites après-coup • nombre de demandes de modifications de plans, documents techniques ou autres, établies par la production • nombre de demandes d'évolution du produit requises par les clients, la production ou le SAV • le montant des coûts de garantie du fait de la conception produit	• revues de conception • vérification conception (tests, Amdec…) • validation conception • suivi budget et planning
Processus amont : diriger	**Processus aval principaux : acheter, produire, vendre**

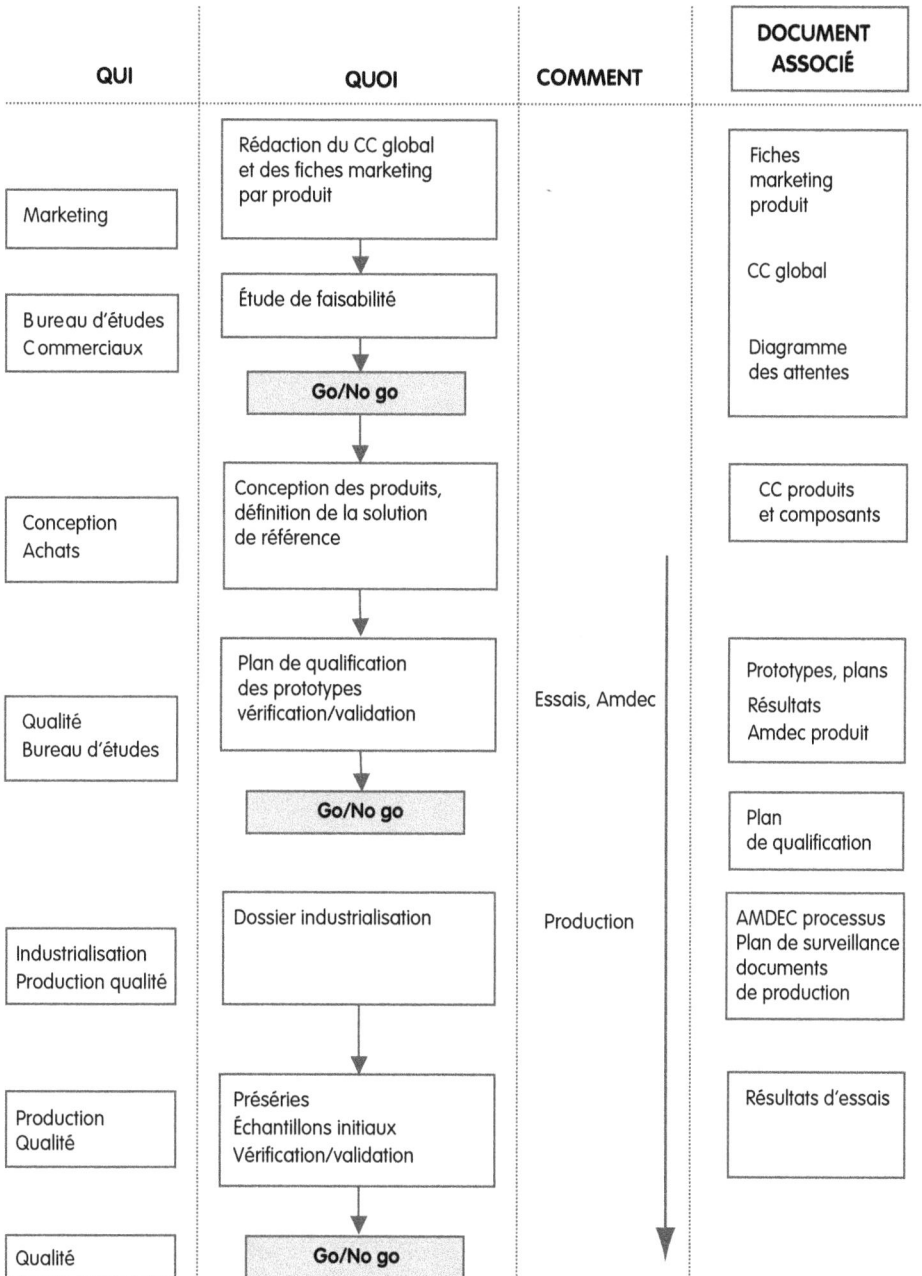

QUI	QUOI	COMMENT	DOCUMENT ASSOCIÉ
Marketing	Rédaction du CC global et des fiches marketing par produit		Fiches marketing produit
Bureau d'études Commerciaux	Étude de faisabilité		CC global
	Go/No go		Diagramme des attentes
Conception Achats	Conception des produits, définition de la solution de référence		CC produits et composants
Qualité Bureau d'études	Plan de qualification des prototypes vérification/validation	Essais, Amdec	Prototypes, plans Résultats Amdec produit
	Go/No go		Plan de qualification
Industrialisation Production qualité	Dossier industrialisation	Production	AMDEC processus Plan de surveillance documents de production
Production Qualité	Préséries Échantillons initiaux Vérification/validation		Résultats d'essais
Qualité	Go/No go		

Figure 46

OUTIL 3 : L'AMDEC PRODUIT

C'EST QUOI ?

C'est une méthode d'analyse préalable au lancement en production d'un produit ou d'une installation nouvellement conçue. Avant de donner le « top départ » pour la production en série ou le lancement d'un chantier, la question de nombreux responsables reste : « Va-t-on réussir ? » Cette question reflète leur préoccupation majeure : « Pourvu qu'il n'y ait pas de problème… ! »

L'Analyse des modes de défaillance de leurs effets et de leur criticité (Amdec) vise à passer en revue l'ensemble de la conception du nouveau produit, ou du produit modifié, pour identifier les risques d'incidents encore présents et y trouver des parades.

L'analyse se pratique en présence réelle ou virtuelle des principaux acteurs de la conception et d'un représentant du client, interne à l'entreprise (qualité, marketing…), ou un véritable client, si cela est possible.

À QUOI SERT-IL ?

Cette méthode est à ranger dans la catégorie des outils de prévention.

Le véritable résultat est double :

- permettre d'améliorer la conception, en éliminant des incidents potentiels ;
- mobiliser les équipes proches du produit, pour qu'elles en aient une connaissance approfondie et partagée.

Elle permet ainsi d'anticiper les défaillances produit.

CE QU'IL CONTIENT

Pour un produit ou un sous-ensemble, l'Amdec produit répond aux questions suivantes :

- que peut-il arriver en termes de **défaillance** (en écart par rapport à ce que serait un bon fonctionnement) et quelles en sont les **causes** imputables à la séquence de conception ?

- quels sont les **effets** de cette défaillance possible sur le client final utilisateur ?
- qu'a-t-on déjà fait au niveau de la conception pour mesurer ce risque (essais, tests, partage d'informations…) ? C'est la « **détection** ».

Une fois ces questions traitées, une quantification est effectuée en s'aidant de tableaux préremplis.

Fréquemment, aux trois questions ci-dessus, on attribue des notes de 1 à 10 pour pondérer chacune des réponses.

- La probabilité d'apparition de la defaillance est notée de 1 à 10 et appelée « O » (pour occurrence).
- La gravité des effets est notée de 1 à 10 et appelée « G ».
- La détection est notée de 1 à 10 et appelée « D ».

La criticité C = OGD, ou plus souvent nommée DOG

Ainsi, en cas d'une défaillance potentielle :

- à haut risque d'apparition au vu de la conception (note à 10),
- avec un effet grave sur le client si elle se produit (note à 10),
- et pour laquelle on n'a pas fait beaucoup de validations (note à 10),

$C = 10 \times 10 \times 10 = 1\ 000$

Inversement, pour une défaillance jugée :

- totalement improbable au vu de la conception (note à 1),
- sans effet sur le client si elle se produit (note à 1),
- et pour laquelle des validations ont déjà été effectuées (note à 1),

$C = 1 \times 1 \times 1 = 1$

Entre 1 et 1 000, on choisit souvent le seuil de 100 comme point de repère pour qualifier une défaillance de criticité : en deçà de 100, on ne traite pas, au-delà de 100, on traite.

Le traitement consiste à proposer des solutions pour améliorer la conception, ou faire de nouvelles validations pour s'assurer de la fiabilité de la solution.

Un tableau final d'Amdec ne doit contenir que des criticités inférieures au seuil choisi (par exemple 100).

À QUOI FAUT-IL FAIRE ATTENTION ?

À l'instar de beaucoup de méthodes de travail en groupe, l'Amdec produit peut soit se révéler formidablement efficace, soit s'achever par un semi-échec.

Il convient de faire attention à la durée de ce type d'étude qui ne doit pas excéder six à huit semaines, avec une séance toutes les deux semaines. Le risque de découragement des participants peut être une source d'échec.

Le manque de réponses à des questions pratiques ou techniques est un risque certain. Il peut être évité en s'assurant régulièrement de la présence des interlocuteurs clés lors des réunions de travail.

Enfin, il est indispensable de disposer d'un meneur de jeu d'un bon niveau. Nous évoquons ici la maîtrise dont doit disposer l'animateur dans la conduite des réunions pour avancer à un bon rythme en respectant la méthode et en recadrant en permanence les débats.

Conseils

Pour l'animateur et pour le responsable du projet :
- entretenez la flamme pendant la durée de l'étude, en envoyant des mails d'encouragement et quelques coups de téléphone pour vous assurer que le moral des participants est au beau fixe et qu'ils ne vont pas manquer la prochaine séance.
- restez concrets en permanence : dites ce qui a déjà été fait, dessinez, faites des croquis, si cela est possible, montrez des images ou le produit physique.
- ne perdez pas de temps sur les notations : la note n'est qu'une aide pour se mettre d'accord, elle n'est pas un couperet.
- communiquez des synthèses aux participants.
- réservez l'Amdec produit aux produits et/ou sous-ensembles véritablement nouveaux, avec des technologies et/ou des conditions d'utilisation nouvelles, ceci dans un souci de stratégie.

LES QUESTIONS LES PLUS FRÉQUENTES

Faut-il pratiquer des Amdec systématiquement ? Non, cela devient routinier et perd de son impact.

Peut-on réaliser une Amdec produit individuellement, tout seul ? Non, cela est sans intérêt.

Peut-on utiliser les résultats des Amdec précédentes ? Oui, ils constituent une aide.

Est-il bon d'avoir un client ou un « innocent » dans le groupe ? Oui, il pose des questions intelligentes !

Peut-on utiliser la méthode sur un produit existant ? Oui, mais mieux vaut, dans ce cas, utiliser la résolution de problème.

Faut-il attendre d'être sûr des résultats pour modifier la note dans le tableau d'analyse ? Oui, c'est une exigence à respecter.

EXEMPLE D'UNE AMDEC PRODUIT POUR LA CONCEPTION D'UN SIÈGE AUTOMOBILE

Défaut potentiel	Cause liée à la conception	Effet en clientèle	Détections réalisées	D	O	G	C	Actions menées	D'	O'	G'	C'
Coulissement difficile du siège	Choix du matériau	Agacement du conducteur ou du passager	Essais sur 5 sièges	4	5	8	160	Utilisation du matériau qui a déjà fait ses preuves sur le modèle précédent	2	2	8	32
Poignée d'inclinaison difficile à manœuvrer	Espace latéral insuffisant	Manœuvre difficile mais possible	Observé et vérifié sur les prototypes	1	10	5	50	Pas d'action				

OUTIL 4 : LE DOSSIER DE CONCEPTION

C'EST QUOI ?

C'est un document, un dossier qui rassemble les éléments clés permettant de définir le produit ainsi que les enregistrements qualité clés qui jalonnent tout processus de conception.

À QUOI SERT-IL ?

Le dossier de conception constitue la mémoire du travail réalisé. Il met en évidence ce travail pour assurer la qualité tout au long du processus.

Il apporte les preuves de la réalisation de l'Amdec produit, et surtout les actions correctives engagées.

CE QU'IL CONTIENT

Le planning initial de conception et le planning définitif.

La liste des données d'entrées utilisées, dont le cahier des charges.

Le descriptif produit (plan, spécifications, etc.).

Les activités de vérification (produit et procédé) ; les résultats des Amdec produit et les plans d'actions associés.

Les résultats des activités de validation de la conception produit (mise en situation d'usage).

Les consignes pour les achats et la production.

Le compte rendu des revues de conception et les décisions associées.

Conseils

Ne démarrez la production qu'après l'obtention du dossier complet de conception.

Vérifiez que toutes les étapes ont été respectées.

Rédigez une synthèse avec la liste des documents contenus dans le dossier ainsi qu'une rubrique intitulée « points de vigilance ». Cette synthèse tient en trois pages papier ou électronique.

LES QUESTIONS LES PLUS FRÉQUENTES

Cette rigueur dans la conception s'applique-t-elle aux activités de service ? Oui pour toutes les prestations de service ayant un cahier des charges et des promesses faites aux clients dans une offre.

Peut-on faire du copier-coller pour un dossier de conception d'un produit modifié ou semblable à un produit existant ? Oui, à l'exception des caractéristiques particulières de ce nouveau produit et des validations spécifiques. Il n'est pas indispensable de tout recommencer.

Chapitre 14

Maîtriser la qualité en production

En disposant du dossier de conception complet, les équipes de production sont à même de construire leur propre dossier, avant de démarrer une fabrication, d'effectuer les analyses et de mener les actions propres à obtenir les bons produits du premier coup.

Ainsi, elles vont pouvoir créer les différents documents et outils nécessaires à la maîtrise de la production et prévenir l'apparition de non-conformités.

Il s'agit du PDCA en production, du descriptif du processus de production, des Amdec processus, des histogrammes de production, des capabilités machines et procédés, des techniques de MSP (Maîtrise Statistique des Procédés), des modes opératoires, des techniques d'autocontrôle, des plans de contrôle et de surveillance, des règles pour traiter le produit non conforme et les réclamations client, de la traçabilité, de la sélection et du suivi des fournisseurs et de la mise en place des poka-yoké.

OUTIL 1 : LE PDCA EN PRODUCTION

C'EST QUOI ?

C'est le fil directeur qui permet de maîtriser la qualité tout au long du processus de fabrication. Il reprend les 4 phases clés du PDCA, dans une logique de maîtrise et non d'amélioration continue.

À QUOI SERT-IL ?

Complémentaire du PDCA d'amélioration continue, il définit les grandes phases qui garantissent que la conformité de la qualité réalisée a la qualité programmée.

CE QU'IL CONTIENT

4 étapes clés

Planifier

- Planifier les processus de production, clarifier les responsabilités, organiser les équipes, arrêter les plannings.
- Définir les spécifications qualité du produit à chacune des étapes et dans leur état final.
- Formaliser les procédures, les modes opératoires à appliquer et les contrôles à réaliser dans le plan de surveillance.
- Planifier une maintenance appropriée ainsi que toutes les actions préventives définies (par exemple système anti-erreur).
- Prévoir les moyens adaptés pour produire et contrôler.

Mettre en œuvre

- Former, qualifier les acteurs.
- Faire respecter les dispositions définies.

Vérifier

- Vérifier la qualité réalisée au travers des contrôles selon la périodicité définie.
- Effectuer des audits internes de postes pour vérifier l'application de ce qui est prévu tant au niveau de la production que des contrôles et de la maintenance.

Agir

- Mettre en évidence les écarts.
- En rechercher les causes.
- Entreprendre les actions correctives.
- En vérifier l'effet.
- Capitaliser les bonnes pratiques.
- Communiquer.

À QUOI FAUT-IL FAIRE ATTENTION ?

À partager ces principes avec l'ensemble des équipes du processus.

À passer rapidement du concept du PDCA à l'application pratique.

Conseils

Abusez de manière périodique de la formation !

Donnez un sens à ce PDCA : sa finalité est la satisfaction du client. Cela signifie pour chaque collaborateur, de se sentir véritablement fournisseur du client final autant que de l'opération suivante.

Travaillez en collectif, ce PDCA étant celui d'une équipe.

OUTIL 2 : LE DESCRIPTIF DU PROCESSUS DE PRODUCTION

C'EST QUOI ?

C'est un document qui décrit toutes les étapes de fabrication d'un produit à partir des composants et/ou matières premières.

Il peut être aussi appelé *flow chart*.

À QUOI SERT-IL ?

Il permet une vue d'ensemble du processus en recensant les activités clés du processus et les moyens utilisés, ainsi que les qualifications nécessaires. Il permet d'élaborer le plan de contrôle. Il renvoie pour chaque étape aux procédures et modes opératoires.

Il sert de base de travail pour réaliser une Amdec processus, construire le plan de contrôle, et/ou réaliser une analyse de la valeur de chaque étape.

CE QU'IL CONTIENT

Il recense toutes les opérations, toutes les séquences de fabrication, sans entrer dans le détail sur la façon dont est réalisée l'opération.

Ce descriptif est élaboré à l'aide de la nomenclature produit, qui définit tous les composants. Il est complété par les spécifications du produit fini.

On utilise fréquemment des symboles visuels pour la représentation :

- le rectangle pour l'opération ;
- le triangle pour un transfert ;
- le cercle pour le contrôle.

À QUOI FAUT-IL FAIRE ATTENTION ?

Faire un document simple, lisible sur une feuille A3 maximum.

Conseils

Partez d'un processus similaire déjà écrit.

Ce travail est aussi l'occasion de remettre en cause certaines étapes et de supprimer les étapes sans valeur ajoutée, de réexaminer l'enchaînement des opérations
pour gagner en efficacité.

EXEMPLE DE PROCESSUS DE PRODUCTION DE BOUTEILLES DE JUS DE FRUITS

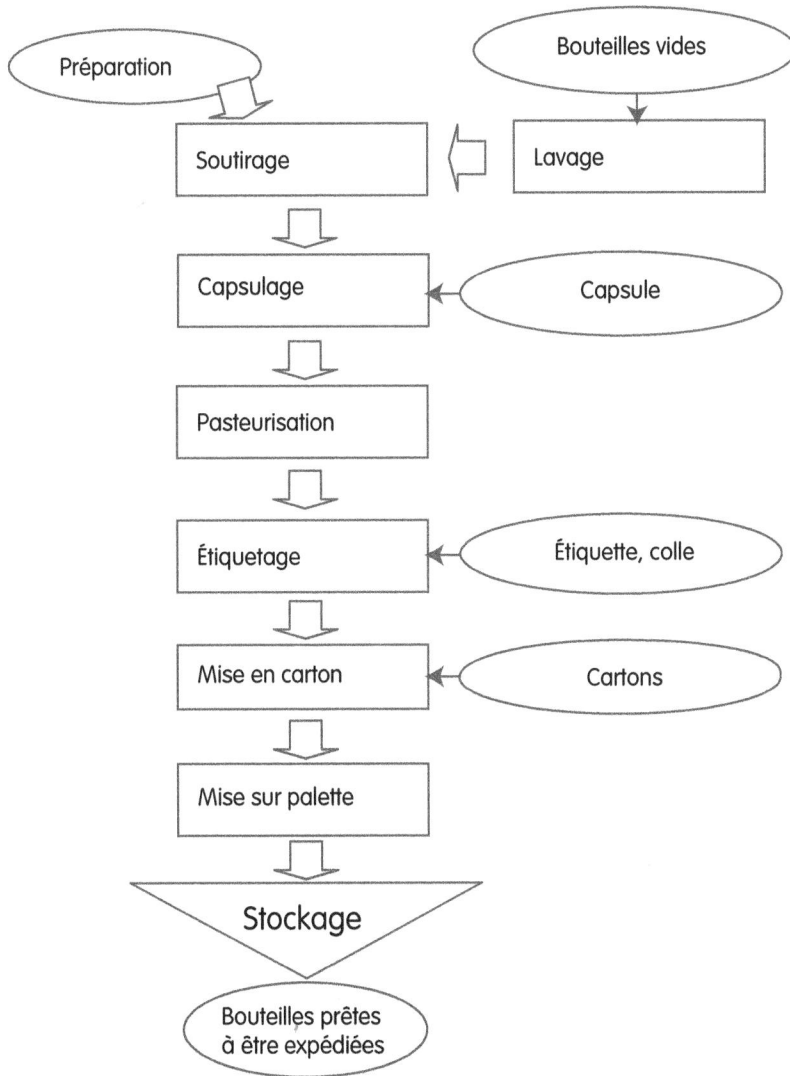

Figure 47

OUTIL 3 : L'AMDEC PROCESSUS

C'EST QUOI ?

C'est la sœur jumelle de l'Amdec produit. Il s'agit donc d'une méthode d'analyse, utilisée préalablement au lancement opérationnel d'une production.

Avant de donner le « top départ » pour la production en série, l'objectif des responsables de production est de balayer tout le process de fabrication et d'éliminer les dernières zones d'ombre pouvant encore exister dans le processus.

L'Amdec vise à passer en revue l'ensemble des opérations de production pour identifier les risques de non-conformité encore présents, et mettre en place des solutions dites « verrous ».

L'analyse se pratique en présence réelle ou virtuelle des principaux acteurs de la production : services méthode, ingénierie, contrôle, production, logistique. Un Candide est toujours utile !

À QUOI SERT-IL ?

Tout comme l'Amdec produit, cette méthode est à ranger dans la catégorie des outils de prévention. Elle permet d'éliminer les sources possibles de non-conformité en production dès avant le lancement de la première unité à livrer.

L'utilité de l'Amdec processus a toujours été reconnue, en particulier par les équipes de production qui découvrent en participant à l'étude quelques semaines avant le démarrage de la production leur futur outil de travail au quotidien : l'implantation en cours, les machines, les moyens de manutention, les systèmes de pilotage, les équipements de contrôle et les effectifs prévus. De plus, lorsqu'il s'agit de la production d'un produit de série, ces collaborateurs apprennent à connaître le produit lui-même et ses éventuelles difficultés de fabrication.

CE QU'IL CONTIENT

Pour une ligne de production, l'Amdec processus répond aux questions suivantes :

- Que peut-il se produire (en écart par rapport à ce que l'on attend dans la gamme de fabrication ; l'écart est souvent appelé défaut, non-conformité, incident, problème…) et quelles en sont les causes imputables à la séquence de fabrication ?
- Quels sont les effets de cette non-conformité sur le client, soit le client suivant (l'atelier suivant, le client industriel suivant), soit l'utilisateur final ?
- Qu'a-t-on prévu pour détecter cette non-conformité si elle se produit ? C'est la « détection ».

Une fois ces questions traitées, une quantification est effectuée en s'aidant de tableaux préremplis. Fréquemment, comme pour l'Amdec produit, on attribue des notes de 1 à 10, pour pondérer chacune des réponses aux questions ci-dessus :

- La fréquence des défaillance-causes est notée de 1 à 10 et appelées « O ».
- La gravité des effets est notée de 1 à 10 et appelée « G ».
- La détection est notée de 1 à 10 et appelée « D ».

La criticité C = OGD, notée couramment DOG

Ainsi, en cas de défaillance potentielle :

- à haut risque d'apparition au vu du processus,
- avec un effet grave sur le client si elle se produit,
- et pour laquelle on n'a pas fait beaucoup de validations

la criticité C sera égale à $10 \times 10 \times 10 = 1\,000$.

Inversement, pour une défaillance :

- jugée totalement improbable au vu du processus,
- sans effet sur le client si elle se produit,
- et sur laquelle des validations ont déjà été effectuées,

$C = 1 \times 1 \times 1 = 1$

Entre 1 et 1 000, on choisit souvent le seuil de 100 comme point de repère pour qualifier une défaillance de « critique ». En deçà de 100, on ne traite pas, au-delà, on traite.

Le traitement consiste à proposer de nouvelles solutions (en termes de contrôle et/ou de prévention) pour sécuriser la production, ou faire de nouvelles validations pour s'assurer de la fiabilité de la solution existante.

Un tableau final d'Amdec ne doit contenir que des criticités inférieures au seuil choisi (par exemple 100).

À QUOI FAUT-IL FAIRE ATTENTION ?

Les recommandations d'utilisation sont sensiblement les mêmes que pour l'Amdec produit. Cependant, la conduite d'une Amdec processus est plus facile, ses chances de succès étant très élevées, à condition de respecter quelques règles de bon sens.

Il convient de faire attention à la durée de ce type d'étude qui ne doit pas excéder six à huit semaines, avec une séance toutes les deux semaines. Le risque de découragement des participants peut être une source d'échec.

Le manque de réponses à des questions pratiques ou techniques est un risque certain. Il peut être évité en s'assurant régulièrement de la présence des interlocuteurs clés lors des réunions de travail. Ils ont les réponses ou savent les trouver.

Enfin, il est indispensable de disposer d'un meneur de jeu d'un bon niveau. Nous évoquons ici la maîtrise dont doit disposer l'animateur dans la conduite des réunions pour avancer à un bon rythme en respectant la méthode et en recadrant en permanence les débats.

Conseils

Ils sont largement identiques à ceux proposés pour l'Amdec produit.

Pour l'animateur et pour le responsable du projet :

- entretenez la flamme pendant la durée de l'étude, en envoyant des mails d'encouragement, et quelques coups de téléphone pour vous assurer que le moral des participants est au beau fixe et qu'ils ne vont pas manquer la prochaine séance ;
- restez concrets en permanence : dites ce qui a déjà été fait, montrez des schémas, dessinez, faites des croquis si cela est possible, allez dans l'atelier et interviewez des personnes « qui savent » ;
- ne perdez pas de temps sur les notations, la note n'est qu'une aide pour se mettre d'accord, ce n'est pas un couperet ;

- communiquez des synthèses aux participants ;
- faites participer les opérateurs de production qui ont énormément d'idées et de vécu sur les productions analogues, aussi bien pour analyser que pour proposer des solutions d'amélioration.

LES QUESTIONS LES PLUS FRÉQUENTES

Faut-il pratiquer des Amdec processus systématiquement ? Non, cela devient routinier et perd de son impact. Les réserver aux fabrications véritablement nouvelles.

Peut-on réaliser une Amdec processus individuellement, tout seul ? Non, cela est sans intérêt.

Peut-on utiliser la méthode sur un processus existant ? Oui, mais mieux vaut, dans ce cas, utiliser la résolution de problème.

Faut-il attendre d'être sûr des résultats pour modifier la note dans le tableau d'analyse ? Oui, c'est une exigence à respecter.

EXEMPLE D'UNE AMDEC PROCESSUS POUR L'ASSEMBLAGE D'UN SIÈGE AUTOMOBILE

Défaut potentiel	Cause liée au processus	Effet en clientèle	Détections prévues	D	O	G	C	Actions menées	D'	O'	G'	C'
Appui-tête mal fixé	Inattention de l'opérateur	Risque de blessure du passager	Aucune	10	2	10	200	Mise en place d'un détrompeur au poste et contrôle au poste suivant	2	1	10	20
Câblage électrique du moteur non effectué	Accès difficile pour l'opérateur	Mouvement automatique du siège non assuré, client mécontent	Aucune	10	3	10	300	Essai unitaire du fonctionnement du moteur après montage	2	2	10	40

OUTIL 4 : L'HISTOGRAMME DE LA PRODUCTION

C'EST QUOI ?

C'est un graphique qui permet de visualiser les résultats qualitatifs obtenus sur une production pour une caractéristique donnée. Il donne une vue d'ensemble intéressante, à l'image de la pyramide des âges qui donne, de manière simple, une vue d'ensemble de la répartition des âges de la population.

À QUOI SERT-IL ?

Il aide à repérer les données clés du procédé en termes de centrage et de dispersion, et à déterminer si la production suit une loi normale.

Il montre concrètement la répartition des données, le centrage de la production et la variation des données de part et d'autre de ce centrage.

Réalisé régulièrement, il donne des informations très utiles pour prévoir les performances futures du processus.

COMMENT LE CONSTRUIRE ?

Choisir la caractéristique qualité à suivre.

Rassembler au moins 100 valeurs mesurées dans un temps donné.

Organiser les données par classes (le nombre de classes k est souvent calculé en fonction du nombre de pièces contrôlées k) : prendre $k = \sqrt{n}$, avec $n =$ taille de l'échantillon.

EXEMPLE DE PRODUCTION QUI SUIT UNE LOI NORMALE

Prenons un exemple : 125 pièces ont été contrôlées pour la caractéristique « poids » exprimée en grammes.

La valeur minimale est de 10,0 et la valeur maximale est de 11,7, soit un écart de 1,7 :

10,9	10,3	11,2	10,4	11,1	10,6	10,9	11,1	10,8
10,8	10,8	11,1	10,9	10,7	10,8	10,9	11	10,6
10,7	10,4	10,6	11	10,8	10,9	11,1	11,4	11
11,2	11,1	10,8	11,1	11,3	11	11,2	10,8	11,7
10,9	11,7	10,3	11,3	10,9	10,8	11,3	10,5	10,9
10,3	11,2	10,2	10,9	10,7	10,9	10,8	10,5	10,4
10	10,5	10,7	10,7	10,8	10,8	10,3	10,6	10,7
11	10,7	10,4	10,8	10,4	10,6	11	11,3	10,8
10,5	10,7	11,6	10,5	11,1	11	10,8	11,1	10,6
10,6	10,4	11,1	10,5	11,1	11,2	10,8	10,5	11
11,3	10,6	10,7	10,7	11,1	10,8	10,7	11	10,7
10,5	10,5	10,8	10,9	10,2	11	11	10,7	11,7
10,9	11,4	10,3	10,6	11,2	10,7	10,7	10,7	10,3
10,9	11,2	10,8	10,3	10,6	10,5	10,6	11,7	

Combien de classes (en nombre entier) faut-il prendre pour représenter ces données ?

$$K = \sqrt{125} = 11$$

Nous devons donc répartir 1,7 g sur 11 classes, soit une largeur de classe 0,15 que nous allons arrondir à 0,2 pour simplifier les calculs.

Un tableau est établi pour représenter les résultats obtenus :

Limites de classes		
10-10,2 (non compris)	I	1
10,2-10,4	IIII IIII I	9
10,4-10,6	IIII IIII IIII IIII	16
10,6-10,8	IIII IIII IIII IIII IIII IIII III	27
10,8-11	IIII IIII IIII IIII IIII IIII IIII III	31
11-11,2	IIII IIII IIII IIII IIII II	22
11,2-11,4	IIII IIII IIII	12
11,4-11,6	II	2
11,6-11,8	IIIII	5

Dans le tableau, nous avons choisi de mettre les valeurs supérieures des classes dans la classe supérieure. Ainsi, par exemple, la valeur 10,8 est mise par convention dans la classe 10,8-11.

Ensuite, on représente l'histogramme à partir du tableau des données :

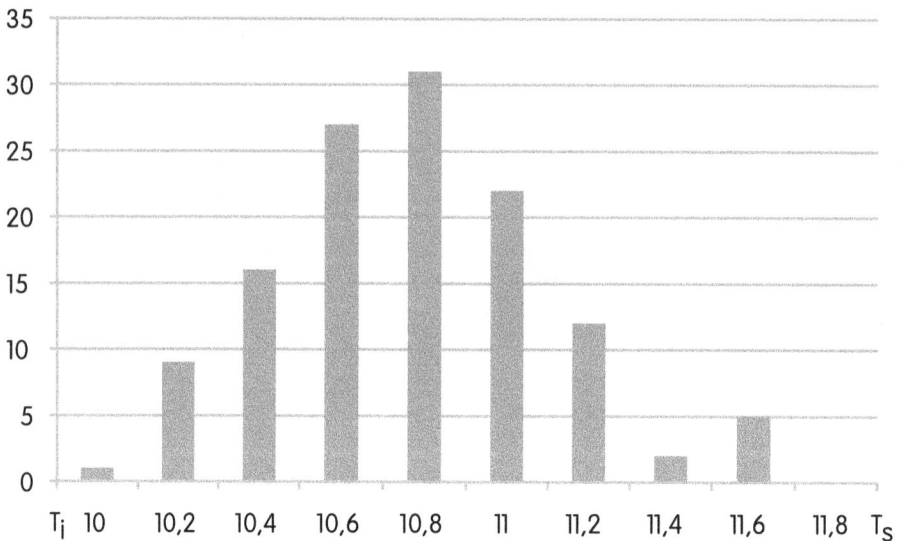

Figure 48

Pour visualiser la performance qualité de la production, on place les tolérances du produit sur le graphique (T_s : tolérance supérieure, T_i : tolérance inférieure).

Calcul de la moyenne et de l'écart type

Si nous reprenons notre exemple (contrôle des 125 pièces), un ordinateur nous donne rapidement la valeur de la moyenne qui caractérise le centrage de la production ainsi que la dispersion, caractérisée par l'écart type.

Moyenne = 10,8

Écart type = 0,335

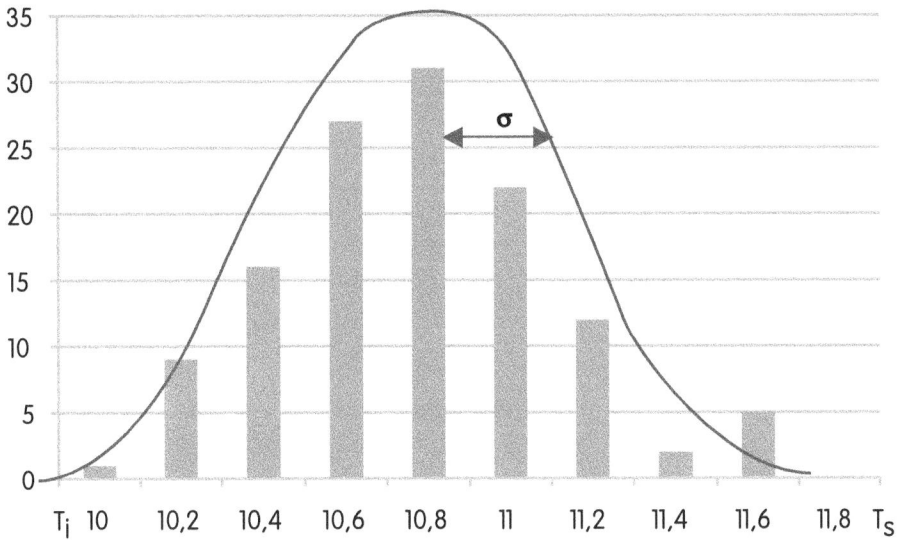

Figure 49

N.B. : L'écart-type de la population totale est toujours plus élevé que celui de l'échantillon.

On peut le calculer à l'aide d'un tableau Excel.

L'écart-type estimé de la production totale est l'écart-type dit « $n - 1$ ».

Pour notre exemple, l'écart-type estimé = 0,336.

$$\sigma_{n-1} = \sqrt{\frac{\Sigma(x - \bar{x})^2}{n - 1}}$$

Pour estimer l'écart-type de la production globale à partir de plusieurs échantillons, on peut utiliser soit la moyenne des écarts-types $\bar{s}$ des échantillons ou la moyenne $\bar{\omega}$ des étendues des échantillons (valeur maxi – valeur mini).

$$\sigma_{estim} = \frac{\bar{s}}{b_n}$$

$$\sigma_{estim} = \frac{\bar{\omega}}{d_n}$$

Les coefficients d_n et b_n sont donnés dans des tables statistiques.

OUTIL 5 : LES CAPABILITÉS MACHINE ET PROCÉDÉ

C'EST QUOI ?

La capabilité machine ou procédé est la mesure de la capacité d'une machine ou d'un procédé à fabriquer des pièces conformes, c'est-à-dire dont les caractéristiques sont incluses à l'intérieur des limites de tolérances définies par les spécifications produit.

Par exemple, si les tolérances d'une pièce sont 10 g +/– 0,1 g soit 9,9 g et 10,1 g et qu'une machine parfaitement bien réglée produit entre 9,8 et 10,2, elle sera dite « non capable » car elle produit des pièces inférieures à 9,9 et supérieures à 10,1.

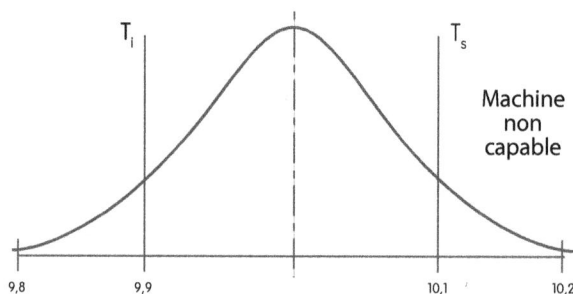

Une machine et/ou procédé est dit « capable » quand elle/il produit à l'intérieur des tolérances avec une sécurité de part et d'autre.

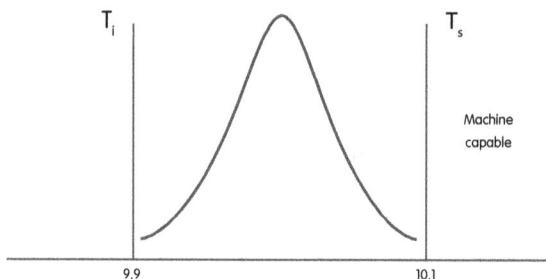

À QUOI SERT-IL ?

Le calcul des capabilités permet de répondre aux questions :

* mon procédé est-il capable de répondre aux besoins de mes clients ?
* quels contrôles dois-je choisir ?

Le calcul des capabilités permet aussi d'ajuster, de dimensionner les contrôles. Plus le procédé est capable plus la surveillance peut être allégée ; moins le procédé est capable, plus il risque de produire des non-conformes, sachant que ces non-conformes doivent être détectés au plus tôt.

COMMENT CALCULER LES CAPABILITÉS ?

La capabilité est le rapport entre l'intervalle de tolérance et la dispersion de la machine ou du procédé. Plus le rapport est grand, plus la capabilité est grande, plus la machine ou le procédé produit des pièces à l'intérieur des limites de tolérances

$$C_{\text{machine}} = \frac{T_s - T_i}{\text{dispersion propre à la machine}} = \frac{T_s - T_i}{6 \times \text{écart type (machine)}}$$

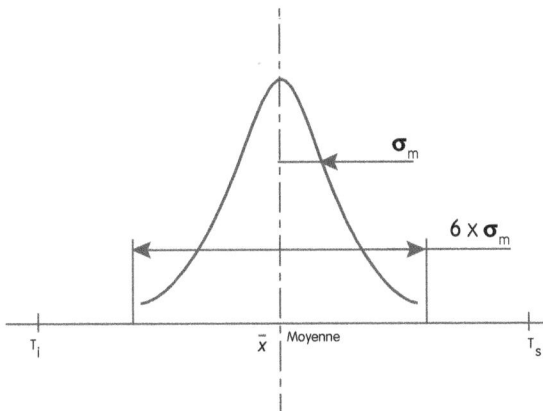

Idem pour le procédé.

Plus exactement et mathématiquement parlant, on considère que l'ensemble de la production est compris dans un intervalle de tolérance (IT) : moyenne +/- 6 écart-type (plus exactement 99,8 % de la production).

L'écart-type étant la valeur qui caractérise la dispersion de la production, plus l'écart-type est important plus la dispersion est grande.

Pour une machine ou un procédé stables qui suivent une loi normale, 99,8 % des caractéristiques sont comprises dans l'intervalle $\bar{x} + 3\sigma$ et 95 % dans l'intervalle $\bar{x} + 2\sigma$.

Pour calculer une capabilité machine, on prélève une centaine de pièces dans un temps court. On mesure la caractéristique choisie (par exemple une dimension).

Imaginons que la moyenne soit de 10 cm et que la production soit centrée avec un écart-type de 0,1 cm. On considère alors que 99,8 % de la production est comprise entre : 10 – 3 × 0,1 et 10 + 3 × 0,1, soit 9,7 et 10,3.

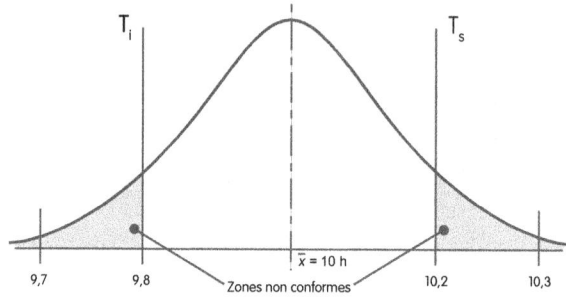

Avec des tolérances entre 10,3 et 9,8 IT, la machine a une capabilité de $\dfrac{T_s - T_i}{6 \times 0,1}$ = 0,4/0,6 = 0,66. Elle n'est pas « capable » ; elle produit des non-conformes.

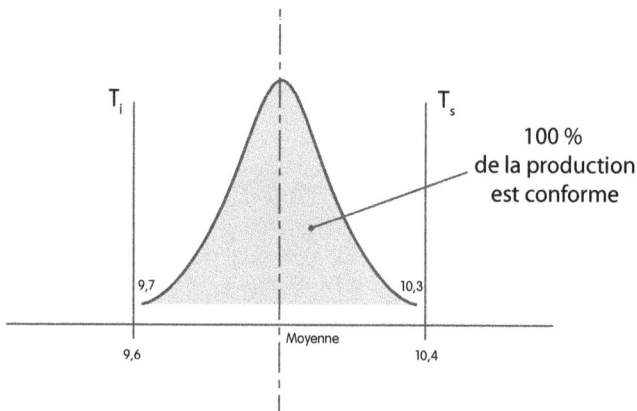

100 %
de la production
est conforme

Pour des tolérances de 9,6 et 10,4 la machine est dite « capable » car le rapport IT/6 écart-type est supérieur à 1 : $IT/6\sigma$ = 0,8/0,6 = 1,33.

POUR ALLER PLUS LOIN

Capabilité machine et procédé

La valeur de 1,33 est la valeur cible pour la capabilité procédé. Un procédé est impacté par les variations de la température, de l'hygrométrie, du milieu, des matières premières, des réglages, du personnel et de la variabilité propre de la machine.

Certaines valeurs minimales sont utilisées dans les milieux de production pour C_m et C_p. Nous les donnons à titre indicatif :

$C_m \geq 1{,}67$

$C_p \geq 1{,}33$

La notion de C_{pk}

Le calcul des capabilités tel que nous l'avons vu précédemment, a été réalisé pour une production centrée. La moyenne de la production « $\overline{x}$ » est au centre de l'intervalle de tolérance. La capabilité procédé peut être supérieure à 1,33 et pourtant ne pas garantir 100 % de la conformité de la production.

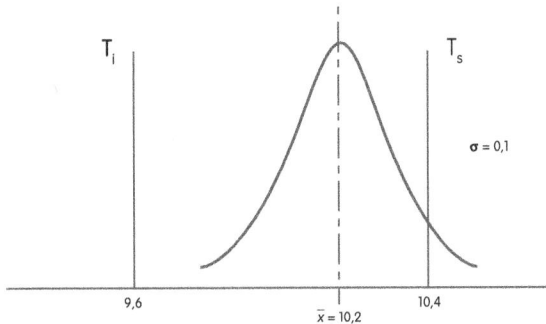

On calcule le $C_{pk} = mini\ [\ T_s - m\ /\ 3\sigma\ ;\ m - T_i /3\sigma]$

Dans l'exemple ci-dessus :

$$C_{pk} = \frac{10,4 - 10{,}2}{3 \times 0,1} = \frac{0,2}{0,3}$$

$C_{pk}=0{,}66$ alors que

$$C_p = \frac{0,8}{0,6} = 1,33$$

Le procédé est « capable » mais il s'agit de recentrer la production.

OUTIL 6 : LA MSP OU SPC

C'EST QUOI ?

La maîtrise statistique des procédés (MSP) , également connue depuis les années 1960 sous l'appellation anglo-saxonne de *Statistical Process Control* (SPC), est une méthode de prévention qui permet de piloter les procédés, d'en dépister des dérives pour, au final, réagir avant de produire non conforme.

Elle est constituée d'un ensemble d'outils d'analyse et de pilotage statistiques destinés à optimiser la production des machines industrielles, ou à mettre en œuvre de manière efficace des contrôles par échantillonnage.

Elle est donc utilisée préférentiellement sur les grandes ou les moyennes séries. Les outils les plus utilisés sont les capabilités machine ou procédé, les cartes de contrôle à la mesure ou par attribut, les études de corrélation, les tables d'échantillonnage…

La mise en œuvre de ces méthodes permet, à partir d'informations obtenues sur des échantillons de petite taille (de 5 à 20 individus), de décider de poursuivre ou non la fabrication et d'intervenir, si nécessaire, pour effectuer un réglage ou décider d'un tri pour isoler les produits douteux ou défectueux.

Le pilotage de la fabrication dans le cadre de la MSP n'est pas fondé sur l'utilisation des spécifications des produits (au-delà duquel le produit est non conforme) mais sur les limites appelées limites de contrôle et de surveillance, celles au sein desquelles on a respectivement 99,8 % ou 95 % de la production.

À QUOI SERT-IL ?

Cet outil a pour objectif de réduire la variabilité des procédés.

La MSP permet d'éviter la production de non-conformités, et par voie de conséquence les coûts de non-qualité.

Comme son appellation l'indique, la MSP vise à maîtriser la production sur le plan de la qualité, autrement dit avoir pour but la fabrication de produits conformes à 100 %.

Cette méthode fait partie intégrante de la démarche « Zéro défaut ». La nature ayant horreur du 100 % et la production de défectueux étant inévitable, la MSP permet de limiter au maximum les dérives de production et de détecter les écarts dans les flux de fabrication.

En amont de la fabrication, les études machine mesurent les capabilités, c'est-à-dire la capacité de la machine ou de l'installation à produire « dans les tolérances » :

* lorsque la capabilité est supérieure à 1, cela signifie que si la machine est correctement réglée, elle peut fabriquer 100 % de produits conformes (voir outil « capabilités machine et procédés ») ;
* dans le cas contraire, il s'agit de réviser les tolérances ou de trier la production systématiquement, automatiquement ou non, pour « séparer les bons des mauvais ».

CE QU'IL CONTIENT

Pour mettre en place la MSP, il est nécessaire de suivre 6 étapes clés :

* Observer la production pour vérifier la normalité de la production.
  L'observation permet de constater visuellement, sur un graphique, comment se répartit la production. On mesure, par exemple, la caractéristique étudiée sur 100 pièces pour en déduire la moyenne et l'écart-type.
* Calculer la capabilité de la production (voir outil « Capabilités machine et procédés »).
  Calcul de capabilité : $C_m = T_s - T_i / 6\sigma_m$ et $C_p = T_s - T_i / 6\sigma_p$
* Définir les cartes de contrôle à mettre en place.
  Sont définies à cette étape les cartes de contrôle (des graphiques) qui permettent de visualiser l'évolution de la production du point de vue qualitatif. Les cartes de contrôle ont pour objectifs à la fois de détecter des dérives du procédé (les évolutions à la fois en termes de centrage mais aussi de dispersion) mais surtout d'identifier les causes assignables et aléatoires de variation pour déclencher des actions correctives.
  Les types de cartes sont nombreux, nous citons ici les plus utilisés :
  - carte de contrôle moyenne-étendue, ou moyenne-écart-type, ou à valeurs individuelles.
  - carte de contrôle par attribut, ou du nombre moyen de défaut par unité, ou carte de contrôle progressif.

Soulignons ici l'importance de l'usage de tels graphiques pour comprendre et interpréter des informations, puisque « un bon dessin vaut mieux qu'un long discours ».

• Calculer les limites de contrôle et de surveillance.
La valeur des limites de contrôle et de surveillance s'obtient en consultant des tables adaptées.

• Définir les règles de pilotage.

• Former les opérateurs.

À QUOI FAUT-IL FAIRE ATTENTION ?

Il s'agit de doser l'usage de cette méthode. Si les caractéristiques à obtenir sur les produits sont fondamentales (sécurité, fonctionnement…), les installations doivent être conçues pour assurer la production de 100 % de bons (soit directement, soit par tri automatique).

La méthode MSP est un outil élaboré et elle nécessite un ou des professionnels pour former à son utilisation et ce, dans tous les services : conception, méthodes, industrialisation, production, qualité. La mise en œuvre de cette méthode au mieux de son efficacité en dépend.

Le bon sens indique que la force de l'habitude peut soit aboutir à une excellente maîtrise de la qualité, soit être un facteur d'inattention préjudiciable à la qualité. Les chefs de projet MSP ont tout intérêt à faire vivre la MSP et à la revisiter régulièrement, mais pas trop ! Ils peuvent modifier des fréquences de contrôle, supprimer des prélèvements devenus inutiles, effectuer des audits pour s'assurer que les méthodes sont bien comprises et correctement appliquées… Tout ceci contribue à une dynamique positive qui alimente le PDCA en production.

Enfin, la MSP s'applique également aux systèmes de contrôle. La précision d'un appareillage de contrôle doit être environ 10 fois supérieure à la valeur de la tolérance à mesurer. Surveiller la précision et la dispersion des appareillages de mesure est capital, tout comme celles des machines de production elles-mêmes.

Conseils

Appuyez-vous sur le savoir-faire d'un expert qui, si possible, est un pédagogue affirmé. Il aura en quelque sorte un rôle de consultant permanent. L'utilisation de la MSP nécessite un *back-office* capable d'expliquer en permanence le bien-fondé de telle ou telle décision à prendre, et d'indiquer les précautions à prendre pour décider.

Intégrez véritablement cette démarche dès la conception des machines pour avoir des installations « capables ».

Écrivez un « petit futé » de quatre pages sur la MSP, contenant le vocabulaire de base et les principaux sigles utilisés, à l'usage du personnel.

LES QUESTIONS LES PLUS FRÉQUENTES

Peut-on appliquer la MSP à des productions unitaires ? Oui, mais cela ne présente aucun intérêt.

Peut-on utiliser la MSP si les lois statistiques suivies par les caractéristiques à mesurer ne sont pas normales ? Oui, en utilisant les tables de ces lois.

Comment utiliser la MSP sur les productions de série automatisées ? En intégrant les dispositifs de mesure et de prise de décision aux installations, sans intervention humaine, c'est encore mieux !

EXEMPLE DE CARTE DE CONTRÔLE MOYENNE

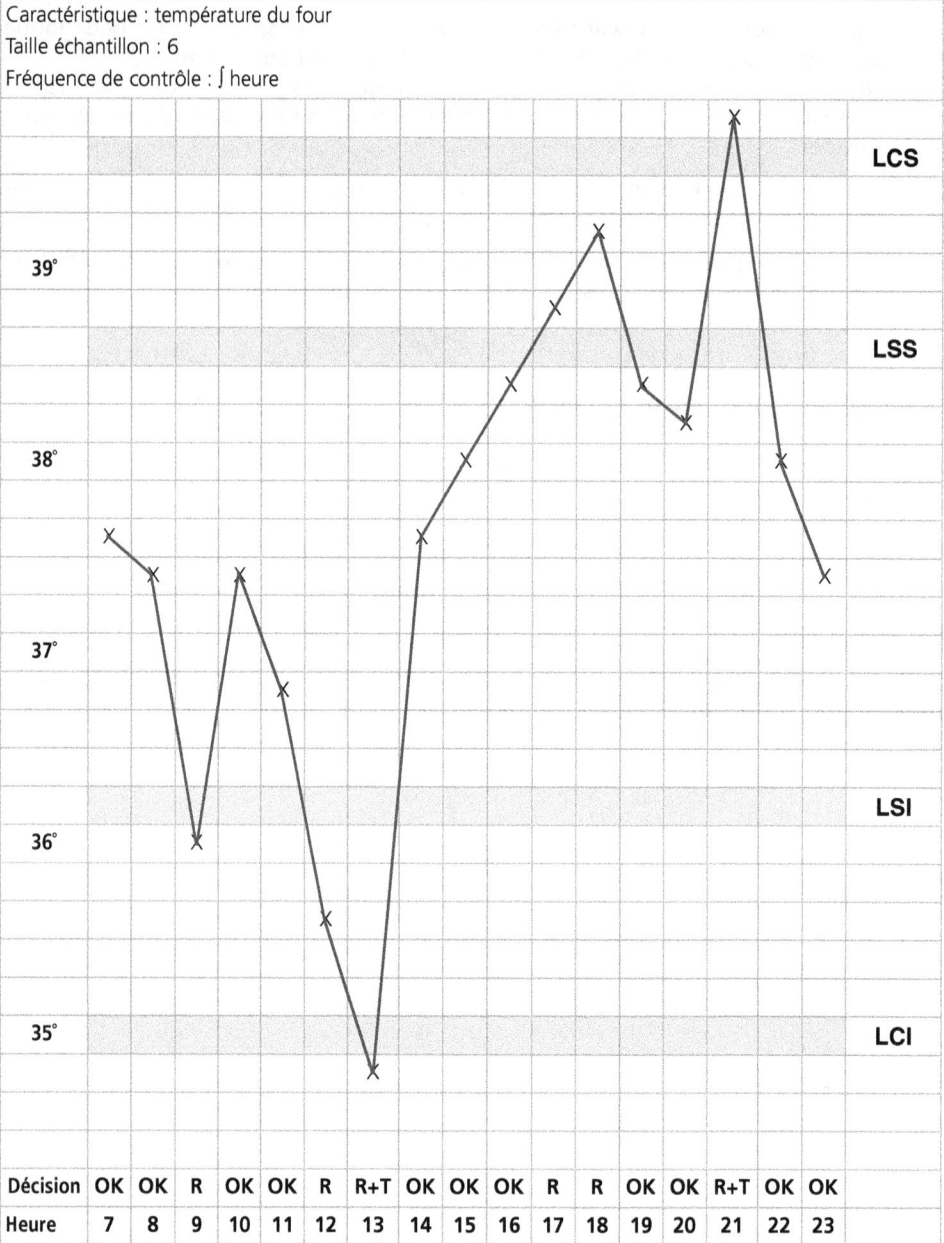

Caractéristique : température du four
Taille échantillon : 6
Fréquence de contrôle : ∫ heure

LCS

39°

LSS

38°

37°

LSI

36°

35°   LCI

Décision	OK	OK	R	OK	OK	R	R+T	OK	OK	OK	R	R	OK	OK	R+T	OK	OK
Heure	7	8	9	10	11	12	13	14	15	16	17	18	19	20	21	22	23

LCS : Limite de contrôle supérieure
LCI : Limite de contrôle inférieure
LSS : Limite de surveillance supérieure
LSI : Limite de surveillance inférieure
R : Réglage
R + T : Réglage + Tri

OUTIL 7 : LE MODE OPÉRATOIRE

C'EST QUOI ?

Le mode opératoire, ou mémento, décrit les opérations à effectuer pour réaliser une opération de fabrication. Il indique les risques qualité (et/ou sécurité et environnementaux) pour en éviter l'apparition, ainsi que les consignes associées.

À QUOI SERT-IL ?

Le mode opératoire est associé à un poste, à une activité. Il indique à l'opérateur comment faire bien et éviter les erreurs. Il permet de former les nouveaux embauchés.

C'est un document qui formalise le savoir-faire de l'entreprise et participe à sa transmission.

CE QU'IL CONTIENT

La caractéristique qualité attendue, les spécifications techniques produit.

Les opérations, y compris les contrôles à réaliser à une étape de production pour atteindre la qualité fixée.

À QUOI FAUT-IL FAIRE ATTENTION ?

Un mode opératoire (ou instruction de travail) utile est :
- simple ;
- compréhensible et adapté à son destinataire (aussi bien sur le fond que sur la forme) ;
- non interprétable ;
- à jour ;

- connu ;
- appliqué ;
- standardisé.

COMMENT L'ÉCRIRE ?

L'écriture d'un mode opératoire se fait en groupe réunissant les experts et un Candide, si possible. Ce travail consiste à :

- clarifier le niveau qualité du produit fini qui quitte l'étape considérée : quelles sont les caractéristiques clés attendues ?
- identifier tous les composants nécessaires avec leur référence ;
- lister pour chaque caractéristique les « causes probables » de non-qualité : par exemple, que faudrait-il qu'il se passe pour que le produit soit rayé (voir Amdec processus) ?
- formuler ce qu'il faut faire et ce qu'il ne faut pas faire à cette étape pour assurer la qualité attendue. Il faut ici être précis et tenir compte de la qualification de l'opérateur :
  - écrire « réaliser une centrifugation avec l'appareil OP7 à 100 tours minute pendant 5 minutes » plutôt que « effectuer une centrifugation » ;
  - écrire « vérifier l'absence de rayures » ou « comparer le produit aux échantillons mini-maxi des témoins » plutôt que « contrôler l'aspect » ;
  - préciser « serrer jusqu'au clic de validation » plutôt que « serrer solidement ».

On peut, bien sûr, utiliser des schémas ou des photos pour l'écriture d'un mode opératoire.

Le mode opératoire écrit, il faut encore :

- le faire signer par un responsable avant sa mise en diffusion ;
- valider sur le terrain sa pertinence en combinant des observations croisées.

COMMENT LE FAIRE APPLIQUER ?

L'application des consignes est un acte de management. Chaque chef d'équipe ou responsable de production est le garant de leur compréhension et de leur mise en œuvre. Les audits internes, en particulier les audits de poste, permettent d'en vérifier l'application.

Conseils

Remplacez parfois astucieusement les modes opératoires papier par des vidéos.

Donnez-vous la possibilité de vous poser les questions, pour chaque étape : qui fait quoi ? Comment et avec quels moyens ? Pour quelle caractéristique qualité ? Comment ? Selon quels éléments de temps, de procédés, de techniques, de savoir-faire ? Comment sera contrôlée la qualité de l'opération ? À quelle fréquence ? Avec quels moyens ?...

LES QUESTIONS LES PLUS FRÉQUENTES

Quelle différence existe-t-il entre un mode opératoire et une procédure ? La procédure est plus globale et concerne plusieurs opérations réalisées souvent par plusieurs fonctions. La procédure est complétée de modes opératoires qui détaillent une opération et explique le « comment » (alors que la procédure clarifie le « qui fait quoi »).

Doit-on combiner consignes qualité, sécurité et environnement ? Oui absolument ! Elles sont indissociables. Une opération réalisée correctement est sans risque pour le personnel, sans impact pour l'environnement et dans le respect des attentes clients.

Quels sont les liens avec les gammes de fabrication ? Les gammes de fabrication décrivent les différentes opérations pour réaliser un produit fini et fixent leur temps de réalisation. Elles renvoient aux modes opératoires et surtout, incluent les temps de contrôles définis.

A-t-on des modes opératoires différents selon les produits ? Oui et non. Oui, si les procédés et les caractéristiques sont différents (ce qui est souvent le cas). Non, si le procédé est exactement le même ; dans ce cas, les caractéristiques produit sont mises à part.

EXEMPLE DE MODE OPÉRATOIRE

Atelier : U3	Ligne : 2	Poste : 23	N °opération : 08 Type : serrage écrous
Opérateur, qualification requise : qualification P1			Validation le 27/04/2010
Composants nécessaires (contrôles éventuels à réaliser) : composants réf. 44 pour le produit IL composants réf. 78 pour le produit LM			**Moyens/machines :** visseuse automatique
Risques sécurité : pas de risque critique			**Équipements de protection individuels ou collectifs :** gants
Caractéristiques qualité à obtenir : couple de serrage Non-qualité possible due à une erreur de composant, à un mauvais couple de serrage (trop ou pas assez)			**Impact clients :** une non-conformité au poste peut conduire au non-fonctionnement du produit fini
Opérations à réaliser : • vérifier en début de poste la bonne référence des composants • régler la visseuse automatique • positionner le verrou • visser			**Commentaire (comment...) :** contrôle visuel **Consignes poste :** ....

OUTIL 8 : L'AUTOCONTRÔLE

C'EST QUOI ?

C'est un contrôle effectué par la personne qui a réalisé au préalable l'opération de fabrication.

À QUOI SERT-IL ?

L'autocontrôle permet de détecter le plus tôt possible la production de non-conformités et de corriger au plus vite. Il responsabilise l'équipe de production.

COMMENT LE METTRE EN ŒUVRE ?

Il s'agit d'abord de définir, pour un poste donné ce qui doit être contrôlé.

Une fois la caractéristique à contrôler identifiée, il est nécessaire de réfléchir aux moyens de contrôle les plus appropriés compte tenu du poste et de la qualification des opérateurs.

Cette réflexion permet de répondre aux questions : quelle est la fréquence du contrôle ? Combien de produits ou de services sont à contrôler ?

Enfin, ce transfert de responsabilité (de la qualité à la production) ne peut s'effectuer qu'après redéfinition des missions des opérateurs.

Conseils

L'autocontrôle se met en place avec une implication forte de la production. À cet effet :
- expliquez le pourquoi et le pour quoi de l'autocontrôle ;
- clarifiez les nouveaux rôles et responsabilités de la production et de la qualité ;
- expliquez comment contrôler ;
- vérifiez la compréhension et l'application des consignes ;
- suivez au travers d'indicateurs, l'efficacité de la méthode.

LES QUESTIONS LES PLUS FRÉQUENTES

Comment motiver au respect des règles de l'autocontrôle ? Il s'agit ici d'engagement de la direction et des managers de la production qui doivent considérer les contrôles à réaliser comme une dimension intégrante du travail de leurs collaborateurs.

L'autocontrôle fait-il baisser la productivité ? Oui, si l'on considère que l'opérateur doit avoir un temps réservé au temps de contrôle (qu'il faut intégrer dans les gammes de production). Non, si, au final, l'on considère que la détection au plus tôt des non-conformités améliore la productivité globale.

L'autocontrôle est-il efficace ? Oui, si l'on s'en donne les moyens !

- donner du temps aux opérateurs ;
- réfléchir parallèlement aux contrôles qu'il faut remplacer par des poka-yoké qui évitent la production de défauts ou permettent leur élimination automatique ;
- accepter « le droit à l'erreur ».

EXEMPLE DE FICHE D'AUTOCONTRÔLE À UN POSTE D'EXPÉDITION

Poste : expédition	Mission : assurer la conformité de la commande client dans le respect des temps définis
Contrôles à réaliser : • aspect des produits • nombre de produits • conformité de la demande • adresse de livraison	Moyens à utiliser : • visuel • balance pour le poids du colis • check-list des références • comparaison dans le système d'information
Enregistrement :	Bon de livraison :

OUTIL 9 : LE PLAN DE CONTRÔLE

C'EST QUOI ?

Le plan de contrôle est le descriptif des différentes étapes du processus auxquelles on associe les contrôles à réaliser sur le produit.

À QUOI SERT-IL ?

Ce document sert à s'assurer que, tout au long du processus, la qualité du produit est maîtrisée. Il définit :

- les étapes où se situe le contrôle ;
- qui contrôle ;
- quoi contrôler ;
- quelles sont les spécifications à contrôler ;
- avec quels moyens, de quelle façon est effectué le contrôle ;
- à quelle fréquence le contrôle doit être effectué ;
- quels sont les documents à utiliser pour le contrôle.

CE QU'IL CONTIENT

Le plan de contrôle prend comme référence le descriptif du processus de production (*flowchart*). Il zoome sur les étapes critiques, celles dont les coûts de non-qualité sont élevés et/ou celles qui entraînent des non-conformités fréquentes.

À chaque étape de fabrication, on liste les spécifications à obtenir et on détaille la façon dont elles sont vérifiées : qui contrôle quoi, quand, avec quoi.

Sont listés aussi les documents de contrôle et les enregistrements qualité correspondants.

À QUOI FAUT-IL FAIRE ATTENTION ?

Le plan de contrôle est un document complet. Il convient d'éviter de le rendre inutilisable, et donc inutilisé, en le surchargeant.

Prendre des dispositions pour le tenir à jour et l'auditer régulièrement est une bonne pratique.

Conseils

Les audits permettent de vérifier l'application du plan de contrôles. Assurez-vous que :
- les non-conformités sont bien « filtrées » et au bon endroit. Chaque non-conformité doit être traitée isolément (voir outil « Le traitement du produit non conforme ») et exploitée, pour en rechercher les causes et en éviter le renouvellement (voir outil « Fiche d'action corrective ») ;
- les réclamations clients et les contrôles finaux ne détectent pas *a posteriori* des anomalies.

LES QUESTIONS LES PLUS FRÉQUENTES

Faut-il faire un plan de contrôle par produit ou gamme de produits ? Il est possible de faire un plan de contrôle pour une gamme de produits puis le compléter pour un produit particulier avec une grille spécifique, plus précise, en détaillant les spécifications.

Comment vérifier la pertinence d'un plan de contrôle ? Sa pertinence s'évalue en étudiant le taux de non-conformité de la production aux différentes étapes. Une non-conformité détectée en bout de chaîne alors qu'elle est produite en cours de production, atteste d'un plan de contrôle insuffisant ou non respecté. L'analyse des réclamations et les informations du SAV sont aussi des éléments importants d'analyse.

EXEMPLE DE PLAN DE CONTRÔLE

Étape processus	Qui contrôle ?	Quoi ?	Spécifications du contrôle	Comment ?	Pour quelle taille d'échantillon ?	Documents de référence
Étape 1 Découpage	Opérateur	Poids	100 mm +/– 0,1	Balance OP	Toutes les pièces	MO 45
Étape 2 Brasage	Opérateur	Aspect	Aucune aspérité	Visuel	Toutes les pièces	MO 45
Étape 3 Peinture	Contrôleur	Couleur	Voir Pantone Réf. 56	Pièces de référence	3 pièces au début de l'opération	MO 46
				Consignes poste :		

OUTIL 10 : LE PLAN DE SURVEILLANCE

C'EST QUOI ?

Le plan de surveillance est le descriptif des différentes étapes du processus comprenant les contrôles à réaliser sur le produit et surtout, la surveillance du procédé et sa maintenance préventive (à la différence du plan de contrôle centré sur le produit).

À QUOI SERT-IL ?

Le plan de surveillance est la référence pour tous les acteurs de la production. il est issu des Amdec processus. Il zoome sur les étapes critiques, celles dont les coûts de non-qualité sont élevés et/ou celles qui entraînent des non-conformités fréquentes.

Il définit qui contrôle quoi, à quelle fréquence et avec quoi. Les contrôles peuvent être aussi des contrôles du procédé qui permettent de maîtriser la qualité du produit fabriqué (exemples : vitesse d'une production, température d'un four).

> **Conseils**
>
> Les audits permettant de vérifier l'application du plan de surveillance. Assurez-vous que :
> - les non-conformités sont bien « filtrées » au bon endroit. Chaque non-conformité doit être traitée isolément (voir outil « Traitement du produit non conforme ») et exploitée pour en rechercher les causes et en éviter le renouvellement (voir outil « Fiche d'action corrective ») ;
> - les réclamations clients et les contrôles finaux ne détectent pas *a posteriori* des anomalies.

EXEMPLE DE PLAN DE SURVEILLANCE

Étape	Contrôle process	Contrôle produit	Qui ?	À quelle fréquence ?	Avec quel moyen ?	Document de référence	Enregistrement
Pasteurisation	Température		Agent de maîtrise	Toutes les heures	Thermomètre vert		EN 56
		Microbiologie	Laborantin	4 par heure	Instruction MB147	MO 78	EN 78
Marquage	Débit encre		Opérateur	À chaque début de poste	visuel		
		Date	Opérateur	À chaque début de poste	visuel		EN 68

OUTIL 11 : LE TRAITEMENT DU PRODUIT NON CONFORME

C'EST QUOI ?

Le traitement du produit non conforme consiste à isoler, identifier, le produit (ou le lot) dont les spécifications sont non satisfaisantes. Et décider de son « devenir » (sera-t-il détruit ? retravaillé ? déclassé ?…).

À QUOI SERT-IL ?

Le traitement efficace du produit non conforme garantit que ce produit est détecté, bloqué assez tôt et ne peut plus être confondu, mélangé par inadvertance avec les produits conformes.

CE QU'IL CONTIENT

La procédure de traitement du produit non conforme :
- identifie la manière dont ce dernier est repéré pour ne pas le confondre avec des produits conformes. Selon les cas, le produit non conforme peut être associé à une étiquette rouge (repéré NC pour non conforme) et mis dans un bac rouge, ou marqué physiquement (trait de marqueur rouge). Il peut aussi être stocké dans une prison (local fermé).
- évalue la taille du lot à isoler (ceci dans le cas des contrôles statistiques) ; si on effectue un contrôle « OK à 16 heures » puis un contrôle à 17 heures qui constate non-conformité, le lot produit entre 16 et 17 heures est alors potentiellement non conforme.
- établit qui a autorité pour décider du devenir du produit non conforme (c'est généralement de la responsabilité du responsable qualité). Ce produit peut être :
  - rebuté (mis à la poubelle, détruit) si on ne peut le « récupérer » ;
  - déclassé (vendu moins cher) ;

- retouché, repris pour le faire redevenir conforme (dans ce cas un contrôle atteste de la remise en conformité) ;
- accepté sous dérogation.
- fixe la façon dont sont gardés en mémoire les faits et les décisions : une fiche de produit non conforme, appelée fiche NC (voir un exemple ci après), est remplie.

À QUOI FAUT-IL FAIRE ATTENTION ?

Clarifier dans une procédure (appelée « maîtrise de produit non conforme ») les dispositions prévues.

Former et informer l'ensemble du personnel des dispositions prises.

Auditer régulièrement cette procédure pour en valider l'efficacité.

Conseils

Faites simple.

Testez la procédure pour en valider l'efficacité.

EXEMPLE DE FICHE DE PRODUIT NON CONFORME

Non-conformité : défaut d'étiquetage sur les produits. La date de fabrication est non conforme (marquée du 2 janvier au lieu du 3 janvier)	**Date** : 3 janvier
Quantité concernée : 600 boîtes	**Produit concerné** : LPM 90
Lieu de détection : contrôle final	**Heure** : 7 h 30
Décision du service qualité	**Date** : 4 janvier
Retouches	quantité : 600 validation conformité le : 5 janvier
Rebuts	quantité :
Dérogation	quantité :
Déclassement	quantité :
Commentaires : 600 conditionnements de boîtes retouchés	
Coût de non-qualité associé : 1 500 euros	

OUTIL 12 : LE TRAITEMENT D'UNE RÉCLAMATION CLIENT
(suite à la livraison d'un produit non conforme)

C'EST QUOI ?

Du point de vue de la production, traiter une réclamation est un processus qui permet de répondre rapidement au client, lui garantit une solution curative rapide tout en agissant de façon préventive et corrective en production.

À QUOI SERT-IL ?

À assurer le retour rapide à la satisfaction client, tout en protégeant les livraisons en cours et futures.

À inculquer de manière profonde les réflexes qualité auprès des collaborateurs.

QUELS SONT LES ÉLÉMENTS CLÉS ?

7 réflexes sont à mettre en œuvre.

Répondre, accuser réception de la réclamation au client dans la journée, et identifier le produit incriminé.

Sécuriser : vérifier les livraisons en cours dans le cas où il existe un risque de livrer le même produit non conforme à un autre client. Bloquer les livraisons le cas échéant.

Réagir en production : si le produit non conforme livré au client est en cours de fabrication, mettre en place, si besoin, des contrôles supplémentaires pour assurer la conformité finale du produit (cela peut aller jusqu'à un contrôle à 100 % et si la cause de la non-conformité n'est pas trouvée, cette mesure est appelée « mur qualité »). L'ensemble de cette mise en œuvre est faite sous 48 heures.

Simultanément, **dépanner** le client par l'échange ou la réparation du produit, ou toute autre solution temporaire.

Identifier les causes si la non-conformité est critique ou répétitive :

- pourquoi la non-conformité est-elle apparue ?
- pourquoi ne l'a-t-on pas détectée ?

Agir : mettre en place des actions correctives en production à l'aide d'outils de résolution de problème (voir le chapitre. 17 « La résolution de problème et les outils associés »).

Vérifier la mise en œuvre des actions décidées et leur efficacité.

Conseils

Impliquez le service production.

Mettez en place ces actions avec les équipes et les collaborateurs concernés et validez la mise en œuvre des actions décidées dans l'atelier avec les managers de production pour démontrer l'importance accordée à la conformité des produits et à la satisfaction des clients. Le succès du processus de traitement en dépend.

Agissez vite et bien, de façon ciblée. La notion de temps est importante.

EXEMPLE DE PLANIFICATION

	J1	J2	J3	J4	J5	J6	J7	J8	J9	...	J15
Accusé de réception de la réclamation											
Identification											
Sécurisation											
Actions											
Recherche des causes											
Mise en place d'actions correctives											
Validation de l'efficacité à chaud											
Validation de l'efficacité à froid											

OUTIL 13 : LA TRAÇABILITÉ

C'EST QUOI ?

La traçabilité est la capacité à trouver l'historique d'un produit ou d'un composant. Ainsi, différencie-t-on :

* la traçabilité descendante : à partir d'un numéro de produit, on redescend vers les informations concernant les matières premières, les paramètres de production (opérateurs, machines) et de contrôle (qui a contrôlé ? quand ? avec quoi ? avec quels résultats ?) ;

* de la traçabilité ascendante : comment retrouver un produit expédié en clientèle ? Chez quel client est-il parti ?

La traçabilité est assurée par l'identification des produits, l'enregistrement des contrôles, des matières premières…

À QUOI SERT-IL ?

La traçabilité permet :

* de comprendre un événement : à partir d'un numéro de produit défectueux, il est possible de recueillir toutes les données sur une production défectueuse et trouver la cause d'un problème ;

* de réagir en cas de doute sur une production et savoir où se trouvent les produits fabriqués pour agir en conséquence.

À QUOI FAUT-IL FAIRE ATTENTION ?

À faire simple, et à adapter les exigences de traçabilité à la criticité du produit fabriqué et les capacités d'action. C'est un équilibre entre les moyens à mettre en œuvre et les informations qui seront disponibles. Par exemple, si une entreprise n'a qu'un silo de matière première elle devra accepter une période de risque de non-identification en cas de changement de fournisseur (mélange dans le silo), ou décider de vider le silo entre deux productions et donc de diminuer sa productivité.

EXEMPLE DE FICHE SUIVEUSE DE PRODUCTION PERMETTANT DE RECUEILLIR DES ÉLÉMENTS D'IDENTIFICATION

Production du 5 juin 2010 matin	Lot N° 678
Lot matières premières :	KOP 1 pour le matériau
Machines de production :	2 et 6
Appareil de contrôle du poids :	MPH 90

OUTIL 14 : LA SÉLECTION ET LE SUIVI DES FOURNISSEURS

C'EST QUOI ?

Les processus industriels ou de prestation de service s'appuient, la plupart du temps, sur le professionnalisme de nombreux prestataires, pour réaliser leurs produits ou rendre le service attendu par le client. Dès lors, une relation bien maîtrisée avec les fournisseurs devient un élément essentiel pour obtenir la qualité recherchée.

Sélectionner et suivre les fournisseurs sur le plan de la qualité est un acte fort de management, et qui requiert un grand professionnalisme. Il s'agit avant tout d'un travail de management, au sens du pilotage d'une production effectuée depuis l'extérieur, utilisant des outils tels que les tableaux de bord, le système d'information, les méthodologies de prévention, et nécessitant par conséquent une incontestable maîtrise de ces outils.

À QUOI SERT-IL ?

Pour les mêmes raisons que le pilotage des processus en interne, il est indispensable pour le donneur d'ordre de choisir les fournisseurs les plus adaptés à leurs besoins et de disposer en permanence d'informations précises sur la qualité des produits, des fournitures, des livraisons, des services afin de pouvoir intervenir de manière efficace en cas d'incident, ou de contribuer à l'organisation des démarches de progrès de manière régulière et récurrente pour viser des standards de qualité élevés. En un mot, il s'agit d'aider les fournisseurs à mettre en œuvre leur propre PDCA permanent, tout en ayant l'exigence d'un client payeur.

CE QU'IL CONTIENT

La sélection s'effectue à partir de systèmes bien rodés d'évaluation soit de référentiels généraux ou professionnels (ISO 9001, référentiels automobiles, agroalimentaires, aéronautiques, médicaux…), soit de grilles simplifiées pour des métiers simples. Cette évaluation générale d'aptitude peut être complétée par un audit du processus lui-même, toujours avec une grille préétablie. Ces séquences aboutissent à une qualification du couple fournisseur-produit – la prestation –, et à un plan de progrès si le niveau n'est pas suffisant.

Le suivi s'effectue, quant à lui, avec les outils habituels de pilotage tels que les tableaux de bord et les indicateurs, ainsi que le plan de progrès. Des réunions périodiques maîtrisées finalisent le système de management externe de la qualité des fournisseurs.

À QUOI FAUT-IL FAIRE ATTENTION ?

L'ensemble des fournisseurs ne se trouve jamais au même niveau, tout comme les productions internes. C'est pourquoi le pilotage de la qualité doit s'adapter au niveau de qualité du fournisseur : des exigences trop élevées génèrent des tensions, des exigences trop faibles peuvent amener des frustrations chez le fournisseur.

L'amélioration de la qualité chez les fournisseurs ne peut se piloter qu'avec le service achats, pour des raisons de cohérence dans la politique d'achats et de respect des personnes intervenant dans la relation : bureau d'études, logistique, approvisionnement, comptabilité, réception…

Enfin n'oublions pas que lorsque nous sommes le seul client d'un fournisseur, le rapport de force ou de négociation vaut pour la qualité comme il vaut pour les achats. Nous devenons son « patron ». Si, en revanche, pour un même type de produits ou de prestations achetés, ce fournisseur a plusieurs clients, il reste difficile de lui demander de nous fournir une qualité différente. Autrement dit, n'attendons pas des performances différentes d'un fournisseur parce qu'on le lui demande ; il livre la qualité qu'il sait faire, à un instant donné, à nous et aux autres.

Conseils

Ne vous contentez pas de piloter avec des chiffres et des statistiques ; un tel pilotage ne permet pas d'être complètement rassuré et assuré du potentiel et des résultats qualité de l'ensemble des fournisseurs.

Établissez une relation personnalisée avec les fournisseurs sur le thème de la qualité en les rencontrant de façon régulière.

Consolidez la relation en l'étendant à l'ensemble des collaborateurs de l'équipe qualité pour chacun des fournisseurs.

LES QUESTIONS LES PLUS FRÉQUENTES

Faut-il suivre tous les fournisseurs ? En priorité ceux qui sont critiques, c'est-à-dire ceux qui ont un impact fort sur la conformité du produit.

Quels sont les indicateurs qualité de suivi des fournisseurs ? Il n'existe pas d'indicateurs types. Une entreprise peut suivre le pourcentage de livraisons « à problème » (non dans les délais et/ou non conformes) par fournisseur. Elle peut aussi calculer un indice global qualité incluant une note de prix, une note de qualité produit, une note de qualité conditionnement, une note de réactivité en cas de problème, une note de performance commerciale, etc.

Faut-il contrôler les produits à la réception ? L'importance des contrôles réalisés par une entreprise sur les produits réceptionnés, dépend à la fois du niveau de confiance qu'elle a vis-à-vis de ses fournisseurs et du niveau de qualité qu'elle achète. L'objectif est de s'assurer que le contrôle est bien réalisé chez le fournisseur et qu'il est fiable, et de ce fait d'accéder à l'assurance qualité fournisseur.

EXEMPLES DE SÉLECTION ET SUIVI QUALITÉ FOURNISSEURS

Sélection des fournisseurs

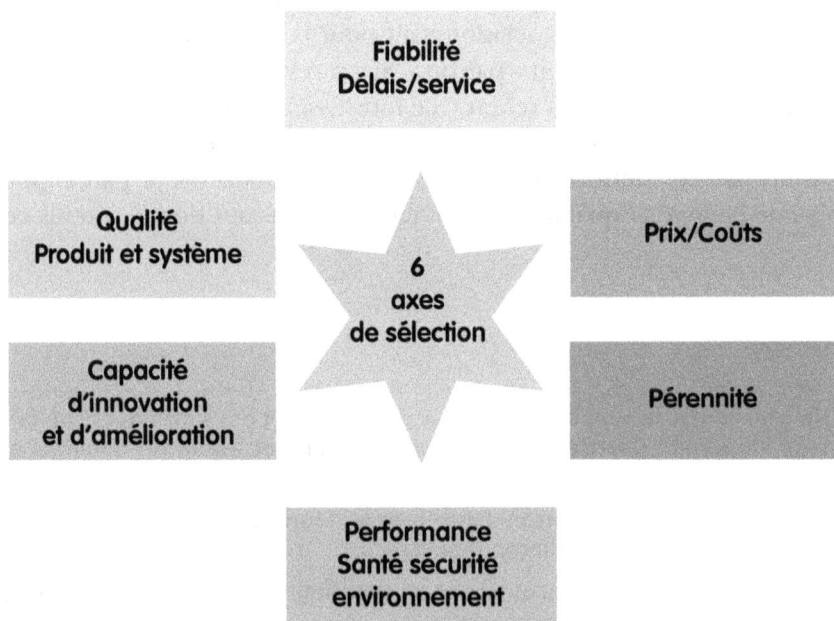

Figure 50

Suivi annuel des incidents qualité fournisseurs (pourcentages de livraisons non acceptées du premier coup des trois fournisseurs clés de production)

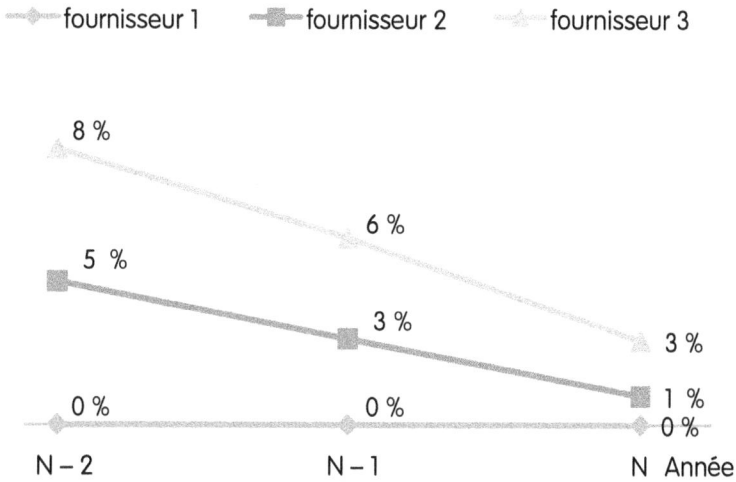

fournisseur 1   fournisseur 2   fournisseur 3

8 %

6 %

5 %

3 %
3 %

0 %   0 %   1 %
0 %

N − 2   N − 1   N Année

Figure 51

Suivi qualité mensuel des fournisseurs

Fournisseur	Certifié ISO 9001	Homologué produit	Note Qualité*	Conformité produit**	Respect livraison**	Réactivité**	Capacité d'amélioration**
A	X	X	91	24	22	23	22
B		X	72	23	18	23	8
C	X		82	24	24	17	17
...							

*note sur 100
** note sur 30

OUTIL 15 : LES POKA-YOKÉ
OU SYSTÈMES ANTI-ERREURS

C'EST QUOI ?

La mise en place de systèmes anti-erreurs (poka-yoké en japonais, *foolproof* en anglais) consiste à s'organiser pour ne laisser aucune possibilité de faire une erreur, quel que soit le niveau de qualification de l'opérateur et ce, sans niveau d'attention excessif.

On peut éviter la réalisation d'une erreur relativement à l'utilisation d'un moyen ou d'un composant.

À QUOI SERT-IL ?

Le poka-yoké sert à :

- éviter la réalisation des erreurs humaines ;
- « faire bien du premier coup » ;
- réduire les coûts de non-qualité ;
- diminuer les accidents du travail.

La mise en place de poka-yoké permet d'améliorer l'efficacité d'un atelier, instaurer de meilleures conditions de travail pour les salariés et accroître globalement la productivité. Par voie de conséquence, le client final se trouve, lui aussi, protégé.

À QUOI FAUT-IL FAIRE ATTENTION ?

L'idéal est de rechercher les solutions avant même qu'il y ait eu dysfonctionnement ! Mais ce sont souvent la répétition des dysfonctionnements et le refus de la fatalité qui poussent à la réflexion. Il est vrai que les défauts d'inattention ne peuvent être évités uniquement par la sensibilisation.

La recherche de la prévention passe par un travail de groupe et de la créativité. Souvent, ce sont les solutions simples qui sont les plus efficaces.

Il peut être nécessaire, parfois, de faire une analyse de retour sur investissement : combien coûte la solution proposée et combien allons-nous économiser en coûts de non-qualité ?

COMMENT LANCER LA DÉMARCHE ?

La démarche est la suivante :

- partir des « erreurs classiques » ;
- rechercher les causes d'erreurs ;
- imaginer des solutions :
  - qui limitent l'initiative humaine ;
  - qui rendent les mouvements des opérateurs plus confortables, et qui améliorent les conditions de travail quand elles peuvent influer sur la qualité du travail (température, lumière, implantation) ;
  - qui suppriment les causes d'erreurs extérieures au périmètre considéré ;
  - qui simplifient les opérations et qui éliminent, si possible, le « tour de main » ;
  - qui facilitent le contrôle.

Conseils

Faites participer le personnel qui est souvent partie prenante dans la démarche.

Travaillez à éviter la production de non-conformités et leur non-détection ; pour ce faire, rendez les défauts visibles facilement.

LES QUESTIONS LES PLUS FRÉQUENTES

Comment faciliter la mise en place de système anti-erreurs ou détrompeurs ? En développant le travail de groupe, la créativité, et l'amélioration progressive !

Qui doit gérer cette pratique ? C'est souvent le service méthode qui pilote la mise en place de ces systèmes anti-erreurs, en collaboration avec le service production et le service qualité.

Quand mettre en place un système anti-erreurs ? Le plus en amont possible (c'est une donnée de sortie de l'Amdec processus ou produit), et en cas de non-conformité ou réclamation client répétitive. On recherche à éviter l'erreur future ou un contrôle supplémentaire.

EXEMPLES DE SYSTÈMES ANTI-ERREURS

Risques	Systèmes anti-erreurs possibles
Confondre 2 composants pratiquement identiques	Les colorer différemment Éviter le mélange de ces composants, en ajoutant des couvercles aux boîtes qui risquent de déborder
Mal positionner un composant	Matérialiser cet emplacement
Mélanger des produits à traiter : les défectueux et les conformes se ressemblent	Utiliser des localisations, des bacs différents et sans possibilité de ressortir les non-conformes
Oublier une saisie informatique ou une référence qui n'existe pas	Créer un blocage informatique
Oublier un élément dans un conditionnement	Aider au repérage visuel (ce qui manque doit être vu), par exemple 20 cases pour 20 produits
Oublier une vis, un composant à monter	Ne donner que le juste nécessaire Empêcher la réalisation de l'opération suivante
Monter un élément dans le mauvais sens	Repérer le bon sens Générer une alarme sonore
Commettre des erreurs dues à la fatigue	Recourir à un support pour tout outil que l'on tient longtemps à la main
Commettre des erreurs dues à la perception	Automatiser certaines opérations (quantité de colle pesée et étalée par machine)
Ne pas respecter les temps de fabrication	Mettre en œuvre des chronomètres auditifs
Oublier une opération	Combiner plusieurs opérations en une seule (vis/écrou/joint)
Avoir de la difficulté à repérer un produit plus grand que l'autre, ou plus lourd	Automatiser le contrôle (gabarit, balance)

Chapitre 15

Réussir une démarche d'amélioration continue

La démarche qualité a pour socle le principe de l'amélioration continue qui, lui-même, s'appuie sur 2 logiques :

- celle de la résolution de problème, qui part souvent d'un dysfonctionnement spécifique et répétitif ;
- celle du projet d'amélioration qui permet de changer de référence de standard qualité et de s'améliorer significativement sur un paramètre donné. On parle aussi d'amélioration par percée (amélioration de l'organisation visant un changement bénéfique).

Sur le graphique qui suit, la partie gauche est celle de la maîtrise de la qualité, la partie droite est celle de l'amélioration continue.

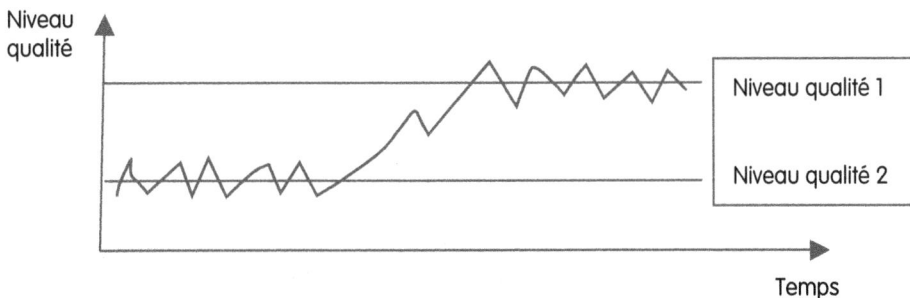

Figure 52 - Le niveau qualité d'une entreprise

Nous avons choisi de traiter à part la résolution de problème dans le chapitre 17.

La démarche d'amélioration continue se déroule, elle, en 6 phases :

- l'engagement de la direction qui valide le besoin en amélioration ;
- la réalisation d'un diagnostic qualité, objectif et pertinent, qui inclut, selon les cas, la mesure des coûts de non-qualité : la mesure de la qualité perçue, un audit à blanc, la recherche des dysfonctionnements internes…
- la formalisation d'un plan d'amélioration ;
- la mise en œuvre et le suivi du plan d'action ;
- le suivi des résultats par l'établissement d'un tableau de bord ;
- l'animation d'une revue pour faire le bilan et prendre de nouvelles décisions.

Les outils développés dans ce chapitre permettent de déployer le PDCA revisité. Nous les avons catégorisés en 6 thèmes :

- outils d'engagement ;
- outils de diagnostic ;
- outils de planification ;
- outils d'évaluation et de suivi ;
- outils de pilotage.

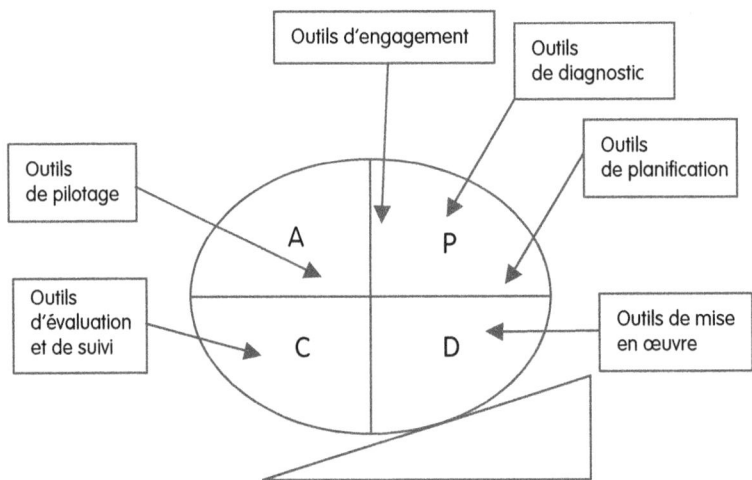

Figure 53

Les outils de mise en œuvre étant assimilés aux activités de management, ils sont développés ainsi que les outils liés à l'animation et à la communication dans la dernière partie de cet ouvrage.

THÈME 1 :
LES OUTILS D'ENGAGEMENT

Une démarche qualité quelle qu'elle soit s'appuie sur un engagement fort de l'équipe de direction. Cet engagement se traduit par des écrits et des déclarations du dirigeant tels que la lettre d'engagement ou la déclaration de politique qualité.

OUTIL 1 : LA LETTRE D'ENGAGEMENT DE LA DIRECTION

C'EST QUOI ?

Un document d'engagement écrit, formel de la direction et, plus globalement, du comité de direction.

À QUOI SERT-IL ?

La lettre sert à officialiser auprès de l'ensemble des collaborateurs de l'entreprise, le choix de la direction de s'engager dans une démarche qualité.

CE QU'IL CONTIENT

La lettre d'engagement exprime la volonté de la direction d'engager la démarche qualité. Elle en explique les raisons et en précise le sens, en cohérence avec le projet global d'entreprise.

À QUOI FAUT-IL FAIRE ATTENTION ?

L'engagement est un engagement réfléchi. En signant le document, la direction accepte de donner les moyens nécessaires à l'atteinte des objectifs. Elle s'engage aussi à être le soutien permanent de la direction qualité.

Conseil

Intégrez cet engagement au sein de la déclaration de politique qualité qui donne les orientations de la démarche qualité.

LES QUESTIONS LES PLUS FRÉQUENTES

Faut-il vraiment le formaliser ? Oui, car cet écrit démontre que le projet n'est pas seulement celui du manager qualité mais aussi celui de la direction. C'est également l'occasion pour la direction, de formaliser sa valeur ajoutée dans la démarche : à quoi s'engage-t-elle vraiment ? Vis-à-vis de tous ses collaborateurs, quel va être son rôle ? Quel rôle souhaite-t-elle jouer dans ce projet ? Quelle est son ambition ?

EXEMPLE D'ENGAGEMENT

« J'ai décidé, en accord avec le comité de direction, d'engager toute notre entreprise dans une démarche qualité. Nous en faisons une action prioritaire pour garantir en permanence la satisfaction de nos clients, gage de pérennité de l'entreprise.

Nous allons ensemble construire une organisation qualité qui va assurer aux clients la conformité de nos produits et services. Parallèlement, nous engagerons une démarche d'amélioration permanente pour accroître notre compétitivité.

J'attends de chacun qu'il applique les bonnes pratiques qui vont être collectivement définies, et qu'il s'implique personnellement dans la démarche.

Pour ma part, je m'engage à donner les moyens à notre responsable qualité, M. Qualidias, pour lui permettre d'atteindre chaque année les objectifs décidés et validés par le comité de direction. Je lui délègue toute autorité pour piloter et coordonner les actions, animer les groupes de travail, surveiller les résultats et m'alerter en cas de dérive.

Je me tiendrai personnellement informé de l'état d'avancement de notre projet, et vous le communiquerai tous les trimestres. »

OUTIL 2 : LA POLITIQUE QUALITÉ

C'EST QUOI ?

Si la lettre d'engagement officialise l'engagement de la direction, la politique donne les orientations générales qui sont choisies par la direction pour réaliser ses ambitions.

À QUOI SERT-IL ?

La politique donne un cadre à l'action. Cette politique est cohérente avec la stratégie de l'entreprise et permet de définir des objectifs qualité mesurables. Elle garantit un alignement de l'ensemble des décisions. Les objectifs, les actions engagées, les indicateurs choisis seront en cohérence avec cette politique.

À QUOI FAUT-IL FAIRE ATTENTION ?

Cette politique comprend les grands axes de travail donnés à la démarche par la direction et le manager qualité. Elle est unique, spécifique, établie à partir d'un constat réaliste et objectif.

Il faut travailler en partant de la stratégie, qui elle-même garantit l'atteinte de la position visée par l'entreprise. La politique qualité appuie cette stratégie. Elle répond donc aux questions : en quoi le système qualité doit créer de la valeur à l'entreprise ? En quoi lui permettra-elle de relever son défi ?

La politique qualité est définie en tenant compte :

- des faiblesses actuelles de l'entreprise et sur lesquelles il faut agir ;
- des forces sur lesquelles il lui faut capitaliser, et il lui est possible de s'appuyer.

La politique qualité est la réponse au défi que se lance l'entreprise. C'est pourquoi, lorsqu'elle affirme que sa politique est « *d'améliorer la satisfaction de ses clients* », c'est un non-sens puisque c'est le principe même de la qualité !

La politique qualité peut aussi inclure des valeurs : les comportements encouragés dans l'entreprise (écoute, respect, transparence, confiance, par exemple).

LES QUESTIONS LES PLUS FRÉQUENTES

Qui doit l'écrire ? C'est un travail collectif réalisé par le comité de direction et la direction qualité, mais il est signé par la direction.

Comment l'écrire ? En répondant aux questions suivantes sachant que les orientations définies portent à la fois sur les résultats et/ou les moyens :

- qu'attendons-nous de la démarche qualité ?
- que doit-elle apporter en termes de résultats ?
- sur quoi devons-nous travailler en priorité pour réussir ?

EXEMPLES D'ORIENTATIONS

Pour améliorer la satisfaction de nos clients, nos priorités d'action sont :
- *assurer la fiabilité de nos produits ;*
- *réduire nos délais de livraison ;*
- *améliorer notre fonctionnement interne ;*
- *améliorer notre conditionnement ;*
- *formaliser nos méthodes de travail ;*
- *travailler en collaboration étroite avec nos fournisseurs ;*
- *réduire nos coûts de non-qualité pour améliorer notre rentabilité.*

THÈME 2 :
LES OUTILS DE DIAGNOSTIC

Le diagnostic est une phase essentielle pour analyser objectivement les « symptômes » de l'entreprise en matière de qualité.

Cette phase inclut la collecte, le classement et l'analyse des données. Elle est directement liée aux orientations fixées par la direction, et permet de définir des axes de travail en s'appuyant sur des faits, des chiffres, des constats.

Dans le chapitre 12 « La qualité et le client », nous avons mis en évidence l'importance de l'enquête de satisfaction et de la construction du *mapping* client. Nous examinons ici :

- les coûts d'obtention de la qualité ;
- les coûts de non-qualité ;
- la fiche de recueil de dysfonctionnement ;
- le Pareto des réclamations clients ;
- l'audit qualité à blanc.

OUTIL 1 : LES COÛTS D'OBTENTION DE LA QUALITÉ

C'EST QUOI ?

* Le coût d'obtention de la qualité (COQ) est la somme des coûts pour obtenir la qualité (CQ), et des coûts dus à la non-qualité (CNQ).

$$COQ = CQ + CNQ$$

Le coût d'obtention de la qualité se mesure en euros. Dans la pratique, il s'exprime souvent en pourcentage du chiffre d'affaires.

À QUOI SERT-IL ?

La mesure financière de la qualité sort la qualité des discours d'experts, et permet de sensibiliser la direction et les managers à cette approche financière.

Cette analyse de recherche de coût d'obtention de la qualité se fonde sur la recherche d'équilibre entre les investissements réalisés par l'entreprise (les dépenses) et les gains mesurés en termes de diminution des coûts de la non-qualité.

Le suivi de l'évolution des coûts d'obtention de la qualité permet de mesurer la diminution des coûts de non-qualité suite aux investissements réalisés.

À QUOI FAUT-IL FAIRE ATTENTION ?

Obtenir la qualité a un coût. C'est la bonne utilisation des ressources financières fournies qui garantit la pertinence de l'action. Un chef d'entreprise qui investit dans le domaine de la qualité attend de voir en retour, baisser les coûts de non-qualité.

Le coût d'obtention de la qualité étant une somme, celle-ci diminue pour atteindre un seuil au fur et à mesure que les coûts de non-qualité diminuent et que les coûts qualité augmentent.

Il faut aussi considérer que le coût d'obtention de la qualité n'est jamais nul. On considère habituellement que, dans une entreprise qui maîtrise la qualité, le coût d'obtention de la qualité est souvent compris entre 6 à 10 % du chiffre d'affaires.

COMMENT LE MESURER ?

CNQ et CQ, les deux termes de la somme du COQ, sont en fait eux-mêmes des sommes :

- les coûts de non-qualité (CNQ) comprennent les coûts de non-qualité détectés en interne par l'entreprise (CNI) et les coûts de non-qualité détectés en externe chez le client (CNE).
- les coûts qualité (CQ) comprennent les coûts de prévention (CP) et les coûts de contrôle (CC).

D'où :

$$COQ = (CNI + CNE) + (CP + CC)$$

L'outil suivant zoome sur les coûts de non-qualité, nous ne développons donc ici que les coûts qualité.

Les coûts de prévention

Ce sont ceux engagés pour anticiper l'apparition des non-qualités. Ce sont des dépenses pour prévenir et anticiper.

Ils doivent donc permettre de réduire les autres coûts. Citons par exemple :

- les coûts de gestion de la fonction qualité ;
- les coûts de formation du personnel ;
- les coûts de rédaction des procédures, des modes opératoires ;
- les coûts de l'évaluation qualitative des fournisseurs ;
- les coûts des Amdec ;
- les coûts des validations pour les nouveaux produits ;

- les coûts des campagnes de sensibilisation ;
- Les coûts des actions préventives et correctives.

Les coûts de contrôle

Ce sont ceux qui sont engagés pour mesurer la conformité des produits et des services. Citons par exemple :

- les coûts des enquêtes de satisfaction ;
- les coûts des contrôles ou autocontrôles (temps, coûts des produits détruits) ;
- les coûts de fonctionnement du service contrôle ;
- les coûts de la métrologie ;
- les coûts des audits ;
- les coûts de contrôle réception.

Conseils

La mesure des coûts d'obtention de la qualité dans sa globalité n'est pas toujours facile, mais cette difficulté ne doit pas devenir une excuse : engagez-vous à effectuer une mesure incomplète plutôt que de ne pas agir du tout.

Soyez prudent : acceptez au début de démarrer par une phase d'estimation, et ajustez progressivement les résultats des mesures.

Ne limitez pas la mesure à la production : démarrez en production puis, progressivement, élargissez la mesure dans tous les services et pour chaque projet.

LES QUESTIONS LES PLUS FRÉQUENTES

Comment doit évoluer le COQ ? Le COQ augmente au cours des premières années de mise en place de la démarche, pendant la phase d'investissement. Il diminue après.

Au niveau des coûts qualité, faut-il plus de contrôles ou plus de prévention ? Plus de prévention si, bien sûr, elle est efficace. Les coûts de contrôle sont souvent importants. Le contrôle garantit que le client ne reçoit pas de non-qualité. Dans une entreprise qui subit la qualité, n'effectuer que du contrôle engendre des coûts de non-qualité très importants.

Peut-on comparer le COQ entre plusieurs entreprises ? C'est difficile car cela dépend de ce que chacun comptabilise dans les rubriques. Le point clé est la répartition des coûts dans chacune des rubriques.

EXEMPLE DE COMPARAISON DE COÛTS D'OBTENTION DE LA QUALITÉ

	Entreprise 1	Entreprise 2	Entreprise 3
Prévention	5 %	6 %	52 %
Contrôle	10 %	40 %	18 %
Défaillances internes	15 %	49 %	28 %
Défaillances externes	70 %	5 %	2 %
Total (en % du CA)	**10 %**	**11 %**	**10 %**

- Entreprise 1 : des coûts dus pour l'essentiel aux incidents en clientèle.
  Cette entreprise est en qualité subie.

- Entreprise 2 : peu d'impact client, des contrôles efficaces qui bloquent les non-conformités en interne.
  Cette entreprise est en contrôle qualité efficace.

- Entreprise 3 : des actions de prévention pertinentes qui permettent de réduire les contrôles en place et de moins subir la non-qualité.
  Cette entreprise est en qualité maîtrisée.

OUTIL 2 : LES COÛTS DE NON-QUALITÉ

C'EST QUOI ?

Ce sont les coûts qui résultent de la non-qualité. Ils sont la somme des coûts des non-qualités internes et externes.

À QUOI SERT-IL ?

Les coûts de non-qualité permettent de rendre concrète la démarche d'amélioration. Ils traduisent en euros les dysfonctionnements et sensibilisent la direction sur les gains potentiels, le trésor sur lequel elle est assise !

Leur calcul permet d'identifier les principales possibilités de gains par la réduction des pertes financières liées à la non-qualité.

C'est souvent une façon d'apprécier l'efficacité du travail du responsable qualité, du point de vue de la direction.

CE QU'IL CONTIENT

Deux rubriques sont incluses dans le calcul des coûts de non-qualité.

Les coûts de défaillances internes

Ces coûts seraient appelés à disparaître avec l'amélioration de la qualité dans l'entreprise.

Ils comprennent en production :
- le coût d'heures de reprise suite à la production de non-conformes ;
- le coût de la matière supplémentaire ;
- le coût des contrôles supplémentaires, d'expertise le cas échéant ;
- le coût des tris de défectueux ;
- le coût des réunions pendant lesquelles sont étudiées les non-conformités et prises les décisions quant à leur devenir.

On peut aussi définir des coûts de non-qualité interne dans les autres services. Par exemple, le coût d'un recrutement non satisfaisant (heures passées en entretien, en formation…) ou le coût d'un recrutement externe.

Les coûts des défaillances externes

Ce sont les coûts qui disparaissent si les contrôles mis en place sont efficaces et bloquent la non-qualité en interne, avant le départ chez le client (un produit non conforme détecté en réception coûte 1 euro ; il coûte 100 euros en fin de chaîne de production et 1 000 euros lorsque la détection intervient chez le client).

Ils englobent :

- le paiement d'indemnités versées au client ;
- les avoirs ;
- les pertes de contrat ;
- les coûts associés au traitement d'une réclamation client ;
- les coûts des déplacements chez le client mécontent ;
- les coûts des mesures d'urgence réalisées suite à une réclamation client (renvoi ou échange produit) ;
- les coûts des heures de SAV (sous-garantie).

À QUOI FAUT-IL FAIRE ATTENTION ?

À ne pas chercher une précision absolue dans la mesure, mais plutôt à viser une estimation.

À ne pas limiter la recherche des coûts à la production. Même si cela représente souvent l'essentiel des coûts de non-qualité dans une entreprise, il est important de raisonner aussi au niveau de tous les dysfonctionnements dans les différents métiers de la société.

Conseils

Le calcul des coûts de non-qualité doit être aussi l'occasion de responsabiliser les services sur la non-qualité : réimputez ces coûts à la charge des services qui les ont générés (un fournisseur éventuellement).

Pour aider au recueil de données, disposez d'éléments de mesure tels que :
- le coût de la main-d'œuvre par atelier ;

- le coût horaire d'un employé, d'un cadre ;
- le coût d'une facture ;
- le coût des pièces aux différents stades de production ;
- le coût des matières premières ;
- le coût d'une livraison ;
- le prix de vente d'un produit.

Couplez l'analyse des coûts de non-qualité avec un Pareto qui permet de répondre à la question : quel est le produit ou le service qui génère le plus de coûts de non-qualité ?

LES QUESTIONS LES PLUS FRÉQUENTES

Comment mesurer les coûts ? Mettre en place les éléments de recueil de ces coûts. Ce travail se fait en collaboration avec le contrôle de gestion pour améliorer la crédibilité des chiffres.

Les coûts de non-qualité se mesurent-ils dans les sociétés de service ? Oui, bien sûr. Ils sont surtout centrés sur les coûts des réclamations.

Quelle est la périodicité de la mesure ? Le calcul est souvent fait mensuellement.

Doit-on communiquer les coûts de non-qualité au personnel ? Oui, bien sûr. Pour responsabiliser les opérateurs, beaucoup d'entreprises donnent une image du montant des coûts : « Aujourd'hui nous avons détruit l'équivalent de 4 Mégane. »

EXEMPLE DE COÛTS DE NON-QUALITÉ MENSUELS D'UNE SOCIÉTÉ DE PRODUCTION

Coûts de non-qualité interne (en euros)	
Coûts des produits détruits :	
• le 5 mars, produit H, atelier 4	5 000
• le 30 mars, en fin de ligne, produit H, atelier 5	1 000
Coûts des retouches (main-d'œuvre, matières premières) tous ateliers confondus	2 000
Coûts des 6 réunions litiges	1 000
Coûts de non-qualité externe (en euros)	
Coûts administratifs des réclamations	500
Coûts des avoirs, ristournes	4 000
Coûts des déplacements	0
Coûts des déclassements	500
Total	**14 000**

OUTIL 3 : LA FICHE DE RECUEIL DE DYSFONCTIONNEMENT

C'EST QUOI ?

Il s'agit de faire le recensement des dysfonctionnements internes, ceux qui perturbent la bonne marche de l'entreprise et sont sources de stress pour le personnel, et parfois pour le client.

À QUOI SERT-IL ?

Ce recensement permet de faire le point sur les perturbations que subissent ou observent au quotidien les collaborateurs de l'entreprise.

Il sert naturellement à engager des plans d'améliorations pour réduire les perturbations.

COMMENT LE RÉALISER ?

Ce recensement se fait en sollicitant la participation de tous les collaborateurs de l'entreprise. Deux possibilités s'offrent à cette dernière :

* créer une fiche de dysfonctionnement mise à disposition du personnel (sous forme papier ou électronique) ;
* ou mieux : organiser des réunions pour faciliter l'expression de chacun (formalisée à l'aide d'une grille de recueil d'opinions).

À QUOI FAUT-IL FAIRE ATTENTION ?

Quand on décide de réaliser ce type d'enquête, il est important, au-delà du constat, de traiter les dysfonctionnements majeurs pour ne pas créer de frustration.

De plus, ce recensement des dysfonctionnements s'appuie sur la volonté de faire progresser collectivement l'organisation. Il ne s'agit pas de « faire la chasse aux coupables » ou d'organiser des règlements de compte, mais bien plutôt de se comporter en adulte en s'exprimant sans agressivité, sans jugement de valeur sur les faits qui perturbent le fonctionnement de l'entreprise et/ou nuisent à la satisfaction du client.

Conseils

Un recensement bien réalisé permet de recueillir de nombreuses idées d'améliorations : dès le départ, ayez en tête la manière dont seront triées, sélectionnées les priorités. Pour ce faire, utilisez une matrice de décision de type ci-dessous.

Matrice de tri des priorités

Impératifs	Problème 1	Problème 2	Problème 3	Problème 4
Touche le client	non	oui	oui	oui
Diminue les coûts de non qualité		oui	oui	non
Caractère transversal		non	oui	

Dans ce cas, l'entreprise a choisi de travailler en priorité sur les problèmes qui touchent le client, coûtent de l'argent et qui ont un caractère transversal dans l'entreprise.

Ici, seul le problème 3 répond aux 3 critères.

LES QUESTIONS LES PLUS FRÉQUENTES

Comment inciter les personnes à donner leurs idées ? Le discours porté par le management doit se centrer sur les finalités : le progrès continu, l'intérêt collectif et individuel, le travail bien fait.

Quelles sont les conditions de réussite ? La simplicité de la fiche, l'esprit dans lequel se fait le recueil, le retour qui en est fait auprès des collaborateurs, la transparence des critères de choix des problèmes traités en priorité… Après la phase de recueil, prévoir une phase d'analyse, de bilan et de choix des priorités. La communication doit accompagner tout le projet.

EXEMPLES DE FICHE DE RECUEIL DE DYSFONCTIONNEMENT ET DE GRILLE DE RECUEIL DE L'OPINION DU PERSONNEL

Fiche de recueil de dysfonctionnement

Département	Date :
Émetteur	
Problème identifié (décrire un fait)	
Qui est concerné ?	
Qui est impacté ? combien de personnes ?	
• Quelles sont les conséquences ? • pour le client : • en interne : • en termes de coûts ?	
Où cela se passe-t-il ?	
Combien ? Peut-on quantifier ce problème ? Quelle est la fréquence d'apparition du problème ? Quels sont les coûts de non-qualité ?	
Quelles sont les procédures associées directement ou indirectement à ce problème ?	
Depuis quand constatons-nous ce problème ?	
Quels bénéfices aurons-nous à traiter ce problème ? • en interne : • pour le client : • en termes de coûts :	
Qui peut travailler sur ce problème ? quels services ?	

Grille de recueil de l'opinion du personnel

On peut également réaliser un autodiagnostic en interne pour entendre l'opinion des collaborateurs et recueillir leurs préoccupations en matière de qualité. Cette enquête est anonyme. Elle mixe des questions ouvertes et fermées.

	Oui absolument	Oui	Non pas vraiment	Absolu- ment pas
Pensez-vous que notre entreprise attache de l'importance à la satisfaction des clients ?				
Vous sentez-vous impliqués dans la démarche qualité ?				
Souhaiteriez-vous travailler sur un sujet qualité en groupe ?				
Savez-vous quels sont vos clients en interne ?				
Parmi les propositions énoncées ci-dessous, quelles sont les trois sur lesquelles il serait bon de travailler pour améliorer la conformité de nos produits : • les informations qui vous sont données sur le produit ? • les procédures de travail à appliquer ? • votre formation ? • les contrôles réalisés ? • la performance des moyens ? • les informations fournies par votre encadrement ? • votre environnement de travail ? • l'organisation globale de la société ? • les relations interservices ? • autre :				

OUTIL 4 : LE PARETO DES RÉCLAMATIONS CLIENTS

C'EST QUOI ?

Un outil d'analyse visuel qui permet d'identifier les causes les plus fréquentes des réclamations clients.

À QUOI SERT-IL ?

Le Pareto permet d'engager les actions de progrès pour s'attaquer résolument aux causes les plus fréquentes et améliorer ainsi le taux de satisfaction des clients.

COMMENT LE METTRE EN ŒUVRE ?

La mise en œuvre de cet outil est simple.

Pour construire un Pareto, il faut recenser toutes les réclamations reçues sur une période donnée. C'est la phase de recueil de données.

Les données sont ensuite triées : par exemple, par type de réclamations (sur quoi portent-elles), par produit (quels sont les produits qui occasionnent le plus de réclamations ?)

Les résultats sont exprimés en pourcentage. Ces pourcentages rangés en ordre décroissant constituent alors le Pareto.

Conseils

Abusez du Pareto ! Il aide à prendre rapidement et factuellement des décisions toujours profitables. C'est un outil de prise de conscience à partager.

Veillez à choisir le bon critère pour représenter les réclamations clients ; il est aussi parfois judicieux de travailler sur les coûts engendrés par les réclamations. Dans ce cas, un type de réclamations peu fréquent peut devenir le plus important en coûts.

Assurez-vous que les différentes données sont stables dans le temps. Un paramètre en forte augmentation sur la dernière période entraîne une vigilance accrue.

Pensez à zoomer sur les clients stratégiques (les 20 % qui représentent 80 % du chiffre d'affaires) et réservez leur un Pareto spécifique.

EXEMPLES DE PARETO

Pareto par type de produit

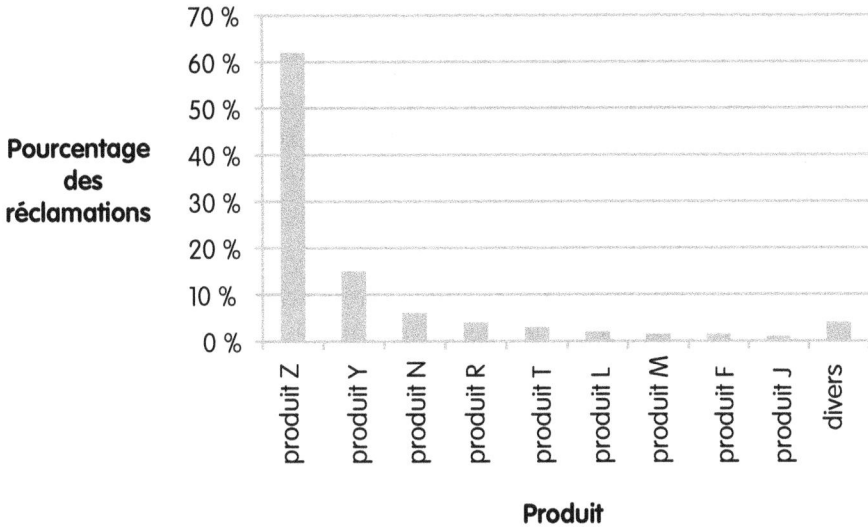

Figure 54

Pareto portant sur l'objet de la réclamation

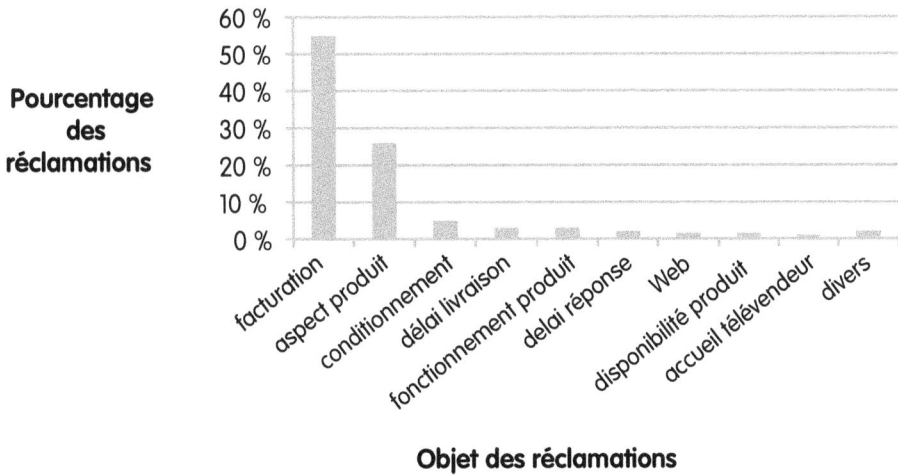

Figure 55

COMMENT EXPLOITER LE PARETO ?

Le diagramme de Pareto sert à prendre des décisions factuelles pour se concentrer sur l'essentiel. Ainsi, le diagramme permet de mettre en évidence la loi de Pareto (du nom de son inventeur/promoteur), celle des 80/20. Fréquemment, en effet, 80 % d'un phénomène sont expliqués par 20 % des causes.

Dans notre cas, 80 % des réclamations sont dues à 20 % des causes. Sans chercher à tout prix des résultats précis, on observe souvent que l'essentiel des réclamations est dû à un nombre restreint de produits ou de causes...

- Dans le premier exemple, 77 % des réclamations sont générés par 20 % des produits : les produits Z et Y.
- Dans le second exemple, 81 % des réclamations sont dus à 2 types de réclamation sur 10 (soit 20 %) : les problèmes liés à la facturation et à l'aspect produit.

OUTIL 5 : L'AUDIT QUALITÉ À BLANC

C'EST QUOI ?

Il s'agit d'un audit du système qualité qui permet de faire le constat réel de l'état de l'organisation par rapport aux exigences du référentiel qualité choisi.

À QUOI SERT-IL ?

Il sert à préparer le plan d'action à mettre en œuvre pour atteindre l'objectif fixé par l'entreprise : celui de la conformité à un référentiel.

Il est utilisé pour préparer la certification ISO 9001 ou pour se conformer aux exigences client.

COMMENT LE METTRE EN ŒUVRE ?

L'audit est une démarche méthodique fondée sur l'étude de documents et la réalisation d'interviews au cours desquelles des faits sont observés et des preuves recueillies.

Dans le cas particulier de l'audit à blanc, l'auditeur qualité (qualifié) prépare son questionnaire d'audit, rassemble les documents qualité existants et organise des interviews. Il interviewe la direction, le responsable qualité, les principaux managers ainsi que quelques collaborateurs. Il s'agit pour lui de vérifier que l'entreprise répond point par point aux exigences du référentiel en s'assurant que les dispositions qualité sont connues, décrites, font l'objet quand cela est nécessaire d'enregistrements…

Chaque écart constaté doit être commenté, compris par tous.

Le plan d'action associé vise à lever chacun des écarts.

Pour visualiser rapidement les résultats de l'audit on utilise parfois la matrice page suivante qui aide à identifier l'état de conformité. Deux colonnes sont utilisées :

- celle de la formalisation : l'entreprise a décrit comment elle répond aux exigences du référentiel qualité ;

- celle de l'application : l'entreprise applique et peut le prouver.

	Exigences de la norme	100 % formalisation		0 %		0 % application	100 %	
4.1	Exigences générales							
4.2	Exigences relatives à la documentation							
4.3	Engagement de la direction							
5.1	Écoute client							
5.2	Politique qualité							
5.3	Planification							
5.4	Responsabilité, autorité							
5.5	Revue de direction							
6.1	Ressources humaines/ Compétence, formation et sensibilisation							
6.2	Infrastructures							
6.3	Environnement de travail							
7.1	Processus relatifs aux clients							
7.2	Conception et développement							
7.3	Achats							
7.4	Production et préparation du service							
7.5	Maîtrise des équipements de surveillance et de mesure							
8.1	Surveillance et mesures							
8.2	Maîtrise du produit non conforme							
8.3	Analyse des données							
8.4	Amélioration							

Conseil

L'audit est aussi un moment d'échange, une occasion de faire participer les collaborateurs. Il sensibilise aux exigences du référentiel. De ce fait, au-delà du constat factuel, considérez l'audit comme un moment d'apprentissage partagé auditeurs-audités.

THÈME 3 :
LES OUTILS DE PLANIFICATION

Il est difficile d'obtenir une qualité durable sans une véritable discipline dans le domaine de la planification. Cette planification consiste à fixer des objectifs et à définir les actions à entreprendre pour les atteindre. Ces deux outils sont examinés dans les pages qui suivent.

OUTIL 1 : LES OBJECTIFS QUALITÉ

C'EST QUOI ?

Les objectifs qualité sont la formulation concrète des cibles à atteindre. Ce sont des valeurs mesurables associées à un indicateur.

À QUOI SERT-IL ?

Les objectifs qualité sont le point de départ de la logique d'amélioration continue à l'issue de la phase diagnostic. Ils rendent la politique qualité opérationnelle, concrète.

CE QU'IL CONTIENT

La liste des objectifs avec les bénéfices escomptés (financiers ou non) et les orientations auxquelles ils sont associés.

À QUOI FAUT-IL FAIRE ATTENTION ?

Les objectifs doivent être cohérents avec la politique qualité. Ils ont les caractéristiques suivantes :

- atteignables ;
- ambitieux pour donner envie et mobiliser dans l'action ;
- pertinents par rapport à la stratégie de l'entreprise ;
- centrés sur les clients.

> **Conseils**
>
> On ne communique jamais trop sur les enjeux liés à ces objectifs fixés : lors de la formulation des objectifs, mettez en évidence les bénéfices associés (voir exemple ci-après).

EXEMPLES D'OBJECTIFS ET BÉNÉFICES ASSOCIÉS

Orientations	Objectifs 2012	Bénéfices associés
Réduire les délais de livraison	48 heures	Compétitivité accrue Fidélisation clients
Améliorer la conformité des produits	Moins de 1 % de défectueux sur le produit « BER »	Rentabilité Satisfaction clients
Améliorer la qualité fournisseurs	70 % des fournisseurs classés « A », selon notre grille d'évaluation (A,B,C,D)	Amélioration des délais Meilleure organisation de la production

OUTIL 2 : LE PLAN D'ACTION QUALITÉ

C'EST QUOI ?

Le plan d'action qualité est un document qui formalise les actions menées au sein de l'entreprise pour améliorer la qualité de ses produits et de ses prestations. Il est généralement défini pour une année.

À QUOI SERT-IL ?

Le plan d'action permet d'atteindre les objectifs mesurables fixés en cohérence avec la politique qualité.

Il officialise les responsabilités d'action.

Il est la référence permanente pour piloter et coordonner toutes les actions.

CE QU'IL CONTIENT

Le plan d'action détermine :

- les actions à mener ;
- les responsables d'action ;
- les moyens nécessaires ;
- les délais.

COMMENT LE CONSTRUIRE ?

Pour construire le plan d'action, 3 étapes importantes sont à respecter : une fois le diagnostic réalisé, la direction fixe les objectifs à atteindre, puis chaque service ou pilote de processus définit les actions qui seront menées dans l'année pour aider à l'atteinte de ces objectifs.

Il s'agit de formuler qui va faire quoi, dans quel délai, avec quels moyens.

LES QUESTIONS LES PLUS FRÉQUENTES

Comment construire le plan d'action ? On peut utiliser une matrice de déploiement qui reprend en colonne à gauche les orientations de la politique et en ligne les services ou processus de l'entreprise. Cette matrice aide à définir comment chaque service ou processus contribue au déploiement de la politique.

	Production	Commercial	Conception	Achats	Qualité	...
Améliorer les délais de livraison	X	X			X	
Améliorer la conformité des produits	X		X	X		
Améliorer la qualité des fournisseurs	X			X		

Faut-il le faire valider par la direction ? Oui, lors par exemple d'un comité qualité pour valider les objectifs et obtenir l'engagement de la direction en ce qui concerne les moyens.

Comment définir les moyens nécessaires ? On formalise les budgets d'achats possibles et les ressources humaines (disponibilité des personnes).

EXEMPLE DE PLAN D'ACTION

Orientations	Objectifs	Actions à mener	Responsable de l'action	Délai	Moyens	Suivi
Réduire les délais de livraison	48 heures	Réimplantation de la zone des marchandises	Responsable logistique	3 mois	15 000 euros	
Améliorer la conformité des produits	Niveau moyen qualité : moins de 1 % de défectueux sur notre produit « BER »	Revoir nos documents de travail	Responsable qualité	2 mois	30 heures	
		Mettre en œuvre l'autocontrôle	Responsable production	6 mois	10 000 euros	
		Former les équipes	Responsable qualité	1 mois	À définir	
		Implanter des groupes de résolution de problème sur ligne	Responsable production	6 mois	À définir	
Améliorer la qualité des fournisseurs	70 % des fournisseurs classés A					

La dernière colonne du plan d'action permet le suivi. Ce suivi fait l'objet d'un point lors des comités qualité.

THÈME 4 :
LES OUTILS D'ÉVALUATION ET DE SUIVI

« Il n'est pas de qualité sans mesure. » Les indicateurs de mesure sont synthétisés au sein d'un tableau de bord. Les audits internes, quant à eux, permettent de mettre en évidence les points forts et les points à améliorer dans l'organisation qualité.

OUTIL 1 : LE TABLEAU DE BORD QUALITÉ

C'EST QUOI ?

Un ensemble d'indicateurs qui permettent de suivre factuellement l'évolution de la qualité au sein de l'entreprise. Les bons indicateurs sont ceux qui correspondent aux axes de travail que s'est fixés l'entreprise.

À QUOI SERT-IL ?

Le tableau de bord est à la fois un outil de diagnostic permanent (on sait où on en est), un outil de prise de décision (les alertes sont mises en évidence), un outil de motivation (on sait que les efforts produisent des effets).

Le tableau de bord doit démontrer une dynamique de qualité maîtrisée et non subie : les indicateurs sont suivis pour progresser (fixation d'objectifs) en lien avec des actions planifiées, et c'est l'efficacité de ces actions qui permet d'atteindre les résultats visés.

À QUOI FAUT-IL FAIRE ATTENTION ?

Il n'y a pas un mais des tableaux de bord qualité dans l'entreprise. Tout dépend de la place à laquelle on se situe dans l'organigramme. Ainsi :

- la direction a son tableau de bord qualité regroupant les indicateurs clés de performance des produits, prestations du système qualité ;
- le responsable qualité a son propre tableau de bord constitué à la fois des indicateurs de performance mais aussi d'indicateurs de suivi (gestion de son service, zoom sur des points particuliers…) ;
- chaque manager ou pilote de processus a ses indicateurs qualité propres à l'activité qu'il manage.

Nous nous intéressons ici au tableau de bord du responsable qualité.

COMMENT LE CONSTRUIRE ?

La construction du tableau de bord qualité s'obtient en répondant aux questions suivantes :

- quels sont nos axes de travail ?
- quels sont nos indicateurs pertinents ?
- que cherchons-nous à suivre ?
- quelles sont les orientations liées à la politique qualité ?
- comment saurons-nous que nous avons réussi et que notre démarche qualité est efficace ?
- quels sont les domaines où nous avons la volonté de progresser ?

C'est la première étape, celle **de la définition des indicateurs à suivre.**

Les thèmes classiques d'un tableau de bord sont les suivants :

- qualité conçue (liée au processus de conception) ;
- qualité réalisée (liée aux processus métiers, aux produits ou services achetés) ;
- qualité perçue par les clients ;
- qualité achetée ;
- dimension économique de la qualité (COQ) ;
- dynamique qualité ;
- indicateurs de suivi de la politique qualité.

L'étape suivante est d'**associer à chaque rubrique un ou des indicateurs.** Cet indicateur est mesurable, reproductible, pertinent, fiable, facile à recueillir et à exploiter. Il est possible de créer ainsi une « fiche indicateur » pour en faciliter la description.

Fiche indicateur : coûts de non-qualité fournisseurs
Paramètre suivi : niveau qualité des fournisseurs
Périodicité : mensuelle
Source des informations : responsable de la production
Méthode de calcul : somme des coûts de non-qualité mesurée production par mois
Mise en forme : graphique, courbe
Possibilités d'action : • auprès des fournisseurs : service achats • clarification de nos exigences : bureau d'études et méthodes • détection au plus tôt dans la ligne de production : services production, qualité

Quelques exemples d'indicateurs :

Indicateurs à suivre	Indicateurs possibles
Qualité conçue	Nombre de dérogations Nombre de demandes de modifications *a posteriori*
Qualité réalisée	% de produits non conformes en fin de ligne Démérite produit (voir ci-dessous) % de non-conformité suite aux audits internes Taux de service (% de livraisons faites dans les délais)
Qualité perçue	% de clients satisfaits et très satisfaits Nombre de réclamations critiques
Qualité achetée	% de livraisons refusées Coûts de non-qualité fournisseurs Notes fournisseurs
Dimension économique	Coûts de non-qualité interne Coûts des réclamations et du SAV Coûts qualité
Dynamique qualité	Nombre de problèmes répétitifs % d'actions correctives soldées dans les délais Nombre de suggestions
Indicateurs liés à la politique qualité (si par exemple, un axe de travail est la diminution, la simplification du système documentaire et la mise en place de l'autocontrôle)	Nombre de documents supprimés et/ou simplifiés % de postes sous autocontrôle

Ces indicateurs dits « de performance » mesurent l'efficacité des actions engagées.

Le responsable qualité suit également des indicateurs de gestion tels que :

- les pourcentages d'audits réalisés dans les délais ;
- le nombre de réunions qualité organisées ;
- le nombre de groupes de travail en cours.

Il s'agit de choisir pour chaque indicateur **le modèle de représentation** le plus adapté. Un graphique est souvent utilisé.

La mise en commun des indicateurs choisis aboutit à la construction du tableau de bord qualité global.

Conseils

Affichez les tableaux de bord qualité ! Non pas à l'écart mais au sein des panneaux d'affichage de l'ensemble des services de l'entreprise.

Faites-les commenter lors de réunions minute par l'encadrement.

LES QUESTIONS LES PLUS FRÉQUENTES

Combien d'indicateurs suivre ? Une seule réponse possible : suffisamment pour suivre les points clés de la démarche et pas trop pour ne pas se noyer. Il faut privilégier peu d'indicateurs et les suivre. Ce n'est pas au nombre d'indicateurs que se mesure l'efficacité de la démarche mais aux objectifs atteints.

S'il devait n'y avoir que trois indicateurs ? Sans doute un sur la qualité perçue, un autre sur la qualité réalisée (mesure produit) et un dernier sur le nombre de problèmes répétitifs.

Quelle est sa périodicité ? Souvent mensuelle.

EXEMPLES DE TABLEAUX DE BORD QUALITÉ

Tableau de bord société de production et de vente

	Indicateur	Objectif	Résultat	État	Tendance	Nos actions prioritaires :
Performance	Note mensuelle client	> 9	7,5	☹	↗	Poursuite du plan d'amélioration sur la préparation des livraisons
	Taux de conformité livraison	> 95 %	87 %	☹	↗	
	% de livraisons dans les délais convenus	> 50 %	61 %	☺	→	
	Délai moyen de production	< 2 jours	2,8 jours	☹	↗	Travail sur le délai de production pour améliorer encore notre taux de service
	Coûts cumulés engendrés par les réclamations clients	< 10 000 €	11 000 €	😐	↘	
Politique qualité	Taux de disponibilités des machines	> 80 %	82 %	☺	→	Déploiement du tutorat interne pour augmenter notre taux de polyvalence
	Taux moyen de polyvalence du personnel	> 2,5	2	☹	→	
	Nombre de groupes de travail	> 5	2	☹	↘	

Exemples d'indicateurs qualité par service

Conception :	• nombre de jours de dépassement des conceptions • nombre de demandes de modifications • nombre d'informations manquantes dans le dossier de conception
Production :	• taux de rebuts • taux de rejets • nombre de livraisons refusées par le client • taux de service • démérite (voir ci-dessous)
Commercial :	• temps de réponse à une demande clients • nombre d'erreurs dans les propositions • taux de satisfaction des clients sur la démarche commerciale
Livraison :	• nombre de colis refusés par le client pour défauts d'aspect • taux de respect des délais • nombre d'erreurs d'adresse de livraison
Ressources humaines :	• nombre d'erreurs dans les feuilles de paie • nombre de formations annulées • non-respect des délais de recrutement
Maintenance :	• temps moyen d'intervention • nombre d'interventions « bonnes du premier coup »

Suivi d'indicateurs

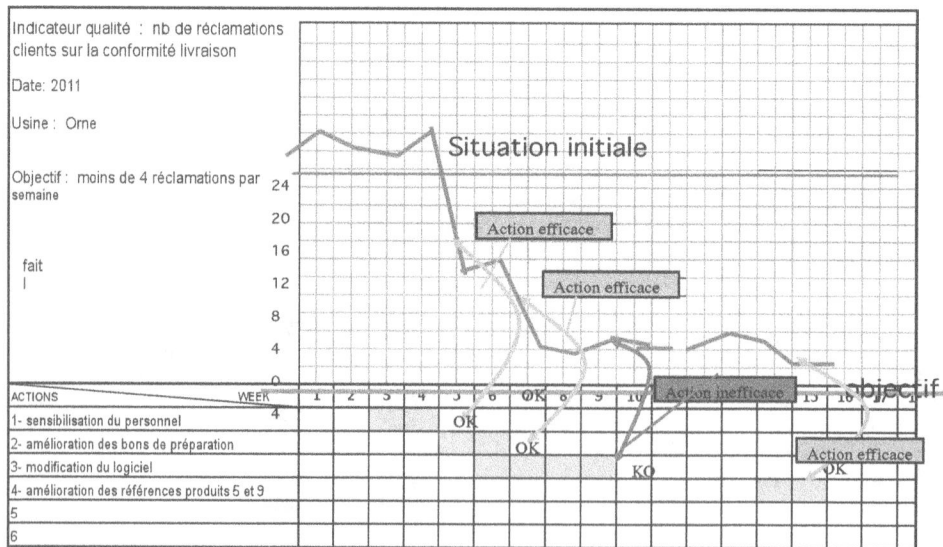

Figure 57

QU'EST-CE QUE LE DÉMÉRITE ?

Le démérite est un indicateur qui mesure la qualité globale du produit en fin de ligne de production, avant expédition ou livraison.

Le produit est audité, mesuré, évalué au travers d'une grille de démérite qui prend en compte les défauts possibles perçus par le client. Cette mesure se fait par prélèvement aléatoire au sein de la production, selon une périodicité définie : par exemple 3 dossiers le matin et 2 l'après-midi, un carton de 20 pièces par jour, 1 palette par semaine (5 produits dans 4 cartons différents soit 20 produits par palette).

Les non-conformités potentielles sont hiérarchisées et cotées avec des coefficients : par exemple, 30 points de pénalité pour une non-conformité critique qui risque de remettre en cause le fonctionnement du produit ou la sécurité des utilisateurs, 10 pour un défaut majeur, 5 pour un défaut mineur.

Le contrôleur effectue le contrôle et note la présence ou non du défaut.

Une note de démérite est affectée pour le lot contrôlé (les 3 dossiers ou le carton de 20 pièces ou la palette).

La valeur du démérite est une note globale égale à zéro si aucun défaut n'est détecté.

Plus il y a de défauts détectés et plus ces défauts sont critiques, plus la note est élevée.

EXEMPLE DE GRILLE DE DÉMÉRITE SUR UN CARTON DE 20 PIÈCES MÉCANIQUES

Défaut non-conformité	Points de pénalité	Nombre de défauts détectés
Non-respect des dimensions	30	2
Non-respect du poids	10	1
Défaut d'aspect	10	5
Non-conformité peinture	10	0
Non-présence de la fiche suiveuse	30	0
	Démérite = $(2 \times 30 + 1 \times 10 + 5 \times 10)$ = **120**	

OUTIL 2 : L'AUDIT INTERNE

C'EST QUOI ?

L'audit interne est une interview préparée et réalisée au sein de l'entreprise par des auditeurs qualité, pour vérifier l'application des dispositions prévues (processus, procédures, plan d'action) et l'atteinte des résultats visés.

La vérification se fonde sur le recueil et l'analyse de constats, de preuves en collaboration avec les personnes interviewées.

À QUOI SERT-IL ?

Plus qu'un simple contrôle d'application, l'audit interne est aussi un moment d'échange et de partage pour les collaborateurs de l'entreprise. Il permet de valider l'efficacité du système qualité mis en place et éventuellement de le remettre en cause.

COMMENT LE METTRE EN PLACE ?

L'audit est réalisé par un ou deux auditeurs. Les auditeurs doivent être formés à la technique d'audits et être indépendants fonctionnellement de l'activité auditée.

Les audits sont à planifier. Chaque audit est préparé.

Une fois le périmètre d'audit clairement défini avec le service qualité, l'auditeur recueille les documents internes fondamentaux sur lesquels il va fonder son analyse (référentiel ISO ou autre, manuel qualité, procédures, politique qualité). Il prépare les points qu'il veut vérifier sous forme d'une check-list des questions fermées auxquelles il devra répondre par OUI ou NON à la fin de son audit (OUI correspondant à un état de conformité). C'est le questionnaire d'audit.

L'auditeur planifie ensuite ses rendez-vous d'audit en veillant à interviewer toutes les fonctions concernées.

La visite sur le terrain se pratique en trois temps :

- une réunion d'ouverture au cours de laquelle le but et le cadre de l'audit sont rappelés et le planning validé ;

- les interviews (entre 15 et 90 minutes) qui sont l'occasion pour les auditeurs et les audités d'échanger, d'analyser les documents ensemble, de constater les faits. L'auditeur pose aux audités des questions ouvertes de type :
  - comment réalisez-vous cette activité ?
  - en cas d'erreur que faites-vous ?
  - comment suivez-vous la satisfaction de vos clients ?

  Au travers de ces questions ouvertes et des réponses de l'audité, il cherche à vérifier que les règles définies sont respectées.

- la réunion de clôture permet à l'auditeur de présenter ses conclusions : points forts, points de progrès, écarts constatés par rapport aux dispositions prévues ou aux résultats visés.

  Les conclusions sont validées par les audités. Les écarts peuvent être hiérarchisés (écart majeur dans le cas où l'écart remet en cause la conformité au référentiel choisi, ou nuit fortement à la satisfaction du client ou à la conformité du produit ; écart mineur en cas d'oubli, de dysfonctionnement ponctuel).

Après la visite, il reste à l'auditeur à rédiger le rapport d'audit qui est le reflet de la réunion de clôture, et qui comprend en annexe le questionnaire d'audit lui-même complété.

Enfin, au-delà du constat, le plus important est d'engager les audités dans un plan d'action pour les amener à atteindre les objectifs fixés, sur le fond et la forme.

Conseils

Pour les responsables qualité :
- consacrez le temps et les ressources nécessaires aux audits internes. Ceux-ci sont incontestablement une des pratiques les plus efficaces pour améliorer la qualité lorsqu'ils sont bien menés. Ils aident à impliquer chacun et à rentrer dans une dynamique de progrès ;
- sélectionnez judicieusement les auditeurs, formez-les et évaluez régulièrement leur capacité. Le maintien et l'évolution de leurs compétences sont fondamentaux pour les aider à progresser en permanence dans leurs pratiques ;
- Formez les responsables pour qu'ils profitent au mieux de l'utilité des audits internes.

Pour les auditeurs :
- prenez contact avec le responsable des audités le plus rapidement possible pour établir une relation positive, c'est fondamental.

Pour les audités :
- préparez l'audit dans la sérénité.

Pour tous :
- ne cherchez pas à vous justifiez, expliquez, tentez de comprendre, échangez, faites reformuler autant de fois que nécessaire pour être sûrs que vous parlez de la même chose, et ainsi ne pas être étonnés par les conclusions.

LES QUESTIONS LES PLUS FRÉQUENTES

Questions que se posent les responsables qualité :

Combien doit-on former d'auditeurs ? Pour une organisation de 200 personnes, il n'est pas rare d'avoir une équipe de 8-10 auditeurs.

Combien de temps leur allouer ? Un audit d'une demi-journée sur le terrain nécessite un temps de préparation préalable équivalent.

Quelles sont les qualités de l'auditeur ? L'auditeur écoute, ne porte pas de jugement de valeur, est synthétique, se concentre sur l'essentiel, sait être ferme tout en restant flexible.

Questions que se posent les auditeurs :

Peut-on demander de vérifier à nouveau un constat dont on n'est pas sûr ? Oui.

Faut-il reporter une interview si l'on se décale dans le planning ? Oui, il vaut mieux la reporter plutôt que de la réaliser de manière trop rapide.

Comment faire si le responsable des audités ne reconnaît pas des constats évidents ? L'amener à apporter lui-même la preuve. En somme, lui demander de faire la preuve de son innocence ! Tout cela positivement et dans un esprit de dialogue adulte puisque tout désaccord sur des faits aboutit à un progrès lorsqu'il est bien approfondi.

Question que se posent les audités :

Doit-on tout montrer ? Non, seulement ce qui est demandé par les auditeurs et ce qui, n'étant pas demandé, permet de mettre en valeur les dispositions prises pour répondre à une exigence.

EXEMPLE DE QUESTIONNAIRE D'AUDIT INTERNE

Questions clés	Oui	Non	Commentaires
Les indicateurs de l'activité sont-ils suivis ?			
Le plan d'action est-il mis en œuvre conformément au planning ?			
Les résultats font-ils l'objet de points réguliers ?			
Les constats débouchent-ils sur des décisions ?			
Les procédures sont-elles connues ?			
Les procédures sont-elles à jour ?			
Les procédures sont-elles disponibles ?			
Les procédures sont-elles appliquées ?			
A-t-on la garantie de la satisfaction des clients de l'entité ?			
Les réclamations sont-elles enregistrées ?			
Les réclamations sont-elles traitées selon la procédure définie ?			
Les réclamations déclenchent-elles des actions correctives ?			

THÈME 5 :
LES OUTILS DE PILOTAGE

Ce sont les outils d'ajustement, ceux qui permettent la prise de décision… Nous présentons ici la pratique des réunions qualité et des revues de direction.

Les outils de résolution de problème sont à associer à ces outils de pilotage pour entrer dans l'action. Ils sont développés dans le chapitre 17.

OUTIL 1 : LA RÉUNION QUALITÉ

C'EST QUOI ?

Une séance de travail centrée sur les questions de qualité. On peut considérer qu'il s'agit d'un jalon dans l'avancement d'un plan d'action qualité.

À QUOI SERT-IL ?

Une réunion qualité aide le responsable qualité à faire des points sur l'avancement des plans d'action. À cette réunion sont conviés les responsables d'action.

Les réunions qualité sont complémentaires des comités de pilotage ou comités de direction qualité, qui ont pour objectifs de rendre des comptes aux « commanditaires », la direction, pour prendre les meilleures décisions.

COMMENT MENER UNE RÉUNION ?

Chaque responsable d'action présente l'avancement de son projet, les réussites et les difficultés éventuelles. Le plan d'action est complété par le constat de l'avancement du projet, et de l'atteinte ou non des objectifs.

Chaque pilote d'action présente son bilan :

- l'avancement du projet : ce qui a été fait ; ce qui reste à faire ; ce qui a pris du retard ;
- les faits marquants depuis la dernière réunion ;
- le bilan budgétaire ;
- les difficultés rencontrées ;
- la demande de ressources/actions complémentaires.

Après le constat de l'avancement du plan d'action, on identifie les actions à mener pour :

- rattraper un retard ;
- lever les difficultés ;
- ajuster si besoin le plan d'action ;

Conseils

Animez dynamiquement ces réunions qui doivent durer au maximum une heure trente.

Faites du compte rendu de cette réunion les « données d'entrée » pour le comité de pilotage.

OUTIL 2 : LA REVUE DE DIRECTION

C'EST QUOI ?

Une réunion annuelle, ou mieux, semestrielle, qui permet de faire auprès de la direction le bilan global de la démarche qualité et, plus largement, le constat concernant l'efficacité du système de management de la qualité.

En marge de cette réunion « ordinaire », une revue de direction qualité « extraordinaire » (comme les assemblées du même nom) a parfois lieu, par exemple pour le lancement d'un nouveau produit avec un enjeu commercial important, ou en cas d'incident clientèle majeur.

À QUOI SERT-IL ?

La revue de direction est un « jalon » important qui donne l'occasion d'évaluer avec la direction la pertinence du système qualité et, surtout, de prendre les décisions qui s'imposent.

Elle permet d'établir les besoins en ressources pour la période à venir en cohérence avec les objectifs fixés.

Elle remet en cause l'existant, et mobilise et engage le comité de direction.

La revue de direction est le lieu et le moment au cours duquel les managers de l'entreprise ont l'opportunité d'échanger leurs points de vue sur la qualité des produits et des prestations de leur organisation ou de leur société.

Au-delà des résultats, la revue de direction est utile pour valider le plan d'audits internes, le programme de formation à la qualité, le planning des revues de processus…

C'est aussi l'occasion de se poser la question du contexte interne (nouveaux produits, modifications d'organisation, changement de personnel) et du contexte externe (nouvelles attentes clients, évolution de la concurrence, nouvelle réglementation). Ce constat permet d'identifier en quoi cet environnement peut influer sur le système qualité, et remettre en cause la pertinence de la politique qualité et de la structure actuelle de l'organisation qualité.

La revue de direction donne aussi l'opportunité au responsable qualité de faire passer certains messages à la direction sur son rôle, son implication.

Enfin, elle sert aussi à préparer la communication institutionnelle destinée au personnel, en particulier lors de l'annonce des résultats annuels et des plans de progrès envisagés pour l'année à venir.

CE QU'IL CONTIENT

Un bilan. Une revue de direction type d'une heure trente à deux heures, ce sont : 20 minutes pour présenter les résultats, 20 minutes d'échanges sur ces résultats, et une heure de travaux sur les chantiers en cours ou sur un seul sujet ciblé.

Le responsable qualité présente au comité de direction des résultats en matière de :

- satisfaction client ;
- conformité produit ;
- processus et activités.

C'est aussi l'occasion de faire le point sur :

- les résultats des audits internes ;
- les actions correctives et préventives ;
- l'efficacité du plan d'action pour atteindre les objectifs fixés par la direction.

Chaque présentation est l'occasion d'une prise de décision.

LA LOGIQUE DE LA REVUE DE DIRECTION

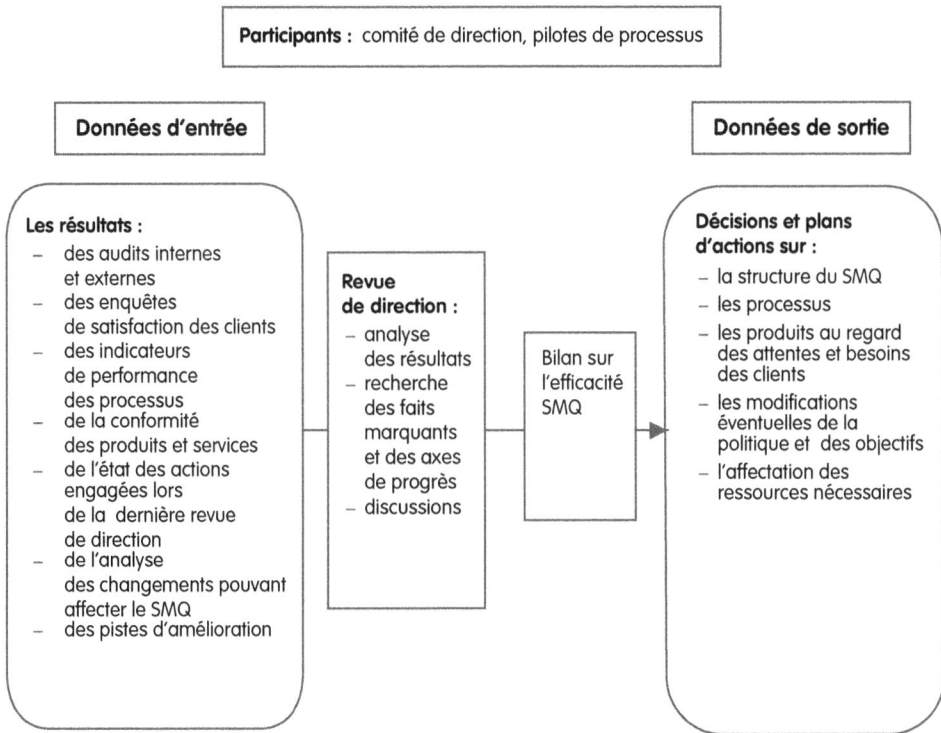

Participants : comité de direction, pilotes de processus

Données d'entrée

Données de sortie

Les résultats :
- des audits internes et externes
- des enquêtes de satisfaction des clients
- des indicateurs de performance des processus
- de la conformité des produits et services
- de l'état des actions engagées lors de la dernière revue de direction
- de l'analyse des changements pouvant affecter le SMQ
- des pistes d'amélioration

Revue de direction :
- analyse des résultats
- recherche des faits marquants et des axes de progrès
- discussions

Bilan sur l'efficacité SMQ

Décisions et plans d'actions sur :
- la structure du SMQ
- les processus
- les produits au regard des attentes et besoins des clients
- les modifications éventuelles de la politique et des objectifs
- l'affectation des ressources nécessaires

Figure 58

À QUOI FAUT-IL FAIRE ATTENTION ?

À ne pas limiter la réunion à un constat *a posteriori*. La revue de direction est un outil de pilotage pour agir sur les plans d'action en cours, donner des moyens nouveaux ou « corriger » si besoin la structure ou les décisions erronées.

À ne pas présenter une litanie de résultats et à manquer de temps pour échanger sur les « vrais sujets ». Le responsable qualité doit veiller à structurer son intervention, qu'il aura validée dans les grandes lignes avec son directeur général, de façon à susciter l'intérêt de ses collègues pour entendre leurs points de vue et, en conséquence, compter ses alliés et ses adversaires !

Conseils

Avant la revue :
- effectuez-en une préparation rigoureuse et structurée ;
- « prenez la température » avec deux managers amis pour encore mieux anticiper les réponses possibles et pouvoir argumenter de façon positive lors de la réunion.

Pendant la revue :
- soyez synthétique en vous appuyant sur votre préparation. Il s'agit de travailler sur ce qui est important, en ayant déjà analysé la situation, les causes et en présentant des propositions déjà élaborées ;
- rappelez en permanence qu'il s'agit de « notre qualité », « nos clients », « nos valeurs »…
- valorisez les réussites, expliquez les échecs, proposez des idées d'amélioration. Il s'agit de rendre la direction active et de l'engager à exprimer ses attentes vis-à-vis de la qualité en général ;
- n'hésitez pas à faire participer les membres de la revue.

Après la revue :
- rédigez-en la synthèse immédiatement « à chaud » et communiquez-la « dans la foulée ».

LES QUESTIONS LES PLUS FRÉQUENTES

Faut-il suivre à la lettre les exigences de la norme ISO 9001 pour organiser une revue de direction ? Non, surtout si on ne vise pas la certification, cependant les indications qu'elle donne sont intéressantes.

Doit-on faire des revues séparées et indépendantes (des comités de direction classiques) ? Non, elles peuvent en faire partie. L'avantage des revues de direction entièrement et uniquement dédiées à la qualité est l'effet de mobilisation.

Peut-on faire intervenir des clients dans une revue de direction ? Oui, OSEZ et vous en serez gratifié et récompensé. Ce sont les directeurs généraux qui sont toujours frileux !

Chapitre 16

Manager par les processus

Le management par les processus est un mode de management qui fait évoluer les organisations et les modèles d'entreprise.

Il s'agit ici de raisonner entreprise non plus cloisonnée par métiers mais de manière transversale, en regardant comment les métiers s'organisent pour travailler ensemble dans un objectif commun.

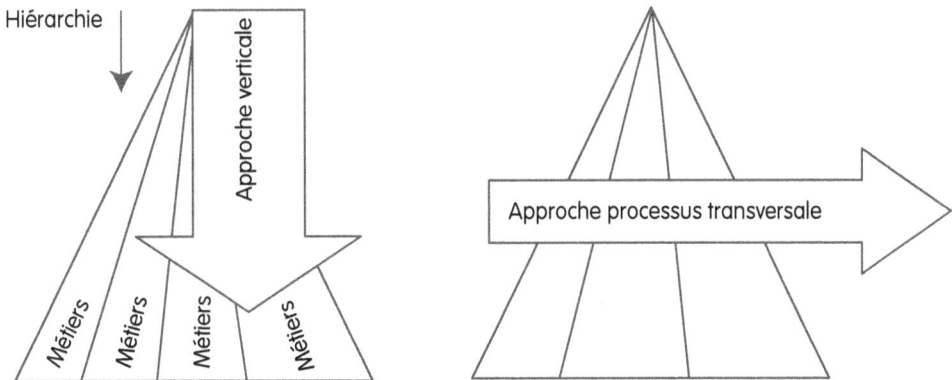

Figure 59 - D'un management à l'autre

Nous passons donc d'un management hiérarchique à un management transversal au sein duquel les managers pilotes de processus managent par influence, et font collaborer ensemble des départements et services différents.

Le pilote a en charge de décrire le processus, d'en assurer le bon fonctionnement et, surtout, de l'engager dans une logique de progrès continu.

Nous allons voir dans ce chapitre comment identifier les processus clés (au travers de la cartographie des processus), comment les décrire (fiche processus, procédure) et comment les piloter et les améliorer.

Au cœur de ce management par processus la Balance Score Card prend toute sa dimension.

OUTIL 1 : LA CARTOGRAPHIE DES PROCESSUS DE L'ENTREPRISE

C'EST QUOI ?

Il s'agit, comme son nom le laisse entendre, d'une représentation graphique qui met en évidence le fonctionnement de l'entreprise au travers de ses flux, beaucoup plus qu'au travers de son organisation. En quelque sorte, ce graphique est la meilleure synthèse, la meilleure photographie de son fonctionnement.

À QUOI SERT-IL ?

La cartographie a deux objectifs essentiels :

- dans la phase de construction, cette représentation permet, ou oblige selon le cas, le comité de direction à porter un regard objectif et d'ensemble sur le fonctionnement de l'entreprise ou de l'organisme en travaillant à la validation des macroprocessus : processus métier, processus support, processus de management. Chacun partage ainsi la même lecture de la « carte de l'entreprise ».

- auprès des collaborateurs, cette présentation simple en aide beaucoup à mieux se situer par rapport à leur propre contribution : de quel processus suis-je fortement contributeur ? Quel est l'impact de mon activité, de mon service, des autres services sur le résultat final du processus ?

CE QU'IL CONTIENT

Sur une page papier ou électronique, la cartographie montre les processus et leurs liaisons principales, autrement dit leur enchaînement dans une lecture de gauche à droite : à gauche, les données d'entrée, c'est-à-dire les attentes du client, et à droite, les données de sortie, toujours centrées sur la satisfaction du client. Ainsi nous représentons le parcours vers le client ou le marché visé !

À l'image de l'« écorché » du corps humain et à ses principaux flux internes, la cartographie répond aux questions : que met-on à l'entrée ? Qu'obtient-on à la sortie ? Quelles sont les grandes activités qui réalisent ces transformations ? Comment les métiers s'organisent-ils pour travailler ensemble au sein de ces grandes activités ?

Nous ne sommes plus dans la logique verticale de l'organigramme, mais dans une approche horizontale et transversale de l'entreprise.

COMMENT LE CONSTRUIRE ?

Les questions clés à se poser pour construire cette cartographie sont :

* que fournissons-nous et à qui ?
* quel est notre métier ?
* comment fournissons-nous notre produit ou nos prestations à nos clients ?
* de quoi avons-nous besoin pour faire bien notre métier ?
* comment animons-nous, gérons-nous notre entreprise ?

À QUOI FAUT-IL FAIRE ATTENTION ?

La « mise en carte » de l'organisation sous cette forme est très séduisante intellectuellement, et très utile pour raisonner et s'interroger sur la pertinence de son fonctionnement à un instant donné. Il est bon de veiller toutefois à l'expliquer avec une pédagogie très pratique aux collaborateurs de terrain qui n'y voient pas toujours un intérêt évident.

Lors de la construction, il est bon de limiter le nombre de processus dans la cartographie (12 à 15 est un objectif correct). En effet, une partie de l'intérêt de cette cartographie est dans sa simplicité ; la surcharger la rend illisible et en limite son usage.

Enfin, un comité de direction est « politique » par essence. Il arrive que certains de ses membres en biaisent la construction pour y voir figurer des processus mineurs. Attention à bien maîtriser le déroulement de cette séquence de construction.

Conseils

Lors de la construction de la cartographie, faites travailler le comité de direction avec un outil du type Métaplan (Post-it et support mural), pour positionner les processus, et permettre à ce comité de se mettre d'accord de manière dynamique : il s'agit de la cartographie de l'organisation, de l'entreprise, et non pas de celle du responsable qualité. L'équipe de direction s'approprie ainsi plus volontiers la construction choisie.

Stabilisez la cartographie dès la deuxième validation pour éviter d'en faire « un jouet » dans la cour du comité de direction ! Chacun voyant l'organisation avec son propre regard, il existe un risque de ne jamais parvenir à une présentation stable de la cartographie puisqu'il peut y avoir autant de représentations que de membres du comité.

Revisitez la cartographie qu'une fois par an, même en cas de changement d'organisation en cours de cycle. Laissez se stabiliser la nouvelle organisation avant d'entreprendre la mise à jour de la cartographie, les processus étant plus stables que l'organisation.

LES QUESTIONS LES PLUS FRÉQUENTES

Faut-il faire figurer toutes les interactions entre les processus sur la cartographie ? Non, le schéma doit rester lisible, il s'agit d'un document à large diffusion, et non d'un document réservé aux experts.

Existe-t-il une cartographie type ? Oui, toutes les organisations ont un dénominateur commun. Il suffit d'ôter du schéma standard, les processus absents au sein de sa propre organisation. Le schéma standard comprend tous les processus métiers possibles depuis la recherche et développement jusqu'à la mise à disposition du produit ou du service auprès du client. Il en est de même pour les processus support et de management. Il vaut mieux, malgré tout, reconstruire sa propre cartographie en partant de la feuille blanche, l'impact managérial est plus fort.

Comment valider la cartographie ? On peut utiliser 3 matrices qui permettent de valider la pertinence des processus identifiés. Il s'agit de réaliser trois tableaux à double entrée, avec toujours les processus et, selon les cas, en colonne de gauche : les fonctions, les attentes clients, la stratégie de l'entreprise.

• La première matrice « fonctions-processus » permet de s'assurer que chaque fonction de l'entreprise contribue au moins à un processus (on croise les fonctions et les processus, on met des croix aux intersections quand une fonction contribue au processus).

Processus / Fonctions	P1	P2	P3	P4	...
F1	X				
F2			X		
F3				X	
F4		X			
...					

- La deuxième matrice « attentes-processus » permet de vérifier que toutes les attentes clients sont bien prises en charge par les processus de l'entreprise, et qu'il n'existe pas de processus sans valeur ajoutée client.

- La troisième matrice « stratégie-processus » permet de vérifier que la stratégie trouve bien appui dans sa logique de déploiement auprès des processus. Cette dernière matrice permet de repérer les processus qui ont le plus d'impact sur la stratégie ; ils sont appelés « processus stratégiques ».

EXEMPLE DE CARTOGRAPHIE

CARTOGRAPHIE

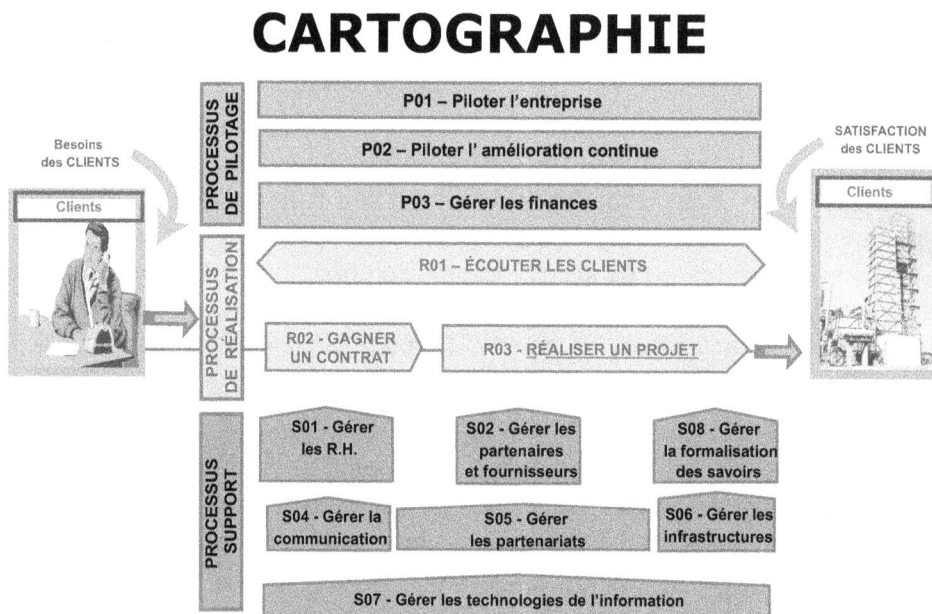

Figure 60

OUTIL 2 : LA FICHE PROCESSUS

C'EST QUOI ?

La cartographie des processus une fois validée par le comité de direction, chacun des processus est à décrire selon un schéma type, toujours avec la même idée de clarification et de recherche d'amélioration. Il s'agit d'analyser les étapes du processus, leur cohérence, leur complétude, de définir les indicateurs de mesure d'efficacité du processus.

À QUOI SERT-IL ?

La fiche processus s'avère particulièrement redoutable d'efficacité pour travailler en groupe ou « on line » afin de constater ensemble si un processus existe réellement, ou s'il faut le construire et si les étapes que l'on décrit sont bien toutes de la même importance. Pendant cette description, le pilote recherche les indicateurs d'efficacité globaux ainsi que les indicateurs de surveillance de certaines séquences clefs. Cette description permet une validation aisée. Ce sont les principaux acteurs de la réalisation du processus qui s'expriment et apportent leur contribution à sa construction.

CE QU'IL CONTIENT

Sur un format de page électronique ou papier, la fiche processus contient (voir schémas ci-dessous) :

- la finalité du processus ;
- les séquences du processus avec leurs données d'entrée et de sortie, les fournisseurs et les clients (que met-on à l'entrée ? qu'obtient-on à la sortie ? à qui délivrons-nous cette prestation ?). Pour chaque séquence, qui est l'acteur clef (au sens fonctionnel, par exemple le service logistique ou la comptabilité fournisseur…) et quel est le moyen principal utilisé (système d'information ou autre) ;

- les interactions avec les autres processus, ceux qui fournissent des données d'entrée (processus amont) et ceux qui utilisent les données de sortie (processus aval) ;
- les activités de surveillance qui permettent de s'assurer que le processus se déroule correctement (ces activités sont associées à des risques qualité identifiés) ;
- les indicateurs de performance associés à des objectifs mesurables. Il est possible de faire apparaître les interactions de ces processus avec d'autres, au moins les interactions principales ;
- le nom du pilote.

On peut également compléter la fiche de processus par les attentes des clients et les contraintes auxquelles doit se soumettre le processus (réglementation par exemple).

À QUOI FAUT-IL FAIRE ATTENTION ?

De la même manière que dans la construction de la cartographie, il faut veiller à ne pas encombrer, avec des détails, ce graphique qui a pour vocation d'être une « carte » ou un « plan » et non pas un document d'instruction précisant tout. Il s'agit d'un document managérial, pas d'un mode d'emploi.

L'« accouchement » doit être rapide ; trop de temps passé à peaufiner les détails n'apporte aucune valeur ajoutée réelle. La lassitude guette les participants les plus constructifs si plusieurs mois s'écoulent avant de figer le processus. Fixer des délais pour l'écriture et la validation, par exemple à dix semaines ou quatre mois.

Conseils

Veillez, avant de démarrer le travail, à expliquer ce qu'est un processus, en prenant l'exemple de la délivrance d'une pizza dans un restaurant (eh oui !), qui va inclure la prise de commande, la préparation, la cuisson, la mise à disposition, la facturation : qui fait quoi avec quoi ? Comment mesure-t-on l'efficacité ?

Utilisez, pour réaliser une construction dynamique et mémorisante, une grande feuille de papier collée sur un mur et des Post-it avec des noms de séquence, et laissez le mini groupe de travail s'affairer pour trouver la bonne représentation. Vous pouvez ensuite la compléter avec les acteurs, les moyens et les indicateurs.

LES QUESTIONS LES PLUS FRÉQUENTES

Quelle différence existe-t-il entre processus et procédure ? Le processus est fait pour réfléchir à partir d'une vue d'hélicoptère, et comprendre comment s'enchaînent les activités. Il aide aussi à piloter, manager, inciter, conduire une réflexion stratégique. Le processus est immatériel. La procédure, quant à elle, est un document opérationnel qui décrit une manière de faire (par exemple, la procédure de sélection des fournisseurs qui dit « ce qu'il faut faire » pour aboutir à leur sélection).

Quelle est une bonne fréquence pour revisiter un processus ? Une fois par an la revue de processus répond à cette question.

EXEMPLE DE FICHE D'IDENTITÉ DE PROCESSUS

CONCEVOIR ET METTRE À DISPOSITION L'OFFRE	
Rédigée le 18/06/01	par : M.F.
Approuvée le : 24/07/01	par : J.D.
Révision approuvée le : 30/10/02	par : J.D.
Pilote :	M. QUALIDIAS
Domaine du processus :	Toute l'offre de la société « QUALIPLUS »
Bénéficiaires :	Le client L'ensemble des équipes commerciales
Processus amont :	Déployer la stratégie
Processus aval :	Commercialiser, gagner des contrats, développer
Processus en interaction :	Tous les processus
Enjeux, finalités du processus :	Élaborer et communiquer une offre rentable, répondant aux attentes des clients. Livrer l'offre dans la base de données, pour la commercialiser
Contraintes :	Sans objet
Attentes clients :	• Le respect des délais • Une offre claire, adaptée • Une formulation des arguments et avantages concurrentiels
Indicateurs d'efficacité :	• % CA créations/CA total • respect du délai • % de fiches produit à jour dans la base de données

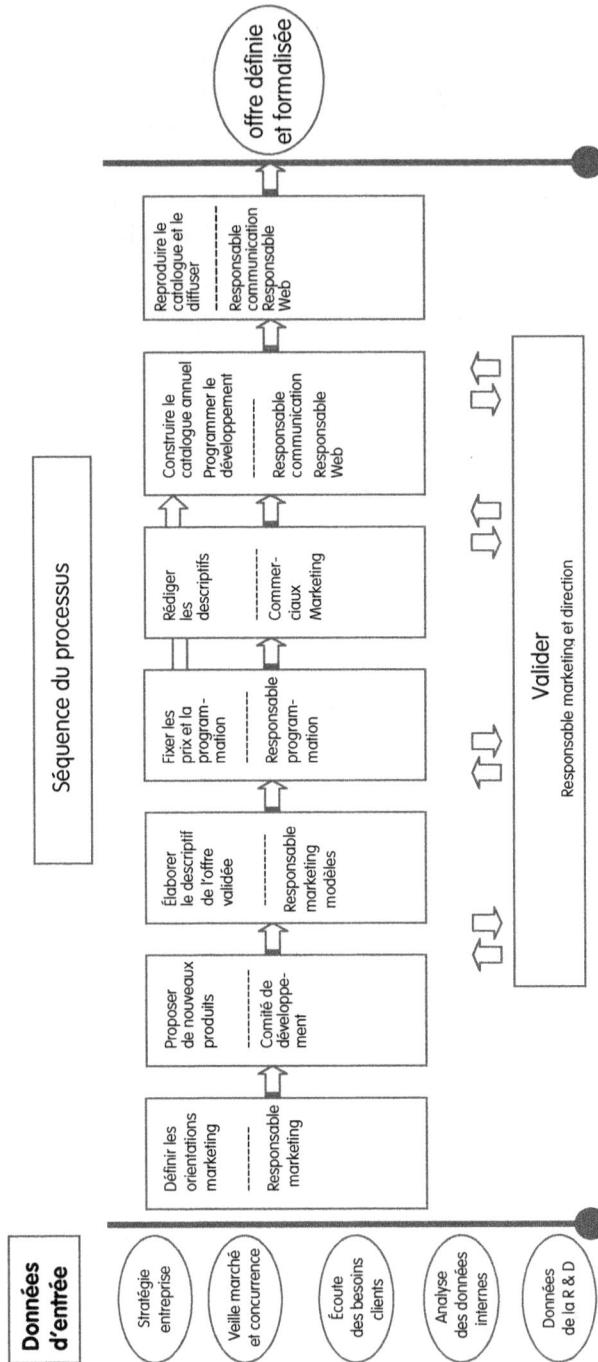

Séquence du processus

Données d'entrée

Définir les orientations marketing	Proposer de nouveaux produits	Élaborer le descriptif de l'offre validée	Fixer les prix et la program-mation	Rédiger les descriptifs	Construire le catalogue annuel Programmer le développement	Reproduire le catalogue et le diffuser
Responsable marketing	Comité de développe-ment	Responsable marketing modèles	Responsable program-mation	Commer-ciaux Marketing	Responsable communication Responsable Web	Responsable communication Responsable Web

Valider

Responsable marketing et direction

Stratégie entreprise

Veille marché et concurrence

Écoute des besoins clients

Analyse des données internes

Données de la R & D

offre définie et formalisée

Figure 61

OUTIL 3 : LA PROCÉDURE

C'EST QUOI ?

Rédiger une procédure consiste à « mettre noir sur blanc » une règle importante à respecter pour obtenir un résultat lui-même précis. Il s'agit donc de la description de l'enchaînement des tâches à accomplir, de l'indication du responsable de la réalisation de chacune de ces tâches et du moyen utilisé. Par exemple, la procédure d'atterrissage permet d'emmener un avion jusqu'à son aéroport de destination, en toute sécurité. C'est le pilote qui prend contact avec la tour de contrôle, ce sont les hôtesses qui vérifient que les ceintures sont attachées et les sièges relevés…

À QUOI SERT-IL ?

Dans la phase de rédaction et de validation, la mise à plat d'une règle importante correspondant à un besoin nouveau (par exemple, la procédure de traitement des déchets sur un site industriel) ou sa mise à jour est un moment de partage à valeur ajoutée pour l'organisation. On se met « en ligne » et en conformité, de manière théorique. Il reste ensuite à animer la mise en application.

La procédure rédigée sert à s'assurer que chacun sait ce qu'il a à faire et garantit également la répétitivité. En effet, le remplacement d'un acteur ne change pas le respect de la règle écrite, elle est la même pour chacun.

CE QU'IL CONTIENT

Le schéma page suivante est un exemple de procédure contenant les séquences à dérouler, qui doit exécuter les tâches, les décisions à prendre, les actions à mener, les documents à compléter éventuellement avec les traces à conserver. La procédure est également attribuée à un propriétaire qui en assure la mise à jour permanente. Avec d'autres acteurs, il est également amené à en garantir la bonne application.

À QUOI FAUT-IL FAIRE ATTENTION ?

Le risque le plus immédiat est de multiplier l'écriture des procédures au détriment de l'animation et du management de terrain, s'agissant des questions de qualité. Une bible de procédures ne se justifie que pour certaines activités (nucléaire, aéronautique…). Dans les métiers simples (B to C, service…), réserver les procédures aux zones à risque important.

Veiller à faire participer les acteurs principaux à la rédaction de manière dynamique et proactive. Une procédure corédigée est déjà à moitié appliquée.

Attention également aux procédures livresques, complexes, absconses.

Conseils

Utilisez comme pour la rédaction de la cartographie des processus ou celle d'une fiche processus Post-it et papier kraft pour créer une animation collective.

Ne craignez pas de « faire bouger les lignes » et de bousculer les uns et les autres pendant la rédaction. L'intérêt est aussi de confronter les points de vue et d'imaginer d'autres façons de dérouler les étapes.

Ne décrivez pas ce qui est fait mais qui sera fait en se mettant d'accord, dès le début, sur les résultats à atteindre, la finalité de la mise en œuvre de la procédure.

LES QUESTIONS LES PLUS FRÉQUENTES

Combien de procédures contient un système qualité ? Il est toujours difficile de répondre à cette question. Dans une architecture équilibrée, l'expérience conduit à constater que leur nombre oscille entre 12 et 40.

Vaut-il mieux une présentation graphique ? Oui, un graphique est toujours plus facile de lecture. Il y a plus de chances de voir cette procédure bien appliquée. Ceci dit certaines personnes ont du mal à lire un logigramme…

EXEMPLES DE PROCÉDURES

Procédure de maîtrise documentaire

	Identification : P 001
Procédure **Maîtrise des documents et des données**	Indice de révision : 1 Page : 1/3

1. Domaine d'application et objectifs de la procédure

Cette procédure s'applique systématiquement pour la rédaction, gestion, mise à jour et/ou archivage de l'ensemble des procédures et modes opératoires et autres documents clés du système documentaire de l'entreprise TOPPLUS.

L'application de cette procédure garantit :

- la maîtrise des documents mis en œuvre dans le cadre du système qualité,
- une homogénéité de forme des différentes familles de documents,
- la mise à disposition des documents auprès des acteurs concernés,
- la répétitivité des opérations, ainsi que l'évolutivité des documents.

2. Exigences de la procédure

2.1 *Organisation du système documentaire*

- Un logo de la société identifie les documents originaux sur chaque page.
  Toute photocopie de documents doit être faite de manière contrôlée.
- Les documents se trouvent sur l'intranet de l'entreprise – Partie QUALITÉ.
- Le système documentaire est organisé en pyramide selon 5 niveaux répartis comme suit :
  Manuel Qualité - Fiche processus - Procédure - Mode Opératoire - Enregistrement.

2.2 *Identification*

Une référence est attribuée à chaque document par le DQ.

Présente sur toutes les pages du document, elle comprend :

- **une ou plusieurs lettres** : **MQ** pour Manuel Qualité - **FP** pour Fiche Processus - **P** pour Procédure - **MO** pour Mode Opératoire - **EN** pour ENregistrement.
- **un numéro** (à partir de 001), attribué par famille de documents, sauf pour le MQ.

Vérificateur	Approbateur
Fonction : Ingénieur qualité Nom : Mme DALILA Signature :	Fonction : Directeur qualité Nom : M. HERODIAS Signature :

Date d'application :	Fichier :

	Identification : P 001
Procédure **Maîtrise des documents et des données**	Indice de révision : 1 Page : 2/3

2.3 *Création/Modification*

La création ou la modification d'un document a lieu : suite à un audit, par nécessité, ou à la demande de chaque personne de l'entreprise. La demande se fait verbalement ou *via* une fiche de liaison qualité. Le DQ consulte si besoin les personnes concernées par l'utilisation du document, et prend la décision.

Un indice de révision est attribué à chaque type de document : 0 pour la version expérimentale si nécessaire, 1 pour la première version, 2 pour la suivante. Les modifications sont repérées dans le document par une ligne verticale sur la marge gauche. Les versions périmées des documents conservés en cas de besoin sont identifiées par un tampon « PÉRIMÉ ».

2.4 *Structure des documents*

Les documents comportent :

* sur toutes les pages, un en-tête indiquant le logo la nature du document, le titre, l'identification, l'indice de révision, la page.
* sur la première page, un pied de page indiquant les fonctions, noms et signatures des vérificateur et approbateur, la date d'application (à partir de l'indice de révision 1) ainsi que la référence informatique du fichier.

2.5 *Rédaction*

Clarté, précision et compréhension par tous, sont des critères à respecter. Pour cela, utiliser au maximum le présent de l'indicatif et un langage simple et clair allant à l'essentiel.

2.6 *Vérification et approbation*

Chaque document (à partir de l'indice de révision 1) est vérifié et approuvé sur la première page (fonction, nom et signature).

* Le **vérificateur** s'assure de la pertinence du document (fond et forme).
* L'**approbateur** s'assure de la cohérence du document au sein du système qualité (forme) et en valide l'application.

Toutes les informations nécessaires à la révision et à l'approbation des documents sont à la disposition des fonctions désignées. Les documents modifiés sont revus et approuvés par les mêmes fonctions que celles qui les ont revus et approuvés à l'origine.

Vérificateur	Approbateur
Fonction : Ingénieur qualité Nom : Mme DALILA Signature :	Fonction : Directeur qualité Nom : M. HERODIAS Signature :
Date d'application :	**Fichier :**

	Identification : P 001		
	Indice de révision : 1		
	Page : 3/3		

Procédure
Maîtrise des documents et des données

Documents	Vérification	Approbation
Manuel Qualité	Directeur Qualité	Directeur Général
Fiche Procédure	Acteur du processus	Pilote
Procédure	Acteur opérationnel	Directeur Qualité ou manager
Modes opératoires	Acteur opérationnel	Manager

2.7 *Diffusion*

La diffusion est contrôlée sauf pour la gestion du MQ en externe.

Selon la nature des documents, les destinataires ou la localisation est définie par le DQ ou un manager opérationnel.

Tous les documents sont mis à disposition sur le site intranet.

2.8 *Archivage*

Un exemplaire de chaque version en vigueur est conservé par le DQ (bureau DQ).

Un exemplaire de toutes les versions antérieures à celle qui est en vigueur est identifié « PÉRIMÉ » et archivé par le DQ et/ou les managers responsables pendant 3 ans.

Vérificateur	Approbateur
Fonction : Ingénieur qualité	Fonction : Directeur qualité
Nom : Mme DALILA	Nom : M. HERODIAS
Signature :	Signature :

Date d'application :	Fichier :

Procédure sous forme de logigramme

Procédure d'intégration	Date application
Vérification	Validation
Domaine d'application : intégration des CDI dans notre établissement	
Exigences de la procédure	
Qui quoi comment	

> Le responsable RH ou manager accueille le nouvel arrivant.

> Le responsable RH vérifie le dossier individuel et logiciel RH :
> * remet le badge ;
> * remet de livret d'accueil ;
> * traite les aspects administratifs.

> L'assistante RH met à jour les infos système informatique, annuaire.

> Le manager :
> * présente le poste
> * présente les équipes
> * désigne un tuteur

> Le tuteur :
> * fait visiter l'entreprise dans les délais
> * planifie un point avec le service QSE
> * fait un point journalier/hebdomadaire *a minima* feuille EVAL

> Le manager :
> * fait un point hebdomadaire puis mensuel feuille EVAL
> * valide ou non l'intégration
> * établit le compte rendu de l'intégration

> Le responsable RH met à jour les documents.

FIN

OUTIL 4 : LA BALANCED SCORE CARD OU BSC

C'EST QUOI ?

Il s'agit d'un outil de pilotage stratégique, constitué d'un ensemble limité d'indicateurs (environ 15), à usage du comité de direction.

Cette batterie d'indicateurs est dite équilibrée, en ce sens qu'elle donne des informations utiles portant sur : les clients, les finances, le potentiel humain et la capacité d'apprentissage de l'entreprise, et les processus clefs.

L'idée centrale est bien de considérer l'ensemble des facteurs qui font « la valeur » de l'entreprise ou de l'organisation, aujourd'hui et demain. En réalité, le chiffre d'affaires et la marge ne constituent jamais un système d'information suffisant pour mesurer les performances actuelles et à venir d'une société.

À QUOI SERT-IL ?

Dans sa phase de construction, il sert au comité de direction à se mettre d'accord sur une vision partagée des indicateurs clefs de pilotage. Ce n'est pas une petite affaire !

Dans sa phase de déploiement, il permet de clarifier, avec les principaux managers, les objectifs de l'entreprise et générer de la cohésion.

Certains utilisent le terme d'alignement stratégique. Il est clair qu'un travail élaboré de l'équipe de direction autour d'une BSC, permet de mettre en place un management cohérent en termes de priorités et d'aligner les discours.

CE QU'IL CONTIENT

La BSC se présente comme un tableau de bord avec des indicateurs et des objectifs (voir exemple page suivante).

À QUOI FAUT-IL FAIRE ATTENTION ?

L'outil est séduisant, et parfois les directions en attendent trop ! Elles doivent le faire vivre, sinon la BSC demeure un tableau de bord inerte.

Dans la phase de construction, le piège est la recherche de la perfection en multipliant les séances pour trouver le système d'indicateurs idéal. Il faut trancher… et ce ne sera jamais parfait.

Dans la phase de déploiement, éviter de présenter l'outil comme miraculeux ; « Encore un nouveau gadget », diront vite certains. Tenir un discours sur la recherche d'une meilleure efficacité en se centrant sur « ce qui a du sens dans notre Entreprise aujourd'hui… »

Conseils

Pendant la construction, vérifiez la complémentarité des indicateurs retenus et leur relation de causalité pour prendre des décisions intelligentes. Par exemple, les ventes de produits haut de gamme explosent (+150 %) mais la qualité n'est pas au niveau attendu (+15 % de retours), et le processus d'intégration des nouveaux embauchés est « sinistré » (- 40 % de suivi des formations métier et qualité). Vers quoi se dirige-t-on ? Quels sont les effets attendus ? Que faut-il décider ?

Initiez la réflexion par une question simple, proposée au comité de direction (« en live » ou en ligne) : Qu'est-ce qui fait la valeur de notre société ou de notre organisation aujourd'hui ? Cela permet de « disperser les points de vue », pour mieux les rassembler lors de la construction de la BSC.

Attendez quelques semaines ou quelques mois en ayant une BSC renseignée pour commencer le déploiement auprès de l'ensemble de l'entreprise. La méthode de travail jouit ainsi d'un crédit plus assuré.

LES QUESTIONS LES PLUS FRÉQUENTES

Certains le désignant par l'appellation « Tableau de bord prospectif », une question fréquente est : *Doit-on y trouver des indicateurs de résultats ou de pilotage ?* Équilibrer est le mot clef : 50 % de résultats et 50 % de pilotage.

Quels indicateurs choisir ? Des indicateurs cohérents avec la stratégie de l'entreprise : ceux qui permettent à la fois de mesurer la performance financière de l'entreprise mais aussi la perception des clients, ceux qui permettent de savoir si les processus stratégiques atteignent les résultats visés et enfin ceux RH qui vous aident à mesurer la performance sociale.

Conserve-t-on les autres tableaux de bord, ou faut-il les détruire ! On les conserve.

Faut-il un équilibre parfait ? Non, on peut même introduire d'autres rubriques, par exemple avec l'émergence des questions environnementales et de développement durable, on peut imaginer une cinquième rubrique portant sur ces thèmes avec des indicateurs donnant la contribution de l'entreprise à la sauvegarde des valeurs de conservation du patrimoine de l'humanité.

EXEMPLE DE BSC

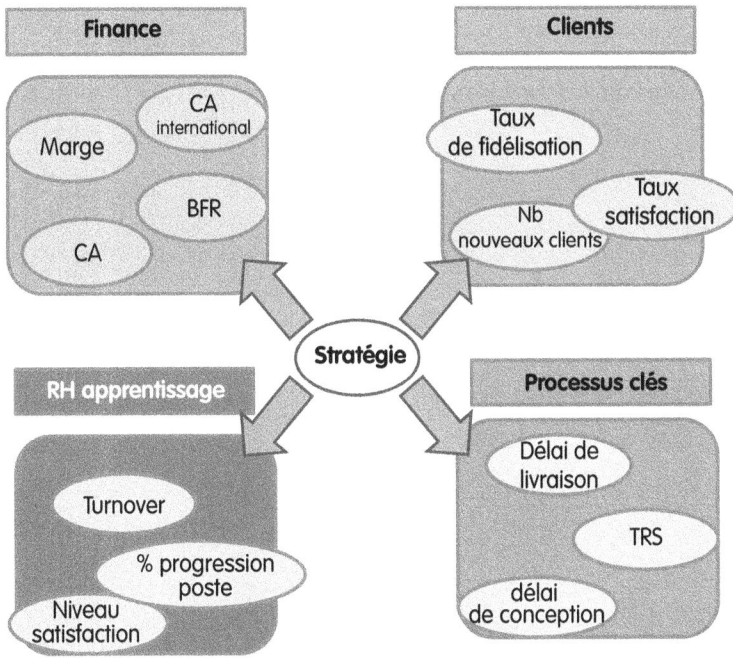

TRS : taux de rendement synthétique des machines.

BFR : besoin en fonds de roulement.

Figure 62

Chapitre 17

Résoudre un problème

La résolution de problème est un des piliers de la démarche d'amélioration continue. Supprimer un à un les problèmes qui nuisent à la satisfaction des clients et au moral du personnel fait, en effet, partie intégrante de la mission du responsable qualité.

Beaucoup d'entreprises sont dans la phase d'ignorance et énoncent fièrement : « Nous n'avons pas de problèmes qualité, nos clients sont satisfaits et notre process est efficace. »

Lorsque l'entreprise accepte de faire un bilan qualité objectif et de lister les dysfonctionnements auxquels sont confrontés les clients et le personnel, le responsable qualité peut alors aider chacun à résoudre un à un les problèmes majeurs et répétitifs ; ils pèsent à la fois sur la compétitivité et la rentabilité de l'entreprise et sur le moral des collaborateurs.

Il existe de nombreuses méthodes de résolution de problèmes, souvent différentes selon les sociétés. Elles sont toutes fondées sur le même principe. Une fois le problème défini, il s'agit de trouver les causes qui en sont à l'origine avant de choisir les solutions adaptées.

Nous vous proposons ici la méthode qui s'appuie sur 8 étapes incontournables et logiques :

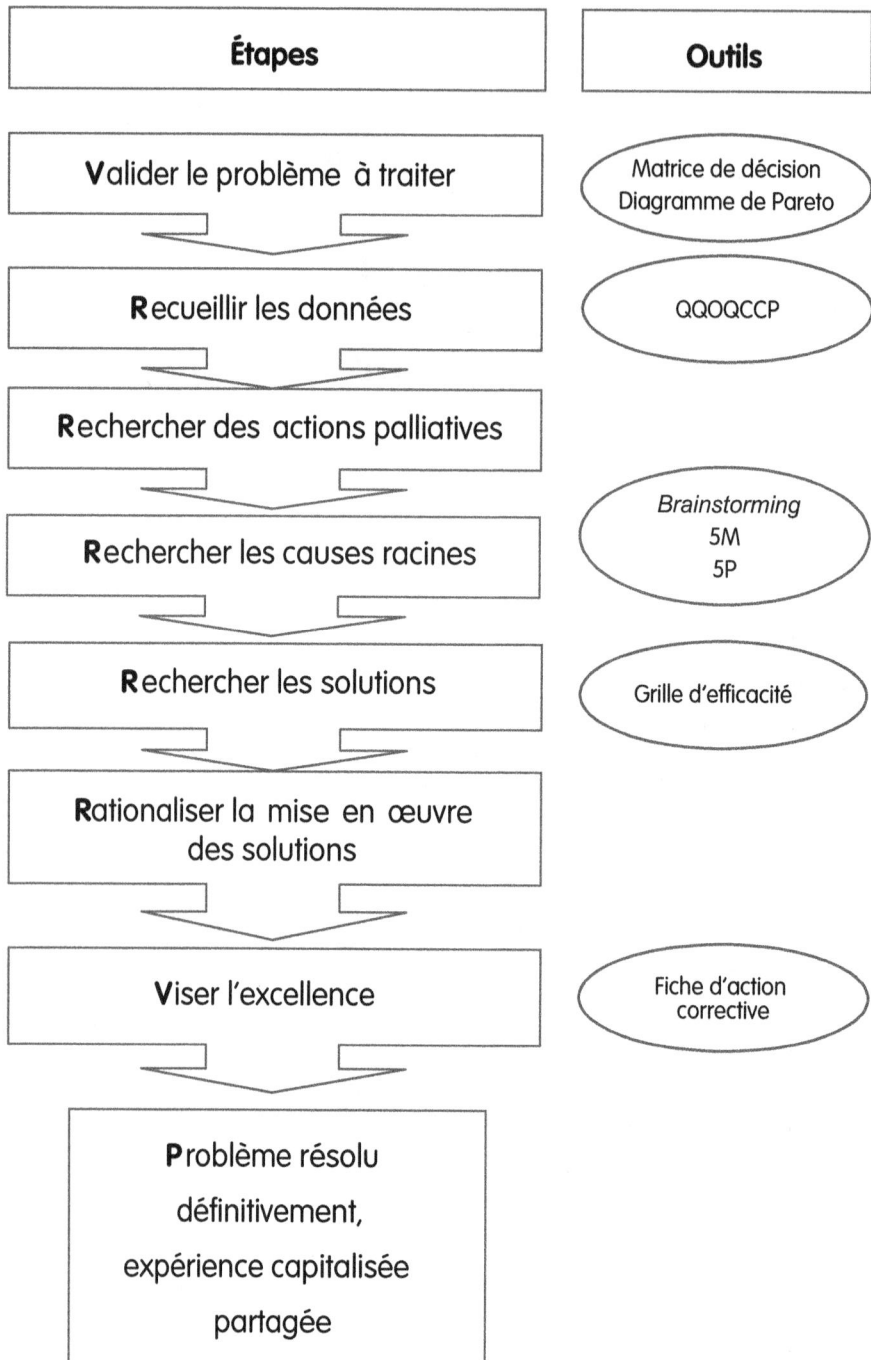

Étapes	Outils

Valider le problème à traiter — Matrice de décision / Diagramme de Pareto

Recueillir les données — QQOQCCP

Rechercher des actions palliatives

Rechercher les causes racines — *Brainstorming* / 5M / 5P

Rechercher les solutions — Grille d'efficacité

Rationaliser la mise en œuvre des solutions

Viser l'excellence — Fiche d'action corrective

Problème résolu définitivement, expérience capitalisée partagée

Figure 63

Ces étapes s'inscrivent dans un parcours incluant l'analyse des symptômes, la recherche de solutions immédiates, la recherche des causes racines puis des solutions.

La résolution de problème se fait en groupe. Le travail en groupe a de nombreux avantages :

- la confrontation d'idées, de points de vue complémentaires, le partage d'expérience, y compris l'apport des idées de « Candide » ;
- la participation et la mise en œuvre du point de vue de personnes de fonctions et de métiers différents ;
- la responsabilisation des acteurs du groupe, leur implication dans la prise de décision.

La mise en place d'un groupe de travail suppose d'accepter de prendre le temps du traitement et nécessite la mise à disposition d'un animateur compétent, capable de gérer efficacement un groupe.

L'animateur aide le groupe à produire des idées à l'aide d'outils et de méthodes adaptés, gère le flux d'informations fournies et encourage la participation de chacun.

Le choix des participants est naturellement primordial. Ils doivent :

- être concernés par le problème ;
- avoir accepté cette mission, être motivés ;
- avoir reçu le « feu vert » de leur hiérarchie pour cette mission ;
- être choisis pour leur compétence ou leur regard de Candide ;
- accepter les règles du jeu du groupe (participation, innovation, créativité, respect des autres, écoute).

Pour être pleinement efficace, le groupe doit partager « une charte de fonctionnement » qui instaure un climat de confiance et de respect ;

Certains des outils utilisés dans la résolution de problème ont déjà été abordés dans cet ouvrage. Nous examinons ici les outils spécifiques de la résolution de problème :

- la matrice de décision et le Pareto pour valider le problème à traiter ;
- le QQOQCCP pour recueillir les données ;
- le brainstorming, les 5M et les 5 P pour rechercher les causes racines ;
- la grille d'efficacité pour rechercher les solutions ;
- la fiche d'action corrective pour viser l'excellence.

ÉTAPE 1 :
VALIDER LE PROBLÈME À TRAITER

Valider le problème est la première étape de la méthode, il s'agit de s'assurer de la réalité du problème. L'entreprise ne peut résoudre tous les problèmes auxquels elle est confrontée au quotidien ; le responsable qualité veille à sélectionner les problèmes majeurs qui mettent en cause la qualité des produits et prestations fournis.

Deux outils sont très utiles à cette étape :

- la matrice de décision ;
- le Pareto.

OUTIL 1 : LA MATRICE DE DÉCISION

C'EST QUOI ?

Une matrice simple qui permet de valider que le problème identifié a toutes les raisons d'être traité.

À QUOI SERT-IL ?

À résoudre deux ou trois problèmes majeurs plutôt que de disperser son énergie sur beaucoup de problèmes mineurs.

À QUOI FAUT-IL FAIRE ATTENTION ?

Au choix des critères qui impactent la décision. On peut décider par exemple de ne traiter que les problèmes qui :

- affectent le client ou perturbent fortement le fonctionnement de l'entreprise ;
- sont répétitifs ;
- ne nécessitent pas de ressources conséquentes ;
- sont cohérents avec les orientations de la politique qualité.

Vérifier au préalable que le problème n'est pas déjà traité ailleurs au sein de l'entreprise ou du groupe.

COMMENT CONSTRUIRE LA MATRICE ?

Tout simplement en notant dans la colonne de gauche les critères choisis. On passe ensuite au crible chaque problème identifié pour vérifier s'il répond ou non à tous les critères.

Conseil

Au début de la démarche, pour créer une dynamique, choisissez un problème facile à traiter et motivant pour les participants.

EXEMPLE

Critères	Problème possible 1 : erreurs de ventilation du courrier interne	Problème possible 2 : erreurs d'expédition
Affecte le client ou perturbe fortement le fonctionnement interne	non	oui
Peut être traité en moins de six mois	oui	oui
Nécessite un groupe de travail transversal	non	oui

Le problème 2 répond aux trois critères de décision, il est donc choisi en priorité.

OUTIL 2 : LE DIAGRAMME DE PARETO

C'EST QUOI ?

Un histogramme qui permet de visualiser et analyser des données recueillies. Le diagramme montre la fréquence d'événements en pourcentage et par ordre décroissant.

À QUOI SERT-IL ?

Il aide à identifier où doit être portée l'action prioritaire qui assure la plus grande possibilité d'amélioration. Le diagramme aide, en effet, à visualiser l'importance relative de problèmes dans un format simple, et facile à interpréter.

Il se fonde sur la loi de Pareto : 20 % de facteurs causent 80 % des problèmes.

COMMENT LE CONSTRUIRE ?

Recueillir les données sur une période donnée représentative de la situation.

Classer les données en fonction des facteurs les plus fréquemment constatés.

Calculer pour chacun des facteurs le pourcentage qu'il représente.

Classer les facteurs par ordre décroissant.

Mettre ces informations sous forme d'histogramme, en y ajoutant une courbe des fréquences cumulées.

Interpréter les résultats : sélectionner les barres de l'histogramme les plus hautes qui correspondent aux facteurs les plus contributeurs du phénomène observé.

Conseils

N'hésitez surtout pas à changer le critère de mesure (les mêmes facteurs sont utilisés mais le paramètre de la mesure change : du nombre d'incidents on peut ainsi passer au coût des incidents...).

Parfois, pour préciser encore le problème, procédez à la décomposition de la rubrique la plus importante en sous-éléments (décomposition en causes principales par exemple quand elles ont été identifiées).

Réalisez un Pareto avant et après la résolution de problème pour visualiser les progrès réalisés. On travaille alors sur les quantités et non les pourcentages.

EXEMPLE DE PARETO

Pareto des fréquences d'incidents selon le type de produit

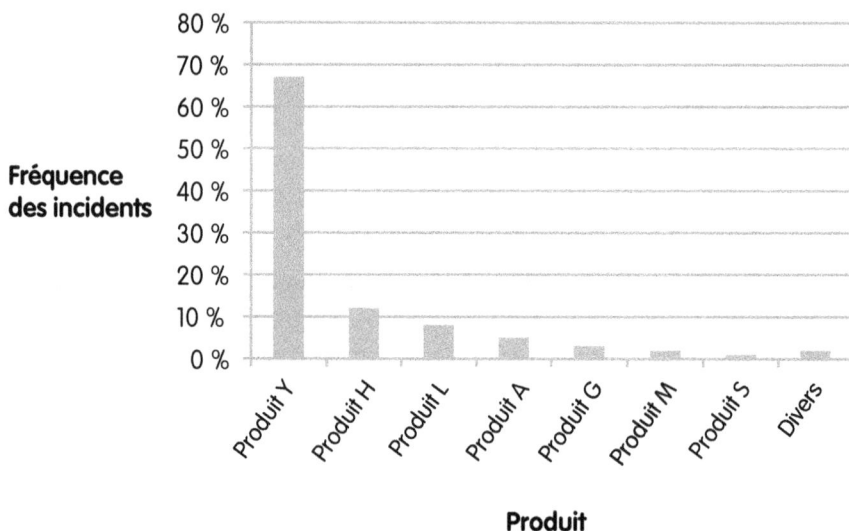

Figure 64

Le Pareto incite à travailler prioritairement sur le produit Y.

Pareto des coûts de non-qualité sur le produit Y.

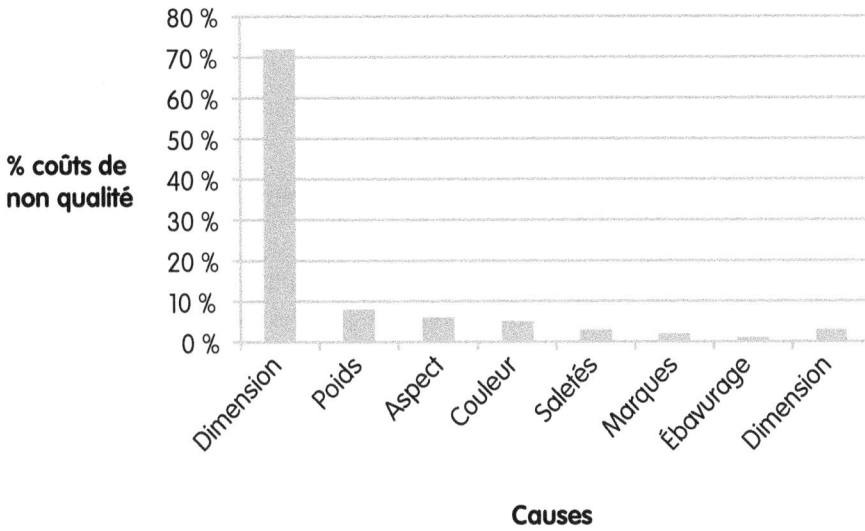

Figure 65

Le problème prioritaire est donc la dimension du produit Y.

ÉTAPE 2 :
RECUEILLIR LES DONNÉES

Le problème étant identifié et validé, il reste à le résoudre. Avant de s'attaquer aux causes, le groupe de travail doit établir les faits.

Il s'agit donc à cette étape de formuler le plus factuellement et fidèlement possible les caractéristiques du problème choisi en répondant à la question : de quoi s'agit-il ?

L'outil clé à ce stade est le QQOQCCP.

OUTIL 3 : LE QQOQCCP

C'EST QUOI ?

Une grille de questions qui permet de décrire précisément le problème.

À QUOI SERT-IL ?

Cet outil permet de déterminer et de recueillir toutes les données nécessaires pour comprendre et analyser le problème.

Il oblige à se poser un certain nombre de questions et surtout d'y répondre avant de s'attaquer à la recherche des causes.

CE QU'IL CONTIENT

7 questions clés : Qui ? Quoi ? Où ? Quand ? Comment ? Combien ? Pour quoi ?

Et plus précisément :

- Qui est concerné ?
- Quoi ? Quel est exactement le problème ?
- Où cela se passe-t-il ? Où sur le produit/Où géographiquement ?
- Quand cela se passe-t-il ? Depuis quand ?
- Comment ? Comment se manifeste le problème ? Comment est réalisée l'activité qui pose un problème ?
- Combien ? Combien cela coûte-t-il ? Combien de fois est-ce arrivé ?
- Pour quoi ? Quel est l'objectif que l'on se fixe ?

La liste des questions n'est pas exhaustive. Ce qui est intéressant c'est précisément de travailler en plusieurs phases :

- à partir du QQOQCCP, d'abord lister dans le groupe de travail toutes les questions auxquelles il serait judicieux d'avoir une réponse ;
- le groupe recense ensuite les réponses disponibles ;

• enfin, des volontaires vont rechercher les données manquantes pour la prochaine réunion de travail en groupe.

EXEMPLE DE QQOQCCP

Problème de dimensions du produit Y	
Qui ? • Qui est concerné ? • Qui le détecte ? • Qui est affecté ?	• les opérateurs de l'atelier 3 • les opérateurs et parfois les contrôleurs • les clients (retard livraison, réclamations), le personnel de production
Quoi ? Quel est le problème ?	• la cote TY est trop grande : entre 00,1 et 0,03 mm de trop • problème de dimension
Où cela se passe-t-il ?	• atelier 3 • poste 6 • sur la cote TY
Quand ? Depuis quand ?	• la fréquence est aléatoire dans la semaine et dans la journée • ce problème est apparu depuis janvier
Comment ? Quel est le process qui aboutit à la cote TY ?	• la machine OP • les consignes de réglages réf. TY 03 • les consignes de contrôles réf. TY 09 • le process de découpe
Combien ?	• coûts de non-qualité : 3 000 euros sur 3 mois • 20 % des produits environ sont touchés
Pour quoi ? Quel est l'objectif visé ?	• 0 euro de non-qualité • 100 % des produits conformes dans 3 mois

ÉTAPE 3 :
RECHERCHER LES ACTIONS PALLIATIVES

Cette troisième étape est celle de l'urgence.

Le problème étant posé, et avant de s'attaquer aux causes puis de le résoudre définitivement, il est impératif de valider les actions palliatives temporaires. Elles permettent de « vivre » avec le problème en attendant la mise en place des solutions définitives.

Ces mesures doivent être approuvées, connues et partagées.

Exemples de mesures palliatives :

- renforcer le contrôle ;
- appliquer la procédure d'urgence ;
- faire appel aux confrères ;
- informer immédiatement l'ensemble des clients.

ÉTAPE 4 :
RECHERCHER LES CAUSES RACINES

Lorsque le groupe dispose de toutes les données nécessaires et que le problème est clairement posé, il peut démarrer méthodiquement la recherche de causes en utilisant les outils suivants :

- un brainstorming pour faire émerger toutes les causes possibles ;
- un diagramme des 5M pour classer les causes possibles ;
- un 5 pourquoi (5P) pour remonter à la ou les cause(s) racine(s) à partir de ou des cause(s) validée(s).

La recherche des causes consiste à élaborer des théories sur les événements qui conduisent à l'apparition du problème. Les outils vont permettre de faire émerger toutes les possibilités et d'en vérifier pour certaines, la pertinence.

Beaucoup des meilleures idées proviennent des opérateurs. Ce sont eux qui sont confrontés tous les jours, sur le terrain, aux problèmes d'exécution ou de relation avec le client.

OUTIL 4 : LE BRAINSTORMING

C'EST QUOI ?

Une méthode d'animation fondée sur la créativité en groupe. Le principe étant qu'un individu a plus d'imagination et produit plus d'idées en groupe que tout seul.

À QUOI SERT-IL ?

Il s'agit de faire émerger un maximum d'idées, des idées nouvelles ou non, de théories associées à l'apparition du problème. Cela évite de travailler sur la recherche de causes en s'appuyant sur des convictions, des *a priori*, des idées reçues…

À QUOI FAUT-IL FAIRE ATTENTION ?

À appliquer les règles qui conditionnent la réussite du brainstorming :
- à ne pas se censurer ;
- à démarrer par des exercices de déconditionnement ;
- à ne pas critiquer ni commenter les idées ;
- à piller, à rebondir sur les idées des autres ;
- à noter tout.

Le brainstorming induit d'accepter de « délirer » sans crainte d'être jugé. Chaque membre du groupe se laisse peu à peu convaincre par la puissance de l'outil et se libère.

COMMENT LE METTRE EN ŒUVRE ?

Poser la question de départ et l'écrire sur un tableau sous forme de recherche de causes : « Pourquoi les cotes TY sont-elles trop grandes 2 fois sur 10… ? »

Dans un brainstorming structuré, chacun donne à tour de rôle ses idées (mais cela peut brider la créativité) alors que tous les membres de l'équipe font part de leurs idées au fur et à mesure qu'elles viennent à l'esprit dans un brainstorming libre.

L'animateur note de manière visible tout au fur et à mesure sans poser de questions, sans abréviation ni interprétation.

Quand la production d'idées retombe un peu, l'animateur ne doit pas hésiter à formuler des idées décalées pour « relancer » le groupe.

À la fin du brainstorming, il est possible de supprimer les idées loufoques après en avoir vérifié le caractère irréaliste.

Toutes les causes possibles rassemblées sont présentées sous forme de graphique : le diagramme des 5M ou en arête de poisson.

OUTIL 5 : LE DIAGRAMME DES 5M OU EN ARÊTE DE POISSON

C'EST QUOI ?

C'est une représentation graphique qui aide à classer toutes les causes possibles recueillies lors du brainstorming en 5 familles : Main-d'œuvre, Méthode, Milieu, Matières premières, Moyens.

Il est appelé aussi diagramme d'Ishikawa, du nom de son auteur, diagramme cause-effet, ou encore diagramme en arête de poisson.

À QUOI SERT-IL ?

À visualiser toutes les causes possibles à l'origine d'un problème donné. Il met en forme les résultats du brainstorming.

À QUOI FAUT-IL FAIRE ATTENTION ?

Au choix des familles ; classiquement, les 5 familles sont celles citées ci-dessus. Il est possible d'adapter cette classification pour qu'elle soit plus compréhensible par le groupe. Il ne faut toutefois pas perdre de vue cette logique de base.

Dans une société de services, on utilise volontiers la famille « O » pour Organisation, « I » pour Informatique, « RH » pour Ressources Humaines.

Dans l'industrie, on peut compléter les 5M par la Mesure, la Métrologie, la Maintenance spécifique de ce domaine.

Dans les deux cas, il est judicieux d'ajouter aussi la notion de Management.

Certaines causes peuvent être attribuées à plusieurs familles.

COMMENT LE CONSTRUIRE ?

Récupérer les données du brainstorming.

Valider les rubriques.

Affecter une à une les idées par famille. Il est parfois possible de regrouper des sous-familles.

Une fois le diagramme terminé, le groupe doit s'engager sur le choix des causes ou des théories à tester.

Pour le faire, il peut utiliser le vote. Chacun attribue 6 points : 3 pour la cause qui lui semble la plus évidente, 2 pour la suivante, 1 pour la troisième. Ce vote peut être réalisé sur une cause ou une sous-famille de causes.

Après le vote, la validation des causes probables se fait à partir de tests terrain en production, d'analyses complémentaires de données antérieures, d'essais.

L'intérêt du diagramme est de vérifier qu'aucune piste n'a été oubliée dans la recherche de causes. Par exemple, si aucune cause n'a été émise sur la dimension humaine, rubrique « Main-d'œuvre », il peut être judicieux de relancer le brainstorming.

EXEMPLE DE DIAGRAMME 5M

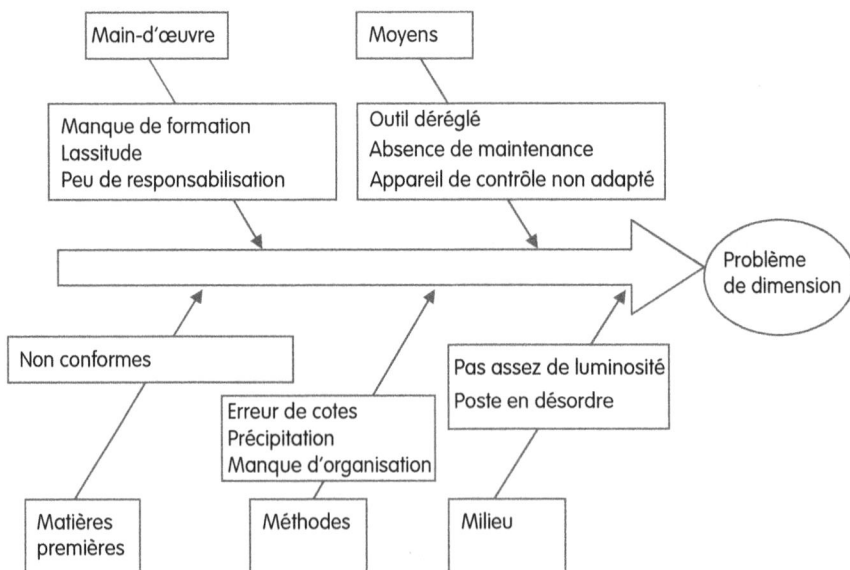

Figure 66

OUTIL 6 : LES 5P

C'EST QUOI ?

Il s'agit d'une méthode de questionnement pour rechercher les causes racines d'un problème.

La méthode des 5P ou 5 Pourquoi est aussi appelée 5W ou 5 Why's en anglais.

COMMENT LE METTRE EN ŒUVRE ?

De manière simple : une fois la cause probable validée, le groupe de travail s'efforce de remonter aux causes racines pour s'assurer que le problème est éradiqué de manière définitive.

Ce sont souvent les causes organisationnelles qui sont les causes racines des problèmes.

La démarche consiste à se poser 5 fois la question « Pourquoi cette cause est-elle apparue ? » de manière itérative. La réponse à une question « pourquoi » devient alors l'énoncé de la question suivante.

Souvent, les causes racines apparaissent après deux ou trois pourquoi.

À QUOI FAUT-IL FAIRE ATTENTION ?

À prendre du temps ! Souvent, les 5 P sont faits trop vite, sans prendre le temps de vérifier chaque niveau de cause. Ces niveaux sont à formuler avec précision.

EXEMPLE DE 5P

Le produit est non conforme. Pourquoi ? ⇒ parce que la machine est déréglée. Pourquoi ? ⇒ parce que l'opérateur n'est pas suffisamment formé. Pourquoi ? ⇒ parce qu'il n'y a pas de procédure d'intégration formelle.

Quatre pourquoi ont suffi dans ce cas pour remonter à l'origine du problème.

ÉTAPE 5 :
RECHERCHER LES SOLUTIONS

Une fois les causes racines identifiées, le groupe se fixe la mission de trouver les solutions pour éradiquer définitivement le problème.

Les solutions sont sélectionnées à l'aide d'une grille de décision puis validées par le service le plus compétent, ou par un comité de direction.

On peut utiliser à cette étape la matrice de décision vue précédemment ou la grille d'efficacité.

OUTIL 7 : LA GRILLE D'EFFICACITÉ

C'EST QUOI ?

Il s'agit d'un graphique qui permet de comparer entre elles les solutions possibles. On examine à la fois leur efficacité et leurs coûts.

COMMENT LE METTRE EN ŒUVRE ?

De manière simple : on crée un graphique dont l'abscisse est le coût de la solution et l'ordonnée la mesure d'efficacité.

Chaque solution est ainsi positionnée sur ce graphique. On choisit la solution qui a le meilleur rapport coûts/efficacité.

À QUOI FAUT-IL FAIRE ATTENTION ?

À bien clarifier la manière d'évaluer les deux critères. Par exemple :

Mesure	Coûts	Efficacité
+++	– de 10 000 euros	Permet de dépasser l'objectif fixé
++	De 10 000 à 20 000 euros	Permet d'atteindre l'objectif fixé
+	De 20 000 à 30 000 euros	Permet d'améliorer les résultats sans atteindre l'objectif fixé
–	Plus de 30 000 euros	Ne permet qu'une amélioration minime

EXEMPLE DE GRILLE D'EFFICACITÉ POUR COMPARER TROIS SOLUTIONS POSSIBLES

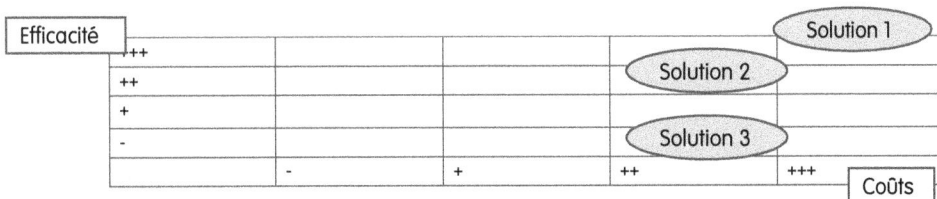

Figure 67

ÉTAPE 6 :
RATIONALISER LA MISE EN ŒUVRE
DES SOLUTIONS

La ou les solutions étant choisies et validées, il faut en préparer la mise en œuvre à l'aide d'un plan d'action formalisé.

Cette avant-dernière étape est celle de la mesure et du contrôle des résultats. Elle s'opère en deux temps :

- « à chaud », tout de suite après la mise en œuvre des solutions pour constater la disparition du problème.
- « à froid », après 3 à 4 mois pour s'assurer que le problème n'est pas réapparu.

Les outils clés sont ici les indicateurs (se reporter au chapitre 15, les outils d'évaluation et de suivi).

ÉTAPE 7 :
VISER L'EXCELLENCE

La dernière étape est celle de la clôture du dossier et du retour d'expérience. Il s'agit de :

- s'assurer que le dossier de travail est complet et peut être archivé ;
- faire le bilan sur le fonctionnement du groupe de travail, sur ce qui a bien fonctionné et ce qui pourrait être amélioré, l'utilisation des outils…
- se poser la question sur la généralisation éventuelle des actions engagées dans d'autres sites, d'autres services en prévention ;
- mettre en œuvre des actions préventives en travaillant sur des causes possibles qui ne se sont pas révélées réelles, mais qui pourraient le devenir ;
- s'assurer que les actions correctives mises en œuvre ne nécessitent pas des actions complémentaires : évolution de la documentation, ou du système d'information, formation.

OUTIL 8 : LA FICHE D'ACTION CORRECTIVE

C'EST QUOI ?

La fiche d'action corrective est le document qui permet de garder en mémoire l'essentiel des données, de démontrer comment l'entreprise a mis en œuvre une méthode de résolution de problème de façon méthodique (formulation du problème, définition de l'objectif, recherche de causes racines, mise en place d'actions correctrices, mesure et suivi de l'efficacité dans le temps).

EXEMPLE DE FICHE D'ACTION CORRECTIVE

Problème (QQOQCCP)
(Mettre en annexe les données complémentaires)
Groupe de travail Objectif visé :   Situation initiale :
Pourquoi ce problème doit être traité en priorité ?
Y a-t-il des actions palliatives à mettre en œuvre d'urgence ?
Cause(s) retenue(s) : (mettre Ishikawa en annexe)
Causes primaires ou racines :

Actions correctives décidées (plan d'action)

Validation
À chaud le :
Résultats :

À froid le :
Résultats

Actions complémentaires à mener :

REX sur le groupe de travail :

Chapitre 18

Réussir sa certification

Une voie possible pour engager une démarche qualité est l'obtention de la certification ISO 9001. En effet, pour atteindre cet objectif, le comité de direction et le responsable qualité sont amenés à aller de l'avant sur les thèmes importants qui définissent une politique qualité : la fixation d'objectifs, la participation de l'ensemble du personnel à la démarche, l'écriture et la mise en œuvre de règles de travail, le traitement des incidents et l'écoute des clients. Il s'agit donc de construire un planning de certification, de se familiariser avec les exigences de la norme et d'écouter quelques conseils.

OUTIL 1 : LE PLANNING DE CERTIFICATION

C'EST QUOI ?

Il s'agit du planning présentant, sur quelques semaines ou quelques mois, les jalons et les étapes à franchir pour aboutir à une certification réussie. Cet outil très simple et visuel est à afficher dans la salle de réunions de l'équipe qualité, et mis à disposition de cette même équipe, en ligne.

À QUOI SERT-IL ?

Le planning de certification est destiné à mettre en permanence les collaborateurs de l'équipe qualité sous tension positive, pour ne négliger aucune des étapes de la préparation de l'audit officiel. Il est vrai qu'une certification du type ISO 9001 est, de nos jours, bien maîtrisée par la plupart des organisations qui s'y préparent.

Le respect des principaux moments forts permet au manager et aux collaborateurs qui découvrent cet exercice, d'acquérir les bonnes habitudes de ce type de démarche : comment se préparer ? Comment préparer les secteurs qui seront audités ? Quelle communication faire en interne ? Quand et comment contacter l'organisme certificateur ? Quand et comment réaliser l'audit blanc pour valider la conformité des textes et des pratiques ?

CE QU'IL CONTIENT

En rétroplanning : la date de l'audit de certification, la date de la revue de direction pour valider la réalité de l'ultime plan d'action, la date de l'audit blanc, les dates prévues pour la réalisation des actions suite aux audits précédents ainsi qu'aux engagements pris en début d'année (voir plan de communication).

Il met en évidence également les dates cibles pour communiquer auprès du personnel (avant, pendant, après l'audit de certification).

Enfin, ce planning indique qui est en charge de conduire les actions et qui est en charge de contrôler leur réalité et leur efficacité.

À QUOI FAUT-IL FAIRE ATTENTION ?

C'est un leitmotiv en matière de qualité : il est indispensable de faire preuve de doigté. Mobiliser certes, mais avec un planning serré et exigeant. Prendre garde cependant à ne pas stresser inutilement ses propres équipes ni les équipes opérationnelles qui seront interviewées.

Il est judicieux de positionner l'audit blanc environ dix semaines avant l'audit officiel afin de corriger sereinement quelques erreurs de compréhension chez les collègues ou quelques écarts, au sens normatif du terme.

Les premiers audits sont stressants, le responsable qualité est invité à ne pas déverser sa propre angoisse sur les autres managers ni, bien sûr, sur son patron.

Conseils

La charge émotionnelle étant forte lors des certifications en tant que responsable qualité, confiez la gestion et la mise à jour de ce planning à un de vos collaborateurs les plus exigeants. Vous êtes ainsi certain du respect de toutes les étapes.

Communiquez ce planning lors d'une revue de direction ou d'une réunion du comité. L'envoi par mail ou la mise en ligne ne sont pas suffisants.

Construisez ce planning avec votre équipe. Ce moment de travail collectif et partagé permet à chacun de mémoriser et d'être impliqué de manière forte.

LES QUESTIONS LES PLUS FRÉQUENTES

Peut-on le montrer aux auditeurs ? Oui, c'est une preuve de professionnalisme et d'intérêt pour le sujet.

Doit-il être bien présenté ? Oui, le contraire voulant dire qu'il n'est pas très important !

EXEMPLE DE PLANNING DE CERTIFICATION

Actions	Qui	J	F	M	A	M	J	J/A	S	O	N	D	J	F	M	A	M	J	J/A	S
Lancer la démarche	DG	■																		
Rédiger la politique qualité	DG	■																		
Communiquer la politique qualité à l'ensemble du personnel	DG	■			■															
Valider la cartographie	DG	■																		
Nommer les pilotes, rédiger leur responsabilité	DG	■																		
Rédiger la procédure des procédures (maîtrise documentaire)	RQ	■	■	■																
Rédiger la procédure des enregistrements	RQ	■	■	■																
Former les pilotes	RQ		■																	
Rédiger les processus métiers / Clarifier les interfaces	RQ / Pilotes		■	■	■	■														
Valider les docs procédures métiers	LP					■														
Clarifier le traitement des demandes clients	MP					■	■	■												
Communiquer sur les processus	RQ / Pilotes		■	■																
Organiser une enquête client	DG	■	■																	
Formuler des objectifs qualité et les plans d'action associés / Travailler sur les axes d'amélioration proposés par processus	RQ							■	■	■	■	■								
Communiquer sur les résultats et les objectifs	RQ									■							■			
Organiser le recueil des réclamations et leur traitement	RQ				■															
Mettre en place des comités de pilotage	RQ																			
Finaliser les fiches poste avec les responsabilités en matière de qualité et les compétences	RH	■	■																	
Décrire le processus RH avec validation des formations	RG			■																
Clarifier le choix des sous traitants et leur suivi / Décrire le processus achat	OP			■	■	■	■													

Actions	Qui	J	F	M	A	M	J	J/A	S	O	N	D	J	F	M	A	M	J	J/A	S
Décrire les processus management	DG																			
	RQ																			
Décrire les autres processus support	RQ																			
Faire le bilan des appareils de contrôle	LO																			
Assurer la métrologie de ces appareils																				
Mettre en place les audits internes	RQ																			
Mettre en place les revues de processus	RQ																			
Mettre en place les actions AC et AP	RQ																			
Assurer la veille réglementaire	DE																			
Faire vivre le système en place ; définir le plan d'animation	RQ																			
Choisir l'organisme certificateur	DG																			
Réaliser un audit à blanc	RQ																			
Certification																				x

OUTIL 2 : LES EXIGENCES DE LA NORME ISO 9001 V2008

C'EST QUOI ?

Cet outil constitue le guide pratique indispensable à tout responsable qualité, surtout nouveau dans sa fonction, pour construire un système qualité, en priorité aligné sur la stratégie de l'entreprise, et simultanément conforme aux exigences de la norme ISO 9001. Les exigences de la norme figurent dans le recueil, en permanence actualisé, de la norme EN ISO 9001.

À QUOI SERT-IL ?

La liste exhaustive des exigences de la norme sert tout d'abord à se mettre en conformité quand l'objectif est d'obtenir la certification ISO 9001. Il s'agit de répondre aux exigences sur le plan organisationnel et scriptural, autrement dit s'assurer que tout ce qui est requis existe, et également de consolider son système documentaire.

Ensuite, l'autre conformité à assurer est celle de la pratique : fait-on comme on le décrit et selon ce qui est prévu ? Les actions de validation s'effectuent au travers d'un audit. Cet outil sert également de base de discussion soit en interne pour lever une incertitude sur une exigence, soit dans la relation avec des auditeurs externes, qu'ils soient d'un organisme certificateur ou qu'ils représentent un client.

CE QU'IL CONTIENT

La norme contient les exigences suivantes :

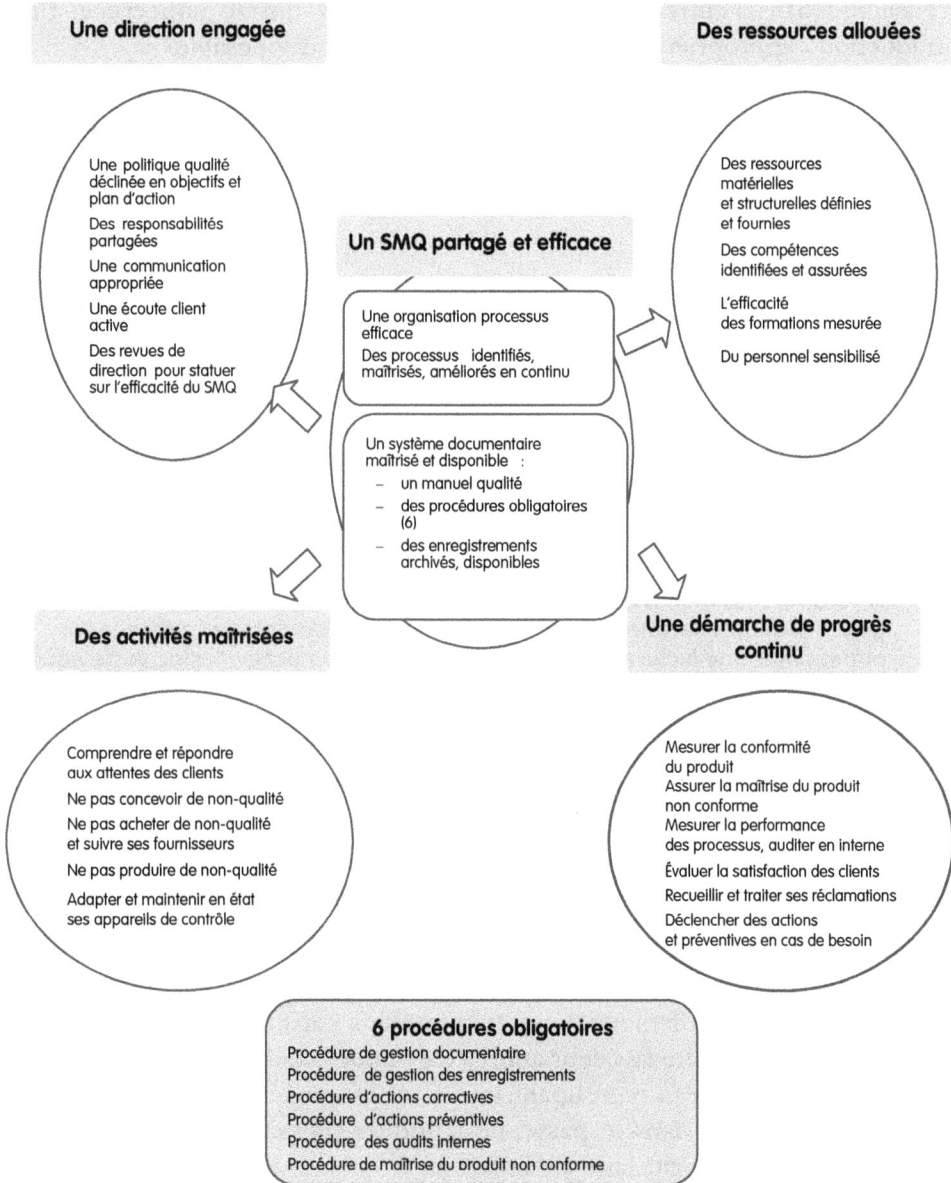

Une direction engagée

Une politique qualité
déclinée en objectifs et
plan d'action

Des responsabilités
partagées

Une communication
appropriée

Une écoute client
active

Des revues de
direction pour statuer
sur l'efficacité du SMQ

Un SMQ partagé et efficace

Une organisation processus
efficace

Des processus identifiés,
maîtrisés, améliorés en continu

Un système documentaire
maîtrisé et disponible :
- un manuel qualité
- des procédures obligatoires
  (6)
- des enregistrements
  archivés, disponibles

Des ressources allouées

Des ressources
matérielles
et structurelles définies
et fournies

Des compétences
identifiées et assurées

L'efficacité
des formations mesurée

Du personnel sensibilisé

Des activités maîtrisées

Comprendre et répondre
aux attentes des clients

Ne pas concevoir de non-qualité

Ne pas acheter de non-qualité
et suivre ses fournisseurs

Ne pas produire de non-qualité

Adapter et maintenir en état
ses appareils de contrôle

**Une démarche de progrès
continu**

Mesurer la conformité
du produit
Assurer la maîtrise du produit
non conforme
Mesurer la performance
des processus, auditer en interne

Évaluer la satisfaction des clients

Recueillir et traiter ses réclamations

Déclencher des actions
et préventives en cas de besoin

6 procédures obligatoires
Procédure de gestion documentaire
Procédure de gestion des enregistrements
Procédure d'actions correctives
Procédure d'actions préventives
Procédure des audits internes
Procédure de maîtrise du produit non conforme

Figure 68

À QUOI FAUT-IL FAIRE ATTENTION ?

La précaution essentielle consiste à « ne pas suivre à la lettre » les exigences de la norme. Il s'agit plutôt de constater comment l'exigence peut aider à progresser encore dans l'entreprise sur la rubrique de la norme concernée. Une « traduction » appropriée de l'exigence est souvent indispensable.

Une autre précaution consiste à ne jamais utiliser la norme telle quelle dans les rendez-vous institutionnels internes. C'est tout le contraire d'un outil de communication !

Conseils

Rendez visite à un collègue qui a déjà vécu une certification, et qui a évidemment une approche voisine de la vôtre. Mieux vaut éviter d'entendre les détracteurs systématiques qui critiquent toutes les démarches normatives et s'alignent *a minima* sur le texte. Il vous rassurera, si besoin est, et vous fera bénéficier de quelques idées intéressantes pour éviter les erreurs et les pertes de temps inutiles.

N'hésitez pas à appeler un organisme certificateur pour valider un ou deux points qui vous posent question, ou dont vous ne voyez pas comment ils peuvent s'appliquer chez vous.

Si vous lisez l'anglais, vérifiez que la traduction en français rend bien l'idée d'origine. La double lecture peut éclairer la lanterne de votre compréhension. En outre, faites une lecture partagée avec deux ou trois personnes de votre équipe pour vous assurer que vous avez tous compris la même chose.

LES QUESTIONS LES PLUS FRÉQUENTES

Faut-il tout suivre à la lettre ? Non. Vous avez à démontrer que vous avez pris en compte l'exigence et que vous l'avez traduite de manière efficace. Par exemple : vous pouvez regrouper des procédures, regrouper des processus...

Comment répondre aux exigences de multiples référentiels (ISO, clients...) simultanément ? Difficilement ! Vous avez intérêt à construire un seul système, le vôtre, et à en défendre la valeur auprès d'éventuels auditeurs. Il suffit d'avoir construit un seul tableau regroupant toutes les exigences. Évitez, comme cela s'est parfois pratiqué dans le passé, de fabriquer plusieurs manuels, d'écrire des procédures « pour satisfaire à tel texte »...

Pourquoi ces textes sont-ils aussi peu pédagogiques ? La norme est un texte technique et politique, deux domaines pas toujours proches de la pédagogie...

Comment convaincre de la pertinence de la norme en interne ? En traduisant les exigences en bénéfices entreprise et/ou client ? Heureusement, la norme est logique pour toute entreprise voulant améliorer la qualité de ses produits ! Il faut comprendre, assimiler sa logique et la partager.

LE SOMMAIRE DE LA NORME

Les articles introductifs (chapitres 0 à 3)

Chapitre 4 : Système de management qualité
- Exigences généralités (approche processus)
- Exigences relatives à la documentation

Chapitre 5 : Responsabilité de la direction
- Engagement
- Écoute client
- Politique qualité
- Planification
- Responsabilité, autorité et communication
- Revue de direction

Chapitre 6 : Management des ressources
- Mise à disposition des ressources
- Ressources humaines
- Infrastructures
- Environnement de travail

Chapitre 7 : Réalisation du produit
- Planification
- Processus relatifs aux clients
- Conception/Développement
- Achats
- Production et préparation de service
- Maîtrise des dispositifs de mesure et surveillance

Chapitre 8 : Mesures, Analyse, Amélioration
- Mesure, Surveillance (satisfaction client, produit, processus, audit interne)

- Maîtrise du produit non conforme
- Analyse des données
- Amélioration

OUTIL 3 : LES CONSEILS POUR RÉUSSIR LA CERTIFICATION

C'EST QUOI ?

Ôtons déjà une ambiguïté : réussir la certification, c'est tout à la fois obtenir la validation officielle de la part de l'organisme certificateur, mais aussi saisir l'opportunité de prolonger de manière intelligente et efficace la démarche qualité déjà engagée.

Être certifié est « facile » mais assurer la construction d'une organisation, qui va vivre au-delà de l'obtention du certificat, est un vrai challenge.

À FAIRE

Construire le système avec les collaborateurs au travers de groupes de progrès.

Donner de la visibilité sur le projet : annoncer clairement le planning, les étapes, les jalons, communiquer sur l'avancement.

Donner à chacun sa feuille de route pour que chaque membre de l'entreprise comprenne ce que vous allez lui demander.

Expliquer le pourquoi, l'intérêt de l'exigence mais ne jamais rentrer dans le détail ; chacun n'a pas à apprendre par cœur la norme. Le garant de la norme reste le responsable qualité.

Centrer l'action au-delà du respect des exigences de la norme sur la satisfaction client et la suppression des dysfonctionnements internes.

Expliquer encore et encore la logique du PDCA !

Chercher la simplicité (il est plus facile de renforcer le SMQ que de l'alléger).

S'appuyer sur les auditeurs qualité.

Rassurer systématiquement la direction en lui indiquant l'avancement du chantier de certification.

Préparer les services audités en réalisant un audit « à blanc » six semaines avant l'audit de certification.

Prendre systématiquement contact avec les auditeurs pour établir avec eux une relation positive et se mettre d'accord sur l'essentiel : le contexte de l'audit, ce qu'ils en attendent eux-mêmes et ce que vous en attendez vous-même.

Réaliser un document de synthèse de deux pages maximum à destination des principaux managers concernés et contenant l'essentiel de la démarche qualité et des éléments constitutifs de la documentation. Par exemple, réaliser un tableau comportant la liste des documents en indiquant à quoi ils servent : manuel, procédures, guides pratiques… ainsi que les processus avec leurs indicateurs et les résultats actuels.

Réaliser un quiz en ligne de 20 questions, sous forme ludique (avec vainqueur et lots correspondants) pour animer les deux mois précédant l'audit de certification. Il s'agit d'un excellent moyen pour sensibiliser les équipes et étonner les auditeurs.

À NE PAS FAIRE

Devenir un donneur de leçons.

Devenir ISOcrate.

Faire trop compliqué, trop lourd !

Se noyer sous les indicateurs, les objectifs, les processus.

Mettre la pression sur les équipes à la veille de l'audit, comme s'il y allait de la survie de l'entreprise.

Organiser de manière excessive la préparation en « cachant ce qui ne va pas » à la veille de l'audit.

Avoir une attitude exagérément défensive pendant le déroulement de l'audit.

Utiliser au cours de l'audit un langage trop « expert », qui peut contrarier un auditeur.

Communiquer en interne, pendant, avant et après l'audit de certification, en utilisant le langage « qui tue » : incident, non-conformité, défaut, attention, ne pas, dangereux, procédure, procès-verbal, devoir, risque…

Chapitre 19

Communiquer et animer la qualité au quotidien

L'entreprise dispose de nos jours de beaucoup d'outils et de méthodes pour parvenir à bien s'organiser. Le responsable qualité également ; souvent, il est même trop outillé. Le challenge principal réside finalement dans la façon de faire passer les messages pour mettre en œuvre la qualité concrètement sur le terrain, pour faire toucher du doigt les véritables attentes des clients, pour apprendre à réagir vite à une insatisfaction. Les principales pistes pour atteindre cet objectif consistent à : formaliser les bonnes pratiques, rédiger le manuel qualité, organiser la communication en interne, communiquer les résultats, rendre concrète la qualité sur le terrain, organiser des revues qualité et des animations.

OUTIL 1 : LA FORMALISATION DES BONNES PRATIQUES

C'EST QUOI ?

Qu'appelle-t-on « bonnes pratiques » ? Il s'agit de façons de faire, parfois ancestrales, au moins dans les principes, qui conduisent à des résultats positifs en matière de qualité. Pour éclairer tout de suite le discours, citons par exemple le fait de « ne jamais s'interrompre pendant que l'on effectue un travail, que l'on mène une action, que l'on donne une explication, que l'on applique une procédure ». Une bonne pratique est l'application opérationnelle de « la bonne habitude ». Formaliser une bonne pratique consiste donc à la mettre en mémoire de façon écrite, graphique, visuelle, et surtout pédagogique.

À QUOI SERT-IL ?

La formalisation des bonnes pratiques en matière de qualité, réalisée par un service qualité, méthodes ou gestion des connaissances permet de transmettre le savoir-faire de l'entreprise ou de l'organisation. Dans la phase de formalisation, le travail de synthèse et d'écriture conduit à un échange entre les principaux acteurs qui est déjà source de progrès. Le questionnement et la reformulation utilisés pendant la mise en forme sont déjà des vecteurs d'amélioration. Une fois la mise à disposition réalisée, en ligne ou dans un « cahier des bonnes pratiques », les collaborateurs sont à même de trouver des solutions pour faire bien du premier coup et à tous les coups. Essentiellement, il est au service des managers opérationnels qui peuvent utiliser le contenu du recueil « des bonnes pratiques » pour animer le progrès continu.

CE QU'IL CONTIENT

Toutes les bonnes recettes pour ne pas commettre d'erreurs ou être efficace rapidement dans le quotidien : les bonnes pratiques (BP) de production, les BP commerciales, les BP de management au quotidien, mais aussi les BP en cas de réclamation client, les BP lors du démarrage d'un produit nouveau…

À QUOI FAUT-IL FAIRE ATTENTION ?

Bien évidemment, l'accent doit être mis sur l'aspect pratique, réaliste et sur l'applicabilité. Les collaborateurs ayant en charge l'animation de cette activité veilleront à sélectionner les bonnes pratiques les plus pertinentes et les plus universelles pouvant être utilisées au sein de leur société.

Une attention particulière est à porter à la présentation ainsi qu'à la localisation du contenu.

Si le site de l'Intranet est « bien situé », il sera plus visité ! S'il s'agit d'un « petit recueil des bonnes pratiques » mis à jour une fois par an, il faut veiller à lui donner un format ludique et à le mettre à disposition sur des lieux fréquentés.

Conseils

Si vous faites partie d'une grande organisation, segmentez et classez par rubrique ces bonnes pratiques. Construisez un *digest* avec « les dix bonnes pratiques les plus utiles en matière de qualité ».

Si vous travaillez dans une PME, créez le grand livre de la qualité avec « les six règles d'or pour satisfaire le client à coup sûr ».

Animez cette activité, une fois par an, en organisant « le challenge de la meilleure bonne pratique formalisée ».

LES QUESTIONS LES PLUS FRÉQUENTES

Comment éviter la multiplication des bonnes pratiques, dont certaines sont sans intérêt ? En se fixant une définition et des règles, et en confiant la mise à jour à un binôme constitué d'un collaborateur du service qualité et un collaborateur de l'équipe communication.

Comment accéder facilement à une bonne pratique, si je la recherche ? En les mettant à disposition sur un Wikitica (abréviation de wiki « buona pratica »).

–

OUTIL 2 : LE MANUEL QUALITÉ

C'EST QUOI ?

Le manuel qualité est un document professionnel propre à chaque entreprise, destiné à communiquer et partager les valeurs fondamentales qui sont au cœur du métier et de la vie de cette entreprise : ce en quoi nous croyons, nos engagements, nos convictions, notre niveau d'exigence en matière de qualité, la façon dont nous considérons le client, ce que nous attendons les uns des autres pour servir le client.

À QUOI SERT-IL ?

Il est, en particulier, utile à l'équipe de direction qui écrit ses engagements et les communique. Sa mise à jour régulière oblige cette équipe, qui elle-même se renouvelle, à échanger ses idées et à confronter ses points de vue.

En conséquence, il permet à tous les collaborateurs d'avoir un système de référence commun sur ce qu'est la qualité dans l'entreprise.

Enfin, il donne la possibilité d'indiquer aux partenaires externes, qu'ils soient clients, fournisseurs ou tiers (administration, collectivités, associations, groupements de normalisation ou de certification, visiteurs, médias…) quel est le système de valeur de l'organisation.

CE QU'IL CONTIENT

La norme internationale indique les grands thèmes à aborder dans un manuel qualité. Il n'existe aucune obligation réglementaire exigeant une forme et un fond particulier. Que s'attend-on à y trouver ?

- un texte de la direction d'une page environ pour indiquer les valeurs et le cap choisi en matière de qualité ;
- une description très résumée de l'entreprise et de ses activités : « qui nous sommes et ce que nous faisons » ;

- les principales dispositions prises pour assurer la qualité en matière de pré-vention, de pilotage et de correction et leur domaine d'application : con-ception, production, vente ;
- nos engagements pour former et accompagner chaque collaborateur dans le projet qualité.

À QUOI FAUT-IL FAIRE ATTENTION ?

Comme tout document bien travaillé par les instances de direction, il peut devenir « lettre morte » par défaut d'usage. Le contenu d'un manuel qualité peut aussi être discrédité par la mise en évidence d'un écart entre le déclaratif qui y est inscrit et la réalité du management pratiqué et des décisions prises.

Il est important d'en faire un document personnalisé, et non un texte standard sans aucun relief. Il est donc primordial que le personnel y retrouve « la patte » des managers, plutôt que celle des consultants ou plutôt qu'un texte déjà vu dans d'autres organisations.

Conseils

Pour rédiger le manuel qualité, il est bon que le responsable qualité et son équipe constituent un quatuor : un représentant de la qualité, un « communicant », un Candide, un manager opérationnel. C'est le quatuor gagnant pour être efficace, rester simple et éviter les discours vides de sens.

Testez la lecture et la présentation auprès d'un échantillon de collaborateurs et auprès d'un client institutionnel ou d'un fournisseur.

Pour la version papier du manuel qualité, conseillez aux managers de la laisser en évidence sur leur bureau pour en montrer l'importance. Évidemment, soignez-en la présentation, faites-en un document de qualité, jamais une photocopie papier noire et blanche semblable à un document administratif peu engageant !

Évitez les manuels trop « ISOcrate » dont la lecture n'est accessible qu'aux spécia-listes. Engagez-vous plutôt dans la rédaction d'un manuel qui « vend » la qualité à des clients non initiés aux normes ISO.

LES QUESTIONS LES PLUS FRÉQUENTES

Doit-on le communiquer à l'extérieur ? Oui, ce n'est pas un document destiné à être confidentiel.

Comment éviter la routine ? Il est possible d'en changer la présentation tous les ans. On peut également inviter les managers à déjeuner et leur en offrir une version « luxe ». Pourquoi ne pas organiser un challenge en ligne auprès du personnel lors d'un changement important dans son contenu pour en favoriser l'appropriation ?

Doit-on avoir plusieurs manuels qualité, un par client institutionnel (Business to Business) ? Non, Il faut essayer de convaincre les clients qu'il s'agit de « votre manuel qualité ».

EXEMPLES DE SOMMAIRES DE MANUEL QUALITÉ

Nous vous proposons deux sommaires de manuel qualité : le premier très « communicant », le second plus « ISO ».

Sommaire « communicant »

Qui sommes-nous ?

Notre volonté de vous satisfaire.

Comment sommes-nous organisés pour répondre à vos attentes ?

L'implication de chacun.

Un management des compétences au cœur de notre dispositif.

Des processus efficaces pour faire bien du premier coup.

Notre démarche de progrès continu.

Sommaire « ISO »

Présentation de la société.

Politique qualité.

Notre système de management qualité :

- cartographie des processus ;
- gestion du système documentaire.

Responsabilité de la direction :

- responsabilités et autorités en matière de qualité ;
- communication qualité ;

• revue de direction.

Management des ressources humaines.

Maîtrise du produit fabriqué.

Mesure analyse et amélioration.

OUTIL 3 : LA COMMUNICATION EN INTERNE : LE PLAN DE COMMUNICATION

C'EST QUOI ?

« Il n'est de grand succès sans plan organisé. » Ce proverbe fort ancien est tout à fait approprié aux questions liées à la communication au sein d'une entreprise ou, plus généralement, d'une organisation. Le plan de communication lié à la qualité est un calendrier annuel décrivant les événements à venir ainsi que la façon dont ils se dérouleront. Ces événements sont, par exemple, la communication en début d'année des résultats qualité de la période écoulée et les objectifs qualité pour l'année à venir, ou bien l'annonce de la période pendant laquelle se déroulera la certification.

À QUOI SERT-IL ?

Le plan de communication est un guide qui rythme la vie de l'équipe qualité. Il est intimement lié aux moments forts vécus par les collaborateurs du service qualité et par leur responsable. À l'instar du calendrier des manifestations sportives, il permet de se mobiliser de manière adaptée à chaque événement. C'est un outil de management pour le responsable qualité. Il lui permet de mobiliser son patron ainsi que l'ensemble des managers.

La construction du plan de communication est un moment de mobilisation important qui sort le manager de la qualité du quotidien pour le projeter dans le moyen terme, ce qui constitue pour lui une opportunité unique de poser sa réflexion.

CE QU'IL CONTIENT

Le plan lui-même contient les réponses aux questions : Qui ? Quoi ? Où ? Quand ? Comment ? Combien ? Pour quoi ?

- Qui communique ? Est-ce la direction ? le service communication ? le service qualité ?… Qui « signe » ? Autrement dit : qui parle ? Qui s'adresse à qui ?

© Groupe Eyrolles

- Quoi ? Quel événement souhaite-t-on marquer ?

- Où ? Où parle-t-on ? Où célèbre-t-on ? Où met-on à disposition ?

- Quand ? Quelles sont les dates opportunes pour réaliser cette communication ?

- Comment ? Comment s'y prend-on ? papier ? mail ? message passant par les managers… ?

- Combien ? Combien d'exemplaires ? Combien de fois dans l'année… ?

- Pour quoi ? Quel est le but pour lequel nous communiquons à propos de cet événement ? Qu'attend-on de ce communiqué ?

À QUOI FAUT-IL FAIRE ATTENTION ?

« Trop de communication peut la tuer, son absence peut laisser le champ libre aux bruits ! » C'est nous qui l'écrivons ! La quantité d'événements à inscrire dans le plan de communication est à doser bien évidemment selon la taille de l'organisation, les habitudes en la matière, et selon les cibles. En fait, trois à quatre communiqués annuels en direction de l'ensemble du personnel sont possibles. Il est souhaitable d'envisager des communications particulières vers les fournisseurs, voire vers les clients lorsqu'ils sont institutionnels.

Conseils

Communiquer est un métier. Faites-vous aider par l'équipe communication pour planifier et organiser le calendrier des événements liés à la qualité.

Prévoyez une communication « exceptionnelle ». Il arrive au moins une ou deux fois par an qu'un succès en matière de qualité, que des résultats remarquables mesurés en clientèle, qu'une performance d'un site ou d'un point de vente méritent d'être soulignés. Ne manquez pas de communiquer à ce moment-là.

Faites simple et essayez de faire témoigner « ceux qui savent », c'est-à-dire le personnel opérationnel, autant de fois que possible. Jouez sur l'émotionnel encore plus que sur les résultats.

LES QUESTIONS LES PLUS FRÉQUENTES

Qui valide le plan de communication ? Le comité de direction ou « la direction ».

Qui effectue concrètement les envois ? Le service communication.

Faut-il changer le plan de communication tous les ans ? Il est bon d'habituer le personnel à certaines dates anniversaires, cela crée une attente positive. En revanche, le contenu et la forme doivent varier, comme pour un cadeau d'anniversaire.

EXEMPLE DE PLAN DE COMMUNICATION

Quoi ?	de Qui ?	Quand ?	vers Qui ?	Comment ?
Politique qualité	DG	Février	Managers	Comité de direction
	DG	Février	Tous	Séminaire février
Politique et objectifs	Managers	Février	Leur équipe	Réunions de service
Plan d'action qualité global	RQ	Mars	Tous	Affichage
Les clients et leurs attentes	RQ	Quand	Tous	Réunion
Les produits concurrents	MK	Avril	Personnel	Affichage
Les processus	Chaque pilote	Mensuel	Leurs équipes	Réunion
	Chaque pilote	Selon planning	Tous	Flash info
Résultats	RQ	Par trimestre	Tous	Mail
Résultats	Managers	Mensuel	Leurs équipes	Réunions d'équipes
...				

OUTIL 4 : LA COMMUNICATION DES RÉSULTATS

C'EST QUOI ?

Il s'agit de mettre en évidence pour chacun des résultats en relation avec la qualité des produits, des prestations et, bien sûr, de mesurer en permanence l'évolution de la satisfaction des clients.

C'est une synthèse périodique sous forme de tableaux et de graphiques, accompagnée de commentaires brefs pour aider le responsable ou le comité de direction à prendre connaissance rapidement de la situation en matière de qualité et décider d'actions si nécessaire, mais aussi pour aider les collaborateurs à visualiser l'effet de leurs efforts.

Au fond, il s'agit, comme pour tout tableau de bord, de permettre au pilote de conduire son véhicule de manière maîtrisée et sereine, ainsi que de partager les décisions avec l'ensemble des responsables concernés.

À QUOI SERT-IL ?

La communication des résultats qualité permet de répondre aux questions :

- la qualité produite est-elle satisfaisante ?
- la qualité livrée est-elle conforme ?
- les fournisseurs sont-ils au bon niveau de qualité ?
- répond-on aux objectifs ?
- quels sont les points de progrès ?
- que faut-il encore améliorer ?
- quelles sont les attentes des clients satisfaites ?
- quelles sont celles qui restent à satisfaire ?
- quels sont les points de vigilance à prendre en considération ?
- les moyens prévus sont-ils suffisants ?

La communication des résultats est fondamentale. Elle peut se faire de différentes manières directement et en « descendant », vers les responsables, les collaborateurs, les fournisseurs, en répondant toujours à la question : à quoi cela va-t-il leur servir ? Pour mener quelles actions ? Pour rester attentif sur quels aspects de la qualité ?

Enfin, une à deux fois par an, il est important que le « big boss » s'exprime pour démontrer son engagement, encourager et illustrer concrètement les résultats dont « il est personnellement satisfait », et ceux pour lesquels il a encore des attentes. S'il peut donner des moyens supplémentaires pour avancer, c'est encore mieux !

À QUOI FAUT-IL FAIRE ATTENTION ?

Éviter de présenter trop de chiffres et de désincarner la réalité. Les collaborateurs sont saturés d'informations, attention à la lassitude.

Veiller à mettre l'accent sur la qualité telle qu'elle est réellement perçue par le personnel, et donc tournée vers le client.

S'assurer que le personnel ne peut pas faire de comparaison maladroite. En effet, parfois, en donnant des résultats, comme à l'école, les différents centres de production, les différents points de vente, les services transverses font des lectures qui les conduisent à tirer des conclusions rapides et inutiles : « Nous sommes les meilleurs » ou, à l'inverse, « Nous sommes tellement mauvais que nous ne pouvons pas atteindre les objectifs, et d'ailleurs on ne nous en donne pas les moyens au contraire de… »

Le challenge est porteur de valeurs de progrès, mais prenons garde à ne pas le transformer en jeu pour enfants !

Conseil

Testez votre communication des résultats auprès de quelques collaborateurs pour vérifier la pertinence du contenu, et avoir les commentaires à chaud et les réactions afin d'éviter de passer à côté de l'objectif qui est d'informer et d'inciter à l'action.

OUTIL 5 : RENDRE CONCRÈTE LA QUALITÉ SUR LE TERRAIN

C'EST QUOI ?

La confrontation de la théorie avec la pratique, de la prévision avec la réalité et de la réflexion stratégique avec le terrain est toujours étonnante et parfois « retournante » !

La mission consistant à rendre concrète la qualité sur le terrain est souvent « mission impossible » pour le manager de la qualité. Expliquer, par exemple, à un groupe de collaborateurs en quoi le pilotage par les processus est censé améliorer la qualité du produit, n'est pas facile !

Rendre concrète la qualité sur le terrain, c'est transformer sans cesse une vérité à transmettre en faits sensitivement perceptibles et adaptés aux sens des interlocuteurs. C'est parler d'effets, de conséquences, montrer physiquement, s'appuyer sur des photos, des commentaires, des écrits de clients, des images sur le Web…

À QUOI SERT-IL ?

À quoi cela sert-il d'être concret, en particulier en matière de qualité ? On le comprend facilement, cette façon de manager au quotidien permet une sensibilisation forte des collaborateurs qui se rendent compte par eux-mêmes des conséquences positives d'un travail de qualité ou des effets négatifs résultant d'erreurs à répétition.

CE QU'IL CONTIENT

L'animation de la qualité sur le terrain comprend donc à la fois les actions propres au management des collaborateurs et celles que le responsable qualité dédie à son équipe. Dans les deux cas, elle doit aboutir à l'appropriation par chacun des enjeux de la qualité, et des bonnes pratiques associées.

Chacun est capable de formuler comment la qualité se traduit dans son poste : quels sont les objectifs visés ? Qui sont ses clients ? Ses attentes ? Quelles sont les règles à respecter ?

Le responsable qualité peut s'appuyer sur des photos, des graphiques, des dessins, des films. Par exemple, sur un poste de travail, il est possible d'afficher des défauts types d'un côté (des véritables défauts déjà produits et arrêtés dans le flux de production), et le produit sans défaut d'un autre côté. Il peut afficher le sourire d'un client satisfait sur un point de vente, lorsque la qualité est au rendez-vous. Un graphique qui montre que l'atelier ou le point de vente, le magasin… s'approche de l'excellence est le bienvenu. Il fait visiter la zone des retours clients dont la superficie mesure la bonne ou la mauvaise qualité récemment produite.

Lorsqu'il parle, il transforme un fait générique en monnaie sonnante et trébuchante : par exemple, « La qualité se dégrade sur nos prestations "GOLD". Cette erreur nous coûte 10 millions d'euros cash et une perte de clients potentiels importante. »

Il peut aménager une salle type «Au paradis du travail bien fait », et une autre « Le musée des horreurs ». Dans les deux cas, il rend concrètes les conséquences d'un travail réussi ou non.

Dans les activités de service, cela est encore plus facile. Il suffit d'emmener son équipe consommer chez un concurrent ou d'interviewer chacun sur son propre ressenti de client.

Les équipes qualité vont aussi animer chaque jour la qualité en se rendant visibles sur le terrain, et pas seulement quand il y a des non-conformités. Elles auditent régulièrement les postes de travail, encouragent la production de suggestions et animent des réunions minute pour résoudre les problèmes. Elles savent organiser des manifestations exceptionnelles pour dynamiser la démarche au-delà des plans de communication réalisés (voir fiche outil associée).

Les managers, de leur côté, s'assurent du respect des procédures et interviennent en cas de dérive. Ils intègrent chaque jour dans leur dialogue la voix du client et sont exemplaires.

À QUOI FAUT-IL FAIRE ATTENTION ?

À ne pas exagérer dans les démonstrations par l'effet négatif. En effet, la publicité qui montre une victime d'un accident de la route renversée par un véhicule piloté par un « chauffard » ayant trop bu, frappe les esprits. Elle ne peut être en permanence la seule à rester gravée dans la mémoire, au risque d'entraîner des paranoïas et de perturber par trop la cible qui la reçoit. De la même façon, en matière de qualité, il est bon d'alterner et de parler et de montrer concrètement les effets négatifs, mais également les positifs.

Il faut également accepter que la qualité s'anime sur le terrain, par les managers, de manière à intégrer la qualité comme une dimension à part entière des activités.

Conseils

Appuyez-vous sur chacun de vos collaborateurs pour être le plus concret possible. En effet, chacun d'entre eux possède sans doute des trésors cachés en matière de savoir-faire et peut contribuer à donner aux événements qualité une dimension concrète et palpable.

Osez ! N'hésitez pas à improviser. Prenez des exemples pour appuyer vos démonstrations, même si vous n'êtes pas sûr de leur valeur initiale, vous entraînerez ainsi votre ou vos interlocuteurs dans votre raisonnement et chacun finira par rendre concrète la question de qualité qui est abordée.

Faites réaliser des démonstrations par ceux qui réussissent concrètement sur un poste, ou qui sont les meilleurs pour rendre service à un client. Montrer comment faire bien est tout aussi important.

LES QUESTIONS LES PLUS FRÉQUENTES

Comment puis-je améliorer ma façon de communiquer pour être plus concret ? Tout d'abord, cela est possible, ce n'est pas uniquement un talent inné. Il existe des formations pour se perfectionner en s'entraînant.

Existe-t-il des publics pour lesquels rendre concrète la qualité sur le terrain serait à éviter ? Non. Même les directeurs généraux aiment bien ! À plus petite dose que les collaborateurs de terrain malgré tout…

Animer la qualité c'est quoi au fond ? C'est faire en sorte que chacun garde en mémoire son rôle d'acteur dans la démarche et ait envie de participer au projet collectif engagé.

OUTIL 6 : LA REVUE QUALITÉ

C'EST QUOI ?

Il s'agit de préparer et d'animer une réunion de travail sur une question liée à la qualité, puis d'assurer le pilotage du plan d'action décidé. Une revue qualité est un outil de base dans l'exercice du métier. Le responsable qualité organise ainsi des revues à propos du démarrage d'une nouvelle prestation ou d'un nouveau produit, au moment de donner son « feu vert » suite à des travaux pour éradiquer un défaut, ou encore pour valider la réalisation de travaux d'amélioration.

Une revue bien menée, c'est l'assurance de faire avancer les questions qualité prioritaires.

À QUOI SERT-IL ?

L'utilité se mesure à l'efficacité des actions menées suite à une ou plusieurs revues. Le fait d'organiser une revue permet également au responsable qualité de renforcer sa position en tant que pilote du navire qualité. Il garde la maîtrise de la situation et remplit ainsi complètement la fonction qui lui est assignée. Les autres participants, quant à eux, se trouvent rassurés concernant le bon avancement des projets et motivés pour aller de l'avant, en contribuant chacun pour sa part à « booster » les dossiers à traiter.

CE QU'IL CONTIENT

Un document de préparation succinct envoyé aux participants indiquant les objectifs, les raisons pour lesquelles la revue se tient, la situation actuelle relative au sujet traité et les espoirs que l'on fonde pour avancer efficacement.

Un « guide pratique » pour conduire efficacement une revue qualité peut être utile.

Un document de synthèse indiquant les décisions prises et les actions validées ou restant à mener.

On peut imaginer de standardiser ce type de document, si des revues sont organisées régulièrement, ou utiliser les documents de pilotage de projet de l'entreprise.

À QUOI FAUT-IL FAIRE ATTENTION ?

Dans le cas le plus fréquent, la revue qualité réunit des participants de divers services, avec parfois des représentants de fournisseurs. Une grande importance doit donc être accordée à la psychologie des acteurs, en essayant en permanence d'obtenir leur participation et leur engagement, tout en prenant les précautions verbales indispensables pour éviter de les contrarier. Toutes les autres précautions sont celles de la conduite d'une réunion pluridisciplinaire classique : préparation soignée, animation active, relevé de décision clair.

Conseils

Travaillez très soigneusement le contenu de la revue.

Effectuez une sensibilisation préalable des participants (téléphone ou mail soigné) à la tenue de la revue.

Faites intervenir largement chacun d'entre eux au cours de la séance. Le fait d'exposer les solutions possibles, les idées prometteuses, de présenter les différentes hypothèses, ou les résultats de tests, ou encore de montrer ce que font les concurrents pour obtenir une qualité irréprochable… tout ceci contribue à les impliquer positivement et largement, et donc à avancer pour solder les questions qualité traitées dans la revue.

Dosez bien le nombre et la durée des revues pour obtenir le maximum d'efficacité et conserver l'intérêt des participants.

LES QUESTIONS LES PLUS FRÉQUENTES

Existe-t-il un format type pour une revue qualité, une norme en quelque sorte ? Heureusement non, il appartient à chacun de trouver sa voie et d'appeler « revue qualité » seulement les réunions qui passent en revue des questions centrées sur la qualité.

Peut-on faire animer la revue par un tiers qui ne serait pas le responsable qualité ? Oui, si vous y parvenez, faites-la animer par un manager de production ou commercial !

OUTIL 7 : L'ANIMATION AU QUOTIDIEN

C'EST QUOI ?

Il existe deux types d'animations de la qualité : celles qui sont de caractère spontané et sont improvisées, et celles que le responsable qualité organise. Le paragraphe suivant traite le second cas de figure, l'animation au quotidien planifiée.

Les animations autour de la qualité que le responsable organise, s'attachent à traiter de l'actualité du secteur, de l'atelier, du service, du point de vente, la plupart du temps. Il s'agit souvent d'examiner les résultats de la veille, de faire le point sur les incidents et d'avancer dans leur traitement, de statuer sur une décision importante, par exemple de commercialiser en l'état tel ou tel produit, de le mettre à l'écart ou de l'envoyer au rebut.

À QUOI SERT-IL ?

Le fait d'organiser des animations systématiques est la garantie pour le responsable qualité de conserver le leadership technique et managérial sur ce sujet, et c'est son « job », en même temps que de pouvoir traiter de façon maîtrisée de tous les sujets importants pour les faire aboutir.

Enfin, l'utilité d'une telle démarche proactive réside dans le caractère pédagogique qu'elle porte en elle, en particulier pour les équipes qualité qui progressent en travaillant au cours de ces animations avec leur responsable et les autres équipes de l'entreprise.

CE QU'IL CONTIENT

Nous recommandons d'adopter un format simple : organiser une animation quotidienne avec son équipe tous les matins pour faire le point sur l'actualité de la veille, et agir en conséquence en réorientant certains travaux du jour. Organiser, par ailleurs, une animation hebdomadaire avec des représentants d'autres fonctions sur un sujet précis, le mardi matin, par exemple, pendant 1 h 30.

Il est également toujours profitable d'organiser des animations à caractère pédagogique pour l'ensemble du personnel, dans le but d'expliquer certains fondamentaux pour les nouveaux venus ou de réexpliquer ou d'effectuer des piqûres de rappel pour les plus anciens : Que dois-je faire si je découvre un défaut ? Vers qui orienter un client mécontent ? À qui adresser une suggestion d'amélioration ? Qui est responsable de quoi sur les principaux processus de l'entreprise ?

À QUOI FAUT-IL FAIRE ATTENTION ?

Le principal danger d'une animation qualité est le risque de dérive dans le traitement du sujet, chacun se mettant à se lamenter à son tour et à poliment se renvoyer la responsabilité ; la cible ou le bouc émissaire idéal étant « l'absent ». Il est donc capital dans ce type d'animation encore plus que dans d'autres, de recentrer en permanence les participants sur l'objectif et de rester très rationnel (se référer au QQOQCCP) en revenant toujours aux faits.

D'autres dangers sont celui de la dispersion dans le traitement des sujets et celui de la routine du quotidien. Pour le premier, on peut choisir de se concentrer sur un sujet à la fois. Pour le second, on évite la routine en travaillant la forme de l'animation : faire animer par un collaborateur, changer de lieu, utiliser une vidéoprojection ou dessiner soi-même, se déplacer sur le lieu de travail, inviter un tiers…

Conseils

Toute animation nécessite un minimum de préparation, y compris les animations répétitives quotidiennes. Prenez quelques minutes avec votre assistante ou votre « bras droit » pour valider l'essentiel des sujets à évoquer et l'objectif à atteindre.

Pour vos premières animations, interviewez deux ou trois participants pour avoir leur ressenti : Qu'en pensent-ils ? Comment perçoivent-ils la façon dont vous animez les sujets choisis ? Que vous conseillent-ils d'améliorer ? N'ayez pas peur de vous exposer, c'est ainsi que vous progresserez.

Conformez-vous aux traditions locales : thé ou café !

LES QUESTIONS LES PLUS FRÉQUENTES

Comment faire pour animer « à distance » ? Effectivement, si vous êtes isolé dans un siège social, ou si vous êtes si souvent en déplacement que l'idée même d'organiser une animation en présentiel est hors de propos, la question se pose. Deux réponses sont possibles, elles peuvent même être simultanées. Si vous êtes directeur qualité, et loin de sites d'activité, vos responsables qualité, eux, peuvent pratiquer ce type d'animation : encouragez-les à le faire. Par ailleurs, vous-même pouvez faire organiser lors de vos déplacements ce type d'animation toujours très apprécié par le personnel lors de la venue du « big boss » de la qualité. Si vous en avez la possibilité, essayez-vous à une animation à distance, bien que nous la déconseillions pour des sujets très pratiques. Rien ne vaut l'interaction, la chimie de la confrontation est irremplaçable pour le quotidien.

Comment organiser le suivi de ces réunions ? Il est très important d'avoir un suivi pour certains sujets. Pour la vie courante, en revanche, 80 % des thèmes abordés sont traités « dans la journée », et comme pour le journal télévisé (le JT), ils sont classés. Le lendemain, ce sont d'autres thèmes qui sont abordés. Rédigez un relevé de décision pour les sujets qui demandent du temps pour leur traitement, et également après les séances hebdomadaires.

PARTIE 3

LE MANAGEMENT DE LA FONCTION QUALITÉ

1. Le métier de responsable qualité.

2. Les disciplines de la qualité.

3. 24 heures d'un responsable qualité.

4. Organiser le service qualité.

5. Manager l'équipe qualité.

6. Bien réussir sa prise de fonction de responsable qualité.

7. 20 conseils pratiques pour réussir sa mission.

8. Responsable qualité et après ? Quel avenir pour les responsables qualité ?

Chapitre 20

Le métier de responsable qualité

LA MISSION DU RESPONSABLE QUALITÉ

La mission essentielle d'un responsable qualité, nous l'avons vu, est de mettre en œuvre une organisation qui garantit la satisfaction des clients de l'entreprise tout en assurant sa rentabilité.

Au-delà du respect de la conformité des produits et prestations aux attentes des clients, le responsable qualité crée une réelle dynamique d'amélioration.

Ainsi, au sein de la structure, il est perçu à la fois comme le défenseur du client mais aussi comme un contributeur actif à la compétitivité de l'entreprise.

> **Les 3 challenges de la qualité**
> • Satisfaction client
> +
> • Dynamique d'amélioration
> +
> • Rentabilité

Longtemps considéré comme un gendarme, le responsable qualité joue aujourd'hui le rôle de « chef de projet » en s'appuyant sur les managers qui assurent et assument la responsabilité de la qualité dans les différentes fonctions opérationnelles de l'entreprise. Son rôle est donc de coordonner, de « faire avec... » et non « de faire à la place de... ».

Il doit s'affirmer comme le « responsable qualité » et non comme « le responsable de la qualité ». La qualité est assurée, réalisée, obtenue et mesurée par les différents métiers de la société.

Dans ce cadre, le responsable qualité fournit des méthodes aux opérationnels pour mieux structurer l'entreprise et garantir que tout au long du cycle de vie du produit et du parcours du client, la qualité et la recherche de satisfaction sont des réflexes acquis.

Ce manager s'assure également que les moyens adéquats sont mis en place pour maîtriser la conformité des prestations réalisées.

Il s'appuie sur la politique qualité exprimée par la direction pour piloter la démarche qualité. Il décline avec les managers ces orientations en objectifs mesurables s'assurant ainsi que le PDCA vit au sein de l'entreprise et contribue ainsi à l'amélioration des performances.

L'obtention et le maintien d'un certificat de type ISO 9001 font souvent également partie de ses missions

Il rend compte à la direction générale et manage en direct les ingénieurs, les techniciens et/ou les assistants qualité.

LES PRINCIPALES TÂCHES DU RESPONSABLE QUALITÉ

Les principales tâches du responsable qualité sont :
- la définition d'objectifs qualité en accord avec la direction ;
- la mise en place de tableaux de bord qualité et de plans d'amélioration associés ;
- la création et la mise à jour d'un système documentaire qualité ;
- la validation du plan de contrôle de production ;
- la sensibilisation du personnel à la qualité ;
- la résolution de problèmes récurrents ;
- l'organisation des audits qualité internes.

Ce manager qualité intervient également en cas de réclamation client : il met en place le recueil systématique des insatisfactions clients et utilise ce système d'informations pour en assurer un traitement efficace.

Il est évalué sur l'intégration de la culture qualité dans les différents services, le niveau de satisfaction des clients et la baisse des coûts de non-qualité.

Pour réussir dans ces différentes tâches, le responsable qualité travaille sans relâche avec les opérationnels. Il cherche à améliorer la qualité des produits et services délivrés par les fournisseurs et travaille dès la conception à la prise en compte des besoins clients.

Il définit aussi les bonnes pratiques de production et de livraison et vise à assurer la performance des services supports.

La fiche de poste permet de déterminer le rôle du responsable qualité au sein de l'entreprise, et plus exactement la contribution qu'il apporte dans l'atteinte des objectifs de l'entreprise.

La fiche situe le poste dans l'organisation, formalise clairement les missions principales et les niveaux de responsabilité attachés au poste, et aide à établir des critères de performance.

Exemple de fiche de poste de responsable qualité

OBJECTIF GÉNÉRAL DE L'EMPLOI
Mettre en place et animer le système de management qualité (et d'assurance qualité).

PLACE DANS L'ORGANIGRAMME
Dépend de la direction (position en première ligne).
Responsable de son service (et parfois du service contrôle).

RELATIONS HIÉRARCHIQUES
Avec ses supérieurs, ses collaborateurs.
Relations fonctionnelles éventuelles à définir avec la direction qualité et autres services.

MISSIONS PRINCIPALES DU POSTE
- **Définir la qualité** du produit/service en collaboration avec les autres entités.
- **Manager la qualité** dans l'entreprise (définir les objectifs annuels qualité, élaborer les plans d'action avec les managers, mettre en place des systèmes de mesures, exploiter les résultats), rendre compte des résultats et des actions, provoquer la réduction des coûts de non-qualité.
- **Coordonner**, former, informer, promouvoir la qualité.
- **Animer** une démarche d'amélioration au quotidien ;
- **Mettre en œuvre l'assurance qualité** : organiser la mise en place des procédures et leur suivi par des audits internes, assurer la traçabilité des prestations.
- **Qualifier** les produits, matières premières, sous-traitants et fournisseurs (Assurance Qualité Fournisseur) en collaboration avec les services concernés.
- **Valider un système de contrôle** pour assurer la conformité constante des produits ou services.
- **Assister** les autres services pour éliminer les causes de défauts.
- **Gérer les documents** relatifs à la qualité (manuel qualité, rapports d'audits, procédures, etc.).
- Définir et **gérer le budget qualité**.
- **Assurer le respect des textes** réglementaires.
- **Être à l'écoute** de l'extérieur.
- **Être le représentant permanent du client** au sein de l'entreprise.

MOYENS ET INDICATEURS DE RÉSULTATS
- Les moyens mis à disposition pour remplir la mission : une équipe de 5 anima-teurs qualité.
- Les critères d'appréciation des résultats obtenus : baisse des coûts de non-qualité, obtention ou maintien du certificat ISO 9001, amélioration du taux de fidélisation clients.

NIVEAUX DE RESPONSABILITÉ
- Niveau d'exécution : objectifs qualité définis par la direction générale.
- Niveau de recommandation ou d'avis : qualification d'un procédé, assistance à un service pour le traitement d'un produit non conforme, évaluation d'un fournisseur.
- Niveau de prise de décision : dérogation produit, choix des outils qualité à mettre en place, arrêt de production.

QUALITÉS REQUISES
- Capacité à travailler en équipe, bon relationnel.
- Bonne connaissance des outils qualité.

LES CARACTÉRISTIQUES DU MÉTIER, LES QUALITÉS CLÉS ASSOCIÉES

Les responsables qualité jugent leur **métier passionnant mais aussi épuisant**…

- Passionnant, car il permet de travailler avec l'ensemble du personnel au service de l'entreprise : concepteurs, producteurs, acheteurs, ressources humaines, commerciaux, etc. Tous les métiers, toutes les fonctions se trouvant impliqués dans la démarche, le responsable qualité découvre un univers illimité d'acteurs. C'est aussi un métier passionnant dans la relation directe qu'il établit avec le client.

- Épuisant, car il nécessite de réexpliquer sans cesse les bonnes pratiques à appliquer tant qu'elles ne sont pas définitivement acquises. Le responsable qualité doit être patient et se contenter parfois de petites réussites qui en appellent de plus grandes avec l'apprentissage permanent.

La réussite de la mission du responsable qualité est la résultante de plusieurs composantes : une connaissance sans faille des outils qualité, la prise en compte des spécificités de l'entreprise, des qualités fortes de management transversal et d'écoute, une capacité à se positionner en ressource et à centrer ses actions sur le terrain.

Une connaissance sans faille des outils qualité

Par sa connaissance approfondie des outils qualité, le responsable qualité apporte son expertise qualité et sait être clair quand il transmet des consignes.

La prise en compte des spécificités de l'entreprise

La qualité ne se manage pas de la même manière chez un sous-traitant de l'automobile, au sein d'un organisme public, dans une PME ou dans un groupe multinational ! C'est pourquoi le responsable qualité doit adapter son action en fonction de l'histoire de la société, sa culture, son environnement.

Des qualités fortes de management transversal et d'écoute

Le « bon responsable qualité », est un manager convaincu de l'importance qu'il y a à satisfaire les clients, et qui a envie de faire progresser l'entreprise en impliquant chaque membre du personnel.

Il arrive que des responsables qualité échouent dans leur mission. Cet échec peut être dû à un manque d'investissement dans l'entraînement des équipes, ou *a contrario* à une trop grande pression ou à une trop grande présence dans cet exercice. Il ne s'agit pas d'imposer ni de laisser faire. Trouver le juste milieu est la condition de réussite. Ni trop directif, ni trop attentiste, le responsable qualité qui réussit sait donner envie et aider chacun à progresser.

Le responsable qualité parle un langage factuel, n'émet jamais d'opinion, ni de jugement de valeur. Il écoute, observe, note, mesure, recueille des données pour aider les responsables à prendre conscience de leur niveau qualité sans agressivité ni gêne.

Une capacité à se positionner en ressource

Pour garantir la réussite de sa mission, le responsable qualité a intérêt à se positionner en ressource et non en donneur de leçons. Il est là pour aider les managers à devenir autonomes en matière de qualité, et non à se substituer à eux ou à leur dire ce qu'ils ont à faire.

Ainsi, il n'hésite pas à proposer son aide à chaque responsable de département : « En quoi puis-je vous aider à mieux servir les clients ? Quels sont les modes de fonctionnement de votre service que nous pourrions améliorer ? Quels sont les indicateurs qualité que nous pouvons vous aider à construire ? Quelles sont les façons de faire qui réussissent chez vous ? »

On peut ajouter que le responsable qualité est un personnage exemplaire dans son comportement : il arrive à l'heure aux réunions et sait se rendre disponible auprès de chacun.

Des actions centrées terrain

Le danger qui guette le responsable qualité est de perdre de vue le produit, la production, le client. Il risque de prendre trop de recul par rapport au terrain en s'investissant dans son système de management qualité de manière excessive.

Même si sa réflexion sur le management est importante pour raisonner sur l'organisation globale de l'entreprise au service des clients, elle ne doit pas lui faire perdre de vue la finalité de son métier qui est, nous l'avons vu, de garantir la conformité des produits aux attentes des clients, du premier coup à tous les coups. C'est en étant présent au plus près du terrain, sur les postes de travail et auprès des clients qu'il s'assure que son message passe et que les progrès sont réels.

Ainsi, le responsable qualité efficace ne s'enferme pas longuement dans son bureau. Il y reste uniquement pour préparer ses réunions ou ses interventions, et y organiser des rencontres et des entretiens. Il sait être présent sur le terrain, chez les clients, auprès des opérationnels pour suivre les flux de production…

LES SPÉCIFICITÉS DE LA MISSION DU DIRECTEUR QUALITÉ

À la différence du responsable qualité qui exercice au niveau d'une entité de manière fortement opérationnelle, le directeur qualité se situe souvent au niveau d'un groupe, et fait partie du comité de direction *corporate*.

Le directeur qualité anime un réseau qualité. Il a des relations fonctionnelles avec les responsables qualité site.

Il a une fonction « politique ». Il agit en permanence au niveau de la direction générale pour être force de proposition et faire en sorte que la qualité soit un des axes directeurs clés de la stratégie de l'entreprise.

Moins opérationnel que le responsable qualité, il a un rôle de représentation de l'entreprise à l'extérieur et s'appuie sur les compétences des équipes qualité en interne pour construire son système de management.

Chapitre 21

Les disciplines de la qualité

Quels sont les différents domaines de la connaissance qu'une équipe qualité doit maîtriser pour répondre aux différentes questions qui lui sont posées ?

Quels sont ces savoir-faire que le responsable qualité doit avoir à sa disposition pour remplir sa mission de la meilleure manière qui soit ?

LES TECHNIQUES STATISTIQUES À L'USAGE DE L'ÉQUIPE QUALITÉ

Le responsable qualité et son équipe doivent maîtriser un certain nombre de *techniques statistiques* pour produire des synthèses, effectuer des échantillonnages, prendre des décisions importantes, alors qu'ils ne disposent que de résultats partiels, proposer le choix de solutions techniques ou commerciales qui impliquent l'entreprise. Pourquoi peut-on affirmer que les statistiques sont au cœur des disciplines à l'usage de l'équipe qualité ?

Le service qualité est amené en permanence à rendre son verdict, à formuler des constats, à dire ce qui est « bon » et ce qui est « mauvais », et pour réaliser cette mission, il ne dispose jamais de toutes les informations. On attend de lui qu'il garantisse que la production est conforme, que la qualité du service s'améliore réellement, que telle solution nouvelle est meilleure que telle solution existante, et tout cela avec des informations limitées et partielles. Le meilleur outil à sa disposition demeure donc l'outil statistique qui permet de formuler des conclusions cohérentes et de limiter le risque d'interprétation erronée.

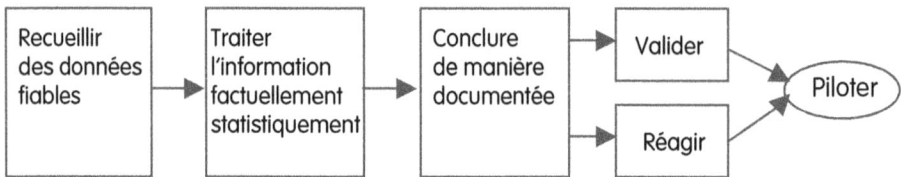

Figure 70 - De l'utilité des statistiques en qualité

Examinons trois situations pour lesquelles une vraie compétence statistique est requise.

L'organisation des tests en clientèle

Pour organiser des tests en clientèle, les équipes marketing et qualité ont à constituer un panel représentatif qualitativement et quantitativement de la population visée. Il s'agit typiquement d'un domaine où le savoir-faire en termes de statistique est requis pour savoir quel est l'échantillon représentatif idéal et quelle est la meilleure façon de poser les questions aux candidats.

Concernant la population visée :

- comment touche-t-on chaque individu : par mail, par courrier, par téléphone ?
- quel est le type de questions à lui poser : ouvertes, fermées, à choix multiple ?
- jusqu'à combien de questions peut-on aller sans décourager le répondant ?
- faut-il débuter par des interviews ciblées en face-à-face pour préciser et valider le questionnaire à utiliser ?

Concernant l'après questionnaire :

- comment interprétera-t-on les résultats ?
- faut-il d'ores et déjà songer à un échantillon complémentaire ?

De la bonne maîtrise de ces techniques dépend pour une large part la qualité des informations de synthèse fournies, et donc la validité des conclusions éventuelles :

- le client homme préfère la solution A plutôt que la solution B tandis que la clientèle féminine s'oriente plutôt vers la solution nouvelle ;

- le produit dans sa version nouvelle présente encore un risque non négligeable d'incident lorsqu'il est utilisé dans telles et telles conditions ;

- il est nécessaire de confirmer la validité du bon fonctionnement du système de commande automatique lors de la mise en route de l'appareil en effectuant un test complémentaire auprès de 100 clients dans les conditions du cahier des charges.

La mise en place de contrôles statistiques en production

La mise en place de contrôles statistiques en production, particulièrement dans l'industrie de fabrication en grande série, s'est révélée très efficace et très utile dès les années 1960. La connaissance de ces méthodes permet de s'assurer tout au long du flux de production, que l'on respecte les caractéristiques souhaitées sur les sous-ensembles ou sur les produits finis.

Il s'agit, en fait, d'effectuer des prélèvements d'échantillons de taille définie et selon des fréquences adaptées, pendant que la production se poursuit, de mesurer les valeurs à contrôler et de donner le feu vert pour continuer à produire ou dans le cas contraire, d'indiquer quels sont les réglages à effectuer et les tris éventuels de lots douteux qui s'imposent. Le terme utilisé pour désigner cette pratique est le « contrôle statistique à la mesure ».

Ces contrôles peuvent également porter sur l'état du produit ou de l'une de ses caractéristiques pour définir s'il est bon ou mauvais, on parle alors de « contrôle statistique par attribut ».

Dans tous les cas, les décisions à prendre reposent sur une analyse des résultats au travers d'un échantillon de taille réduite au regard de la taille des lots fabriqués eux-mêmes. La plupart du temps la taille de ces échantillons est de l'ordre de 5 à 10, la population, elle, étant de l'ordre de 100 à 2 000 (par exemple dans l'électronique, l'automobile, l'aéronautique…).

L'ensemble des techniques utilisées pour piloter les productions et définir des règles précises de prélèvement et de décision relève d'une discipline que l'on peut baptiser « méthodes de contrôle statistique ». De nombreuses universités ou écoles ont élaboré des programmes complets pour former des ingénieurs et des techniciens ou des managers à la maîtrise de l'ensemble de ces méthodes.

La planification des essais en conception

La planification des essais en conception est un domaine plus ciblé que les précédents. Il s'agit de décider de solutions techniques nouvelles, souvent dans l'urgence, au travers des quelques résultats d'essai dont disposent les équipes des bureaux d'étude, de recherche et développement ou d'ingénierie.

Peu développées jusqu'aux années 1980, les méthodes de planification, d'organisation et d'optimisation des essais baptisées et connues depuis sous l'appellation « plans d'expérience » ou *design of experiments* sont devenues un outil de travail privilégié pour les équipes de concepteurs. Leur usage s'est étendu à la production, là où les réglages et les mises au point sont ainsi plus rapides et plus sécurisés.

Les questions auxquelles cet ensemble de méthodes répond peuvent se synthétiser ainsi : combien de produits faut-il tester ou quelle doit être la taille de l'échantillon de pièces à produire ? Comment doit-on interpréter les résultats ? Et surtout, quels sont les facteurs influents et à quel niveau doit-on les fixer pour obtenir les meilleures performances ou parvenir à la production la plus stable ?

Illustrons ceci par deux exemples.

Exemples

Quelle est la combinaison optimale des paramètres pression, intensité électrique et diamètre des électrodes pour réaliser la meilleure soudure de deux pièces métalliques ?

Quelles sont les dimensions et les spécifications à retenir pour un système de freinage avant de valider définitivement les plans pour les livrer à la fabrication ?

On peut évidemment multiplier les essais, mais la tendance dans l'univers économique actuel est à l'efficacité et à la rapidité dans les prises de décision et la mise au point de solutions. La méthode des plans d'expérience est une réponse possible puisqu'elle permet d'optimiser les informations à partir d'un nombre d'essais limités et d'interpréter de façon plus sûre les résultats obtenus.

Cette famille de méthodes s'appuie sur les tests statistiques et l'analyse de variance. Des approches simplifiées se sont développées au cours des années 1980, elles sont connues sous l'appellation de « méthodes Taguchi », du nom de leur promoteur.

LA PRÉSENTATION ET L'INTERPRÉTATION DES DONNÉES ET DES RÉSULTATS AU CŒUR DU MANAGEMENT QUALITÉ

Un entraînement poussé à la *présentation*, à la lecture et à l'interprétation des données est souhaitable tant le responsable qualité, qui est en possession d'informations nombreuses et variées, va devoir tirer des conclusions rapides et les partager avec les autres décideurs.

Le vieil et éternel adage « un bon croquis vaut mieux qu'un long discours » trouve ici toute sa place.

Le bureau d'études, la production, le service commercial et après-vente, le client et le marché sont des fournisseurs d'informations permanents. La capacité de l'équipe qualité à utiliser, traiter, transformer ces données pour en tirer des conclusions et les communiquer aux différents acteurs de l'entreprise repose sur un savoir-faire dont on peut dire qu'il est au cœur des disciplines de la qualité.

Une bonne part de l'efficacité et de la crédibilité de cette fonction provient de son talent pour proposer des améliorations ou des solutions en portant un regard pertinent et différencié sur des tableaux de chiffres ou d'informations, et ainsi véritablement résoudre des problèmes dits « de qualité ».

Essayons de matérialiser cette réflexion à propos de trois façons d'utiliser le visuel pour atteindre son objectif en matière de qualité.

Produire des graphiques lisibles par tous

Histogrammes, chronogrammes, Pareto, graphiques à double entrée sont devenus le pain quotidien du travail des équipes qualité.

Évolution dans le temps
d'un paramètre de production

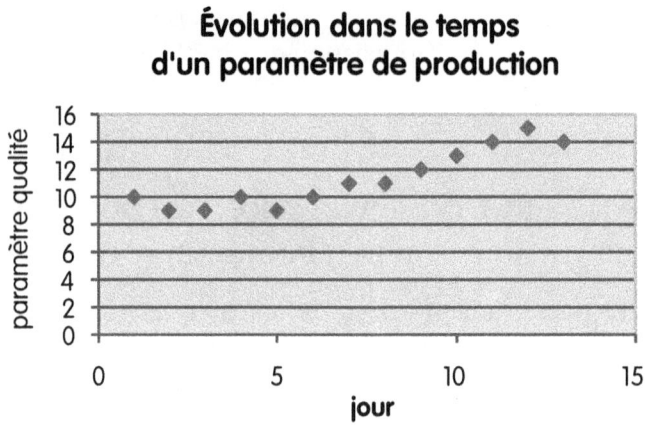

Pareto des incidents qualité
par type de produit

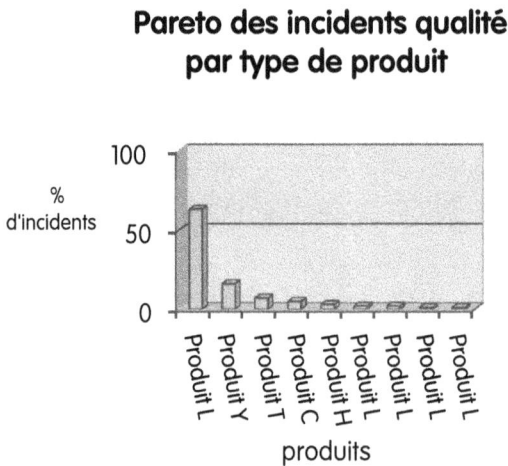

Figure 71 - Deux exemples de graphiques utilisés en qualité

Leur usage pour comprendre les positions des productions, les évolutions des moyennes, la répartition des effectifs et des populations est à systématiser ; il s'agit véritablement d'un fondamental parmi les disciplines de la qualité.

Utiliser PowerPoint lors des comités de direction

L'utilisation efficace d'un PowerPoint pour animer une séquence de partage et de réflexion avec une équipe de responsables est rendue indispensable de nos jours.

Examiner les résultats qualité, proposer des solutions pour résoudre un problème technique ou pour corriger un défaut irritant, voire grave, présent en
clientèle, trouver une réponse définitive à une insatisfaction récurrente d'un
client, tous ces moments de travail sont rendus efficaces lorsque la préparation
est réalisée de façon très professionnelle.

Quelques documents de synthèse bien « sentis » et très démonstratifs préparés
avec un logiciel adapté permettent de tirer des conclusions communes et de
s'engager plus rapidement dans la voie du progrès qui est celle des solutions
plutôt que celle des discussions et des critiques.

Nous citons PowerPoint puisque nous avons vu son usage grandir et se développer. L'important est de faire court, simple et visible.

Cartographier et décrire sous forme de processus

Les années 2000 et la norme d'assurance qualité ISO 9001 ont permis de développer l'utilisation de cette forme de graphique qui donne une lecture globale
du fonctionnement de l'entreprise sous forme de familles de processus.
Chacun a pu apprécier la valeur ajoutée de ce genre de représentation pour
identifier de manière claire quels sont les grands métiers de l'entreprise, quelles sont les grandes séquences de travail qui sont à réaliser et comment en
mesurer l'efficacité.

Cette approche et les travaux collectifs nécessaires pour concrétiser son
impact sont d'autant plus pertinents que la représentation graphique et
l'image, au sens le plus ophtalmologique possible, sont simples, clairs, lisibles,
faciles à commenter. Ce travail de représentation demande un certain talent et
beaucoup d'entraînement. Il s'agit d'un véritable savoir-faire à posséder au sein
du service qualité (voir chapitre 2).

L'ensemble des techniques de représentation graphique et d'usage de visuel de
type papier ou électronique, constitue à n'en pas douter une véritable discipline à posséder. Il n'existe pas, à proprement parler et à notre connaissance,
de module de formation universitaire sur le sujet. Cet apprentissage se fera sur
le tas au sein de l'entreprise. D'autres outils permettent d'aller encore plus loin
en utilisant les techniques d'animation à disposition de chacun sur son poste
de travail, voire dans sa poche !

LA PSYCHOLOGIE ET LA COMMUNICATION POUR AMÉLIORER LE RELATIONNEL

Faire preuve de psychologie et communiquer avec doigté

Il est de toute évidence également indispensable pour un bon exercice du métier de la qualité d'avoir acquis un excellent savoir-faire en matière de *psychologie* et de *communication* : qu'est-ce qui fait avancer l'autre ? Qu'est-ce qui le freine ? Comment s'y prendre pour être convaincant ? Comment présenter les résultats de telle sorte qu'ils soient compris et acceptés ? Quel langage utiliser avec son manager ? Avec le client ? Avec les collègues ? Avec les collaborateurs ? Quelles sont les véritables attentes des uns et des autres ? Quand et comment dire que « ça va » et quand et comment dire que « ça ne va pas » ?…

Tout être humain est en permanence confronté à la fois à lui-même, à ses propres convictions, ses propres envies, ses contradictions et simultanément à celles de tous ceux et toutes celles qu'il fréquente au quotidien pour exercer son métier. La fonction qualité étant souvent considérée comme un mal nécessaire et ne jouissant pas toujours de la reconnaissance qui lui est due, le responsable qualité est plus que tout autre amené à faire preuve de psychologie et d'habileté dans sa manière de s'adresser à ses partenaires, internes en particulier.

Le « jeu diplomatique » interne à l'entreprise est rarement favorable à la qualité. En effet, un patron ou un président de société, hormis en période de crise, est le plus souvent tenté d'arbitrer en faveur de la production, du commercial ou de la gestion financière plutôt que de la qualité.

Quelles sont les bonnes recettes à la disposition du manager de la qualité pour le mettre plus à son aise au quotidien, pour l'aider à convaincre et à exprimer ses points de vue et ses idées « sans haine et sans crainte » pour le bien de son entreprise ?

Les 3 attitudes clés pour réussir

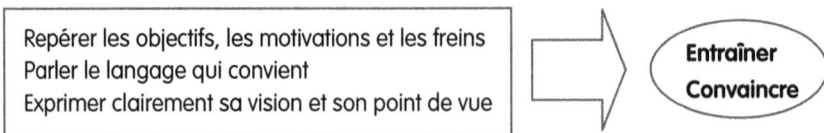

Repérer les objectifs, les motivations et les freins
Parler le langage qui convient
Exprimer clairement sa vision et son point de vue

Entraîner
Convaincre

Figure 72 - Les 3 attitudes clés pour réussir

Repérer les objectifs, les motivations et les freins

En quoi le triptyque OMF (objectifs, motivations, freins) peut-il aider le responsable qualité lors de ses confrontations avec ses interlocuteurs ?

Qu'il s'agisse de conduire une séance de résolution de problème avec un fournisseur, de trouver en interne des solutions de compensation pour un client à la suite d'un incident dont il a été victime ou encore de susciter l'enthousiasme et d'être entraînant, une réponse à cette question est forcément très utile au responsable qualité.

En effet, si je sais quel est l'objectif de mon interlocuteur, ce qui le motive et ce qui constitue un frein pour lui, je suis plus en mesure d'être efficace et constructif pendant la discussion.

> **Exemple du traitement d'un incident**
>
> Si le directeur commercial a pour objectif de limiter le coût, pour motivation de démontrer à son équipe qu'il tient bon devant le client et pour frein « qu'il ne sait pas ce qu'en pense le directeur général », le responsable qualité peut préparer une solution qui tient compte de ces données : répondant aux attentes du client, pas trop coûteuse et acceptable pour les équipes du directeur commercial qui doivent la mettre en œuvre. Il peut garder le dernier levier en réserve, à savoir que le directeur commercial ne sait pas quel est le point de vue du patron. Il pourra l'utiliser habilement pour faire basculer la décision si cela s'avère nécessaire.

L'usage de ce triptyque de base de la psychologie est recommandé pour une bonne pratique du métier de la qualité.

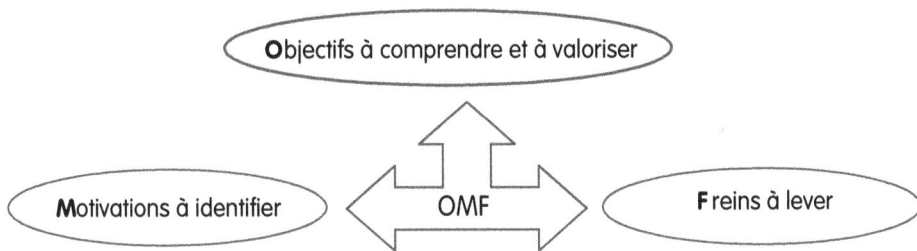

Figure 73 - Le triptyque OMF pour convaincre

Parler le langage qui convient

Le docteur Juran lui-même, dont on sait qu'il a influencé positivement plusieurs générations d'acteurs de la qualité ou de directions générales, recommande dans ses ouvrages et lors de ses conférences pour faire avancer les intérêts de la qualité, de parler avec chacun le langage qui lui convient : avec la direction, parler le langage de l'argent ; avec les ingénieurs, parler le langage de la technique ; avec les commerciaux, parler le langage de la conquête ; avec les opérateurs, parler le langage du travail bien fait et du bon sens…

- La qualité et l'argent : transformer toute préoccupation en coût évité ou en recette supplémentaire avant d'en parler à la direction.

- La qualité et la technique : montrer que cette nouvelle solution pour maîtriser la production est plus robuste et plus maligne que la précédente.

- La qualité et l'esprit de conquête : faire vibrer les commerciaux avec l'idée que la qualité est « une émotion toujours intacte » pour le client, positive ou négative.

- La qualité et les opérateurs : l'amour du travail bien fait demeure une valeur sûre et positive, le gaspillage coûte cher.

Il est possible de compléter l'analyse avec toutes les populations et tous les niveaux de responsabilité dans l'entreprise. Chacun a une sensibilité personnelle et une autre liée à la fonction qu'il exerce. Les équipes en charge de la qualité ont tout à gagner à parler le langage le plus adapté à chacun dans ce grand village que constitue l'entreprise.

Exprimer clairement sa vision et son point de vue

Il est une maxime que nous aimons tout particulièrement : « Être bien avec soi pour être bien avec les autres » que l'on peut tout aussi bien transformer en « Être clair avec soi pour être clair avec les autres. » Le manager de la qualité a le privilège de porter une valeur forte présente dans la vie, dans la société, dans l'entreprise : la qualité.

Comment imaginer que lui-même ne soit pas porteur de l'expression de cette qualité, et qu'il n'ait pas lui-même une vision de ce que serait l'entreprise, son entreprise si la qualité était plébiscitée par tous, clients et collaborateurs comme la valeur numéro UN de leur société ? Comment lui-même voit-il son entreprise idéale ? Quels sont les atouts sur lesquels il est possible de s'appuyer ? À quoi verra-t-on qu'elle est véritablement au sommet ?

Après avoir répondu à toutes ces questions, s'être forgé un credo, le manager qualité est armé pour véhiculer un message fort et s'y tenir. C'est un chemin privilégié pour avoir les idées claires sur la qualité et compléter son armure de glorieux combattant. Ce que nous voulons dire est que la voix de la qualité dans l'entreprise est toujours plus forte lorsqu'elle s'appuie sur une vision, un credo, des valeurs portées par son responsable. Selon nous l'activité du service qualité ne se limite pas à la réponse permanente aux « questions du chef », et au traitement et à la résolution des problèmes.

Faire preuve de psychologie, communiquer avec doigté, telles sont les deux disciplines et les façons de les exercer que nous préconisons pour aller de l'avant et faire prospérer les intérêts du client et ceux de la qualité. Nous avons donné quelques pistes de travail et quelques approches.

> Ces deux disciplines que sont la psychologie et la communication sont des fondamentaux du manager du XXIe siècle.

Le manager de la qualité ne peut pas réussir s'il s'en tient uniquement à l'utilisation de méthodes et d'outils, aussi adaptés soient-ils. Le succès de sa mission repose sur l'apprentissage et la mise en pratique des sciences humaines. Son équilibre, son efficacité et ses résultats s'en trouveront grandement améliorés.

L'ART DE LA NÉGOCIATION

Que ce soit en interne ou avec les clients et les fournisseurs, il est pour le manager de la qualité fréquent de négocier en position dite « de force » ou en position dite « de faiblesse ». Comment alors avancer en protégeant à la fois les intérêts de l'entreprise et ceux du client ?

C'est ainsi qu'au nombre des disciplines auxquelles les différents acteurs de la qualité sont amenés à faire appel, figure en bonne position l'art de la *négociation*.

Tous à la table des négociations !

Les temps anciens ont vu les équipes qualité construire leur crédibilité et être reconnues pour leur capacité à contrôler de manière efficace les productions, à effectuer des missions de rattrapage en clientèle, à définir des critères précis de qualité : « c'est bon, c'est mauvais ».

L'époque récente requiert des mêmes équipes une plus grande capacité d'adaptation aux différentes situations, une certaine souplesse pour modifier des critères de contrôle, une véritable sensibilité pour comprendre les attentes des partenaires variés.

Ce qui était considéré comme une quasi-hérésie, autrement dit discuter de la conformité, le domaine réservé du service contrôle, se transforme peu à peu et l'on attend maintenant du nouveau service qualité qu'il s'asseye lui aussi « à la table des négociations » avec la production, le commerce, la logistique, la conception et qu'il contribue à trouver des solutions. Au fond, on lui demande de passer du ministère de l'Intérieur au ministère des Affaires étrangères !

> Les situations de négociation sont quotidiennes pour le responsable qualité et pour son équipe. Les techniques utiles pour aller de l'avant sont les mêmes quels que soient les métiers : une préparation soignée du dossier, une connaissance des attentes des autres partenaires, une répétition pour se mettre à l'aise.

Comment faire en sorte que le staff commercial prenne en compte l'attente exprimée par les clients par une vraie personnalisation de leur dossier ? Comment s'y prendre pour obtenir du bureau d'études la modification d'une spécification sur une caractéristique d'un produit puisque le plan a été validé en l'état ? De quelle manière obtenir du directeur logistique une meilleure protection des produits pendant les transferts, alors qu'il n'y a pour l'instant aucune réclamation en provenance du réseau commercial sur des problèmes liés au transport ? Cet échantillon de questions pratiques est loin d'être complet. Il montre que la négociation, qu'elle soit appelée science ou art, est un vaste domaine qu'il est indispensable pour les équipes qualité d'investiguer.

Les techniques de négociation : le PDCA revu et corrigé

L'application des techniques de négociation pour avancer vers la situation de « gagnant-gagnant » relève en fait de la même logique que la pratique du PDCA.

La négociation étant souvent itérative avant d'arriver à un accord, le négociateur va s'appuyer sur les 4 phases du PDCA légèrement revu et corrigé.

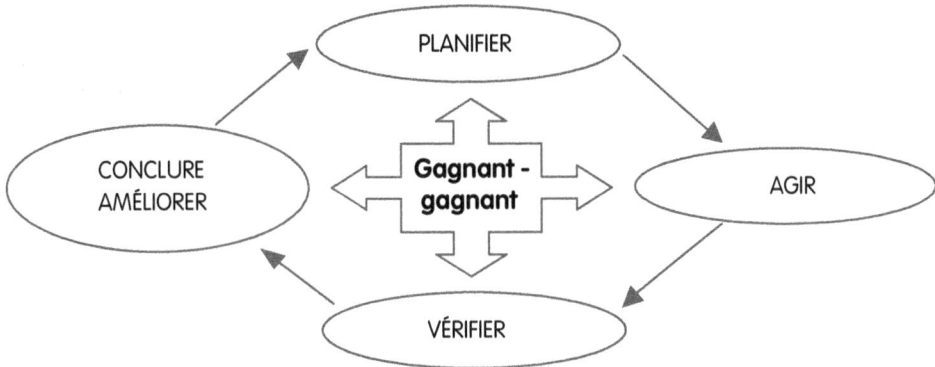

Figure 74 - Le PDCA de la négociation

Pour réussir, le négociateur :

- planifie en se préparant : quelles sont les préoccupations et les motivations de l'autre ? comment présenter positivement le dossier ?

- agit en mettant en pratique ses propositions. Après avoir écouté et rappelé l'objectif commun, il fait l'inventaire avec son interlocuteur des solutions possibles, il en partage les avantages et inconvénients ;

- vérifie après le premier « round » l'avancement de la négociation : ce sur quoi les deux parties sont d'accord, ce sur quoi il faut encore progresser ;

- agit, pour conclure. Il participe à un second « round » pour finaliser et formaliser la solution retenue, satisfaisante pour les deux parties.
  Cette dernière étape est aussi celle du bilan concernant le mode de fonctionnement de la négociation qui permet de s'engager dans une logique d'amélioration continue.
  Enfin l'homme de la qualité, lorsqu'il négocie, ne perdra jamais de vue qu'il est chargé de protéger le client et de rendre service à son entreprise. Tenir cette position est délicat et simultanément passionnant.

L'EXERCICE DE LA PÉDAGOGIE EN 4 ACTES

Le métier de la qualité s'exerce essentiellement de façon transversale dans l'entreprise, en conséquence les messages du responsable qualité doivent toujours être distillés avec intelligence et avec un parfait dosage pour inciter sans imposer, exiger sans contraindre, bousculer sans renverser.

La *pédagogie* s'apprend-elle ? La pédagogie est-elle une science ? Laissons ces réponses ouvertes au plaisir de la dissertation ! Pour aller de l'avant et ancrer progressivement dans les esprits les bonnes pratiques et les bons réflexes, le manager de la qualité fait œuvre incessante de cette discipline fantastique qu'est la pédagogie. Arrêtons-nous sur quatre principes d'action forts et particulièrement utiles : « positiver », répéter, montrer, varier.

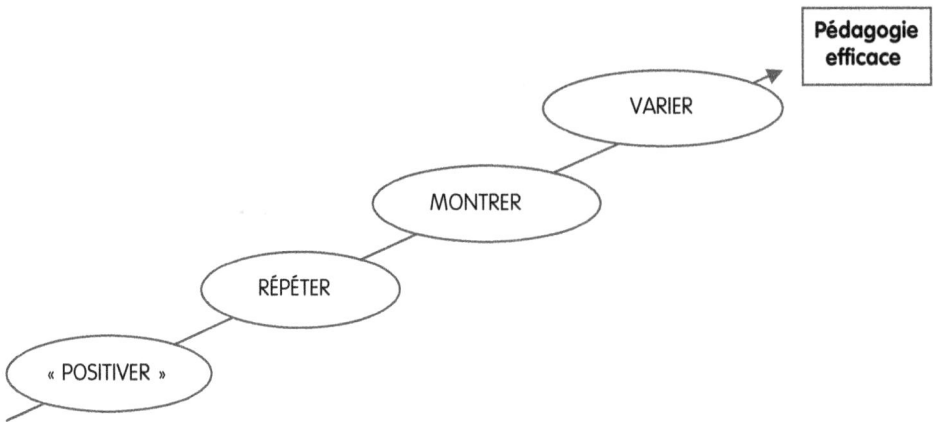

Figure 75 - Les 4 principes d'action pédagogiques de la qualité PRMV

« Positiver »

Il nous est fréquemment arrivé d'entendre : « La qualité c'est la médecine des morts. » Cette affirmation lapidaire vient parfois souligner l'aspect « médecine légale » du travail des équipes qualité qui sont appelées lorsque les incidents sont déjà survenus, pour constater, enregistrer, corriger *a posteriori*.

Le véritable travail en amont s'appuie certes sur les techniques de prévention, mais également sur une approche pédagogique fondée sur la valorisation permanente des résultats positifs, des succès engrangés, des actions petites ou grandes ayant abouti.

> Rappelons-nous ainsi que 95 % de « bons » c'est plus agréable à entendre que 5 % de « défectueux ».

« Les clients sont très satisfaits de notre offre, de notre accueil téléphonique et de notre capacité de réaction » peut être dit ou écrit en premier avant de dire ou d'écrire ce qui ne satisfait pas ces mêmes clients et sur lequel nous devons travailler. Et surtout souvenons-nous de la pédagogie de l'évaluation du collaborateur ou du bulletin de notes de l'étudiant que l'on peut résumer ainsi : si un collaborateur ou un élève a un seul point fort, il est recommandé de valoriser celui-ci et de le questionner pour l'amener à améliorer ce point fort, et surtout utiliser cet ancrage positif pour qu'il trouve par lui-même comment être meilleur sur ses points dits faibles.

En toutes circonstances, il est très important que le responsable qualité et son équipe se positionnent de cette manière, de telle sorte à être perçus comme de véritables acteurs du progrès, en particulier dans leur attitude face aux nombreuses situations délicates rencontrées au quotidien.

Répéter

Ceux pour qui la pédagogie est un métier, à l'instar des enseignants, savent que la répétition, bien dosée, constitue un des outils majeurs pour faire entrer de manière définitive un message ou une information dans les têtes, ou installer définitivement une pratique au sein d'une équipe.

Diverses expressions connues le confirment : « Il fait ses gammes », « Il répète sa présentation », « Vingt fois sur le métier remettez votre ouvrage ». Ainsi le manager qualité ne manquera jamais de dire et de répéter que « la prévention c'est mieux que la correction », qu'un « lieu de travail bien rangé permet d'éviter certaines erreurs », que « plus on fait simple, moins on a d'ennuis », que « se mettre à la place du client est le seul comportement intelligent ».

L'idée de la répétition ne s'arrête pas à l'usage régulier de ces bons principes et de tant d'autres. C'est assurément en pratiquant régulièrement certains audits que des améliorations peuvent être apportées sur des dysfonctionnements gênants. C'est en renouvelant des analyses du type Amdec que les équipes de production s'habituent à se poser les bonnes questions de la prévention et à trouver des parades à l'apparition de certains défauts. C'est en balayant systématiquement les listes d'incidents et leurs causes que les opérationnels acquièrent les bons réflexes et s'attaquent aux racines des défauts.

> L'art de la répétition peut certes paraître fastidieux. En matière de qualité il demeure un puissant moyen pédagogique pour installer durablement de bonnes habitudes.

Montrer

Le succès du « management visuel » est sans aucun doute un excellent exemple de l'idée selon laquelle montrer, rendre visible, exposer, mettre en évidence visuellement est un puissant moyen pour transmettre une information et agir sur les esprits.

L'efficacité de l'action de montrer ne s'arrête pas à l'aspect visuel. Il est possible de montrer « en faisant avec l'autre », en réalisant par exemple un diagnostic à deux avec un collaborateur du service qualité, ou en l'accompagnant sur une étude ou lors d'une présentation.

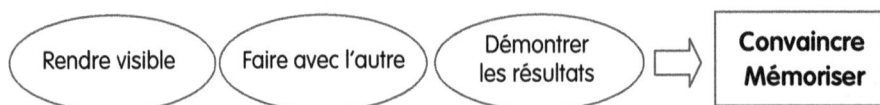

Rendre visible → Faire avec l'autre → Démontrer les résultats ⇒ **Convaincre Mémoriser**

Figure 76 - L'art de montrer pour convaincre

Le responsable qualité a de multiples occasions de « montrer » à ses troupes et à tous les collaborateurs pour les aider à progresser. Il est tout aussi intelligent de rendre visite à des clients avec un collègue de la production pour qu'il ait la possibilité d'entendre la voix des utilisateurs plutôt que d'essayer de convaincre ce même responsable du bien-fondé d'une solution nouvelle uniquement sur la base de son dossier. Il s'agit là d'une autre façon de « montrer ».

Dans le domaine de la qualité, perçu parfois comme insuffisamment proche du terrain par d'autres services, montrer concrètement par des résultats quantifiés, par des présentations visuelles, par des graphiques affichés sur les lieux de production, faire témoigner des clients, expertiser les produits, sont des moyens pour installer des réflexes et des attitudes positives chez les autres acteurs de l'entreprise.

> La pédagogie de la qualité est celle du dessin accompagnant la présentation, celle de l'affichage s'ajoutant à l'exhortation, celle de la démonstration venant compléter l'explication.

Le fait de montrer pour expliquer et parfois convaincre a un autre effet, celui d'aider à la mémorisation. La finalité en matière de pédagogie étant de voir l'autre « faire comme on lui a montré ». Nous touchons là au saint des saints de la pédagogie : c'est en faisant que l'on apprend et que l'on retient le plus. La maxime « montre-moi comment tu fais » adressée à l'apprenant par le « maître » permet souvent de valider de manière forte l'acquisition du savoir par l'élève.

Varier

« Tout lasse et tout passe ! » Et souvent très vite.

Changer pour maintenir l'intérêt constitue une autre alternative pédagogique pour le responsable qualité. Lui et ses troupes peuvent modifier leurs façons de présenter des résultats. Ils peuvent surprendre et attirer l'attention en soulignant les performances tantôt d'une équipe et tantôt d'une autre dans les tableaux de bord et lors des présentations en interne : la production, puis le commercial, les études, le SAV, les ressources humaines…

De la même manière, il est bon d'attirer l'attention sur les efforts à accomplir aussi bien par les uns que par les autres, mais pas toujours par les mêmes.

Il est souhaitable également de faire bouger le casting si la taille du service qualité le permet, en faisant intervenir des personnes différentes lors des réunions qualité, cela crée un intérêt soutenu, une curiosité supplémentaire pour les participants. Le degré d'écoute est renouvelé et il est ainsi possible de continuer à faire passer les mêmes messages ou des messages différents avec un impact correct.

Le danger est toujours présent pour le responsable qualité de lasser en répétant toujours les mêmes litanies et toujours de la même façon. Qu'il n'hésite donc pas à varier ses façons de faire, de dire, d'agir, de présenter, de communiquer. Ce sont autant de moyens à sa disposition pour être efficace.

Chapitre 22

24 heures d'un responsable qualité

Disons-le tout de suite, même s'il s'agit d'une vérité tout à fait banale pour beaucoup d'activités, 24 heures ne suffisent pas au responsable qualité !

6 H 00 À PARIS

Il est minuit à Montréal, 11 heures du matin à Bangalore. Le responsable qualité s'éveille.

Quelles sont ses premières pensées et comment envisage-t-il cette journée très ordinaire et par conséquent très remplie ?

Nous sommes le 12 décembre.

Les deux unités de production canadienne et indienne tournent, l'une à plein régime, celle de Bangalore, et l'autre, celle de Montréal, tente d'occuper les quelques équipes restantes, 3 jours par semaine.

L'unité nord-américaine ne survivra pas : ses produits et processus sont anciens et surtout, elle présente le handicap majeur d'avoir des coûts élevés.

Le responsable qualité de cette société a 43 ans, il est en pleine forme intellectuelle et physique.

Il le faut, car il se déplace 2 fois par mois sur les principaux sites français et étrangers et quand il est au siège social, ce n'est pas de tout repos. Son patron, comme beaucoup de patrons, est managé par des actionnaires sans visage et sans nom. Son unique préoccupation lorsqu'il se réveille le matin, est : « Vais-je réussir à sortir le cash ? » Et peut-être également… « Comment sauver mon siège finalement confortable ? »

Alors, lorsque le responsable qualité imagine son entrée dans le bureau du boss, il entend déjà les questions qui vont lui être posées : « Quand va-t-on sortir le nouveau produit, nous avons déjà six mois de retard, et 300 millions d'euros de décalage de recette ? Et vous savez mon cher Léonard (c'est le prénom du responsable qualité) que ce sont des soucis de qualité qui sont à l'origine de ce retard ? »

En songeant à ce rendez-vous, ce matin, pendant qu'il absorbe une boisson vitaminée, sans laquelle il ne pourrait être vigilant tout au long de la journée, Léonard sourit.

Il a un brin de philosophie qui le sert pour tenir la fonction. Il est vrai que le site français auquel on a confié la fabrication du nouveau produit qui tarde à être au point, a été choisi pour des raisons sentimentales autant que techniques.

Et les managers non seulement ont la tête sous l'eau, mais également, culpabilisent. Léonard le sait, c'est pour cela qu'il sourit, par solidarité.

Combien de fois s'est-il levé le matin en se demandant comment il pourrait aider, avec son équipe, cette usine à se « désembourber ».

Léonard a son vocabulaire à lui, cela fait partie de la pédagogie qu'il utilise dans le travail, et en même temps, cela lui sert de psychothérapie.

Le langage technocratique et la qualité ne font pas bon ménage, c'est son sentiment.

Le rendez-vous chez le patron, voilà sa principale préoccupation de la journée.

Il y a aussi le dossier de son assistante personnelle qui est absente depuis plusieurs mois : elle déprime. C'est une collaboratrice en or. Comment la récupérer ? Il doit sans doute décider aujourd'hui de son remplacement avec la direction des ressources humaines. Et puis, également, toutes les évaluations de fin d'année à planifier et les discussions à finaliser concernant les augmentations salariales.

Il sourit à nouveau… À 14 h 30, c'est le comité de direction et la préparation du séminaire des managers. Quels sont les sujets qu'il va proposer pour mettre en évidence les progrès réalisés en matière de qualité ?

6 h 30 : trouver trois sujets pour le séminaire des managers

Les avancées ne manquent pas, les questions à partager également, il n'y a que l'embarras du choix. C'est une des difficultés de Léonard, il a du mal à résumer, à faire court.

Son patron utilise une formule pour inciter chacun à se concentrer sur l'essentiel : « Je veux trois thèmes uniquement. »

Pourquoi trois ? Léonard n'a jamais osé demander. Finalement, cette exigence lui convient. Il pratique maintenant sa revue mentale personnelle tout en croquant sa traditionnelle pomme matinale, et il finit son café.

Il tient ses trois sujets, ceux qu'il va proposer en comité pour les présenter lors du congrès.

Il connaît déjà le résultat : si le patron est de bonne humeur, il acceptera l'ensemble, avec quelques retouches bien sûr. Si, au contraire, il est contrarié, et c'est le cas deux fois sur trois, Léonard va devoir revoir sa copie de manière importante. Il sourit une nouvelle fois, tout en rangeant la cuisine.

Cette fois-ci, c'est en pensant à ses collègues du comité de direction et à leurs commentaires à propos du point de vue de leur patron.

Il les imagine à la sortie de la séance :

Gilbert, le patron des opérations, toujours les deux doigts sur la couture du pantalon, fidèle parmi les fidèles du chef : « Il a raison, on ne peut pas se plaindre qu'il n'y ait pas assez de partage dans notre équipe et ne pas être là lorsqu'il organise des séances de travail. »

Jean-Michel, le directeur commercial… et son ego : « Vous avez vu, il a adopté mon point de vue à propos des actions marketing qui sont trop dispersées, j'en étais sûr. »

Julie, la DRH, qui va encore expliquer aux autres à la sortie « qu'on ne sait pas embaucher, qu'on ne la consulte pas assez et que le patron l'a suivie pour ce qui est de la politique salariale de l'année à venir. »

« Et moi, se dit Léonard, la qualité de toute façon, ça n'intéresse le chef que lorsqu'il y a risque, je représente la médecine des morts ! Je vais donc proposer les trois sujets suivants :

1. La réussite de la politique de délégation de conformité aux fournisseurs locaux dans les pays majeurs.

2. La diminution des retours clients avec la mise en place des essais unitaires sur les produits sensibles.

3. Et surtout, le projet "Trois ans pour être au sommet". »

Il se dit que ce dernier sujet qui concerne la qualité des produits haut de gamme, saura faire briller les yeux du chef. En effet, ce sont des produits nouveaux dont le chef a poussé lui-même le lancement.

En démarrant son véhicule, Léonard se dit qu'il a atteint son premier objectif de la journée : se préparer mentalement et faire le parcours complet des travaux qui l'attendent.

7 H 30 DEVANT LE SIÈGE DE LA SOCIÉTÉ

Léonard entre dans la tour de 22 étages du quartier de l'Attack qu'il connaît bien depuis douze ans qu'il est salarié dans la société.

Avant la mission sur la qualité, il s'est usé, selon ses propos, comme adjoint logistique ; *World Wide supply chain manager*, ça le fait marrer ce nom ronflant pour une mission de « démerdologie » permanente !

C'est sans doute parce qu'il a réussi et également pour son tempérament optimiste qu'on lui a confié la qualité il y a maintenant cinq ans.

Il a tout appris, et vite, sur le tas, avec une formation à l'extérieur pour partager sur les pratiques, bonnes et mauvaises, et progresser dans la connaissance du métier.

Il croise Raymond, son vieux complice des finances, embauché en même temps que lui :

    – T'as vu le chef hier, comment est-il ?

    – Il est comme la marge, en chute libre lui répond Raymond avec une moue expressive.

    – Pour quand veux-tu le budget définitif concernant la qualité ?

    – Pour la fin de la semaine, ce serait bien.

– OK, Raymond.

– Zut, se dit Léonard, je vais devoir travailler ce soir.

7 h 30 : penser à finaliser le budget qualité

Comment vais-je faire pour le conseil de classe de Florie ? Si c'est demain, ce n'est pas mieux, il y a le théâtre avec Charlotte.

Il a juré à son épouse qu'il se libérait pour ce spectacle… Bon, le voilà avec une charge mentale supplémentaire.

8 H 00 DANS LE BUREAU DU 6ᴱ ÉTAGE

Pendant qu'il regarde par la fenêtre le mouvement brownien des véhicules dans le labyrinthe du quartier de l'Attack, il se rassure en voyant le soleil se lever à l'horizon.

En voilà au moins un qui est constant, se dit-il en pensant aux innombrables changements permanents avec lesquels il faut vivre dans l'entreprise.

La douce musique de l'ordinateur le tire de sa rêverie : il peut très vite découvrir ses mails. Il consulte « sa boîte à cafards », c'est ainsi qu'il appelle son outil de travail électronique.

Une information dans la partie « Objet » du 27ᵉ mail non lu attire son attention : « C'est la dernière fois. »

Évidemment, lorsqu'il consulte l'identité de l'interlocuteur dans la rubrique « Nom », son sang ne fait qu'un tour. Il s'agit de Gilbert, le patron des opérations, chouchou du chef, béni-oui-oui de première classe. D'ailleurs le chef est en copie…

Gilbert reproche à Léonard les décisions prises la veille dans le site de Normandie par le responsable qualité local. Ce dernier a bloqué les produits à la sortie de l'usine. Le client est fou furieux de ne pas pouvoir être livré sous 48 heures. « Je dois absolument voir Gilbert avant le Comité, pense Léonard. Sinon, il va me "pourrir" ma présentation. »

8 h 00 : sauver la situation en interne !

La lecture de l'agenda électronique lui confirme que Gilbert n'a qu'un quart d'heure de libre entre 14 h 15 et 14 h 30, 14 h 30 c'est l'heure du comité.

Il ne veut pas attendre ce moment peu favorable à une discussion polémique, il décide donc de l'appeler, pour au moins crever l'abcès tout de suite.

L'entretien téléphonique avec Gilbert est bref. Bien préparé et sûr de lui, Léonard oblige Gilbert à battre en retraite...

Cette histoire matinale lui a fait perdre du temps et déjà de l'énergie. Léonard souhaite maintenant peaufiner son entretien personnel avec le boss qui se déroule de 11 h 30 à 12 h 30.

Mais avant tout cela, il est indispensable d'appeler le responsable qualité de l'usine normande qui a dû en entendre de toutes les couleurs. Léonard souhaite lui témoigner sa confiance et son soutien.

9 H 30 LÉONARD PRÉPARE SON RENDEZ-VOUS

Léonard s'est aperçu avec le temps que la préparation, en matière de qualité, est la clef du succès. Il applique donc ce principe à toutes ses actions et à toutes ses initiatives, qu'elles soient professionnelles ou personnelles. Et ça marche !

Il a donc demandé à sa direction, qui est aussi son responsable hiérarchique, trente minutes pour préparer le comité de direction du soir.

Il liste donc les trois faits marquants du semestre et de l'année écoulée concernant la qualité dans le groupe, et les deux questions qu'il souhaite poser à son patron. « Mieux vaut, se dit-il, être le poseur de questions que celui qui les reçoit. »

En particulier, il souhaite écouter son opinion sur la façon dont sont traités les incidents depuis quelques mois.

Léonard estime que la dégradation actuelle est dangereuse, le taux de réclamations pour incidents non traités ou mal traités qui augmente depuis six mois est inquiétant.

9 h 30 : préparer sa réunion

Qu'en pense le chef ? et qu'attend-il de moi ? Voilà 2 bonnes questions pour un patron, pense-t-il.

Enfin, il prépare une suggestion pour montrer son implication et son engagement dans la société. Et bien sûr, il vérifie rapidement que son dossier chiffré est complet. Le sacro-saint tableau de bord indispensable est prêt pour discuter avec

© Groupe Eyrolles

des chiffres et des faits. Sa clef USB est chargée, il montrera les tableaux sur l'écran de son ordinateur. Cette façon de faire est très professionnelle, se dit-il !

11 H 00 LÉONARD DISCUTE AVEC L'USINE

Léonard vient à peine de terminer ce travail lorsque son assistante, dont il partage les services avec le directeur financier, lui passe une communication urgente : le responsable qualité du site de Normandie appelle au secours. De toute façon, il avait prévu de l'appeler...

11 h 00 : rassurer et s'impliquer

La conversation se conclut par l'engagement de Léonard de se rendre sur le site dès le lendemain pour aider à définir et lancer un plan d'actions robuste, et soutenir les équipes. Il pourra surtout montrer, dès cet après-midi, en comité de direction à Gilbert que l'incendie est sur le point d'être maîtrisé. D'ailleurs, d'après les informations en sa possession, la responsabilité des incidents incombe largement à la production qui a bousculé les plannings et déplacé le personnel sans précautions suffisantes d'un atelier à l'autre. Ça va être chaud avec Gilbert...

11 H 30 LÉONARD ENTRE DANS LE BUREAU DE SON CHEF

Le chef est tendu, cela se voit. Mais le chef est poli, policé même. Il demande à Léonard de lui présenter sa synthèse. Ce qu'il fait, de manière très appliquée. Léonard lui pose ses deux questions.

À la question concernant les incidents, il obtient une réponse de chef : « Léonard, vous savez combien je suis attaché à ce que les incidents soient traités de manière rapide et efficace. C'est un signe de grande maîtrise, à la fois rassurant pour les clients et les commerciaux, mais également pour l'ensemble des managers. Que diriez-vous de nous fixer un objectif ambitieux pour l'année prochaine ? Vous pourriez en piloter la réalisation, et soyez assuré de mon soutien. »

« Au fond, se dit Léonard, j'attendais qu'il me propose de s'impliquer, d'intervenir en comité, qu'il montre plus son envie d'aller de l'avant. Le résultat est que je me retrouve avec un chantier supplémentaire à mener. J'ai encore beaucoup à apprendre. »

Vient enfin le dessert ! Le patron de Léonard l'interviewe sur cette fameuse production tant attendue, et qui tarde à sortir. « Où en est-on, et quand vont sortir les premiers lots conformes ? »

Léonard est outillé, il a un dossier en béton pour expliquer le passé récent, il a tous les éléments pour exposer les différents jalons restant à franchir avant le feu vert pour livraison en clientèle. Son patron l'écoute avec intérêt. Il semble rassuré sur la qualité du travail fourni et sur la méthode utilisée. « OK, Léonard, cela me convient, je vous demande de me faire un rapport chaque fin de semaine jusqu'au démarrage et de me tenir informé de toute difficulté particulière sur l'avancement de votre chantier. Voyez avec Christelle, mon assistante, comment vous pouvez me passer cette synthèse hebdomadaire. »

11 h 30 : communiquer avec son responsable

Après quoi, Léonard écoute religieusement son patron lui expliquer qu'il l'a trouvé performant cette année encore, et c'est la raison pour laquelle il lui propose la même augmentation que l'année dernière. Concernant le bonus des managers, il lui est acquis à 110 % puisque ses résultats personnels et ceux de l'entreprise sont au-dessus de l'objectif.

En quittant le bureau du chef, Léonard a le même sentiment que d'ordinaire : « Je repars avec du boulot supplémentaire, il est content de moi et de mes résultats, mais il ne le montre pas. C'est une belle machine, mon chef… Quant à son point de vue sur l'importance de la qualité… En tout cas, c'est lui qui me paye et c'est déjà quelque chose. »

12 H 30 LÉONARD DÉJEUNE AVEC SON ASSISTANTE DÉPRIMÉE

Véronique n'a plus d'assistante que le nom depuis quelques semaines. Pour dire la vérité, c'est Léonard qui l'assiste en ce moment.

Son objectif, au cours du repas, est de l'écouter et d'essayer de lui tracer un programme allégé pendant trois mois. Léonard a bien compris que Véronique a besoin de lever le pied pour passer cette période difficile. Il va s'organiser pour travailler avec une intérimaire.

12 h 30 : rassurer son assistante déprimée

Véronique accepte la proposition de Léonard. Elle travaillera à mi-temps pendant six mois.

13 H 30 LÉONARD PRÉPARE LE COMITÉ DE DIRECTION

C'est une bonne et vieille habitude à laquelle il est très attaché. Il l'appelle son heure de vérité, celle pendant laquelle la tension monte et pendant laquelle il se concentre et se décontracte, comme au temps où il pratiquait le rugby de compétition et où il se mettait en condition avant de rentrer sur le terrain. Que fait-il pendant cette heure ? Quelles sont les tâches qu'il a listées ? Préparer avec Véronique le document électronique à visionner et le support papier à remettre.

13 h 30 : passer en revue les sujets à traiter et peaufiner son argumentaire

Imaginer, toujours avec son assistante, les attentes et les objections de chacun des membres du comité de direction, ses collègues donc, et le président bien sûr. Aujourd'hui, il y a un clignotant sur le nom de Gilbert.

Léonard teste ses arguments pour contrer Gilbert qui fait preuve d'une mauvaise foi évidente dans cette affaire. Peut-être même saura-t-il le convaincre que leur intérêt commun est de travailler ensemble pour avancer intelligemment.

Relire le programme du comité.

Prendre un café serré. Léonard aime ce moment, celui du café. Le tiramisu, c'est après le comité, quand la tension est retombée.

14 H 30 LÉONARD PARTICIPE AU COMITÉ DE DIRECTION

Son patron lance la réunion : « Trois sujets sont à l'ordre du jour : le lancement du nouveau produit, le séminaire des managers, les rémunérations de l'année à venir. »

14 h 30 : gérer les conflits

Concernant le lancement du nouveau produit, Léonard doit essuyer une attaque en règle du directeur commercial : « C'est toujours pareil, au moment du lancement d'un produit nouveau, la qualité est un frein plus qu'un moteur… »

Léonard prépare une réponse très factuelle, et surtout, il lâche cette phrase qui fait mouche : « Chacun d'entre nous ici sait bien que la qualité ne s'achète pas à crédit, il faut la payer d'avance… »

Son patron compte les points, puis il sourit.

À propos du séminaire de janvier prochain et de sa préparation, Léonard présente les points clefs qu'il souhaite aborder et défend son argumentaire. Son patron lui donne le feu vert avec un large sourire. Il y a un dicton qui court : « Quand le patron a un large sourire, le chemin est étroit mais ouvert, quand il esquisse un léger sourire, c'est qu'il ne faut pas y aller ! »

Comme à l'accoutumée, les rémunérations sont fixées par la DRH. Et une nouvelle fois, la discussion tourne court.

16 H 30 LÉONARD QUITTE LE COMITÉ DE DIRECTION

En regagnant son bureau, Léonard commence par féliciter son assistante pour la qualité du travail de préparation fourni, cela lui a permis, lui dit-il, de parfaitement maîtriser sa participation au comité de direction. Véronique l'interrompt : « Vous devez rappeler le site de Normandie, ça ne s'arrange pas, ils ne sont toujours pas calmés du côté de la production. »

16 h 30 : tenter encore d'éteindre l'incendie

Léonard s'exécute donc, rassure à nouveau son responsable qualité local, puis s'assure avec son assistante que le dossier « Normandie » est prêt. Léonard fera la route en voiture, il y a un risque, la météo étant peu clémente, mais il veut être seul pendant le voyage.

17 H 00 LÉONARD PRÉPARE L'ENTRETIEN ANNUEL DE PAUL, RESPONSABLE QUALITÉ FOURNISSEUR

Pour certains de ses collègues, ces entretiens sont une corvée. Pour lui, il s'agit d'un plaisir, même quand ils sont compliqués à gérer.

17 h 00 : gérer son équipe

Léonard dit souvent : « C'est un moment privilégié pour partager les points de vue, faire le bilan de l'année, écouter attentivement et comprendre les attentes des collaborateurs. C'est aussi l'occasion d'écouter des suggestions. »

Ce que Léonard préfère, c'est entendre de la bouche de certains de ses collaborateurs des questions sur sa façon de fonctionner à lui, voire des propositions pour être plus sereins et efficaces au sein de l'équipe qualité. En fait, Paul a demandé à avancer son rendez-vous d'une semaine. Paul c'est tout le contraire de Léonard.

Paul est un hyper rationnel, un cerveau gauche. Pour lui, tout se mesure. Pour lui, si tout le monde fait son travail, tout doit bien aller. Pour Paul, ce que l'on demande aux fournisseurs, c'est de livrer des produits bons, à l'heure et au bon endroit ! Enfin, Paul n'aime pas les entretiens de fin d'année : « Ça ne sert à rien, c'est toujours la même chanson. » Léonard sourit, il aime beaucoup le caractère entier de Paul, il lui rappelle son père.

En synthèse, Paul a parfaitement rempli sa mission cette année, son heure de gloire étant d'avoir réussi à franchir le cap fatidique des « moins de 3 pour 1 000 » de retour avec les fournisseurs critiques. La seule ombre au tableau de Paul, ce sont les incessants commentaires peu élogieux de ses collègues et même de certains fournisseurs à propos de son « sale caractère ». À 56 ans, Paul pourrait relever un dernier gros challenge. Léonard souhaite lui proposer une formation pour l'aider à établir des relations plus positives avec son entourage. « Ce n'est pas gagné, se dit-il… »

17 H 30 LÉONARD S'ENTRETIENT AVEC PAUL

– Paul, tu sais combien je suis heureux chaque fois que je peux te rencontrer pour évoquer les résultats de l'équipe qualité, les tiens en particulier, et imaginer le futur, nos espoirs et nos ambitions.

– Tu sais que ce n'est pas trop mon truc les grandes conversations. J'aime bien échanger autour de nos idées, mais concernant mon bilan, tu fais vite, j'ai l'habitude !

– Je préfère que tu le fasses toi-même, dis-moi ce que tu as aimé et réussi, en t'appuyant sur ta feuille d'objectifs pour l'année. Côté fournisseur, même la production, pourtant avare de compliments, souligne qu'elle est moins ennuyée sur les sites avec les livraisons. Puis, tu me diras ce que tu as moins aimé, on fera ton PDCA à toi.

17 h 30 : aider son bras droit à se dépasser

Et Paul retrace son année rapidement, l'amélioration des résultats fournisseurs qui s'était déjà dessinée au second semestre de l'année précédente, grâce notamment aux rencontres systématiques trimestrielles avec le top 5 des fournisseurs majeurs ; au cours de ces séances, Paul et ses deux collaborateurs passent en revue tous les incidents avec leurs homologues, leurs causes, et les plans d'action en cours pour les éliminer.

> *Et si on faisait la même chose avec le top 10 cette fois, on serait encore meilleurs,* **lance Léonard**. *À qui pourrais-tu confier le pilotage de ce chantier ?*
>
> *À toi,* répond Paul dans un grand éclat de rire.

Léonard est ravi de voir Paul se lâcher ainsi, c'est bon signe, cela témoigne de son état d'esprit actuel, plus positif et plus ouvert.

La suite est une agréable surprise pour Léonard, Paul acceptant volontiers de faire un travail sur lui-même, en particulier de suivre cette formation à laquelle pense Léonard.

> *Qu'est-ce que tu dirais de celle-ci : « Être bien avec soi pour être bien avec les autres. » D'après la notice, l'objectif est de s'accepter tel que l'on est et d'accepter les autres tels qu'ils sont également, de lâcher prise par rapport à certaines exigences personnelles. Nul n'est parfait, Paul, et les fournisseurs non plus d'ailleurs.*

Pour l'année à venir, les deux hommes se mettent d'accord sur la feuille de route de Paul. Ils se quittent sur un regard complice, et Paul se dit qu'il finirait bien sa carrière avec Léonard comme chef.

18 H 30 Léonard fait une pause active

Comme pour tous les cadres méritants, la fin de la journée est généralement le moment qui permet à Léonard de respirer, de consulter quelques e-mails, ceux qui se sont accumulés depuis quelques semaines. En fait, aucun message préoccupant, sinon celui de Raymond, le directeur financier qui lui rappelle qu'il compte sur lui pour lui transmettre le budget qualité pour la fin de la semaine. Léonard fait la moue : « Quand vais-je caser ce boulot ? Tant pis, j'appelle Suzy… » Et voilà Léonard en train de négocier avec son épouse. Il en a au minimum pour 2 heures de travail ce soir et encore deux autres jeudis. Son épouse va aller au conseil de classe, à 19 h 30. Et demain, pour la sortie en ville avec elle, si jamais il rentre trop tard de Normandie, ce sera une nouvelle négociation, cette perspective le contrarie.

18 h 30 : anticiper les événements

Il reste à Léonard une tâche à effectuer avant de rentrer chez lui. En effet, il doit s'assurer qu'il dispose de toutes les informations pour pouvoir finaliser son budget de l'année à venir. Il soupire.

Philippe, le responsable qualité clients, fort consommateur d'enquêtes de satisfaction et de tests en clientèle n'a pas rendu sa copie. Son budget est très important en chiffres et aussi en impact, puisqu'il s'agit de prendre en permanence la température de la qualité de manière objective auprès des clients. Malgré plusieurs relances, Philippe ne s'est pas manifesté. Léonard décide de le rappeler. Il est sur messagerie. Lorsqu'il quitte son bureau, Léonard est contrarié.

19 H 15 LÉONARD APPLIQUE LA MÉTHODE DES 5S : SOUFFLE, SOUPIRE, SOMNOLE, SÉPARE, SOIS

Maintenant dans sa voiture, Léonard écoute les nouvelles. « La grève des transporteurs routiers se poursuit, elle touche maintenant toutes les régions, en particulier l'Ouest et la Normandie, jusqu'alors épargnées. » Léonard imagine déjà sa journée du lendemain et le stress supplémentaire engendré par l'état de la circulation pour aller en Normandie et en revenir.

19 h 15 : appliquer les 5S

Et maintenant, il a mis la radio sur France Musique. Il *souffle*, il sait le faire, il l'a appris pendant ses séances de relaxation. Puis, il *soupire*, c'est son truc à lui, sa mère lui disait toujours : « Pourquoi soupires-tu ? » Après avoir culpabilisé, il s'est rendu compte que soupirer lui faisait du bien. Un peu plus tard, une fois chez lui, il *somnole*, seulement vingt minutes, un vrai bonheur. Le voilà de nouveau plein d'énergie. Léonard utilise son quatrième « S » pour participer au repas familial. Il *sépare* les préoccupations, et se consacre à 100 % à son rôle au sein de sa famille. Enfin, beaucoup plus tard, il s'occupera de lui. « Léonard, ainsi *sois*-tu », c'est sa formule.

C'est son premier chef qui l'avait encouragé à être lui-même : « Fais du Léonard, lui disait-il, c'est là que tu es le meilleur. »

22 H 00 LÉONARD SE PASSIONNE POUR LE BUDGET DE L'ANNÉE À VENIR

La préparation du budget est toujours pour Léonard un moment particulier. Ce n'est pas une tâche qu'il affectionne, c'est néanmoins un moment de réflexion important dans son agenda et il y consacre une énergie et un engagement certains.

La rubrique que Léonard a le plus de plaisir à renseigner est celle des investissements. Ce soir encore, devant son écran d'ordinateur, il sourit. En fait, depuis qu'il exerce la fonction, les seuls investissements pour lesquels il a eu du succès auprès de son patron sont ceux destinés à valider le nouveau produit qui tarde à sortir.

22 h 00 : prendre sa casquette de gestionnaire

Il sait que cette année il va avoir beaucoup de mal à obtenir les 300 000 € nécessaires à la rénovation du système d'information qualité. « Eh bien, au train où vont les choses, c'est peut-être mon successeur qui aura le privilège de mener à bien ce projet ! Mais qu'à cela ne tienne, je le propose… »

Dans la rubrique « masse salariale », Léonard fait sa simulation à budget zéro. Il aurait bien aimé renforcer la fonction « gestion de la qualité », mais ce n'est pas dans l'air du temps d'augmenter les effectifs. Il fera du Monopoly, comme d'habitude, en déplaçant un collaborateur intéressé d'une usine vers le siège, sans le remplacer.

Le patron a demandé à chacun de faire un effort sur les achats de prestations qui ont explosé (+ 25 % en deux ans). Léonard a l'habitude d'utiliser les services d'un cabinet de conseil pour préparer certaines échéances telles que les certifications qualité nombreuses qu'il doit conduire. Cette année, il rapatriera une partie de ces travaux en interne.

Il est déjà minuit passé et Léonard se dit que pour aujourd'hui, c'est bon, il a besoin de souffler, à nouveau !

0 H 30 LÉONARD FINIT SA JOURNÉE

Après les deux heures passées devant l'ordinateur, Léonard a du mal à trouver le sommeil. Bientôt pourtant, il finit par s'assoupir.

De quoi sont faits les rêves d'un directeur qualité ? Ceux de Léonard, cette nuit, l'emmènent dans la belle histoire du monde sans incident interne, sans réclamation client, avec une maîtrise parfaite de la prévention, où chacun propose des améliorations, dans lequel le patron est d'une exigence et d'une exemplarité uniques en matière de qualité, où les actionnaires sont plus attentifs à la qualité des produits et prestations qu'au cours de l'action de la société. Une voix soudain le réveille : « Mais tu rêves mon vieux Léo ! » Il regarde l'heure sur son réveil électronique, il est seulement 1 h 30 du matin. « Il serait temps de rêver d'autre chose », pense-t-il. Et puis ce réveil qui l'angoisse, ce départ vers la Normandie demain matin, et le chemin pour y accéder qui risque d'être critique…

Léonard a vite trouvé le sommeil, à nouveau.

Cette journée se termine enfin.

0 h 30 : lâcher prise !

Lorsqu'il formera son successeur, Léonard lui transmettra probablement avec conviction ses trucs à lui pour réussir dans la fonction. Il en a trois, il les a utilisés au cours de la journée à plusieurs reprises :

Réussir ses 24 heures de responsable qualité

ÊTRE toujours très bien préparé, un dossier d'éléments factuels toujours à disposition et les objections possibles traitées : « Un responsable qualité bien préparé, c'est le succès assuré. »

RASSURER le patron sur la qualité perçue en clientèle pour obtenir de lui des réponses positives sur d'autres sujets : « Avec un patron rassuré, obtiens ce dont tu as besoin », mais aussi savoir **l'ALERTER** en cas de nécessité.

AIMER et ESTIMER ses collaborateurs pour leur proposer des challenges personnels ambitieux : « Avec des collaborateurs bichonnés, le progrès est à ta portée. »

Chapitre 23

Organiser le service qualité

Un responsable qualité, en plus d'œuvrer « techniquement » pour mettre en place le système qualité, est souvent amené à gérer une équipe. Cette activité le conduit à maîtriser deux nouvelles dimensions dans son travail : l'organisation de son service et le management de son équipe.

Ce chapitre traite de la première dimension, le chapitre suivant développe la seconde dimension du travail du responsable qualité : celle du management.

Organiser le service qualité c'est le structurer. Comment le responsable qualité doit-il s'y prendre ?

Nous vous proposons d'explorer 9 fonctions clés à remplir pour lui, et qui sont à moduler en fonction de la taille de l'équipe et des activités du service.

Les 9 principes d'action de l'organisation du service qualité

- Ordonner les activités liées à la qualité.
- Répartir les responsabilités dans son équipe.
- Garantir les résultats qualité.
- Ancrer les bonnes pratiques.
- Nourrir la fonction.
- Instituer des rendez-vous officiels sur le thème de la qualité.
- Sécuriser le fonctionnement de l'organisation qualité.
- Élargir la responsabilité de la qualité à l'ensemble de l'entreprise.
- Regrouper les résultats qualité et fournir les informations clefs.

PRINCIPE 1 - ORDONNER LES ACTIVITÉS LIÉES À LA QUALITÉ

Quelles sont les activités à gérer au sein du service qualité ?

Pour essayer d'y voir clair, nous pouvons raisonner en termes de services à rendre : à qui la fonction qualité rend-elle service et dans quel but ?

À qui la fonction qualité rend-elle service ?

En restant sur l'essentiel et de façon schématique, la fonction qualité rend service à la direction, aux clients, aux autres fonctions de l'entreprise, aux autorités extérieures et aux fournisseurs.

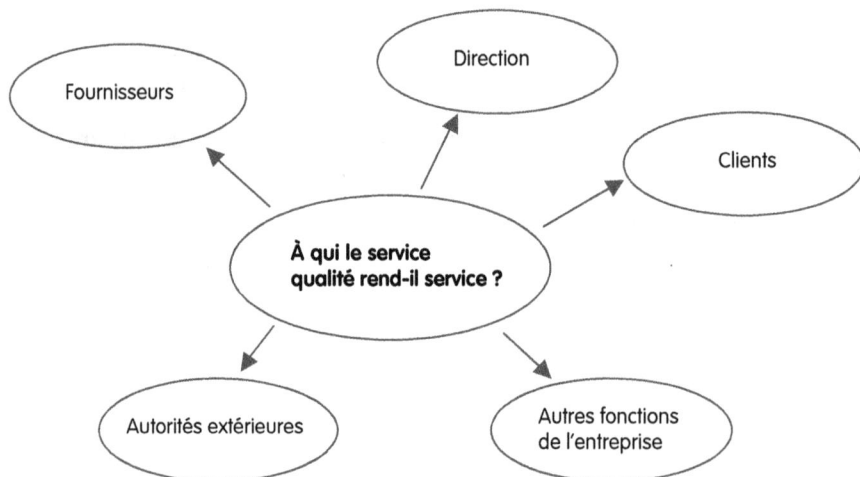

Figure 77 - À qui la fonction qualité rend-elle service ?

Qu'attendent les différentes entités de la fonction qualité ?

La direction de l'entreprise a besoin de la qualité pour décider en toute connaissance de cause

La direction de l'entreprise attend de la qualité qu'elle lui fournisse les informations indispensables à son processus de décision. En particulier, elle a besoin de connaître en permanence le niveau de qualité réel de l'entreprise : l'indice de satisfaction des clients, le taux d'incidents en production, de fiabilité des livraisons, le niveau des retouches et des reprises en interne, le niveau de performance des produits et des services par famille, les baromètres de satisfaction clients sur les nouveaux produits, les indicateurs qualité des produits achetés.

La direction attend aussi que le service qualité sache l'alerter de manière factuelle et convaincante sur les risques d'incidents réellement critiques, et les dérives constatées dans les bonnes pratiques.

Les clients attendent de la qualité un service irréprochable sur tout ce qui les touche de près ou de loin

Les clients attendent de la qualité qu'elle traite de manière efficace et rapide toutes les insatisfactions, les réclamations, et qu'elle le tienne au courant, avec la fonction commerciale, de l'avancement dans le traitement de leur dossier.

Les clients attendent également, sans le déclarer, de ceux qui œuvrent pour la qualité dans l'entreprise, qu'ils préviennent les risques d'incidents, autrement dit qu'ils agissent en amont.

Les autres fonctions de l'entreprise ont besoin de la qualité pour leurs problèmes… en matière de qualité

Les autres fonctions de l'entreprise attendent de la qualité qu'elle les aide à résoudre de manière simple leurs préoccupations en matière de qualité. C'est le cas en particulier des activités opérationnelles telles que la production, le commercial, la logistique, les achats. Leurs attentes se traduisent en termes de prévention, de traitement à chaud des incidents, de fourniture d'informations, de méthodologie, de formation, d'aide à la résolution des problèmes et d'éradication des causes.

Les autorités extérieures font de la qualité leur interlocuteur privilégié pour assurer le respect des réglementations

Les autorités extérieures attendent de la qualité qu'elle soit un interlocuteur compétent et dynamique pour assurer en permanence la mise en œuvre en interne des réglementations actualisées, des nouvelles exigences, des normes…

Les fournisseurs attendent de la qualité le respect mutuel des exigences produits et services

La qualité s'assure de l'existence de cahiers des charges produis et de la capacité des fournisseurs à livrer selon les standards exigés mais également de leur capacité à proposer des améliorations et à être forces de progrès. Il s'agit de consolider les informations, de les traiter et de piloter des plans de prévention et d'amélioration pour assurer une parfaite maîtrise de la qualité.

PRINCIPE 2 - RÉPARTIR LES RESPONSABILITÉS DANS SON ÉQUIPE

Qu'est-ce qu'une responsabilité ?

Au sein d'une organisation, un manager ou un collaborateur est responsable de l'atteinte ou la non-atteinte d'un objectif, du respect ou du non-respect d'une procédure, d'un texte, d'un engagement.

En matière de qualité et de manière schématique, il est possible d'affecter la responsabilité de la qualité aux activités productives de valeur ajoutée directe, c'est-à-dire les équipes de conception, de production, les services commerciaux, les fournisseurs de produits et services qui sont responsables à part entière de ce qu'elles produisent. Il semble totalement étonnant que l'on veuille parfois imputer au service qualité ces responsabilités.

De quoi est responsable un service qualité ?

> Le service qualité est responsable de la mesure de la qualité réalisée et perçue et surtout, du déclenchement des actions d'amélioration.

Il a en charge de garantir devant la direction que l'organisation, les procédures ou les règles qui assurent la qualité sont rigoureusement appliquées, et de lui en faire la démonstration.

Il est également le garant du déploiement des méthodes de prévention, des techniques de mesure physique, de la prise en compte de toute la réglementation applicable au métier et au produit.

Évidemment, si cela figure dans les textes et dans les lettres de mission, le service qualité peut voir sa responsabilité engagée en ce qui concerne la mise en œuvre des différentes réglementations externes et internes, et en particulier la tenue à jour en permanence de ces textes au sein de l'entreprise. Le « Nul n'est censé ignorer la loi » en matière de qualité, s'applique ici pour la fonction qualité.

Au final, le manager qualité a la responsabilité de s'assurer que dans chaque métier de l'entreprise, à chaque stade du cycle de vie du produit ou de réalisation du service, les outils, méthodes, procédures, systèmes de mesure sont présents, pertinents, efficaces et appliqués.

L'autre aspect de la responsabilité se trouve dans la réponse à la question : Au sein de mon service qualité, qui s'occupe de quoi ? Nous allons ci-après nous y intéresser.

Les 5 organisations possibles du service qualité

Il existe au moins 5 possibilités d'organisation du service qualité.

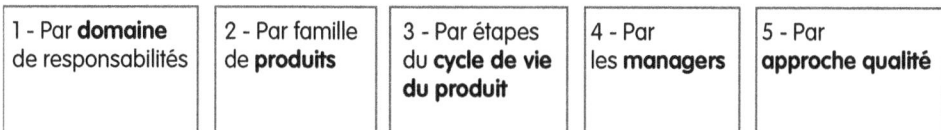

1 - Par **domaine** de responsabilités	2 - Par famille de **produits**	3 - Par étapes du **cycle de vie du produit**	4 - Par les **managers**	5 - Par **approche qualité**

Figure 78 - Cinq organisations possibles du service qualité

L'organisation par domaine

Pour reprendre l'exemple du paragraphe précédent, chacun des domaines répertoriés va se trouver sous la responsabilité d'un manager qualité : responsable qualité direction, responsable qualité clients, responsable qualité interne, responsable qualité réglementation, responsable qualité fournisseurs.

Il est à noter que les responsabilités de qualité interne et fournisseurs peuvent être regroupées si la taille de l'organisation l'exige, car ce sont les mêmes métiers.

Il est utile de rappeler, malgré tout, que traiter des questions concernant la qualité avec les fournisseurs est parfois plus aisé que traiter la qualité en interne. En effet, négocier avec les collaborateurs et les services de l'entreprise exige plus d'habileté qu'avec les fournisseurs. Un fournisseur externe est parfois plus rapide pour mettre en œuvre une amélioration, proposer des solutions, qu'un service interne. La qualité de sa relation et sa capacité de réaction sont des éléments d'appréciation de sa performance globale et il le sait.

La responsabilité de la qualité clients demande des atouts en matière de communication et du doigté, tout autant que de fermeté. Il existe des clients sincères et ennuyés, qui ont de véritables soucis avec le produit ou le service et qu'il est indispensable de choyer. Il existe également une faible proportion de clients retors qu'il est tout aussi indispensable de détecter et de traiter de manière rigoureuse.

La responsabilité qualité en ce qui concerne la réglementation est à confier à une personne ou une équipe ayant de solides vertus « d'éplucheurs de dossiers », proches des juristes. Le but étant d'être à jour en permanence des exigences demandées par le législateur et des pays de commercialisation et d'exercice du métier.

L'organisation par famille de produits

La responsabilité est attribuée par famille de produits. Par exemple, en grande consommation, nous pouvons avoir un responsable qualité « produits haut de gamme » et un responsable qualité « produits large distribution ».

Les profils associés à ces fonctions sont du type « chefs de projet ». En effet, pour assurer la qualité lors de la conception, puis du lancement et tout au long de la durée de vie du produit, ces chefs de projet qualité ont un rôle transversal à jouer et doivent faire preuve de beaucoup de qualités pour agir et résoudre les problèmes.

Il leur est indispensable, pour asseoir leur crédibilité, de connaître parfaitement le produit. Et faire entendre la voix de la qualité lors du lancement d'un produit nouveau demande une vraie connaissance des produits et des hommes, et réclame une grande capacité d'écoute et bien évidemment de la persévérance.

L'organisation selon le cycle de vie du produit

Cette organisation impose une véritable connaissance des métiers concernés (conception, achats, fabrication), et donc du vocabulaire et des méthodes de travail associées.

L'organisation par les managers

L'organisation par les managers est caractérisée par un service qualité dont l'effectif est réduit. Dans ce cas, la qualité est déléguée aux managers souvent par métiers (conception, achats, fabrication) qui, eux-mêmes, peuvent nommer un relais dans leur service.

L'organisation par approche qualité

Le choix de travailler par approche (assurance, amélioration…) induit une connaissance des outils qualité associés et surtout une capacité d'adaptation. Il s'agit de pouvoir s'adresser aux différents niveaux hiérarchiques, à différentes fonctions (ingénieurs, techniciens) et différents métiers. Animer le progrès continu se déploie partout et pour tous.

Quel que soit le point de vue pris et l'attribution des responsabilités, il faut sans cesse expliquer et répéter « qui est responsable de quoi » au sein de l'entreprise, et du service qualité en particulier.

PRINCIPE 3 - GARANTIR LES RÉSULTATS QUALITÉ

De l'importance des données exploitées

Le directeur qualité est en charge d'une mission enthousiasmante et à fort enjeu : dire en permanence si la qualité est bonne ou non, et construire et piloter les plans d'amélioration pour progresser et/ou rétablir cette qualité s'il le juge nécessaire.

Simple lorsqu'elle est énoncée de la sorte, cette mission est en fait parfois rendue difficile soit par une insuffisance d'informations, soit par une quantité excessive d'informations.

Pas assez d'informations ?

Les exemples ne manquent pas de lancements de nouveaux produits non au point. En France, songez à l'aéronautique, l'automobile, la marine... Les conséquences de ces qualités insuffisantes sont des retards très importants dans les lancements et des coûts exorbitants de mise en conformité avec des campagnes de rappels et des conséquences désastreuses en termes d'image.

Trop d'informations ?

À l'autre extrémité de l'échelle, trop d'informations rendent parfois délicate la lecture de la réalité. En effet, la multiplicité des données n'est pas toujours une garantie de clarté dans la compréhension. Les résultats d'enquêtes qualité quantitatives par exemple, pour lesquelles on dispose de beaucoup d'informations sur de nombreux critères, peuvent se révéler décevants et se terminer par la conclusion : « Il y a 98 % de clients satisfaits ou très satisfaits. »

Qui plus est parfois, les résultats se trouvent être les mêmes chez les différents opérateurs concurrents sur le marché. Que faire de cette masse d'informations ? Que faut-il changer ? Que faut-il améliorer ? Sur quel levier agir ? Autant de questions délicates à traiter et auxquelles doit répondre le directeur qualité.

Pour garantir les résultats, il s'agit donc de maîtriser les méthodes statistiques et également d'être capable de convaincre les autres équipes de l'entreprise de la fiabilité des conclusions tirées pour partager avec elles les décisions à prendre.

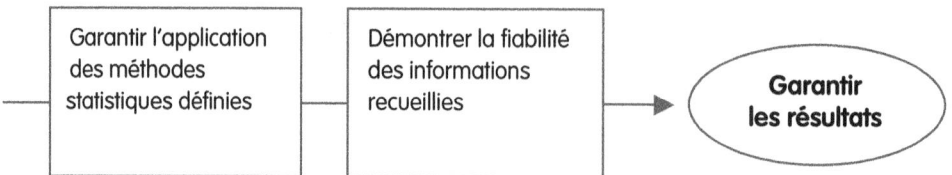

Figure 79 - Les 2 incontournables pour garantir les résultats

Nous vous proposons ici de réfléchir sur 3 situations, résumées en 3 questions, pour lesquelles on attend du directeur qualité qu'il décide et qu'il garantisse le résultat.

Trois situations où le directeur qualité apporte sa garantie

Les éléments de réponse aux trois questions ci-après sont à trouver dans les méthodologies liées à la fonction qualité.

Peut-on lancer la commercialisation de ce produit sans risque majeur de non-qualité en clientèle et sans incident potentiel notable ?

Ce que le directeur qualité peut garantir, c'est que les méthodes de validation pertinentes ont bien été utilisées par les équipes en charge du lancement. Il peut s'agir d'analyses des défaillances potentielles, d'essais de fiabilité, de tests en clientèle, de panels clients, de l'utilisation des retours d'expérience sur des produits similaires. Les jalons de validation dans le développement du projet ont-ils été respectés ? Les conditions des essais étaient-elles le reflet de la réalité ?…

Il est même possible d'effectuer un ou des audits pour s'assurer que l'ensemble des contrôles et des tests a bien suivi les procédures internes, et également d'effectuer des audits produits sur les premiers produits fabriqués quand cela est possible.

La garantie porte souvent sur les moyens et méthodes. Pour le résultat, la garantie relève de la prédiction et des sciences occultes !

Faut-il effectuer une campagne de rappel des produits déjà en clientèle suite à l'apparition d'un problème sur certains d'entre eux ?

La question est par nature brûlante, et le directeur de la qualité n'y répond généralement pas tout seul. Il est néanmoins un des acteurs majeurs dans la prise de décision. L'instruction du dossier qui va servir de base de travail pour les réunions de crise lui appartient.

Encore une fois, ce qu'il va être amené à garantir, c'est la réalité et la fiabilité des informations fournies en provenance du marché clients, des points de vente, des centres d'essais qui sont généralement sur le pied de guerre en de telles circonstances.

Le directeur qualité est légitime dans une telle situation pour demander l'application du principe de précaution et le rapatriement éventuel des produits, ou leur remplacement systématique pour les clients concernés. Simultanément, il peut prendre le leadership pour engager dans l'urgence la réalisation de tests complémentaires.

Quel est l'état général de nos produits par rapport aux produits concurrents et faut-il se réjouir d'une avance de qualité par rapport à ces derniers ou s'inquiéter d'un retard ?

En un mot, où en est-on sur le chapitre de la qualité sur chacun des produits ?

Cette question est au cœur du métier du directeur qualité puisqu'elle permet au comité de direction ou au responsable de l'entreprise de renforcer la politique marketing et commerciale sur un produit qui « marche » du point de vue de la qualité et de ses performances ; et de demander la mise en œuvre d'un plan d'action qualité sur les produits qui rencontrent des problèmes en clientèle.

Ici, le directeur qualité et son équipe ont à fournir des tableaux de bord réguliers, précis, parlants pour détecter rapidement les changements dans la perception des produits et services par les clients.

En ce qui concerne le positionnement par rapport aux concurrents, c'est une question fondamentale et l'équipe qualité doit apporter des informations « garanties » pour comparer de manière factuelle le produit de l'entreprise à celui des concurrents (*benchmarking*), et engager les actions sur les points faibles de l'entreprise.

Ce que le directeur qualité peut encore une fois garantir, c'est au minimum que les actions décidées sont mises en œuvre et donnent du résultat. Au fond, il fait tourner la roue du PDCA en permanence.

Il existe, bien entendu, d'autres domaines où le directeur qualité apporte sa garantie : le traitement des incidents au quotidien, le pilotage des plans de progrès internes, les résultats des audits…

PRINCIPE 4 - ANCRER LES BONNES PRATIQUES

Il s'agit pour le responsable qualité de faire en sorte que les bonnes pratiques, les bons réflexes, les attitudes positives et les initiatives de progrès soient présents au sein de l'entreprise et que leur utilisation ou leur mise en œuvre y soient reconnues et valorisées.

Pour un développement des bonnes pratiques qualité

Vis-à-vis des clients :

- Considérer le client comme unique et précieux.
- Tenir ses engagements envers le client, traiter tout incident client en respectant la charte de l'entreprise (par exemple : rappel sous 24 heures et garantie de traitement jusqu'à satisfaction retrouvée par le client).

Vis-à-vis des collaborateurs de l'entreprise :

- Maintenir le lieu de travail propre en permanence.
- Valoriser systématiquement toute initiative positive en matière de qualité.
- Susciter l'envie de pratiquer la prévention.
- Encourager les services de l'entreprise et les fournisseurs qui progressent en fêtant les succès en matière de qualité.

Vis-à-vis de l'ensemble de l'entreprise :

- Appliquer les procédures définies.
- Considérer l'amélioration continue comme une hygiène permanente au travail.

La qualité est un combat permanent

Nous l'avons dit, un capitaine d'industrie des années 1990 dont le centre de production avait atteint et stabilisé un niveau de qualité élevé, disait à propos de sa démarche qualité : « La qualité c'est tous les jours que ça se gagne. » Ses propos nous rappellent la célèbre histoire du lion et de la gazelle : « Tous les matins en Afrique, un lion se réveille. Il sait que s'il ne court pas plus vite que la gazelle la moins rapide, il mourra de faim. Tous les matins en Afrique une gazelle s'éveille, elle sait que si elle ne court pas plus vite que le lion le plus rapide, elle mourra mangée. Tous les matins, dit cette histoire, quand tu te réveilles, que tu sois lion ou gazelle, cours très vite ! »

La qualité est un combat permanent. En cela, ceux qui en portent en priorité l'étendard, au sein des équipes qualité ont ce privilège, parfois pesant et épuisant de pratiquer et de donner l'exemple concernant les bonnes façons de faire. Ce faisant, ils encouragent l'ensemble des équipes à adopter ces bonnes pratiques et ces attitudes positives.

Valoriser les bons résultats qualité

Trois réflexes sont à acquérir pour valoriser les bons résultats qualité.

Les dire

Lors des réunions officielles, comités qualité, de direction, réunions du personnel, réunions avec les fournisseurs, le directeur qualité adresse ses félicitations à ceux qui démontrent de véritables capacités et obtiennent de remarquables succès qualité grâce à leur persévérance et l'application de méthodes reconnues.

Il est bon de féliciter aussi directement les équipes qui ont été performantes en matière de qualité. Le directeur qualité, en compagnie du chef de service concerné, peut organiser une courte séance pour valoriser les résultats et ancrer les pratiques.

Les reconnaître

La reconnaissance peut s'effectuer tout d'abord en mesurant les résultats pour mettre en évidence les meilleures performances, en organisant des challenges sur les nombreux sujets touchant à la qualité : le meilleur taux de satisfaction client, l'atelier ou le point de vente le plus ordonné et le mieux rangé, l'équipe la plus dynamique en matière de suggestions…

On peut aussi imaginer des reconnaissances sous forme de promotions internes pour les personnes démontrant de réelles compétences et capacités à promouvoir les bonnes pratiques.

Les communiquer

Afficher dans tous les sens du terme les effets positifs de l'usage des bonnes pratiques, est assurément le troisième volet indispensable pour ancrer ces façons de faire dans l'inconscient collectif. La communication interne, l'affichage visuel intelligent et discret, les moments d'échange et de partage, réels ou virtuels par le biais des sites et des intranets, sont là pour diffuser l'esprit qualité dans le tissu de l'entreprise.

Osons ensemble jeter l'ancre ! Ancrons partout les bonnes pratiques : sur les murs et dans les esprits, sur les écrans et sur les documents.

PRINCIPE 5 - NOURRIR LA FONCTION QUALITÉ

Qu'entend-on par « nourrir la fonction » qualité ?

À l'instar de toute activité, qu'elle soit physique ou intellectuelle, la fonction qualité et les acteurs qui la portent, ou qui en portent les valeurs, ont besoin de se renouveler.

Les moyens existent pour permettre à la fonction qualité à la fois de rester en veille et d'innover.

Maintenir la fonction qualité en veille et innover

La mise en place d'une veille (technique, méthodologique, de benchmarking) a pour effet de proposer en permanence les bons outils, les bonnes méthodes, les façons de faire les plus justes, les modes de décision les plus adaptés à une pratique efficace de la politique qualité.

Et si l'utilisation des vieilles recettes qui ont fait leurs preuves en matière de qualité constitue le minima de la mise en place d'une veille, l'apport de la nouveauté est indispensable car « on n'attrape pas les mouches avec du vinaigre ».

Un rapide retour en arrière dans le temps nous apprend que les grandes tendances qui se sont succédé entre 1950 et 2010 étaient porteuses de progrès… en même temps que d'effets de mode.

Les périodes du contrôle statistique de la qualité, des cercles de qualité, de la qualité totale, de la certification normative, de l'intégration des préoccupations d'hygiène, de la sécurité, de l'environnement ont apporté des éclairages utiles à la fonction qualité.

Des pratiques qualité éprouvées

- L'intérêt « de prévenir plutôt que de guérir » et « d'intégrer le contrôle plutôt que de contrôler *a posteriori* ».
- La primauté du « client qui sait ce qui est bien pour lui ».
- L'utilité de « référentiels communs et acceptés ».
- L'importance « de considérer la qualité comme un tout ».

La fonction qualité s'est nourrie au cours de ces périodes des meilleures pratiques qu'elles soient nord-américaines, asiatiques ou européennes.

Une fois absorbées et contextualisées au pays, à l'entreprise, au point de vente, au service, à l'unité de production, les approches innovantes sont toujours sources de progrès.

Certes des échecs sont à prévoir. À l'image de l'adaptation d'une plante à un nouveau climat ou à un nouvel environnement, certains systèmes de management ne parviennent pas à être parfaitement assimilés par le corps social, en particulier. Qui ne se souvient pas du semi-échec dans les années 1980 de la mise en place des cercles de qualité en France sur la base de leur efficacité au Japon ? Assurément, la dimension culturelle a été un facteur déterminant dans cette difficulté d'acceptation.

Plus récemment, les démarches de certification ont trouvé leurs limites par la perception mitigée des acteurs de leur réelle valeur ajoutée. Que faire alors pour booster la démarche qualité après des années de certification et de conformité ?

Booster la démarche qualité

Nous vous suggérons pour booster la démarche qualité :

- de rester soi-même étonné ;
- de profiter des erreurs et des décalages en tout genre ;
- d'agiter les neurones de la communauté.

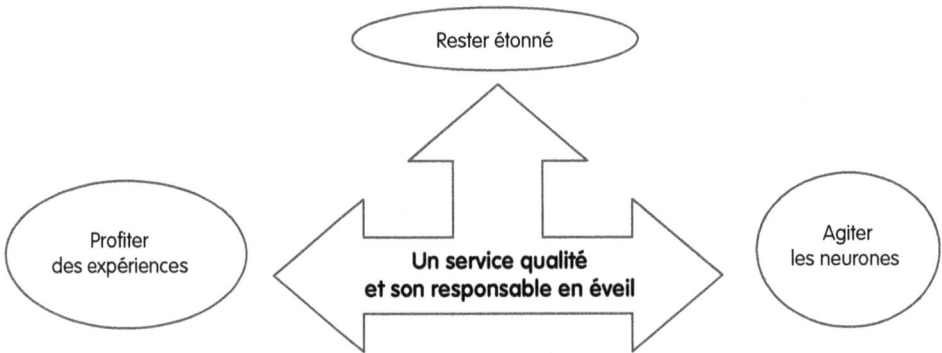

Figure 80 - Booster la démarche qualité

Rester étonné

Comment rester étonné ? De manière permanente en écoutant les « signaux faibles » qui peuvent demain s'amplifier.

Exemple

L'apparition rapide de la primauté du client n'a pas été perçue par tous de la même manière dans les années 1980.

Dans le même temps, ne pas cesser de s'interroger de la manière suivante : qu'est-ce qui marche dans d'autres activités que la nôtre et que nous n'utilisons pas chez nous ? Qu'est-ce qui est efficace depuis toujours et que nous avons négligé d'utiliser ? Qu'aurait fait mon manager le plus reconnu ?

Pour rester étonnés, certains planifient des rencontres, des échanges, des visites sur le terrain mais aussi chez les clients, et partagent un rapport d'étonnement pour en tirer des pistes d'action.

Les congrès et les rencontres officielles autour du thème de la qualité constituent aussi des occasions en or pour « piquer des idées » et rester éveillé.

Il s'agit de savoir toujours porter un regard critique sur les performances, qu'elles soient bonnes ou mauvaises, et les façons de faire, qu'elles soient ancestrales ou récemment actualisées, que ce soient les nôtres ou celles de nos concurrents.

Profiter des erreurs et des décalages en tout genre

Pour qui a « roulé sa bosse » selon l'expression consacrée, il est une évidence : on apprend plus facilement de ses erreurs que de ses succès.

Toute situation difficile qu'il s'agisse de problèmes de qualité importants pour l'entreprise ou de soucis internes à l'organisation, constitue un moment, certes douloureux à vivre puisqu'il nous renvoie à nos faiblesses et nos échecs, mais en même temps il est porteur de progrès.

De la même façon, une pratique originale mise en œuvre par un collaborateur ou une équipe à l'opposé du standard habituel, peut déboucher sur un vrai changement positif dans une pratique ancestrale qui ne fonctionne plus.

L'idée dite du « décalage » est plus subtile mais bien réelle. Chacun sait que dans le sport de compétition, c'est du décalage que naît la lumière. Cela est très vrai en sport collectif (football, rugby, basket, handball…) et en lutte de face-à-face (boxe, tennis…) : un changement de rythme, un geste différent, une feinte surprenante… et le point est marqué.

> Attention, cependant, il reste indispensable dans la gestion de la fonction qualité d'exercer de la rigueur, surtout s'agissant de produits ou prestations à risque.

Nous préconisons en plus, de laisser s'exprimer les idées différentes ou originales pour faire avancer ou débloquer certaines situations. Pour prolonger l'image sportive, faire appel également au « banc de touche » que sont les autres services et collaborateurs de l'entreprise est aussi une bonne méthode. Il nous est souvent arrivé lors de séances Amdec de détecter des risques potentiels en écoutant le commentaire d'un Candide.

Agiter les neurones de chacun au sein de l'entreprise

Selon le vieil adage, « Il y a beaucoup plus d'idées dans plusieurs têtes que dans une ». Il est vrai qu'une démarche humble et d'ouverture consiste pour le directeur qualité ou un membre de son équipe, à se tourner vers les nombreuses compétences et bonnes volontés internes pour trouver des idées nouvelles sur des façons de faire, des approches à revisiter ou des idées déjà testées et à remettre au goût du jour.

Les séances de créativité, de brainstorming tout comme les moyens technologiques d'aujourd'hui que sont les sites Internet, les blogs… qui permettent de partager, d'échanger aussi bien en interne qu'en externe, peuvent ainsi produire du résultat.

De cette façon, les neurones alors agités et les idées circulant, chacun mettra toutes les chances de son côté pour ne rien laisser passer d'important pour son activité.

PRINCIPE 6 - INSTITUER DES RENDEZ-VOUS OFFICIELS
SUR LE THÈME DE LA QUALITÉ

Le fait de s'intéresser à l'action d'instituer après avoir mis en évidence l'intérêt de rester en veille, montre bien le jeu permanent et l'alternance qui sont au cœur de l'exercice de la fonction qualité. Comme pour beaucoup de systèmes de management, celui de la qualité est yin et yang (une chose et son complément comme est le fait d'innover en permanence en conservant des repères issus d'une tradition établie).

Les rendez-vous officiels sont toujours des moments attendus par les équipes et les collaborateurs dans les entreprises.

Si l'entreprise compte 2 collaborateurs, ce sera un repas ! Si elle en compte 200 000, ce seront des congrès, des réunions du personnel, des moments de partage festifs discrets ou plus voyants, toujours symboles d'échanges et de rencontres.

> À l'heure du tout numérique, le regard direct reste un merveilleux outil de communication et de transfert d'émotions.

Quelques rendez-vous officiels qualité

La réunion mensuelle au sein de l'équipe qualité, ou semestrielle de l'ensemble des responsables qualités si la communauté et l'entreprise sont très importantes, est un rendez-vous incontournable d'une démarche qualité. Il s'agit d'examiner les résultats, d'engager les actions, de souligner les bonnes performances, de réfléchir sur les chantiers en cours et les difficultés à venir.

Les comités qualité, dont nous avons déjà souligné l'importance pour avancer de façon méthodique, constituent un des rendez-vous à plus fort enjeu dans le système de management qualité et de l'entreprise.

Des rendez-vous qualité plus décalés

Fêter la qualité est une autre façon d'instituer des rendez-vous qualité. Examinons trois possibilités de fêter la qualité.

Pour un succès majeur obtenu en matière de qualité

Profiter du lancement réussi d'un nouveau produit ou d'une nouvelle prestation, lorsque le marché donne des signes positifs concernant la qualité, est une excellente initiative. Il est de bon ton de fêter ce succès si l'équipe qualité ou l'ensemble des équipes opérationnelles ont fortement contribué par leur implication à cette issue positive. C'est l'occasion rêvée de faire et refaire passer les messages clefs : « Faisons d'abord notre métier », « Servons-nous des clients » et « Ne nous endormons pas sur nos lauriers ».

Un incident critique avec un client majeur, et finalement bien traité, est aussi une opportunité particulière pour se retrouver et célébrer l'événement.

Sous la forme d'anniversaire

Depuis la nuit des temps, l'être humain vit au rythme des saisons et des cycles de la terre et des astres. Quoi de plus naturel, dès lors, que de profiter d'une date anniversaire, régulière, pour instituer un rendez-vous officiel sur le thème de la qualité ? Il est alors judicieux de lui trouver un nom.

Quelques rendez-vous festifs qualité

- « Le grand rendez-vous de la qualité » : présentation dans chaque service des meilleures réussites.
- « La journée du client » : témoignages des clients, avec leur présence si possible.
- « Un jour pour la qualité » : grande manifestation interne soutenue par la direction avec des formations, des jeux pédagogiques, des résultats, etc.
- « Ensemble on est meilleur ! » : témoignages en matière de qualité à propos de succès obtenus ou de collaboration fructueuse entre les équipes.
- « Tous ensemble ! » : journée de la suggestion au cours de laquelle quelques séquences pédagogiques doivent permettre également d'inciter le corps social à la réflexion et à l'action.

Faut-il évoquer les problèmes dits de « qualité » lors de ce type de rendez-vous ? Nous répondons « NON » puisque lors d'un anniversaire, on ne prend pas le risque de « laver le linge sale ». Les comités qualité ou de direction, ou les réunions de service sont là pour satisfaire à cet objectif.

À l'occasion d'un résultat positif suite à un audit qualité

Certes, ce ne sont pas les audits qualité réussis qui constituent à eux seuls les plus forts leviers de progrès en matière de qualité. Néanmoins, si l'on s'en tient à l'investissement réalisé par beaucoup de collaborateurs et d'équipes lors de ces événements, il est souhaitable de planifier, à la fin de l'audit, un moment de détente et de complicité pour célébrer le succès. Et là encore, les messages positifs et encourageants sont les bienvenus.

L'être humain ne se lasse jamais d'entendre des paroles d'encouragement et de félicitations, dès lors qu'elles sont sincères.

Le calendrier julien est lui-même une institution, faisons du calendrier de la qualité une institution reconnue dans l'organisation de l'entreprise et sur laquelle figurent les grands rendez-vous planifiés.

En les préparant avec un peu d'astuce et beaucoup de concentration, ils deviendront des incontournables dans la vie de chacun et pour le bien de tous.

Un exemple de calendrier animé de la qualité

- En janvier, planifie la qualité
- En février, ne t'endors pas sur tes lauriers
- En mars-avril, montre-toi habile
- En mai-juin, les rebuts vont au coin
- En juillet-août, assure-toi de ta route
- En septembre, pas un client ne tremble
- En octobre, montre-toi sobre
- En novembre-décembre, dans ton équipe, appuie-toi sur tous les membres

---

Et pourquoi pas un dicton par jour ? « À la sainte Amanda on fait du PDCA ! »

PRINCIPE 7 - SÉCURISER LE FONCTIONNEMENT DE L'ORGANISATION QUALITÉ : MÉTHODES ET HOMMES

En y regardant de près, sécuriser le fonctionnement de l'organisation qualité, c'est, au fond, s'appliquer à soi-même et à sa propre organisation un certain nombre de concepts et de méthodes applicables aux propres produits et prestations de l'entreprise.

Deux idées majeures émergent sur ce thème : sécuriser l'organisation du service et mettre en permanence les hommes de la qualité « en vigilance Orange ».

Sécuriser l'organisation du service

Sécuriser l'organisation du service c'est mettre en œuvre et faire vivre un ensemble de responsabilités et de règles, de procédures, de pratiques.

Après avoir mis en place une organisation, défini qui fait quoi, rédigé les missions de chacun et partagé les règles de fonctionnement, le responsable qualité dispose de deux familles de leviers pour faire vivre cette organisation de manière efficace et dynamique :

- d'une part, l'incitation et le management au quotidien ;
- d'autre part, l'audit de type organisationnel qui est, en fait, une méthode de contrôle.

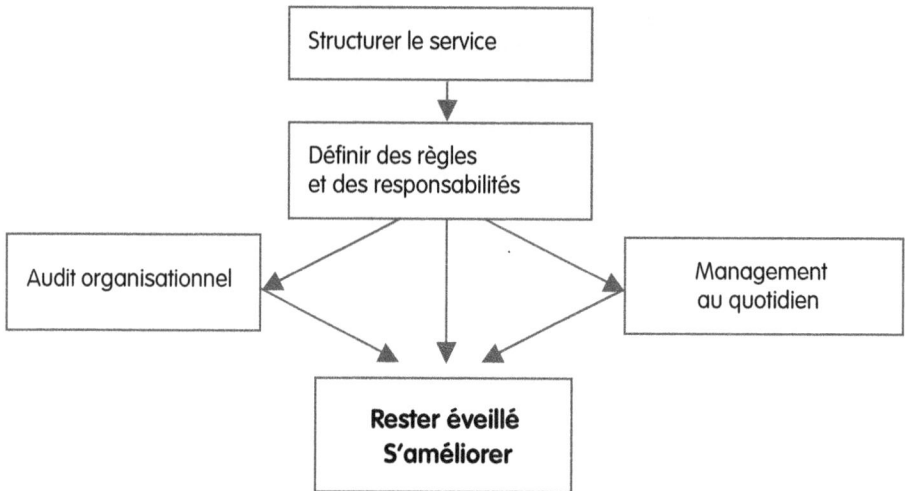

Figure 81 - Sécuriser le fonctionnement du service qualité

Le management au quotidien répond aux questions : effectue-t-on le travail tel qu'il est prévu ? Qui a besoin d'aide ? Comment parer au plus pressé ?

L'audit organisationnel répond, une fois par an, par exemple, aux questions : applique-t-on les procédures, les règles ? Sont-elles connues et à jour ? Faut-il en changer ? Faut-il prévoir de la formation ? Est-on compris ? Est-on suivi ?

À partir de ces deux familles d'observation (celle en continu du ou des responsables, celle en zoom arrière lors des audits), un état des lieux de l'organisation peut être établi pour mettre en évidence les zones sécurisées du point de vue du fonctionnement de l'activité qualité et les zones à risques pour lesquelles il est important de se mobiliser et d'agir.

Concrètement, l'organisation peut très bien être performante dans le traitement des incidents clients, dans la dynamique qualité en interne, dans le potentiel des collaborateurs de l'équipe qualité et leur capacité de réaction. Mais elle peut par ailleurs, en être encore aux balbutiements en matière de contribution à la prévention en conception, et peu présente sur les chantiers et les décisions stratégiques. Cet exemple de constat amène tout naturellement le directeur qualité à mener des réformes pour mieux se positionner sur ses zones faibles.

Maintenir les hommes « en vigilance Orange »

Il s'agit d'une pure question de management : comment maintenir les équipes en tension positive et, simultanément, laisser les collaborateurs autonomes, sans, qui plus est, les mettre sous un stress coupable ?

Mettre les équipes en tension positive...

Mettre les équipes en tension positive cela signifie veiller à ce qu'elles ne se relâchent pas.

Continuer à traiter les dossiers avec professionnalisme, quand bien même ce travail n'est pas toujours apprécié à sa juste valeur par la communauté de l'entreprise, voire par les autres managers. Nous voulons parler du respect dans l'utilisation des méthodes préventives, du sérieux dans le traitement et la résolution des incidents, de la préparation et de l'organisation des suites des audits, de l'animation toujours « avec le sourire » des réunions qualité...

... tout en les laissant autonomes...

Les équipes qualité doivent être « en vigilance Orange » s'agissant de tirer ou non la sonnette d'alarme lorsqu'elles constatent de manière formelle et mesurable, et même parfois de manière plus ressentie, émotionnelle, « à l'indienne », que les bonnes habitudes des collaborateurs se perdent ou que les managers ne parlent plus que de production et de taux de charge.

L'attitude du manager pour favoriser cette veille est d'accepter et d'entendre toutes les observations ou suggestions. Le manager qualité doit tendre ses « grandes oreilles », ses super-radars pour soutenir, reprendre, encourager, mettre au repos, voire réorienter ses collaborateurs.

... sans les mettre sous un stress coupable

Les hommes et les femmes de la qualité lorsqu'ils sont stressés, le sont sous l'effet conjugué ou non des clients qui réclament (stress externe) et de l'attitude de certains managers (stress interne, peut-être le leur et/ou celui du patron de l'entreprise) ; effet simultané souvent trop présent en cas de crise grave.

Le directeur qualité veillera et sera très attentif à ce que ses collaborateurs ne soient pas sur-stressés par l'environnement managérial. Ceci est un souhait. Dans les faits, protéger ses joueurs lorsque les résultats ne sont pas au rendez-vous n'est pas tâche aisée. Les entraîneurs sportifs le savent bien !

Parmi les nombreux travaux herculéens que doit accomplir le patron de la qualité, sécuriser avec doigté et rigueur le fonctionnement de son organisation n'est sûrement pas la tâche la plus aisée !

PRINCIPE 8 - ÉLARGIR LA RESPONSABILITÉ DE LA QUALITÉ À L'ENSEMBLE DE L'ENTREPRISE

Selon le vieil adage très en vogue dans les années 1980-2000, « La qualité c'est l'affaire de tous, et surtout de chacun ! » Comment remettre en cause une telle vérité, dans un système organisé que l'on appelle l'entreprise ?

Pour autant, cette phrase ne dit pas tout, encore faut-il savoir qui est responsable de quoi en matière de qualité et à quel moment ?

Les deux niveaux de responsabilité qualité au sein de l'entreprise

Cette notion de responsabilité s'analyse à deux niveaux : un niveau transversal et un niveau vertical.

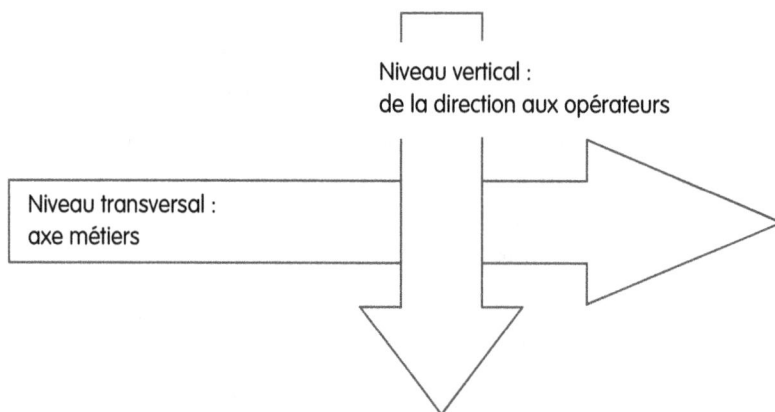

Niveau vertical :
de la direction aux opérateurs

Niveau transversal :
axe métiers

Figure 82 - Les deux niveaux de responsabilités qualité au sein d'une entreprise

Le niveau transversal est l'axe métiers

Nous avons déjà évoqué ce sujet. On peut analyser les responsabilités respectives des différentes fonctions, des métiers de l'entreprise :

- si l'on est producteur, on est responsable de la conformité du produit ;
- si l'on est concepteur, on est responsable de la qualité en utilisation du produit puisqu'on en a décrit les caractéristiques ;
- si l'on est installateur, on est coresponsable avec l'utilisateur et le concepteur de la qualité de fonctionnement du produit ;
- si l'on est celui qui commercialise, on est responsable de la qualité de la relation avec le client et de la mise en main du produit ou de la réalisation du service.

Ce premier axe transversal des responsabilités se double d'un second axe vertical.

Le niveau vertical est l'axe des opérateurs de la qualité

Cet axe traverse l'entreprise de haut en bas et de bas en haut. En effet, le responsable de la qualité est d'abord le chef d'entreprise, puis les managers.

La qualité se construit aux différentes étapes de fabrication du produit ou aux différents stades d'élaboration de la prestation. Chaque action a une contribution positive ou un effet négatif sur la qualité cible : comment parvenir à faire en sorte que chacun ait pleinement conscience de cette réalité ?

Le rôle du directeur qualité et de ses équipes dans cette situation de partage des responsabilités en matière de qualité, est de favoriser la délégation, d'inciter à l'action, de rappeler la primauté des valeurs de l'entreprise en matière de qualité et les consignes opérationnelles, si nécessaire.

Ils mettent au point, ou aident à le faire, des systèmes favorisant l'obtention sûre de la qualité requise. Par exemple, en production : modes opératoires, consignes d'assemblage simples, systèmes anti-erreurs, autocontrôle. Pour les tâches pratiquées dans les activités centrées sur le service : compagnonnage, formation et habilitation.

Ils élaborent des processus de travail permettant de signaler les erreurs et de les corriger rapidement.

Nombreuses sont les actions à déléguer pour favoriser et encourager l'obtention d'une qualité souhaitée dès les premières prestations et tout au long de la durée de vie du produit.

Pour assurer les relais indispensables sur le terrain au plus près de là où se réalise la qualité, un système de « courroies de transmission » peut être mis en place. Nous songeons ici aux animateurs locaux, correspondants qualité, responsables qualité des sites pour les grandes organisations. Chacun trouve le vocabulaire adapté pour identifier au mieux le rôle dévolu à ces collaborateurs : correspondants, délégués, animateurs, chargés de mission, responsables… Ils sont d'une manière ou d'une autre les garants de la bonne application des méthodes et ils veillent au respect des règles définies.

Contrôle par échantillonnage en production, audits ciblés d'une activité et/ou de produits, client mystère… sont des moyens pour les aider à s'assurer régulièrement que le système de maîtrise de la qualité est appliqué, fonctionne et donne des résultats.

Ce sont eux qui construisent en coproduction avec les opérationnels les plans d'amélioration pour redresser une situation qui dérive, ou plus positivement pour mettre en œuvre des plans de progrès tournés vers l'avenir. En particulier, pour développer les méthodes de prévention.

Enfin, ils sont à même d'organiser des challenges pour les opérationnels sur le thème de la qualité afin de maintenir une véritable dynamique autour de ce thème de la qualité : challenge du meilleur atelier, de la meilleure suggestion, du meilleur accueil client, du système de traitement des incidents le plus efficace…

Ils tiennent aussi souvent à jour des tableaux d'affichage avec indicateurs, informations diverses, notamment sur les plans de progrès en cours.

Vue comme un système complexe, l'entreprise est contrainte, pour assurer la qualité de ses prestations, de déléguer la responsabilité de la qualité aux équipes de terrain. Les équipes qualité, quant à elles, disposent de moyens efficaces pour aider à l'obtention de la qualité et pour contrôler la bonne mise en œuvre des moyens et l'obtention des résultats souhaités.

PRINCIPE 9 - REGROUPER LES RÉSULTATS ET FOURNIR LES INFORMATIONS CLEFS

Concernant le regroupement des « troupes », celles du responsable qualité ainsi que celles de toute l'entreprise, nous traitons dans le chapitre suivant « Manager son équipe », le rôle du manager qualité auprès de ses équipes. Une des facettes les plus importantes de ce rôle est sa capacité d'entraînement, et en particulier son aptitude à rassembler autour de valeurs et d'idées porteuses de rigueur et de progrès.

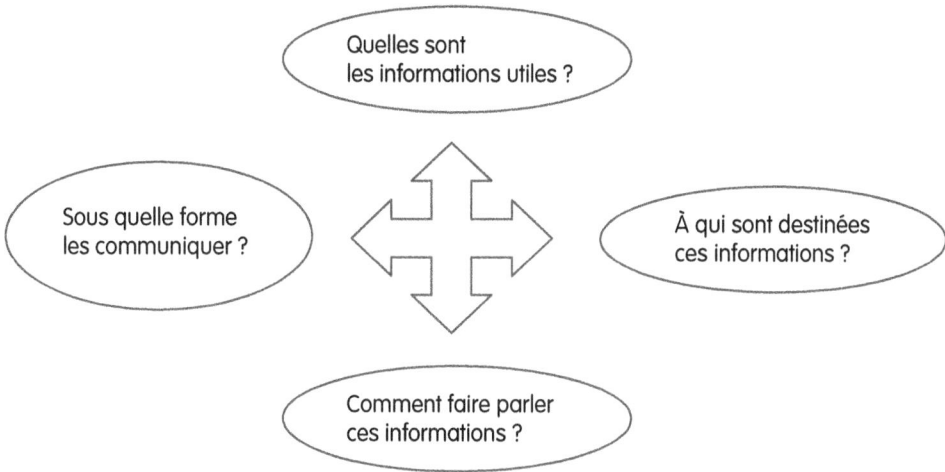

Quelles sont
les informations utiles ?

Sous quelle forme
les communiquer ?

À qui sont destinées
ces informations ?

Comment faire parler
ces informations ?

Figure 83 - Traitement des informations : 4 questions à se poser

Il s'agit donc ici d'évoquer le regroupement et la synthèse de l'ensemble des données utiles pour piloter le navire de la qualité de manière efficace. Dans ce paragraphe, nous abordons la question du regroupement des informations et de leur traitement.

Quelles sont les informations utiles ?

L'équipe de direction, constituée par le chef d'entreprise et son comité, doit disposer de façon régulière de deux types d'information : celles concernant le passé récent et l'actualité, et celles des mois à venir, dans un horizon proche, et qui projettent dans le futur.

Qu'il s'agisse d'un tableau de bord des résultats passés ou d'un tableau de bord prospectif, de nos jours, les systèmes d'information permettent, la plupart du temps, de disposer des éléments utiles.

Les informations récentes et actuelles

Elles sont formalisées dans le tableau de bord de vie courante.

Que doit-on y trouver ? Essentiellement, les résultats qualité du mois écoulé : les indices de satisfaction, les taux d'incident, les retours produits associés aux réclamations clients, les coûts liés à la non-maîtrise de la qualité, des indicateurs d'avancement concernant les principaux chantiers en cours, par exemple, les chantiers 5S, les écoutes client, les plans d'action qualité initiés en début d'année…

Les informations de l'horizon proche et du futur

Elles sont formalisées dans le tableau de bord prospectif.

Il apporte les éléments quantitatifs et qualitatifs qui permettent de s'interroger sur l'avenir et les tendances qui se dessinent : comparaison avec la concurrence, nouveaux besoins des clients, nouveaux besoins des collaborateurs (puisqu'on ne fait pas de qualité sans les hommes), mise en perspective des progrès réalisés en termes de prévention, utilisation de nouvelles approches et de nouvelles méthodologies en matière de qualité et de relation client…

À qui sont destinées ces informations ?

Aux décideurs de l'entreprise en matière de qualité : le comité de direction, et le directeur général en particulier.

Mais en fait, ce qui intéresse la direction n'est pas fondamentalement différent de ce qui intéresse la plupart des collaborateurs en matière de qualité. Cependant, l'une décide et les autres non. L'une a le devoir de s'inquiéter, les autres doivent être rassurés et stimulés. La forme et le contenu des informations sont ainsi à travailler et à formaliser différemment.

Comment faire parler ces informations ?

Comment s'y prendre pour réaliser un regroupement et une synthèse efficace des informations qualité ? Arrêtons-nous sur la partie tactique de cette activité. Il s'agit de présenter des synthèses tournées vers l'action et qui sont la réponse aux questions : qu'est-ce qui va les faire réagir ? À quoi sont-ils sensibles ? Quel type de décision est-ce que j'attends de mes interlocuteurs ? C'est ce qu'on appelle faire un usage intelligent des informations qualité pour amener à une décision fondée et pertinente.

Il est en effet plus facile de décider de faire de la prévention afin d'éviter des pertes financières importantes en ayant l'information suivante, « Les coûts des retours clients s'élèvent pour les six mois écoulés à 3 millions d'euros, soit deux mois de production de notre site de Dunkerque » plutôt que, « Les coûts des retours clients pour les six mois écoulés s'élèvent à 0,08 % du chiffre d'affaires ». Il s'agit pourtant de la même information :

* dans la première formulation, on est frappé par la comparaison ;
* dans la seconde formulation, on pourrait être tenté de se dire : « Cela ne représente que 0,08 % du chiffre d'affaires… »

Faire un usage intelligent des informations qualité à disposition constituerait aussi à mettre en évidence les informations clés. Par exemple, faire apparaître les résultats qualité des 10 clients stratégiques ou des produits phares représentant 80 % du chiffre d'affaires, ou bien zoomer sur 1 processus stratégique choisi parmi les 20 de l'entreprise.

Sous quelle forme les communiquer ?

Un autre exercice incombe au directeur qualité et à son équipe : informer l'ensemble du personnel de l'état de la qualité, des principaux résultats et des chantiers en cours.

Notre préconisation, pour faire de cet exercice un véritable succès consiste à se tourner vers la direction de la communication, présente dans les grandes organisations, ou de se faire aider dans les PME par un collaborateur doué pour cet exercice de communication fondé sur la vulgarisation, peut-être le patron si tel est le cas.

Une communication efficace

* Montrer aux collaborateurs que l'on a bien travaillé et mettre en évidence de manière concrète ce qu'il reste à faire.
  Exemple : *« 98 % de nos clients se sont déclarés satisfaits ou très satisfaits au cours des six derniers mois mais les 2 % de clients restants représentent toutefois 200 clients, qui non seulement ne sont pas satisfaits mais ne sont pas non plus des prescripteurs. »*
* Illustrer, montrer des graphiques.
* Citer des faits, souligner les initiatives positives.
* Donner la parole aux acteurs.
* Et surtout, encourager les entrepreneurs en matière de qualité.

Il y a en permanence des résultats cachés, des succès insuffisamment mis en valeur et des expériences réussies ou au moins tentées qui méritent d'être soulignés et attendent parfois d'être portés à la connaissance de tous. Il appartient au directeur qualité de constituer son réseau d'écoute permanente, et de regrouper l'ensemble de ces données pour les mettre à la disposition de toute l'entreprise.

Un moyen à utiliser pour cet exercice d'écoute de l'entreprise est de s'appuyer sur le réseau des équipes qualité locales présentes soit sur les sites de production, soit sur les lieux et les points de contact avec les clients, ou dans les services support.

Pour conclure, un Intranet qualité ou un système d'information en ligne ouvert et accessible en permanence à tous, sont des moyens particulièrement intéressants pour diffuser l'ensemble des messages relatifs à la qualité. Ils constituent un atout supplémentaire pour contribuer à concrétiser le vieux rêve de tous les responsables qualité : faire de leur activité « une maison de verre ».

Chapitre 24

Manager l'équipe qualité

Une fois le service qualité structuré, organisé « techniquement », le responsable qualité doit se préoccuper de faire vivre, grandir son équipe. Nous vous proposons de détailler sept fonctions clés qui permettent au responsable qualité de devenir un manager, un vrai, attentif, apprécié.

Les 7 principes d'action du management d'équipe qualité

- Mesurer les résultats et les performances.
- Aimer ses collaborateurs.
- Négocier en permanence.
- Activer le fonctionnement de l'équipe.
- Gérer le matériel et l'immatériel.
- Entraîner l'équipe vers les sommets.
- Rassurer encore et toujours.

PRINCIPE 1 - MESURER LES PERFORMANCES ET LES RÉSULTATS

« Il n'y a pas de qualité sans mesure »

Ce fondamental a guidé et accompagné les travaux et la croissance vers la maturité de nombreux responsables qualité. La mesure est un des piliers sur lesquels repose toute démarche qualité. On imagine donc facilement qu'il n'existe que peu de difficulté pour le manager qualité à appliquer cette approche dans son activité de management des hommes et des équipes, puisqu'il l'utilise déjà pour mesurer les caractéristiques des produits et des services dans ses missions quotidiennes.

Les résultats et les performances des collaborateurs de l'équipe qualité sont à apprécier et doivent être quantifiés avec trois angles de vision différents et complémentaires. Dans l'ordre :

- la performance individuelle ;
- la performance collective, c'est-à-dire celle de l'entité dans laquelle les collaborateurs opèrent ;
- la contribution de chacun aux résultats et aux progrès d'ensemble de l'entreprise.

Mesurer les résultats individuels dans une activité qualité

En termes de performance individuelle, il s'agit de faire plus, faire mieux, faire autrement.

- Faire plus, c'est par exemple animer ou organiser plus de séances de prévention, réaliser plus d'enquêtes de satisfaction que prévu, traiter plus d'incidents dans les délais annoncés.
- Faire mieux, c'est par exemple traiter les incidents « jusqu'au bout », piloter la mise en œuvre des actions préventives et les solder à 100 %, fournir l'ensemble des tableaux de bord prévus pour le jour calendaire annoncé.
- Faire autrement, c'est par exemple rendre opérationnel le traitement en ligne des incidents sur le système d'information, déléguer le traitement à chaud des incidents aux opérationnels de manière efficace, intégrer le client aux séances de travail et de créativité destinées à améliorer le service et la qualité.

Appréhender la question des résultats collectifs d'une équipe qualité

Avec un peu d'imagination, le manager qualité trouvera assurément les leviers à actionner pour mobiliser les énergies, et les indicateurs adaptés et pertinents pour mesurer l'efficacité collective de ses troupes. Nous pouvons lui suggérer quelques pistes de réflexion :

* comment le service global rendu par l'équipe qualité est-il apprécié par le reste de l'entreprise ?
* combien de fois le service ou la prestation de l'entreprise a-t-il été interrompu du fait d'un manquement du service qualité ?
* les délais de réponse de l'équipe qualité pour traiter et résoudre les problèmes s'améliorent-ils ?
* les propositions d'amélioration et les suggestions faites au responsable qualité par l'un ou l'autre des membres de son équipe sont-elles de plus en plus nombreuses ?
* les collaborateurs de l'équipe qualité ont-ils de plus en plus le sourire ?

Apprécier la contribution de chacun à la réussite d'ensemble

Une troisième dimension importante dans l'appréciation des résultats se situe dans la contribution qu'un collaborateur peut fournir pour accélérer la réussite de l'ensemble de l'entreprise.

Effectivement, hors l'équipe qualité, l'entreprise existe et les efforts consentis par un collaborateur pour donner de son temps, de son énergie, et bien sûr de son intelligence afin de faire avancer les intérêts de la société dans laquelle il est employé, sont à considérer et à apprécier à leur juste valeur.

Il s'agit de prendre en compte l'apport du collaborateur dans différents domaines. Celui-ci a-t-il aidé :

* à mieux acheter et approvisionner ?
* à vendre des produits ou des prestations ?
* à trouver des solutions utiles à l'entreprise ailleurs que dans son domaine d'expertise ?
* à recruter un collaborateur précieux ?
* à valoriser l'image de la société ?
* à instaurer un climat positif au sein de l'entreprise ?

Le manager qualité veillera ainsi à encourager ce type de contribution.

Mesurer les résultats de ses collaborateurs est pour le manager qualité une activité à très haute valeur ajoutée et passionnante. Il démontre dans cet exercice deux qualités indispensables pour être reconnu dans son métier : imagination et rigueur. Imagination pour trouver les critères de mesure pertinents, et rigueur pour rendre ces critères objectifs et indiscutables.

PRINCIPE 2 - AIMER SES COLLABORATEURS

Tous les collaborateurs sont dignes de l'intérêt du manager

Nous voulons évoquer ici l'argument qui consiste à affirmer que l'intérêt porté par un manager à ses collaborateurs est un facteur déterminant pour assurer le succès de son équipe dans les missions qui lui sont confiées.

Il suffit de constater tous les effets positifs d'une telle attitude auprès des troupes : un collaborateur qui se sent aimé, apprécié, entendu, soutenu, encouragé, et pas seulement utilisé, commandé, interpellé, évalué, critiqué, est en confiance et donne rapidement le meilleur de lui-même.

Le monde n'étant pas parfait, cette méthode de management ne peut jamais fonctionner à cent pour cent avec tous les collaborateurs. « On ne fait pas avancer un âne qui n'a pas soif » selon le dicton, et il est vrai que certains humains sont réfractaires à tout système de management, même ceux considérés comme parmi les plus positifs.

Au moins, en s'efforçant de prodiguer temps et conseils à ses troupes, le manager qualité a-t-il le sentiment d'être « dans le vrai » en agissant de la sorte. On attend, en effet, sans doute de lui, beaucoup plus que de tout autre pour ce qui est de l'exemplarité dans le domaine du management.

Examinons précisément trois situations de management pour lesquelles le responsable qualité peut témoigner de l'estime pour un membre de son équipe : lorsqu'un collaborateur réussit tout ce qu'il entreprend, lorsqu'un collaborateur échoue constamment, lorsqu'un collaborateur est sujet d'hostilité de la part de ses collègues des autres fonctions.

Témoigner de l'estime à un collaborateur qui réussit tout ce qu'il entreprend ?

Il semble facile de témoigner de la reconnaissance et de l'estime, voire de l'affection, pour un collaborateur qui réussit tout ce qu'il entreprend. En effet, il y a déjà tous ces moments où l'on partage, avec lui, le constat de ses excellents résultats, de son esprit d'entreprise, de ses initiatives pertinentes.

Il est particulièrement aisé dans de telles circonstances de lui dire : « J'apprécie ce que tu fais »… ce que le collaborateur traduit, à tort ou à raison, par : « Mon chef apprécie de travailler avec moi, donc il m'aime bien. » Ce qui vient du chef constitue un signe de confiance et un encouragement à aller de l'avant, à être force de proposition, ce qui est, *in fine*, particulièrement valorisant.

Témoigner de l'estime à un collaborateur qui est en difficulté permanente ?

Pour le collaborateur en échec, l'approche du manager est d'abord de rassurer : « Je compte sur toi, tu as déjà démontré ce que tu sais faire », « La réussite va revenir, elle finira par être au rendez-vous », « Pour t'aider, je te propose de… », « Revoyons tes objectifs… »

Il est une vérité bien établie, ce sont les paroles et les actions de tous les jours qui créent des liens positifs et durables entre les individus. C'est pourquoi, le manager qualité n'aura donc de cesse de répéter des paroles d'encouragement au gré de ses rencontres sur le lieu de travail : dans un couloir, avant ou après une réunion, lors d'un entretien personnel, pour souligner un résultat intéressant suite à une action récente que le collaborateur a menée : « J'ai entendu des paroles élogieuses te concernant, parle-moi de ce que vous avez expérimenté et réussi avec ce fournisseur. »

Encore une fois, « conserver son estime à un collaborateur en échec », c'est bien évidemment lui ouvrir une voie sur laquelle il va pouvoir s'engager pour retrouver le chemin de la réussite. L'issue est parfois le changement de métier, d'affectation, d'entreprise. Avant d'en arriver là, essayons avec persévérance la pédagogie du succès.

Témoigner de l'estime à un collaborateur qui est ou se sent agressé ?

Il arrive qu'un collaborateur de l'équipe qualité soit en quelque sorte « persécuté » par des collègues d'autres fonctions.

L'exercice du métier de la qualité conduit parfois à des situations où un collaborateur est amené à défendre des convictions et des points de vue qui le classent comme « l'empêcheur de tourner en rond » ou « le redresseur de torts », et il s'attire alors des inimitiés.

Pour qui est insensible à ce genre de critiques, la vie continue. Certains toutefois peuvent se retrouver psychologiquement en difficulté. Le manager qualité doit veiller à soutenir ceux qui se retrouvent plus que d'autres touchés et affectés par ce genre de situation. « Tu fais bien ton boulot, l'agressivité n'est pas dirigée contre toi mais contre la fonction qualité ; tout le monde ne perçoit pas tout de suite l'intérêt de notre travail. Avec le temps, ton travail portera du fruit et il sera reconnu. »

Autant de paroles d'encouragement que le manager peut utiliser pour créer de la dynamique affective positive afin de compenser les messages négatifs qui parviennent aux oreilles de certains lors de l'accomplissement de leur mission au sein du service qualité. Il peut aussi l'aider à améliorer son comportement en dissociant le fond de la forme.

Aimer ses collaborateurs est au cœur du métier du manager. Lorsque ce même manager est celui de la qualité, il doit être très attentif à prodiguer en permanence des messages d'encouragement et à témoigner de sa compréhension dans les moments difficiles. La proximité qu'il entretient dans la réalisation des tâches quotidiennes avec ses équipes est un facteur clef du succès de l'ensemble des actions mises en œuvre.

PRINCIPE 3 - NÉGOCIER EN PERMANENCE

Peut-on imaginer un instant une situation de management sans la dimension négociation ?

Le manager qualité communique avec ses équipes au quotidien, et de manière institutionnelle lors des entretiens individuels, des réunions de service mensuelles trimestrielles ou annuelles. Ces moments privilégiés d'échange et de partage sont autant d'occasions pour lui de donner des informations, d'écouter les souhaits des uns et d'entendre les inquiétudes des autres.

En de telles occasions, qu'est-il amené à négocier ? Tout… tant il est vrai que « tout se négocie ». Mais, si l'on s'en tient aux cas les plus fréquents, la négociation s'articule autour de trois thèmes : la rémunération, les conditions de travail, la reconnaissance au travail.

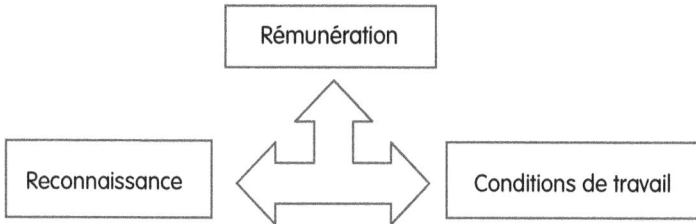

Figure 85 - Les 3 thèmes de la négociation au sein de l'équipe qualité

La négociation à propos de la rémunération est exigeante

« Qu'est-ce que je donne à l'entreprise et qu'est-ce qu'elle me donne en échange ? » Le manager de l'équipe qualité doit être prêt à répondre à toutes les questions qui reviennent en permanence autour de cet équilibre « travail fourni-rémunération perçue ». En particulier, il lui faut se tenir parfaitement informé sur les systèmes de rémunération pratiqués à la fois en interne mais également sur le marché du travail, aussi bien dans le métier de la qualité que dans les autres métiers existants dans sa société.

Les collaborateurs ne manquent pas en effet de se comparer entre eux et par rapport aux différents systèmes de rémunération utilisés dans d'autres sociétés. Lorsque le manager s'exprime sur les sujets concernant la rémunération mieux vaut en effet qu'il en sache au moins autant que son ou ses interlocuteurs. C'est un principe de bon sens.

S'agissant de l'attitude à adopter, notre conseil est de toujours pousser le collaborateur « vers les sommets » (voir le paragraphe « Entraîner l'équipe vers les sommets ») ; une telle attitude requiert de la part du manager d'accepter d'avoir des collaborateurs eux-mêmes aussi exigeants que lui.

La négociation à propos des conditions de travail est souvent légitime

Examinons tout d'abord les motifs qui peuvent conduire les collaborateurs de l'équipe qualité à s'interroger sur leurs conditions de travail et à pousser leur manager à négocier à ce sujet.

En fait, il est fréquent que la fonction qualité ne soit pas « servie » en premier dans l'entreprise concernant la mise en place de moyens de production récents et efficaces, d'implantation adaptée ou de moyens informatiques suffisants. Les fonctions privilégiées et prioritaires sont souvent celles directement liées aux métiers de l'entreprise : le commercial, la production, la livraison, l'approvisionnement, la facturation...

Le manager est ainsi confronté à des revendications légitimes : un système d'information obsolète, une insuffisance de moyens de mesure techniques, des enquêtes client pas suffisamment déployées, des retards dans l'embauche d'un collaborateur...

Pour négocier utilement et gagnant-gagnant, le manager dispose de peu de « munitions » dans ces moments-là, sinon d'écouter, de montrer sa compréhension, son empathie et de donner des perspectives positives à moyen terme : « C'est vrai que je vous demande beaucoup et que vous ne disposez pas de tous les moyens », « Nous sommes en retard dans les investissements, j'ai obtenu d'avancer la date de démarrage du chantier "mise en ligne sur l'Intranet du traitement des incidents" pour le 1ᵉʳ mars de cette année. »

Il est une pratique qui va aider le manager qualité dans sa tâche : il s'agit du repas d'équipe, suite à une séance de travail. Il trouvera là une occasion d'entendre des préoccupations cachées et en profitera pour exprimer son sentiment sur les sujets évoqués.

La négociation sur le manque de reconnaissance est récurrente

La négociation sur le manque de reconnaissance de la fonction qualité constitue un vrai challenge pour le manager qualité, mais ô combien motivant ! Au fond, lui-même est confronté à cette préoccupation. Il a sans doute entendu souvent au cours de sa carrière récente ce genre de commentaire : « Que fait la qualité ? », « Oui, enfin, la qualité... il faut d'abord songer à vendre et produire ! », « Les gars de la qualité, ils arrivent quand tout est fini... »

Il peut donc lui arriver de voir entrer dans son bureau un collaborateur découragé, abattu, ou au contraire furieux et hors de lui, prêt à demander à changer d'activité ou à démissionner.

Nous l'avons vu, il est de la responsabilité du manager qualité de « faire savoir » ce qui est fait par l'équipe qualité : les résultats produits mais aussi les activités mises en œuvre : le nombre d'audits réalisés, d'actions correctives engagées, de procédures mises à jour, de réunions d'informations qualité effectuées, etc. Et tout ce qui n'est pas forcément visible par les managers et les collaborateurs !

Négocier est au cœur du métier du manager de la qualité. Lorsqu'il est en négociation interne avec ses troupes, il dispose d'un atout formidable, s'il a su le cultiver, il s'agit de la confiance dont il bénéficie au sein de son équipe. Chacun de ses collaborateurs sait en effet qu'il est lui-même confronté à des difficultés identiques aux siennes. Quand il négocie avec les autres équipes, il a l'occasion de valoriser son service et d'en démontrer toute la valeur.

PRINCIPE 4 - ACTIVER LE FONCTIONNEMENT DE L'ÉQUIPE

Comme toute équipe, celle qui concourt pour la qualité au sein de l'entreprise a besoin régulièrement de stimuli, de changements, d'accélérateurs pour donner sa pleine mesure et retrouver des sources de motivation.

La routine, lorsqu'elle s'installe au sein d'un groupe est rassurante sur le moment mais elle est parfois porteuse des prémices d'une baisse de performance. C'est un sujet sur lequel le manager qualité doit être particulièrement vigilant, étant lui-même exposé au risque d'endormissement intellectuel.

Quelques recettes en matière de management d'équipe existent pour redynamiser le collectif. Elles s'inspirent largement des pratiques utilisées dans le domaine sportif par les entraîneurs pour tirer le meilleur parti d'une équipe.

Nous proposons d'explorer trois de ces pratiques : faire tourner ses collaborateurs, se faire oublier, activer les rapports d'étonnement.

Faire tourner ses collaborateurs

Évidemment, ce n'est pas toujours possible, ni même souhaitable. Pour certains collaborateurs de l'équipe qualité qui ont fourni un excellent travail depuis quelques années dans l'activité, par exemple, « qualité des fournitures extérieures », le manager peut lui suggérer d'œuvrer à présent dans la « qualité interne », la « gestion des résultats » ou la « qualité en clientèle ».

Le mouvement peut s'étendre aussi hors du service qualité et la DRH apporte, dans ce cas-là, son concours.

Notre préconisation est de ne pas attendre que le collaborateur se lasse. L'anticipation en matière de qualité est toujours plus intelligente que l'attente dans l'incertain. Proposer du mouvement nous semble préférable à attendre l'endormissement ou la réclamation du collaborateur.

Cependant, on ne doit pas perdre de vue que toute organisation a un fonctionnement systémique. Cela signifie qu'en faisant bouger certaines pièces du puzzle, on agit indirectement sur les autres pièces. C'est pourquoi, le manager n'oubliera pas de se poser les questions suivantes :

* que vont en penser les autres collaborateurs du service ?
* quelles seront conséquences sur la vision qu'ils ont de moi et de mon style de management ?
* quelles sont les informations que je dois communiquer ou pas à l'ensemble de l'équipe ?

Se faire oublier

Cela peut surprendre, pourtant « trop de présence tue la présence » ; le contraire étant, bien sûr, tout aussi vrai. Le manager de la qualité peut lui-même changer certaines de ses habitudes, la nature ayant, dit-on, horreur du vide, l'équilibre dans le fonctionnement de l'équipe s'établira de lui-même, certains prenant plus d'initiatives voire de responsabilités, d'autres se révélant et se découvrant une âme de leaders.

Le manager peut ainsi déléguer le pilotage d'une réunion qualité à un collaborateur méritant et compétent, pendant que lui-même va suivre une formation ou enrichir ses connaissances du marché et du métier, à l'extérieur.

Cette recette est tout aussi applicable aux collaborateurs eux-mêmes qui ont intérêt parfois à se faire oublier, tout comme ils l'ont à se faire remarquer. L'important est « le mouvement ». Envoyer un collaborateur en formation ou chez un confrère pour observer, enrichir sa pratique, s'aérer cérébralement, s'enrichir d'un regard nouveau sur son métier, en découvrir d'autres, sont autant de solutions à développer sans crainte de déstabiliser le groupe. « L'équilibre en management est dans le mouvement. »

Activer les rapports d'étonnement

Pour compléter ce tableau de méthodes destinées à éviter l'endormissement managérial avec le risque de baisse de performance que cela peut provoquer, nous suggérons d'utiliser en interne au service « le rapport d'étonnement ».

En faisant l'hypothèse d'un esprit constructif présidant à sa mise en œuvre, ce moment d'observation des pratiques de son propre service doit déboucher sur des constats partagés par le responsable et ses proches collaborateurs pour finalement se concrétiser par des suggestions d'amélioration.

Quelques exemples de données de sortie de cette séquence managériale seraient : « Reprenons la séance de travail hebdomadaire de l'ensemble de l'équipe », « Invitons les fournisseurs aux réunions les concernant », « Mettons le tableau de bord qualité de direction à la disposition de tout le service qualité, y compris les assistantes », « Pourquoi n'irions-nous pas chacun à notre tour interviewer les clients ? », « Qu'est-ce qui nous empêche de faire autrement…? ».

En laissant la bride sur le cou aux collaborateurs pour imaginer des façons de fonctionner différentes et innovantes, le manager qualité se met lui-même en situation de renouveler ses pratiques et d'aller de l'avant.

Activer le fonctionnement de l'équipe qualité est un acte managérial fort pour le responsable. Outre l'effet positif immédiat sur les résultats et l'efficacité du groupe, il y trouve une source de satisfaction personnelle émotionnelle puissante en découvrant toute la richesse qui sommeille au fond des esprits de ses collaborateurs.

Anticiper, Activer, Accélérer, tels sont les trois verbes qui donnent leur sens aux actions du manager lorsqu'il s'agit pour lui de continuer à garder la main et à pousser vers l'avant.

PRINCIPE 5 - GÉRER LE MATÉRIEL ET L'IMMATÉRIEL

S'il est un mot dans les langues occidentales qui est très utilisé dans le domaine des affaires, du commerce, de la production de biens et de services ou même des ressources humaines, c'est bien celui de gérer. On ne peut éviter de penser également à la gestion de la qualité, meilleure traduction possible de *quality control*. Ce préambule a pour but de souligner le caractère devenu banal du mot « gérer ». On le retrouve ainsi dans les fiches de fonction de tous les responsables et de tous leurs collaborateurs.

Peut-être serait-il bon de le moderniser pour le rendre plus dynamique et peut-être pourrait-on écrire en ce qui concerne le sujet qui nous intéresse : « Faire du matériel et de l'immatériel un atout pour réussir dans sa fonction. »

La gestion matérielle est essentielle au bon fonctionnement du service

Dans le domaine des biens matériels, la saine gestion des moyens de contrôle physiques, est d'une importance fondamentale pour garantir la fiabilité des informations. Il appartient au responsable qualité et à son équipe de prévoir, d'anticiper, de tester, de passer commande, de réceptionner, de s'assurer de l'étalonnage des moyens et appareils de contrôle et de vérification avant leur mise en service opérationnelle. Puis, bien évidemment, d'en assurer le suivi pendant toute leur durée de vie.

Ce travail exigeant et très utile pour l'obtention et le suivi de la qualité s'effectue directement par le service qualité ou par délégation à des équipes de production, ou des sous-traitants. Quelle que soit la solution mise en œuvre, l'ensemble de ces travaux reste supervisé par le responsable qualité.

D'autres aspects matériels sont à considérer. Bien que très terre à terre, la mise à disposition de locaux adaptés à l'exercice du métier est un sujet à ne pas négliger. Il s'agit à la fois des locaux qui contiennent du matériel de contrôle, mais aussi des locaux où le personnel exerce quotidiennement ses activités. Dans l'un et l'autre cas, la pratique de la méthodologie 5S est recommandée tant il est vrai qu'ordre et propreté, lorsqu'ils sont présents, renvoient l'image d'un fonctionnement ordonné et professionnel, et donc rassurant pour les équipes présentes sur les lieux.

Enfin une gestion intelligente des matériels et logiciels informatiques est indispensable. C'est même devenu une évidence que de l'évoquer. Le service qualité ne peut être à la traîne concernant la mise à disposition des matériels les plus performants ni même le bon usage des systèmes d'information modernes. Il arrive encore, nous l'avons dit, que ce service soit considéré comme la dernière roue du carrosse et ne soit équipé qu'en dernier, après le commercial, la logistique, la facturation…

Il appartient au responsable qualité d'être vigilant et convaincant pour obtenir des décideurs les outils performants qui lui permettent de connaître, en instantané par exemple, l'état des incidents et celui du traitement de l'un d'entre eux, ou en quasi instantané les évaluations ou les mesures de satisfaction des clients. Et pourquoi pas la comparaison avec les concurrents ?

La gestion humaine du service participe de la dynamique de l'évolution de l'entreprise

En ce qui concerne la gestion des biens immatériels (les hommes et les femmes de son équipe !), nous développons longuement dans cette partie consacrée à la fonction qualité le rôle managérial du responsable qualité. Essayons donc de souligner ici la dimension gestionnaire de sa fonction.

« Gouverner c'est prévoir », dit-on… et gérer, sans doute, également. Comme tous les métiers, celui de la qualité évolue. Le responsable et son équipe ont à développer des compétences particulières bien au-delà de leur savoir-faire de base indispensable. Ils doivent être habiles en matière de communication, exemplaires en matière de comportement, agiles en ce qui concerne les technologies dites « nouvelles ». Ils ont à développer du leadership et de l'estime de soi, s'ils ne veulent pas être dépassés en permanence par ceux de la production, du commercial, de la finance.

Pour toutes ces raisons, le responsable qualité garde un œil attentif sur le plan de développement de chacun en termes de formation et de parcours de carrière au sein de l'entreprise ou sur le marché du travail à l'extérieur. Il est, en outre, extrêmement vigilant en matière de recrutement, selon ses besoins, afin de s'entourer de profils adaptables et souples, afin de créer une dynamique de mouvement en faisant bouger les collaborateurs, au sein du service lorsque cela est possible, mais aussi au sein des autres services. Dans le passé le service qualité a parfois été considéré comme un refuge pour y affecter des collaborateurs en difficulté. Il appartient au manager de s'assurer que la contribution de son service au rôle social de l'entreprise est égale, ni plus ni moins, à celle des autres services.

Il est un temps pour l'action, il est un temps pour la réflexion, il est un temps pour la gestion. À chacun sa noblesse. La noblesse de la gestion n'est pas valorisée dans sa visibilité, ni par ses effets immédiats. Plus le temps avance, et plus la dimension gestionnaire du responsable qualité est utile et reconnue.

Principe 6 - Entraîner l'équipe vers les sommets

Avoir des objectifs de succès

« La première qualité d'un entraîneur, c'est d'être entraînant. »[1] Il est vrai que l'idée même d'aller de l'avant est toujours plus agréable à l'être humain que la perspective de stagner, voire d'aller à reculons.

Ce besoin d'avoir des objectifs de succès est tout aussi présent dans l'esprit du manager que dans celui de ses troupes. Quelle que soit la situation dans laquelle se trouve son activité, son service, et quels que soient ses états d'âme du moment, le manager de l'équipe qualité a tout intérêt à se poser trois questions… et y apporter les réponses adaptées !

- Quel objectif ambitieux pouvons-nous nous fixer dans l'équipe pour l'année à venir ?
- Qu'est-ce qui rendrait chacun véritablement fier de travailler dans cette équipe ?
- De quoi est-ce que je rêve pour mon équipe et pour moi-même, son manager ?

En réfléchissant autour de ces questions, le responsable est en mesure de trouver des pistes réalistes pour sortir des sentiers battus et de la routine du travail quotidien. Certes, les tâches qui sont au cœur de l'activité demeurent ; il est toutefois évidemment possible de les pratiquer en se fixant des challenges, ou de se trouver des objectifs de progrès en marge de celles-ci.

La preuve par 9 des capacités d'entraînement du manager qualité

Proposer des pistes d'action

Pour clarifier le propos, prenons l'exemple du traitement des incidents. Traiter les incidents est une activité indispensable et parfois pesante, surtout lorsque l'on n'arrive pas à trouver de solutions satisfaisantes pour les clients.

Le manager peut pour le moins imaginer de devenir avec son équipe le champion du traitement des incidents : « Bien fait, vite fait, client satisfait, entreprise soulagée. » Certes, les indicateurs de mesure de la performance ne sont pas forcément immédiats, ils existent : délai de traitement, enquête téléphonique auprès des clients, des autres managers en interne…

---

1.   Daniel Herrero, ancien entraîneur de rugby.

Renforcer les compétences de son équipe

En changeant de domaine, un bel objectif collectif peut consister à challenger l'équipe : « Nous aurons réussi cette année ensemble si chacun a atteint ses propres objectifs. » Cette façon de manager l'équipe, en complément du pilotage individuel de chaque collaborateur, est un puissant facteur d'entraînement pour des personnes qui ont le sentiment de bien faire leur travail et qui jugent que les résultats sont là. Elles ont néanmoins le sentiment de s'ennuyer, et sont heureuses qu'on leur offre la possibilité d'atteindre de nouveaux objectifs.

Être entraînant

En optant de manière délibérée pour cette façon de faire, le manager se positionne comme un véritable « entraîneur » qui, outre ses responsabilités fondamentales de gestion, de *reporting* auprès de la direction, de veille, est un révélateur de talents collectifs et de compétences individuelles.

Se mettre en danger

En demandant toujours « un peu plus » aux équipes, il se met lui-même en danger, puisque l'équipe attend en retour « un peu plus » de lui.

Quel est en réalité le résultat ? Globalement, chacun avance et renforce son savoir-faire et son savoir être. Certains vont se révéler, d'autres resteront à la traîne, c'est une loi naturelle. Une façon d'aller plus loin est de réfléchir collectivement, au moins une fois par an avec l'ensemble des collaborateurs sur ce ou ces objectifs complémentaires ou décalés qui donnent du sel à la vie au travail et renforcent le sentiment d'appartenance.

Se trouver au cœur de l'action

Pour être entraînant, le manager doit être toujours présent au cœur de l'action, sans pour autant vouloir « tout faire » ou empiéter sur les domaines de compétence de ses collaborateurs. « C'est quand les balles sifflent qu'on doit voir le chef devant ses troupes », selon le dicton.

Défendre ses collaborateurs et monter au créneau

S'il s'agit de défendre un dossier difficile préparé par un de ses collaborateurs, le manager n'hésite pas à se préparer avec lui et à l'accompagner s'il sent que sa présence et ses interventions seront utiles pour faire avancer ce dossier. Le collaborateur n'est jamais aussi fier que lorsqu'il a l'occasion de raconter comment lui et son patron ont réussi à défendre leur point de vue en parfaite harmonie et avec succès dans une réunion tendue.

S'il s'agit de « monter au créneau » auprès de la DRH pour défendre un collaborateur en difficulté, de se déplacer chez un client à juste titre mécontent ou simplement de lui répondre au téléphone ou par mail, de rencontrer la direction pour rappeler les principes et les valeurs de l'entreprise en matière de qualité, le manager est le premier à « se porter volontaire ».

Être exemplaire

Ces actions le légitiment auprès de son équipe. Elles donnent envie de le suivre davantage que dans des discours de justification.

Oser

« Qui n'avance pas recule » : ce dicton trouve parfaitement sa justification dans le cadre du management de l'équipe qualité. Ils sont nombreux les challenges que le manager peut imaginer et les défis qu'il peut se fixer ou qu'il peut proposer à son équipe de partager avec lui. C'est bien en allant explorer des terres inconnues et en essayant d'atteindre des sommets qui lui paraissent inaccessibles, autrement dit en se surpassant que l'être humain trouve de la satisfaction.

Se montrer courageux et offensif

Avec l'équipe qualité, souvent maltraitée par ses interlocuteurs, le manager entraîneur peut élaborer des projets marqués par l'ambition et développer simultanément une attitude toujours courageuse et offensive. Il s'ouvre ainsi une voie royale pour entraîner son groupe vers les sommets.

PRINCIPE 7 - RASSURER ENCORE ET TOUJOURS

Selon nous, « rassurer » est la fonction alpha et oméga du manager. S'il n'en reste qu'une à exercer c'est bien celle-ci qu'il faut conserver ! En effet, par « rassurer » il faut entendre écouter, comprendre, permettre à l'autre ou à l'équipe de se projeter, d'espérer. C'est aussi encourager, reconnaître efforts et résultats, et soutenir en période de difficultés. Et tous ces actes ne peuvent être que le fait du manager. Une condition pour parvenir à remplir cette fonction de manière efficace est de rester visible, présent physiquement, accessible.

Rassurer avec les 4 P

- Percevoir les doutes.
- Partager les préoccupations.
- Proposer des solutions.
- Prévenir les inquiétudes.

Percevoir les doutes

L'être humain a sans cesse besoin d'être rassuré : sur lui-même, sur son travail, sur sa compétence, sur sa capacité à progresser. Depuis sa plus tendre enfance, dans la cour de l'école, l'enfant cherche à être rassuré sur le fait qu'il est « comme tout le monde ». Cette angoisse existentielle ne le quittera plus ! Cet exemple montre symboliquement combien l'humain est sensible à la position qu'il occupe dans une société quelle qu'elle soit. Il est important que le manager qualité perçoive les doutes des membres de son équipe.

Partager les préoccupations et rendre leur confiance aux collaborateurs

Comment le manager qualité peut-il s'y prendre pour rassurer un collaborateur qui a d'excellents résultats mais qui doute de lui, de la façon dont les collègues le perçoivent, de son image auprès des autres acteurs de l'entreprise ? En lui disant souvent et en lui répétant que c'est le cas : « Guillaume, tu es vraiment étonnant d'aisance dans les réunions qualité, j'entends beaucoup de commentaires élogieux te concernant… » Cela induit une attention individuelle.

Ne dit-on pas que l'être humain n'est jamais lassé de félicitations dès lors qu'elles sont sincères ? Certains n'en ont pas besoin, d'autres si. Le manager dose l'attention qu'il porte à chacun en fonction des attentes qu'il perçoit chez l'autre. Il est vrai que l'on a souvent entendu dans le passé « Il ne faut pas les "coucouner", qui plus est si on les félicite trop, ils vont être exigeants en matière de rémunération… » Ce sont deux attentes complètement différentes.

Proposer des solutions au moyen d'un DESC

Comment faire avec un collaborateur qui est en difficulté, qui le sent, qui sait que son manager s'en rend compte et qui se trouve finalement mal à l'aise ? Sans tarder, ce manager doit avoir une conversation avec lui. Nous préconisons dans ces situations-là d'utiliser la méthode du DESC.

Le DESC, un véritable outil de management

- **D**écrire les faits.
- **E**xprimer ses émotions.
- Trouver ensemble une **S**olution.
- Conclure en envisageant les **C**onséquences positives de la solution partagée.

Prenons l'exemple du collaborateur préoccupé par l'efficacité dont il fait preuve lors de ses audits, ou plutôt selon lui son inefficacité ! Comment le responsable qualité peut-il le réconforter et le rassurer ?

« Tu as réalisé cet audit en mettant en œuvre ton professionnalisme habituel, Jean. J'ai examiné les conclusions, elles me semblent claires et bien formulées. Je suis surpris que tu doutes et cela me touche de te voir ainsi préoccupé. J'estime beaucoup la qualité dont tu fais preuve dans l'exercice de ton métier d'auditeur. Je te propose que nous relisions ce rapport ensemble et j'aimerais t'accompagner lors d'un prochain audit, j'apprends moi-même beaucoup avec toi lors de ces sorties. Qu'en dis-tu ? Nous pourrions ainsi également échanger sur nos pratiques respectives ? »

Il est vrai que le domaine de la qualité étant parfois polémique dans l'entreprise, certains collaborateurs du service qualité peuvent se retrouver en difficulté à titre personnel. Pour maintenir le moral des troupes à son meilleur niveau, le manager est donc amené à exercer son rôle sécurisant et rassurant pour désencombrer et dépolluer les esprits afin que toutes les pensées de chacun soient en permanence positives.

Prévenir les inquiétudes de l'équipe tout entière

Concernant l'équipe qualité dans sa globalité, son manager doit avoir à cœur de la rassurer lorsque les informations qui circulent dans l'entreprise inquiètent chacun et risquent de perturber le bon fonctionnement de l'activité.

De quoi s'agit-il ? Prenons trois exemples de situation :

- Lors de la détermination des budgets, celui de la qualité est en baisse de 20 % pour l'année à venir. Comment annoncer à l'équipe que ce n'est pas un signal négatif envoyé par la direction et qui démontre son peu d'intérêt ou pour le moins son manque d'implication sur ce thème ?

- Dans une unité de production, pour renforcer l'efficacité du contrôle, l'équipe qualité est transférée vers le service fabrication. Cette évolution n'est certainement pas de nature à tranquilliser les esprits des collaborateurs qui imaginent certainement des raisons cachées et des manœuvres de la direction pour diminuer les effectifs. Comment en parler avec le personnel ?

- Le président de la société s'est exprimé sur une chaîne de télévision et a déclaré que la campagne de rappel en cours sur les produits haut de gamme était un signe montrant tout le travail qui restait à faire en matière de qualité malgré les progrès déjà accomplis. Cela veut-il dire, se demandent certains collaborateurs, que la fonction qualité est sur le point d'être réaménagée ou que l'on n'a pas été à la hauteur ? Quels leviers le responsable qualité va-t-il utiliser pour démontrer qu'il n'en est rien ? Ou pour indiquer que, si changement il y a, il ne peut être que positif ?

Au travers de ces trois exemples, on sent bien tout le talent dont va devoir faire preuve le manager pour rassurer alors que lui-même n'est peut-être pas complètement serein. Et il lui arrive parfois de devoir aller plus loin, de rassembler tout son courage pour annoncer une véritable mauvaise nouvelle à l'équipe.

User encore du DESC pour partager les inquiétudes et rebondir

Quels que soient le moment et la criticité de la situation, le manager ne doit pas hésiter à utiliser le **DESC**. Laissons-lui la parole pour commenter, par exemple, les paroles du président de la société : « Vous avez entendu le président s'exprimer sur la qualité de nos productions. Nous ne sommes pas au niveau de nos concurrents, cela se lit dans les journaux spécialisés et sur le Net… Je comprends votre étonnement et votre déception après tous les efforts fournis, voire votre inquiétude concernant le regard porté sur l'efficacité de la fonction qualité. Nous avons bien fait ce que nous avions à faire et n'avons pas à rougir du travail fourni. Dès le prochain projet nous allons être plus exigeants en termes de moyens pour garantir la qualité. Ce sera une formidable opportunité pour démontrer notre savoir-faire et notre engagement. Je vous propose de vous exprimer librement et de me faire part de vos sentiments sur ce sujet… »

C'est certainement un privilège pour le responsable qualité que de pouvoir rassurer les troupes s'il sent que le moment est venu. En effet, c'est un signe fort de reconnaissance de la part de ses collaborateurs que de savoir qu'elles comptent sur lui et qu'elles attendent beaucoup de lui. La fonction qualité, ni plus ni moins que les autres, est exposée dans l'organisation de l'entreprise, et ses collaborateurs ont sans cesse besoin d'être protégés.

Ce n'est sûrement pas en lisant des résultats figurant dans un tableau de bord et en les présentant que l'on rassure ses équipes, mais plus sûrement en étant physiquement et émotionnellement présent et en manifestant son empathie et son optimisme.

Chapitre 25

Bien réussir sa prise de fonction
de responsable qualité

Le premier mois est décisif ! C'est la période pendant laquelle vous donnez le ton et démontrez à la collectivité votre capacité à tenir ce poste.

Nous vous proposons de vous aider à passer ce cap en appliquant 7 principes clés.

Les 7 principes d'action d'une prise de fonction réussie

- Intégrer les caractéristiques de la fonction.
- Prendre le temps de comprendre l'entreprise et son environnement.
- Repérer ses alliés.
- Créer une relation durable avec sa hiérarchie et ses collègues.
- Séduire votre équipe.
- Recherchez rapidement des petites réussites, se rendre vite visible.
- Proposer une feuille de route pertinente.

PRINCIPE 1 - INTÉGRER LES CARACTÉRISTIQUES DE LA FONCTION QUALITÉ

Il vous faut « plonger » dans cette nouvelle fonction en vous concentrant sur ses fondamentaux ; à partir de votre date de prise de poste, vous êtes le défenseur du client dans l'entreprise, celui qui s'assure que le client peut avoir confiance en l'entreprise. Votre priorité est de le protéger !

- Prenez en compte rapidement la caractéristique majeure du poste de directeur ou responsable qualité : il manage hors hiérarchie, par influence.
- Acceptez la contrainte forte selon laquelle la qualité passe avant tout par les managers, et qu'il faut désormais compter avec eux et travailler ainsi pour et avec eux.
- Soyez présent sur le terrain et dans les services pour aider vos collaborateurs à faire bien et non faire à leur place ; la qualité est parfois une valeur très abstraite, vous devez, au quotidien, leur démontrer le contraire.

PRINCIPE 2 - PRENDRE LE TEMPS DE COMPRENDRE L'ENTREPRISE ET SON ENVIRONNEMENT

Une démarche qualité, n'est pas un « copier-coller » Les entreprises développent des démarches qualité uniques, adaptées à leurs besoins.

Ne démarrez pas avec des convictions, des solutions toutes faites. Prenez le temps d'aller sur le terrain rechercher des données, des informations, comprendre la stratégie de la direction, discuter avec les collaborateurs, écouter les clients, comprendre la culture de l'entreprise, son métier, ses processus, son historique, mais aussi le contexte concurrentiel et réglementaire.

Cette phase d'analyse est précieuse. D'abord, pour démontrer votre capacité d'adaptation, ensuite pour être plus pertinent dans votre proposition de plan d'action.

Vous devez ainsi dégager les points forts de l'entreprise et ses points de faiblesses.

N'hésitez pas à poser à chaque manager des questions telles que : en quoi aujourd'hui le service qualité peut vous aider ? Comment améliorer notre organisation pour être plus efficace ? Quels sont pour vous les points forts et les points faibles de notre produit et service ? Quelle est l'image de l'entreprise vis-à-vis de nos clients. Et enfin… si vous étiez à ma place sur quoi travailleriez-vous en priorité ?

Enfin, si vous le pouvez, devenez le client de l'entreprise, mettez-vous à sa place pour mieux comprendre ses réactions ! Et observez la concurrence pour rechercher des pistes de différenciation.

Cette phase d'analyse est importante, car elle démontre à l'ensemble de l'entreprise votre qualité d'écoute, votre volonté de faire participer chacun et surtout votre capacité à prendre en compte les spécificités des produits et des métiers.

Au final, l'analyse interne et externe vous aide à construire une matrice EMOFF (enjeux, menaces, opportunités, forces et faiblesses) très utilisée en stratégie :

Enjeux :	
Forces internes	Faiblesses internes
Menaces externes	Opportunités externes

Votre projet d'amélioration comprend, entre autres, les actions pour remédier aux faiblesses, consolider les points forts, faire face aux menaces et profiter des opportunités.

PRINCIPE 3 - REPÉRER SES ALLIÉS

Au travers des différents entretiens, il est important de rechercher à identifier les personnes sur lesquelles vous pouvez compter. Elles sont de 5 types :

- celles qui trouvent un intérêt à la démarche qualité, car elle peut améliorer leur *business* ;
- celles qui ont envie de participer, elles ont des idées et l'envie que cela bouge pour améliorer leur quotidien ;
- celles qui peuvent vous aider dans votre projet en débloquant, par exemple, une situation car elles ont un pouvoir ou une influence ;

- celles qui vont vous aider personnellement. Elles vous aident à prendre du recul, sont « apaisantes ».

- celles qui ont une compétence qualité et qui vont pouvoir apporter de la « technique ».

Vous solliciterez ces personnes ponctuellement, en cas de besoin, ou bien elles feront partie intégrante de votre projet.

PRINCIPE 4 - CRÉER UNE RELATION DURABLE AVEC SA HIÉRARCHIE ET SES COLLÈGUES

Il ne s'agit pas de passer vos journées dans le bureau de votre responsable mais de lui proposer des points réguliers (tous les quinze jours au début ?) pour faire un bilan et surtout montrer comment vous vous adaptez et avancez.

Votre attitude, lors de ces entretiens, est bien sûr une attitude d'écoute (vous avez beaucoup à apprendre de lui !) et de confiance (vous le rassurez sur votre capacité à gérer le projet).

Vous n'allez pas le voir pour lui faire part d'inquiétudes ou de problèmes mais lui poser des questions, lui montrer des premiers résultats, confronter vos points de vue.

Et surtout, vous ne critiquez pas son entreprise. Cette tactique est vouée à l'échec, elle est vaine et n'apporte rien, sinon le risque de vous attirer des ennuis. Le passé est là, il ne s'agit pas de le mettre « à la benne » mais de l'exploiter, de capitaliser.

Le présent vous aide à savoir où en est l'entreprise.

Le futur est surtout ce qui intéresse votre patron ; clarifiez ce qu'il attend de vous, repérez ses préoccupations, son mode de fonctionnement et adoptez ses façons de faire.

Avec vos collègues, vous recherchez à instaurer une relation de collaboration et de confiance. Ne restez pas dans votre bureau : allez à la rencontre des personnes, montrez-vous sur le terrain, prenez le temps de discuter de façon formelle et informelle avec les différentes directions.

PRINCIPE 5 - SÉDUIRE SON ÉQUIPE

Vous avez peut-être une équipe composée d'ingénieurs, de techniciens, de contrôleurs, d'assistants qualité ou peut-être travaillez-vous avec des collaborateurs indirects (auditeurs, correspondants ou animateurs qualité), quelle que soit la composition de votre équipe, commencez par faire le bilan avec elle : repérez les compétences techniques et relationnelles ainsi que les manques, évaluez à la fois son niveau et ses facteurs de motivation.

Hors des réunions formelles, apprenez à connaître chaque membre de l'équipe.

De l'efficacité de chacun dépend votre réussite. Clarifiez vite ce que vous attendez de chacun d'entre eux et les modes de fonctionnement que vous avez choisis pour l'équipe. Intégrez-les rapidement dans un mode de fonctionnement participatif.

PRINCIPE 6 - RECHERCHER RAPIDEMENT DES PETITES RÉUSSITES, SE RENDRE VITE VISIBLE

Les projets qualité sur trois ans c'est bien ! Mais c'est trop long pour voir rapidement les résultats et convaincre les sceptiques.

À partir du moment où vous avez été nommé, chacun attend de voir vos premières décisions, vos premiers travaux. De leurs réussites dépend votre image !

Attaquez-vous donc en priorité à des actions rapides à forte valeur ajoutée pour l'entreprise et/ou les clients, selon l'urgence, à forte chance de succès et qui ne demandent pas de budget important.

Il peut s'agir de la mise en œuvre collective d'une procédure, la résolution méthodique d'un problème, la mise en œuvre d'un contrôle, etc.

Ces actions sont à réaliser, bien sûr, dans un service où vous avez le plus d'alliés, et les premiers résultats peuvent servir ensuite de supports de communication pour démontrer aux sceptiques l'intérêt de la démarche.

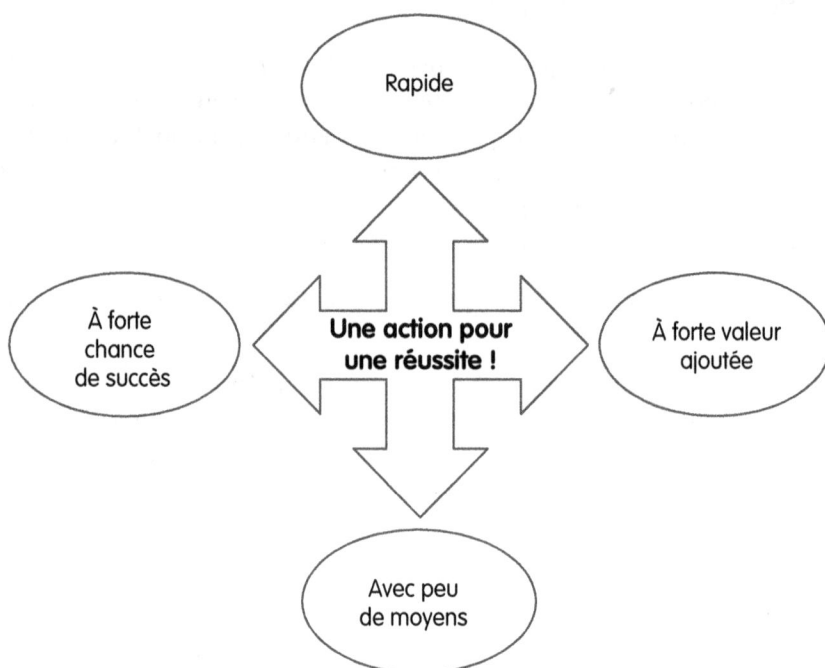

Figure 86 - Critères de réussite d'une première action qualité

PRINCIPE 7 - PROPOSER UNE FEUILLE DE ROUTE PERTINENTE

La phase d'observation et la matrice EMOFF vous permettent de proposer à la direction un véritable projet à moyen terme pour créer une forte dynamique liée à la qualité. Là encore, votre crédibilité est en jeu !

Le fait d'avoir pris votre temps pour observer, analyser, comprendre est un atout, mais il est temps de proposer à la direction des objectifs de progrès concrets et qu'elle les accepte !

Vous pouvez structurer votre présentation de la manière suivante :

Une présentation efficace des objectifs

• Exposez d'abord la situation initiale en montrant bien votre connaissance de l'entreprise et de son environnement. Montrez des faits, des chiffres et non pas des impressions.

- Proposez des objectifs, des axes de progrès prioritaires traduits en résultats pour les clients, l'entreprise et/ou les collaborateurs.
- Insistez sur la cohérence de ces objectifs avec la situation actuelle de l'entreprise, sa stratégie, raisonnez « création de valeur », traduisez les bénéfices en euros. Les priorités que vous avez choisies doivent être en lien avec les problèmes critiques de l'entreprise. Elles sont exprimées de façon précise : évitez donc les « améliorer la satisfaction de nos clients » et préférez « améliorer la satisfaction de nos clients stratégiques » ou « améliorer le conditionnement de notre produit *best* ».
- Une fois l'accord établi sur ces objectifs, fixez la cible à atteindre.
- Expliquez, sans rentrer dans le détail, sur quoi il va falloir agir : les comportements, les moyens, les méthodes, l'organisation, les compétences…
- Validez les moyens qui vous seront alloués, et préparez-vous à négocier !

Chapitre 26

20 conseils pratiques pour réussir sa mission

Vous avez réussi votre prise de fonction, bravo !

Votre équipe est structurée autour de vous et a compris ce que vous attendez d'elle. Il vous reste maintenant à avancer sans relâche.

Pour mener à bien votre mission, nous vous proposons de partager 20 conseils pratiques.

---

20 conseils en libre service

1. Considérer la qualité comme une discipline à maîtriser, à pratiquer et à partager.
2. Rêver mais pas trop !
3. Remettre en cause ses convictions et ses pratiques une fois par an.
4. Être patient.
5. Ne compter que sur soi mais s'appuyer sur les autres.
6. Travailler pour l'intégration de la qualité dans les métiers.

7. S'entourer dès le début d'un bras droit qui saura partager vos projets et préoccupations.

8. Considérer que sa légitimité n'est jamais acquise.

9. Mettre toujours l'accent sur la primauté du client.

10. S'appuyer sur des faits pour engager les actions.

11. Utiliser largement les outils qui ont fait leurs preuves plutôt que succomber aux effets de mode.

12. Utiliser le « PDCA revisité » et équipé d'un système anti-retour.

13. Travailler en permanence à son autodestruction, et garantir ainsi son propre succès.

14. Rassurer le chef.

15. S'appuyer dès le début et de manière continue sur trois fondamentaux.

16. Caler sa démarche sur l'écoute client et celle des autres responsables de l'entreprise.

17. Être au centre du triangle patron/clients/équipes.

18. Pratiquer le 50/50 : 50 % de réflexion, 50 % d'écoute et de présence terrain.

19. Prendre acte régulièrement de ce qui va et de ce qui ne va pas pour s'améliorer individuellement et en équipe.

20. Écrire les critères de mesure de sa propre réussite et s'y tenir.

CONSEIL 1 - CONSIDÉRER LA QUALITÉ COMME UNE DISCIPLINE À MAÎTRISER, À PRATIQUER ET À PARTAGER

Comment maîtriser cette discipline qu'est la qualité ? Cela signifie découvrir et apprendre quelques techniques, méthodes, modes de pensée, façons d'appréhender les grandes problématiques liées à la qualité, au « travail bien fait », au respect de l'autre et du client.

Pour les hommes et les femmes qui ont vécu la période pendant laquelle ils ont exercé le métier de responsable qualité comme un moment important de leur carrière professionnelle, quels sont les mots importants qui leur reviennent après tant d'années ? Ce sont la rigueur, le respect, la vision, l'amélioration, la relation, la transversalité.

C'est en pratiquant que le responsable qualité apprend son métier. Beaucoup de patrons, de chefs d'entreprise, de dirigeants politiques le disent après-coup : « J'ai appris petit à petit... je pensais tout savoir... » Comment en serait-il autrement pour le responsable qualité ? Attention cependant à ne pas considérer que n'importe qui peut exercer la fonction et à penser qu'il n'y aurait rien à savoir pour s'occuper de la qualité !

Les décideurs et les DRH ont, plus que tout autre, à considérer la qualité comme une discipline à maîtriser. Ils ont tout intérêt à proposer le poste à des profils d'hommes ou de femmes qui ont une véritable envie de pratiquer cette discipline et de faire partager leurs compétences pour que chacun devienne un professionnel de la qualité !

CONSEIL 2 - RÊVER MAIS PAS TROP !

Il faut être ambitieux pour soi et pour son entreprise, avoir un vrai projet qui donne envie de vous suivre. En matière de leadership, ce rêve est appelé vision et constitue une étape importante pour construire et entraîner.

Vous devez rêver d'une entreprise où :

- chaque client est traité comme il se doit, avec professionnalisme, respect et courtoisie ;
- la satisfaction du client est aussi importante que les résultats financiers ;
- chacun se sent investi du rôle important de la contribution à la fidélisation des clients et à la compétitivité de l'entreprise.

Ce monde existe mais il est peut-être lointain. Comment alors le rendre plus proche ? En étant ambitieux mais réaliste, en se fixant des paliers, et surtout en traduisant ses objectifs en pratiques concrètes pour les collaborateurs : une attitude client c'est quoi ? Un produit conforme cela se décrit comment ?

CONSEIL 3 - REMETTRE EN CAUSE SES CONVICTIONS ET SES PRATIQUES UNE FOIS PAR AN

Avoir des convictions c'est bien et fondamental, mais elles doivent être en permanence cohérentes avec la volonté de la direction et opportunes à l'instant donné.

Il en va de même pour les outils qualité que vous avez choisis de mettre en œuvre sur le terrain. C'est sûrement pour de bonnes raisons mais ces outils sont-ils encore adaptés ? Ont-ils fait leurs preuves ?

Revoir ses pratiques, ses valeurs, valider régulièrement ses choix et ses méthodes est important pour savoir s'adapter au sein d'une entreprise en perpétuel mouvement. C'est un signe de bonne santé et de pertinence intellectuelle !

CONSEIL 4 - ÊTRE PATIENT

La qualité est un long chemin assurément… mais pas tranquille. Vous allez vous investir beaucoup et devrez parfois vous contenter de peu.

Changer une culture, modifier des comportements demande du temps. Il faut donc savoir être patient, se fixer des jalons pour mesurer les progrès accomplis.

Il est tout aussi important d'aller pas à pas, de réaliser des bilans et de valoriser les petits succès des collaborateurs… comme les grands.

Mieux vaut privilégier les petits pas qui font avancer de manière irréversible aux grands projets sans fin.

CONSEIL 5 - NE COMPTER QUE SUR SOI MAIS S'APPUYER SUR LES AUTRES

Le responsable qualité est le pilote de la démarche qualité, le représentant du client dans l'entreprise, celui que l'on envoie traiter les litiges liés à la qualité des produits et qui est le seul à prendre une décision de dérogation. Et il se sent isolé parfois.

Si c'est lui qui décide dans son bureau des outils à mettre en place, la mise en œuvre de la démarche lui impose de s'appuyer sur les autres. Rappelons-le encore une fois, ce n'est pas lui qui fait la qualité. Pour réussir, il doit savoir s'appuyer sur les autres et notamment les managers qui entraînent leurs équipes.

CONSEIL 6 - TRAVAILLER POUR L'INTÉGRATION DE LA QUALITÉ DANS LES MÉTIERS

Mettons au panier les tableaux d'affichage réservés au service qualité isolés des tableaux de bord de l'activité des équipes. Intégrons-les à la vie des métiers.

Oublions le mot « qualité » dès qu'une procédure est écrite. Il ne devrait subsister que 6 ou 7 procédures qualité (celles du système de management qualité, celles notamment exigées par la norme ISO 9001).

Chaque manager doit percevoir la mesure de la qualité comme une des dimensions de la mesure de la performance de son activité.

CONSEIL 7 - S'ENTOURER DÈS LE DÉBUT D'UN BRAS DROIT QUI SAURA PARTAGER VOS PROJETS ET PRÉOCCUPATIONS

Si l'idée selon laquelle l'être humain, fut-il chef d'État, président de société ou simple exécutant ou employé, décide *in fine* toujours tout seul, demeure vraie, des stratégies de préparation partagée à la décision existent. Le responsable qualité est, selon nous, bien plus malin pour décider s'il partage ses préoccupations du moment avec un second, une sorte de bras droit. Un binôme a plus de chance de travailler intelligemment qu'un monôme. À partir de trois, les choses se compliquent, la triangulation introduisant la notion de « deux contre un » difficile à gérer.

Le profil du binôme qui fonctionne bien est celui d'un manager à la tête bien faite épaulé par un proche collaborateur qui a une expérience de terrain plus approfondie et qui sait attirer l'attention sur les risques liés à des choix théoriquement excellents mais pratiquement dangereux.

Une autre stratégie de partage, en particulier dans les activités de service, est de constituer un binôme homme-femme. On a souvent constaté que la perception rationnelle des préoccupations empêchait parfois un responsable qualité homme d'évaluer sereinement toutes les conséquences d'une décision. Une femme, face aux mêmes préoccupations, apporte souvent un regard plus immédiatement émotionnel. L'exemple le plus fréquent étant le rapport au coût, à l'argent. Souvent, le responsable homme commence par calculer « Ça va coûter tant… », et la femme commence, elle, à imaginer le résultat, l'effet sur le client ou les collaborateurs… Une bonne discussion à deux permet d'y voir plus clair. À charge pour chacun de trouver son second le plus complémentaire et le plus utile pour lui.

Un bras droit solide, c'est également un remplaçant potentiel pour une situation de crise, voire un ambassadeur privilégié dans et hors de l'entreprise pour la représenter.

Enfin, les sujets concernant la qualité dans l'entreprise sont suffisamment pesants parfois pour que le responsable qualité accepte d'en partager une partie du poids, concernant l'analyse et les choix possibles avec un proche collaborateur.

CONSEIL 8 - CONSIDÉRER QUE SA LÉGITIMITÉ N'EST JAMAIS ACQUISE

À la différence du responsable commercial, financier, de production ou des ressources humaines, le responsable qualité a, un peu plus que ses collègues, à défendre une certaine légitimité.

En réalité, et de manière récurrente, la fonction qualité est considérée par le corps social et par les dirigeants d'une société comme un mal nécessaire plus que comme un atout ou une ressource. Ainsi, lorsque la situation de l'entreprise est bonne, l'équipe qualité et son responsable sont considérés comme utiles et, à ce titre, leur activité est aussi vue comme nécessaire.

Lorsque la situation économique et les résultats de la société se dégradent, il en est plus d'un pour s'interroger sur le bien-fondé et l'utilité de cette activité. Dans le meilleur des cas, lorsque les résultats de l'équipe qualité sont appréciés et les mérites de ses collaborateurs mis en avant, cette position demeure fragile. Voilà pourquoi le responsable qualité et son équipe doivent avoir en permanence le souci de l'efficacité, un œil dans le rétroviseur et un autre sur la route : qu'avons-nous fait de bien et comment y sommes-nous parvenus au cours des six mois écoulés ? Que doit-on réussir et comment allons-nous nous y prendre dans les six mois qui viennent pour être non seulement utiles mais indispensables ?

Le challenge de la légitimité pour le responsable qualité est permanent, il est le même que celui de la fonction qualité : elle est rarement considérée par le patron comme « une denrée de première nécessité ».

CONSEIL 9 - METTRE TOUJOURS L'ACCENT SUR LA PRIMAUTÉ DU CLIENT

Le responsable qualité est le défenseur, le représentant du client dans son entreprise. Il est celui qui pense à lui, quand parfois on l'oublie, et qui vérifie tout au long du cycle de vie du produit que des jalons sont mis en place pour ajuster la conformité des prestations à ses attentes.

Il doit donc chercher à tout moment à créer de la valeur pour les clients : ne pas mettre en place un système, un document, une règle sans avoir vérifié l'apport pour le client ou pour l'organisation interne.

CONSEIL 10 - S'APPUYER SUR DES FAITS POUR ENGAGER LES ACTIONS

Personne n'aime être jugé. Quand le responsable qualité veut engager des managers ou la direction dans une action, les faits sont là pour les convaincre de son bien-fondé. Ils les mettent face à la réalité et les aident à poser les bonnes questions.

Dans le domaine de la qualité, les faits proviennent du service contrôle qui mesure la conformité, du client qui exprime son niveau de satisfaction et, plus globalement, des indicateurs qui mesurent des résultats.

Ce sont les indicateurs qui permettent la constatation de la dégradation ou de l'amélioration de la qualité.

CONSEIL 11 - UTILISER LARGEMENT LES OUTILS QUI ONT FAIT LEURS PREUVES PLUTÔT QUE SUCCOMBER AUX EFFETS DE MODE

Cinquante ans de retours d'expérience en matière de qualité ont permis de constater et de comprendre ce qui marche et ce qui ne fonctionne pas, et de séparer les fondamentaux des outils gadgets.

Profitons donc de ces retours d'expérience et abusons largement des outils qui ont fait leurs preuves tels que le contrôle pertinent, les procédures partagées, la résolution de problème, les outils liés au PDCA (plan d'action, indicateurs…), l'Amdec, etc.

Ce précieux conseil est destiné aux responsables qualité qui rêvent sans cesse d'outils méthodologiques nouveaux capables de leur ôter de manière immédiate de nombreux soucis, et susceptibles de créer un sentiment de curiosité positive autour de la fonction qualité.

Certes, rester en veille sur le terrain des innovations méthodologiques fait partie du métier. Ainsi a-t-on pu, au cours du temps, mettre en œuvre de façon intelligente les méthodes statistiques de contrôle ou les systèmes d'écoute du client, pour ne citer qu'eux. Dans la même période, le copier-coller des cercles de qualité japonais sur le terrain de jeu occidental puis la systématisation des normes ISO 9001 partout et pour tous, en soi très prometteurs et facteurs de progrès, ont parfois fait oublier ou pour le moins estompé des préoccupations de base : comment fait-on un produit bon ? Que signifie rendre un service de qualité ?

Parmi les outils de base, desquels il n'est jamais bon de s'éloigner ou qu'il n'est pas bon d'abandonner, citons la mise en place de plans de contrôle et de surveillance adaptés, l'utilisation de moyens de contrôle justes et fiables, la formation du personnel, les méthodes de résolution de problèmes et les outils associés, l'écoute organisée des suggestions des employés, le traitement systématique et rigoureux de toutes les réclamations des clients. Ainsi équipée en permanence, l'équipe qualité peut aller de l'avant dans 80 % des cas. Un peu, en somme, à la manière d'un artisan professionnel qui a ses outils de base en permanence prêts à l'usage.

Quel que soit l'air du temps, responsable qualité : « Fais d'abord ton métier, ensuite, tu pourras jouer ! »

CONSEIL 12 - UTILISER LE « PDCA REVISITÉ » ET ÉQUIPÉ D'UN SYSTÈME ANTI-RETOUR

Le « PDCA revisité » est d'une logique incontournable et une méthode simple et rigoureuse pour entamer une démarche qualité pour peu que l'on dispose d'éléments de diagnostic. Pour être totalement efficace, le PDCA doit être équipé d'un système anti-retour qui garantit deux choses :

- de ne pas passer à l'étape suivante du PDCA sans avoir verrouillé l'étape précédente ;
- de ne redémarrer un deuxième cycle de PDCA qu'après avoir stabilisé les résultats obtenus dans le premier cycle.

CONSEIL 13 - TRAVAILLER EN PERMANENCE À SON AUTODESTRUCTION ET GARANTIR AINSI SON PROPRE SUCCÈS

Un responsable qualité intelligent qui met en place une démarche qualité partagée, donc réussie, est celui qui travaille à sa perte. En effet, il travaille sans relâche à rendre chaque manager, chaque collaborateur autonome en matière de qualité à tel point qu'ils finissent par n'avoir plus besoin d'un responsable qualité qui pousse et oriente. Ils ont intégré parfaitement la qualité comme une composante de leur métier et savent utiliser les bonnes méthodes.

CONSEIL 14 - RASSURER LE CHEF

Le management de la qualité est pour le chef, un management des risques. Il engage un responsable qualité pour ne plus avoir de clients qui hurlent et menacent d'aller voir ailleurs, de collaborateurs qui expriment leur insatisfaction vis-à-vis de l'organisation interne, de problèmes récurrents qui coûtent de l'argent, etc.

Votre chef a donc besoin d'être rassuré sur le fait qu'une organisation qualité a été mise en place et permet de maîtriser les dangers les plus critiques.

CONSEIL 15 - S'APPUYER DÈS LE DÉBUT ET DE MANIÈRE CONTINUE SUR TROIS FONDAMENTAUX

À l'image de tout responsable, le manager qualité a une lourde responsabilité faite de décisions et d'actions centrées sur la qualité des produits et des services de sa société. En outre, il doit rendre des comptes à sa direction et assurer la vie quotidienne de ses collaborateurs.

Pour réussir dans cette mission, il lui faut avoir, en permanence, les idées claires en matière de qualité et « un plan de jeu » comme l'ont les équipes en sport collectif, quitte à en changer ou à l'adapter en cours de partie.

Les trois fondamentaux sur lesquels le manager de la qualité doit s'appuyer, sont simples et faciles à véhiculer dans son équipe et auprès de ses collaborateurs :

- Bien faire son métier, c'est se centrer sur le métier de l'entreprise et aider chacun à bien faire son travail ; le risque étant parfois de parler de système, de procédures, de conformité… Avant tout, la qualité se concrétise par un travail bien fait. C'est d'ailleurs le seul langage universel dans l'entreprise, celui que chacun comprend.
- Écouter le client, c'est dire et répéter que le client est la meilleure source d'informations, de critiques utiles et de propositions de création ou d'amélioration. Peu importe que le client ait raison ou tort, il nous

apprend toujours à être plus intelligent. C'est une attitude d'esprit à acquérir et à cultiver.

• Progresser en permanence (la formule moderne de « qui n'avance pas recule ») doit tenir le manager de la qualité et ses troupes sans cesse en éveil. Il s'agit en fait de s'appliquer à soi-même son propre PDCA !

  – qu'a-t-on réussi ?

  – sur quoi a-t-on buté ?

  – comment s'y prendre pour faire mieux ?

L'homme de la qualité se lève et se couche avec ces questions en tête… et il s'endort parfois avec certaines réponses !

CONSEIL 16 - CALER SA DÉMARCHE SUR L'ÉCOUTE CLIENT ET CELLE DES AUTRES RESPONSABLES DE L'ENTREPRISE

S'il devait exister un suffrage universel pour désigner la meilleure ligne directrice afin d'aider un responsable qualité à définir sa politique, sans doute est-ce l'idée de l'écoute et de la prise en compte de la voix du client qui figurerait en tête de liste.

En effet, les humeurs varient, les désirs des dirigeants et des chefs d'entreprise également, les conditions économiques changent rapidement. L'expression spontanée du client actuel ou potentiel, avec son regard d'utilisateur, à la fois critique et exigeant, avec ses émotions fortes positives ou négatives, constitue *a contrario* un incomparable référentiel permanent et incontestable.

C'est d'abord une puissante source d'inspiration à la disposition de l'équipe marketing pour modifier ou créer un produit ou un service répondant à ses attentes, mais c'est également pour le responsable qualité un magnifique terrain d'investigation qui l'aide à définir sa politique et ses priorités d'action :

• sur quoi faut-il mettre l'accent dans le plan qualité annuel ?

• que doit-on modifier sur le produit pour mieux répondre aux attentes ?

• que devons-nous anticiper concernant les besoins de demain ?

• quelles sont les nouvelles exigences à intégrer ?

• qu'est-ce qui évolue dans le comportement du client ?

L'ensemble des réponses à ce questions constitue le socle permanent et renouvelable de la politique et de la démarche qualité pour le responsable.

L'écoute des autres responsables de l'entreprise a pour objectif de définir avec ces clients internes, de la même manière qu'avec les clients externes, leurs attentes et d'écouter leurs suggestions. Ils apportent leur concours en exprimant leur point de vue, à la fois sur la qualité fournie par l'entreprise aux clients mais également sur leurs attentes concernant le service rendu par l'équipe qualité.

Indiscutablement, si l'écoute du client externe reste l'outil par excellence du responsable qualité, l'écoute de la voix des autres managers de l'entreprise complète « son livre de référence ».

CONSEIL 17 - ÊTRE AU CENTRE DU TRIANGLE PATRON/CLIENTS/ ÉQUIPES

Le responsable qualité est un chef de famille polygame ; « marié » avec son supérieur avec lequel il a un contrat et « marié » avec le client qu'il doit contribuer à satisfaire et qui le nourrit d'informations à haute valeur ajoutée. Il est aussi le père d'une famille nombreuse constituée par l'ensemble de ses collaborateurs.

De manière symbolique, il est au centre d'un triangle dont les sommets sont constitués par ces trois pôles : chef, clients, collaborateurs. Ce n'est pas une situation originale, chaque individu se retrouve souvent au centre d'une telle figure. Ce peut même être un carré ou un polygone aux multiples côtés (chef, clients, collaborateurs, fournisseurs, État…).

Il est important pour le manager qualité, comme pour tous les managers, de ne pas trop s'éloigner d'un des sommets et de prendre le risque de se couper de ses troupes. Il est aussi important qu'il consacre du temps à les écouter, à travailler avec elles sur certains dossiers et, bien entendu, à partager leurs préoccupations quotidiennes. Il porte également le souci de penser à leur avenir, de les préparer à faire un beau parcours dans les métiers de la qualité et, parfois, à changer de métier pour enrichir leur trajectoire professionnelle.

L'équilibre managérial est par essence instable. Si la qualité client est en danger, le manager qualité se rapproche du sommet du triangle constitué par le client. Si tout va bien sur le marché, il s'investit auprès de ses troupes. Et si le patron s'agite, il l'écoute, répond à ses questions, le rassure, puis construit les plans d'action adaptés.

En restant près de ses troupes, le responsable qualité s'assure de garder leur confiance. Dans le métier de la qualité, qui demeure difficile par le manque de reconnaissance interne, cela constitue une assurance tous risques.

CONSEIL 18 - PRATIQUER LE 50/50 : 50 % DE RÉFLEXION ET 50 % D'ÉCOUTE ET DE PRÉSENCE TERRAIN

Pour le responsable qualité, la question se pose de l'usage de son temps, en particulier concernant la répartition entre le temps de la réflexion et le temps de l'action. Dans le livre de l'Ecclésiaste, il est écrit : « Il y a le moment pour tout, et un temps pour tout faire sous le ciel : (…) un temps pour se taire et un temps pour parler, un temps pour… »

Un usage équilibré de son temps pour le responsable qualité consiste à utiliser un mi-temps en activant son cerveau pour planifier, analyser, imaginer, proposer, écrire, résoudre… L'autre moitié de son temps étant consacrée à activer ses autres sens en se rendant sur le terrain : auprès des clients, des collaborateurs, dans les ateliers, dans les centres de livraison, d'expédition, sur les points de vente, sur les chantiers.

Cette activité d'observation, d'écoute, de perception émotionnelle des événements lui permet de garder « les pieds sur terre » et de partager ses retours d'expérience avec ses collaborateurs. C'est également en pratiquant cette présence sur le terrain et en se rendant visible qu'il conserve un minimum de crédibilité lorsqu'il propose des solutions ou des plans d'action.

Le concept du 50-50 est une idée managériale facile à mettre en œuvre : « Le matin, je le consacre à la réflexion, l'après-midi, à l'action », ou « Aujourd'hui, je suis au bureau, demain, je visite les succursales », ou bien « Cette semaine, je travaille au siège, la semaine prochaine je suis dans les usines à l'étranger. »

À chacun de trouver son instrument de mesure du temps le mieux adapté à son rythme de travail et à ses perceptions propres. Et dans tous les cas, FAIRE UNE BALANCE : 50/50

CONSEIL 19 - PRENDRE ACTE DE CE QUI VA ET DE CE QUI NE VA PAS POUR S'AMÉLIORER INDIVIDUELLEMENT ET EN ÉQUIPE

Le « VA, VA PAS », vieil outil de travail méthodologique, destiné à aider les groupes de travail, les groupes de réflexion, les cercles de qualité à résoudre les problèmes de terrain dans les années 1970 à 2000, trouve tout son sens dès lors qu'on s'efforce de l'utiliser dans le domaine managérial. Ainsi, le responsable qualité se trouve bien équipé managérialement lorsqu'il prend le temps de s'intéresser à « ce qui va et pourquoi ça va », tout autant qu'à « ce qui ne va pas et pourquoi ça ne va pas. » Il s'agit d'une attitude qu'il doit s'efforcer de développer aussi bien lorsqu'il investit son temps sur le produit ou le service que lorsqu'il est à l'écoute de ses collaborateurs.

Il est tout aussi utile et précieux d'avoir des réponses aux questions : « Qu'est-ce qui fait que ce produit fonctionne ? Qu'est-ce qui fait que les clients de telle région ou de tel pays sont très satisfaits ? » que d'avoir les réponses aux questions complémentaires : « Quelle est l'origine de cet incident ? Quelle est la cause de ce problème, de cette insatisfaction ? »

Nous pouvons affirmer que, de la même manière, il est tout aussi intelligent de prendre le temps de mettre en évidence les succès et les réussites de chaque collaborateur et de l'équipe qualité dans son ensemble, que de s'appesantir sur « ce qui ne va pas, ce que nous n'avons pas réussi, ce en quoi nous avons été défaillants… ».

Il s'agit d'être sans cesse à la fois sur « ce qui va » pour montrer que les voix du succès existent et encourager les équipes, et sur le « ce qui ne va pas » pour travailler à l'amélioration et au progrès de chacun.

CONSEIL 20 - ÉCRIRE LES CRITÈRES DE MESURE DE SA PROPRE RÉUSSITE ET S'Y TENIR

Dans les systèmes managériaux de type anglo-saxon, la pratique de l'évaluation et de la mesure des résultats est chose courante. Elle s'appuie sur le concept d'objectifs à atteindre et de moyens pour y parvenir, qu'ils soient matériels ou immatériels (de type formation). Elle suppose l'existence d'un pacte, parfois écrit dans des chartes ou dans des déclarations rédigées par les directions d'entreprise, parfois implicites. Elle se traduit par des entretiens annuels au cours desquels le collaborateur partage avec son chef les constats concernant les résultats de l'année écoulée, et accepte des objectifs qui lui sont fixés pour l'année à venir… le terme « accepte » étant bien entendu le sujet de toutes les incompréhensions et discussions pendant l'année qui suit.

Comment le manager qualité, lui-même soumis à ces règles, et les appliquant lui-même pour le management de ses propres collaborateurs, peut-il apporter une valeur ajoutée au suivi de ses performances, de ses progrès personnels ?

Une façon simple est d'écrire sur un Post-it les réponses aux deux questions d'automanagement suivantes :

- à quoi verrai-je que j'ai réussi ?
- de quoi voudrais-je être le plus fier cette année ?

Pour y répondre, il prend son temps. La formulation n'est pas immédiate. Lorsqu'il fait l'exercice pour la première fois, ce peut même être douloureux. Notons qu'il est possible également d'utiliser ces questions comme un puissant stimulant permanent au quotidien :

- de quoi suis-je fier aujourd'hui ?
- quelle idée nouvelle pertinente ai-je mis en œuvre, cette semaine ?
- sur quoi ai-je débloqué mon « compteur » ?

S'il s'agit de critères de mesure de sa propre réussite sur l'espace-temps d'une année calendaire, le Post-it va vieillir ! Le mieux est de l'afficher au vu et au su de tous. Cet affichage devient un engagement visible et un puissant stimulant permanent pour son auteur. Il peut le commenter, bénéficier de retours et de suggestions de la part de ses visiteurs. Son supérieur, s'il prend connaissance de son contenu lors d'un passage dans son bureau, engagera avec lui une conversation sans doute très riche et très utile.

L'utilisation de « la lettre à soi-même » peut également s'avérer efficace pour le responsable qualité. Le principe en est simple : s'écrire une lettre antidatée de quelques semaines ou de quelques mois sur laquelle il prend des engagements, la remettre à un ami qui lui envoie à la date indiquée sur le document. Lorsque le responsable qualité l'ouvre pour la lire, il y retrouve ce type de contenu :

> *Bernard, où en es-tu concernant ton engagement à rencontrer ton collaborateur Raymond une fois par mois, comme tu le lui as promis, pour l'aider à progresser, et autrement qu'entre deux portes ?*
>
> *Tu t'es promis d'avoir terminé pour le 30 juin la rédaction d'un texte de quatre pages destiné au comité de direction pour donner ta vision à cinq ans de la politique qualité de la société. Tu en es où ?*

Chapitre 27

Responsable qualité… et après ? Quel avenir pour les responsables qualité ?

Les responsables qualité ont un bel avenir devant eux car leur fonction évolue naturellement dans les entreprises.

Ils peuvent être amenés à travailler sur des référentiels complexes et globaux tels que l'EFQM, comme nous l'avons vu précédemment. Ils abordent ainsi dans leur mission une dimension résolument stratégique de la qualité. Cette réflexion amène à une logique de direction qualité.

DE RESPONSABLE QUALITÉ À DIRECTEUR QUALITÉ

La notion de direction qualité est présente dans les grands groupes et les grandes structures. Dans ce cas, la direction qualité s'affirme comme une composante intégrante du management de l'entreprise.

Souvent alors, les directions qualité, au siège social, sont fonctionnellement en relation avec les responsables qualité terrain au sein par exemple des usines, sur d'autres sites de production.

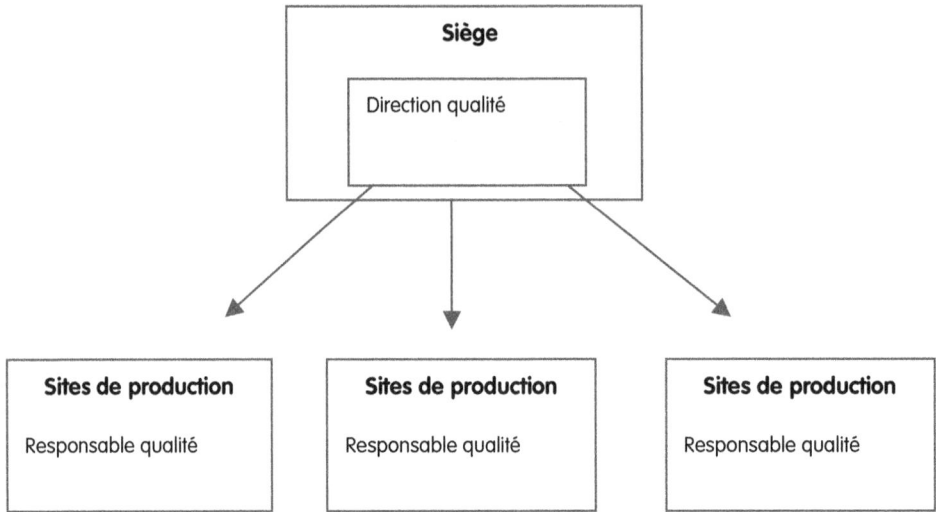

```
┌─────────────────────────────────────┐
│              Siège                   │
│   ┌───────────────────────────┐      │
│   │   Direction qualité       │      │
│   │                           │      │
│   └───────────────────────────┘      │
└─────────────────────────────────────┘
```

┌──────────────────────┐   ┌──────────────────────┐   ┌──────────────────────┐
│ Sites de production │   │ Sites de production │   │ Sites de production │
│   │   │   │   │   │
│ Responsable qualité │   │ Responsable qualité │   │ Responsable qualité │
└──────────────────────┘   └──────────────────────┘   └──────────────────────┘

Figure 87 - La direction qualité dans l'organisation

Cette évolution qui consiste à passer de responsable qualité à directeur qualité peut être naturelle en cours de carrière. L'activité devient moins opération-nelle, plus stratégique.

Le manager qualité tient alors encore plus un rôle de coordinateur, d'animateur de la démarche. Il met en place des réseaux d'échanges de bonnes pratiques entre les responsables qualité.

Il s'appuie sur leurs compétences techniques pour faire vivre la qualité sur le terrain et donne, en contrepartie, des orientations pour faire vivre un système global cohérent et enrichi des réussites de chacun. Il crée des clubs qualité, innove en organisant des challenges, en ayant soin d'intégrer à cette dynami-que les responsables hiérarchiques des responsables qualité et les directeurs de site de production.

Bien sûr, le responsable qualité a aussi la possibilité d'évoluer vers des postes en interne (responsable de production, responsable méthodes) et enfin avoir pour mission la mise en place de **systèmes intégrés**.

En effet, face à la multiplication des systèmes de management créés de manière indépendante au sein des entreprises (qualité, environnement, santé-sécurité, contrôle interne, *lean management*, EFQM, etc.), les directions prennent la décision de globaliser leur organisation pour optimiser les ressources et en faciliter le pilotage.

La première logique est le domaine QSSE, celui des 3 dimensions : Qualité, Santé-Sécurité, Environnement.

Il s'agit de construire une structure plus large qui a pour finalité, au-delà de la recherche de la satisfaction des clients des objectifs complémentaires tels que la santé et sécurité des salariés, le respect de l'environnement : le système de management qualité QSSE intégré, appelé aussi SMI (Système de Management Intégré).

VERS UN SYSTÈME QSSE

Les entreprises ont parfois conçu parallèlement et sans synergie, des systèmes de management QSSE.

Pour plus d'efficacité mais aussi d'efficience, les trois systèmes sont fusionnés en un système intégré qui a pour finalité :

- la satisfaction des clients ;
- la conformité des produits et prestations délivrés au client ;
- la sécurité des salariés au travail ;
- le respect de l'environnement ;
- la conformité réglementaire QSSE ;
- l'amélioration cohérente des performances QSSE.

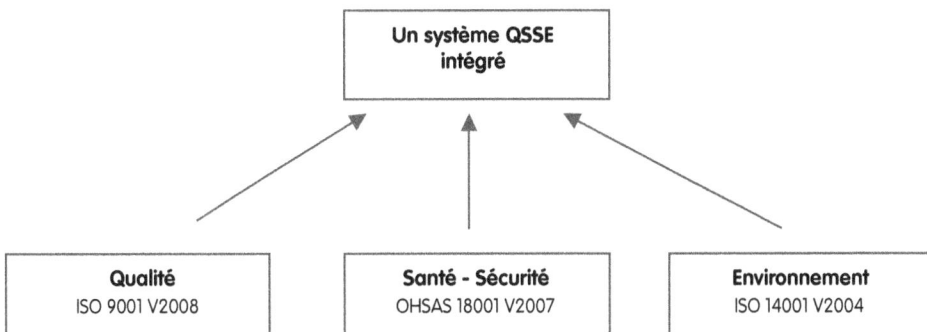

Figure 88 - La fusion des trois systèmes de management

Cette intégration est d'autant plus facile que les trois systèmes de management sont fondés sur la même logique du PDCA et que les référentiels ISO 9001 pour la qualité, ISO 14001 pour l'environnement et OHSAS 18001 sont compatibles.

On constate rapidement qu'une fiche d'action corrective peut s'appliquer aux trois logiques, que l'information lors de l'accueil d'un nouvel embauché peut naturellement aborder en même temps les dimensions QSSE, qu'une réunion peut traiter les trois aspects simultanément.

L'intégration la plus complète est celle qui mutualise à la fois :

- la structure (on ne conserve qu'un seul service QSSE). On regroupe les équipes qualité, santé-sécurité et environnement ;
- la politique QSSE qui décline alors des objectifs qualité, santé-sécurité et environnement mais aussi des objectifs qui peuvent être communs : par exemple, un objectif sur le pourcentage des actions correctives QSSE soldées dans les délais ;
- le système de management avec une seule revue de direction, des responsabilités intégrées, des plans d'action communs, un tableau de bord QSSE, des audits QSSE, etc.
- le système documentaire : un manuel QSSE unique est créé, certaines procédures fusionnent, d'autres demeurent purement qualité ou sécurité ou environnement. Les consignes au poste peuvent judicieusement se combiner ;
- les méthodes et outils : on capitalise ici les bonnes pratiques. On peut ainsi, par exemple, utiliser le diagramme en arbre (plutôt sécurité) aux deux autres domaines, qualité et environnement.

Les 5 logiques d'intégration

- Structurelle
- Politique
- Managériale
- Documentaire
- Méthodique

Le responsable qualité peut alors voir sa fonction se transformer en « responsable QSSE » et se voir confier la mission de management du système intégré.

Créer un système QSSE

Dans certains cas, le responsable qualité peut être en charge de la construction directe du système de management QSSE et concevoir le système globalement immédiatement.

Ce projet est passionnant quand bien même il est plus complexe.

Dans ce cadre, la logique processus que nous avons abordé précédemment se complète en prenant en compte les dimensions santé-sécurité et environnement : Ainsi, dans les données de sortie, on intègre par exemple les déchets qui doivent être gérés et les indicateurs de performance du processus incluent les indicateurs qualité mais aussi les indicateurs environnementaux et ceux de la santé-sécurité.

Enfin, l'analyse et la cartographie des risques prennent en compte les 3 aspects.

Le pilote de processus prend ainsi la responsabilité complète de la performance de son domaine.

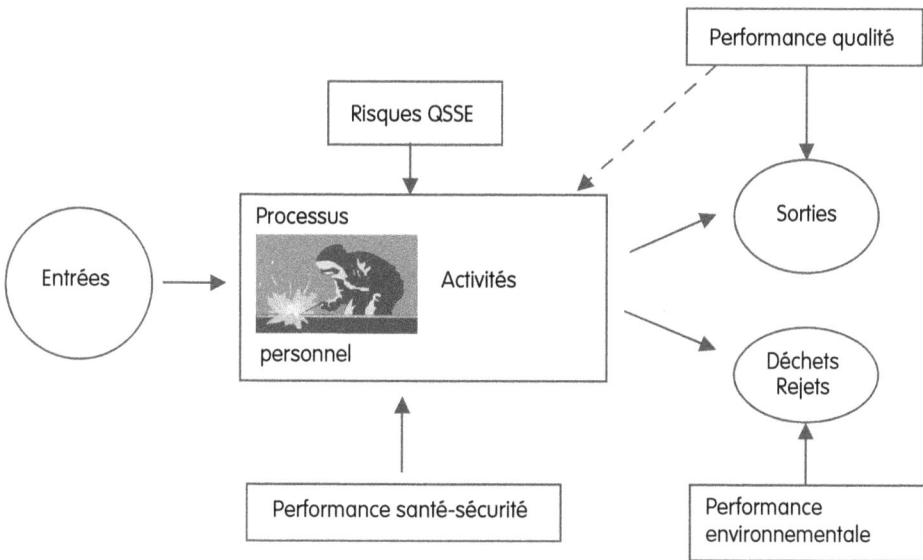

Figure 89 - Une nouvelle approche des processus

Manager un système QSSE

Le management d'un système QSSE est similaire à celui d'un système qualité, avec toutefois au moins trois particularités :

- la réglementation a une place très forte dans les systèmes de management environnement-santé-sécurité ;
- une démarche de prévention beaucoup plus forte ;
- une notion de partage de responsabilités plus prononcée.

Cela conduit à une réflexion globale du système intégré qui se construit à la fois sur l'écoute des clients, le diagnostic qualité, l'analyse environnementale initiale qui permet d'identifier les impacts environnementaux significatifs de l'entreprise et l'analyse des risques santé-sécurité aux postes de travail.

Cette nouvelle dimension introduit une logique de management des risques au SMI, et conduit à la formalisation à la fois d'un programme de prévention et d'un plan d'amélioration des performances QSSE rythmées par le cycle PDCA.

Le management d'un système QSSE, c'est aussi un système documentaire, la clarification des responsabilités, le management du quotidien avec la gestion des non-conformités et le déclenchement d'actions correctives et préventives.

Manager un système intégré

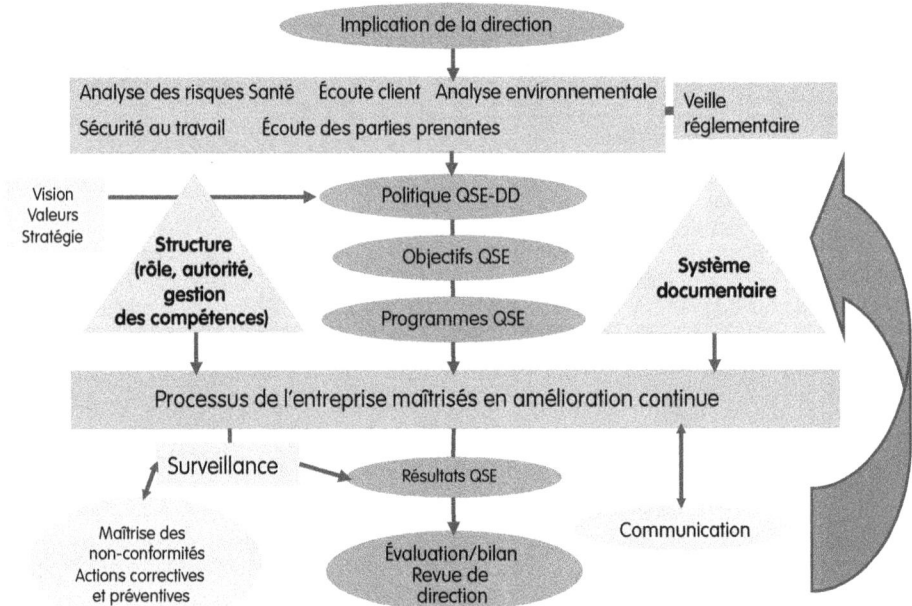

Figure 90 - Le système de management QSSE

Source : Cegos

CONTRÔLE INTERNE ET QUALITÉ : QUELLE SYNERGIE ?

Le système qualité fondé sur l'approche processus s'appuie notamment sur des procédures, des plans de surveillance et des audits. Parallèlement, la fonction contrôle interne déploie aussi au travers des processus un dispositif de maîtrise dont la finalité n'est pas la satisfaction du client mais la satisfaction des actionnaires, la sincérité des comptes.

N'y a-t-il pas une synergie ? C'est la question que se posent aujourd'hui de nombreuses entreprises.

Sans aucun doute, les deux systèmes s'inscrivent dans une même logique d'amélioration de la performance de l'entreprise. L'un dans la perception du client et la baisse des coûts de non-qualité (donc de la rentabilité) et l'autre dans la recherche de la sincérité des comptes. L'un fait la chasse aux non-qualités, l'autre aux fraudes et dérives budgétaires mais dans les deux cas le socle de travail est constitué par processus et l'enchaînement des activités sur le terrain.

Ici, la notion de risques prend toute sa signification. Si les contrôles qualité sont mis en place pour détecter les non-conformités qualité, les contrôles financiers sont définis après une analyse rigoureuse et complète des risques pouvant remettre en cause la fiabilité des comptes et mettre la rentabilité de l'entreprise en péril.

Face à ces similitudes, qualité et contrôle interne trouvent une synergie certaine à travailler ensemble pour enrichir leur vision du processus et, pourquoi pas, à organiser des audits communs.

On peut alors observer deux situations :

- la première est celle des entreprises qui ont une organisation qualité installée et efficace et qui utilisent ce dispositif pour mettre en place le contrôle interne ;
- la seconde se rencontre dans les sociétés qui disposent déjà des deux systèmes et constatent à l'évidence des redondances, et visent alors à l'optimisation.

Dans la prochaine décennie, il y a fort à parier que cette tendance va s'accentuer. Il existe donc une opportunité pour les métiers de la qualité qui seront amenés à travailler en collaboration avec la fonction contrôle interne.

L'OUVERTURE VERS LE DÉVELOPPEMENT DURABLE

Nous ne pouvons terminer ce chapitre sur les évolutions du métier qualité sans aborder la voie du développement durable.

C'est une formidable opportunité qui s'offre aujourd'hui aux responsables qualité, celle d'appartenir à la génération qui veut agir sur le futur pour le changer.

Le développement durable est en effet un mode de développement qui permet de concilier la croissance, l'économie, l'environnement et le social.

Ce mouvement s'est développé en écho aux constats alarmants auxquels nous sommes confrontés :

- la croissance du déséquilibre entre les pays riches et les pays pauvres ;
- une pollution excessive ;
- l'épuisement des ressources naturelles ;
- l'inacceptabilité de certaines conditions de travail ;
- de flagrantes exclusions ;
- des droits de l'Homme bafoués ;
- des scandales financiers qui mettent en défaut les systèmes économiques.

À leur niveau, les entreprises peuvent agir si elles décident d'assumer leur responsabilité sociétale (RSE ou responsabilité sociétale des entreprises).

Il ne s'agit pas d'arrêter de produire mais de produire de manière responsable.

Faire du profit oui ! Mais pas dans n'importe quelles conditions : dans un souci permanent d'équité, de responsabilité, de transparence et de respect des hommes et de l'environnement.

Le challenge est de taille et fortement encouragé par les clients dont la fibre citoyenne, écologiste ne cesse de se développer.

Le responsable développement durable, en s'appuyant sur le système QSSE agit au quotidien en préparant un futur meilleur.

Irréaliste ? Sûrement pas ! Sous la contrainte des réglementations et surtout boostée par les convictions profondes des directions d'entreprises qui se veulent acteurs dès aujourd'hui d'un avenir responsable, la révolution est en marche, pas à pas, chacun s'engageant et agissant à son niveau.

Les trois piliers du développement durable constituent un concept qui devient familier aux entreprises : profit oui mais en prenant en compte les personnes et la planète (« profit-planet-people »).

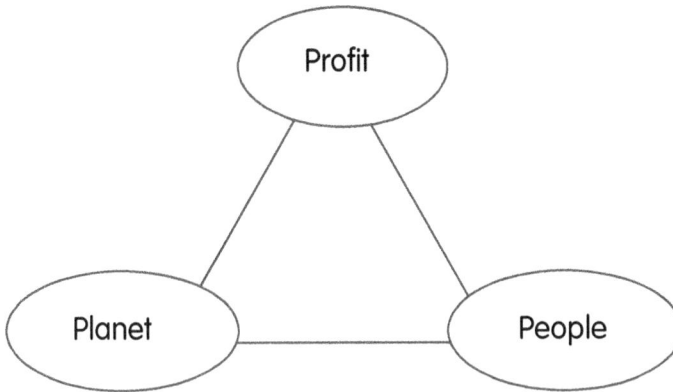

Figure 91 - Les trois piliers du développement durable

Derrière chaque pilier, et de manière souvent décloisonnée, des actions con-crètes sont mises en œuvre. Pour chaque pilier, citons parmi d'autres :

Pilier PROFIT (économique) :

- la mise en œuvre d'un mode de gouvernance transparent et responsable ;
- la maîtrise des risques financiers ;
- un partage des bénéfices raisonné ;
- la transparence des résultats ;
- l'éthique des affaires ;
- le respect de la réglementation ;
- la prise en compte des parties prenantes de l'entreprise dans les décisions (c'est-à-dire les organisations impactées directement et indirectement par elles) ;
- les investissements responsables ;
- la chasse aux gaspillages.

Pilier PLANET (environnement) :

- la connaissance et la maîtrise des impacts environnementaux significatifs (pollution air sol, déchets) ;
- le respect de la réglementation environnementale ;
- la gestion et la valorisation des déchets, la recherche de leur diminution à la source ;
- la communication sur les performances environnementales ;
- la mise en œuvre d'énergies renouvelables ;

- le bilan carbone et les actions associées ;
- la recherche d'économies d'énergie ;
- les éco-gestes partagés de tous ;
- l'éco conception, l'analyse de cycle de vie du produit ;
- les achats durables ;
- la recherche d'économies d'eau et de technologies moins polluantes.

Pilier PEOPLE (social) :

- santé-sécurité des travailleurs aux postes de travail ;
- refus de la souffrance au travail ;
- respect des droits de l'Homme, de la réglementation ;
- refus du travail forcé ;
- équité de traitement des salariés ;
- dialogue social ;
- aide aux minorités ;
- diversité et halte aux discriminations ;
- gestion des compétences ;
- intégration des handicapés ;
- respect du client (au sens large).

L'entreprise tire avantage de la mise en œuvre de ce mode de management raisonné.

Chaque décision, chaque projet, chaque nouveau produit est validé ainsi au travers d'une vision tripartie : profit-planet-people.

Il s'agit de concevoir responsable, de produire et de raisonner responsable dans une logique de court et moyen terme et de vision globale et non plus locale.

L'entreprise isolée à la recherche du seul profit est un modèle révolu.

Son image aujourd'hui dépend de sa capacité à proposer à la société des produits « sûrs », « écologiques », fabriqués de manière acceptable dans le respect de valeurs et de comportements éthiques.

La finalité de la démarche pour faire le pendant avec la qualité n'est plus la satisfaction des clients et des actionnaires mais aussi la satisfaction des parties prenantes telles que les investisseurs, les associations, les ONG, la collectivité, les institutions, les partenaires, etc.

Dans ce mouvement, chaque métier de l'entreprise va devoir faire évoluer ses comportements, ses modes de fonctionnement que ce soit la logistique qui optimisera ses programmes de transport, les équipes qui favoriseront le covoiturage, la production qui mettra en œuvre des énergies renouvelables… chacun va s'engager et raisonner à son niveau.

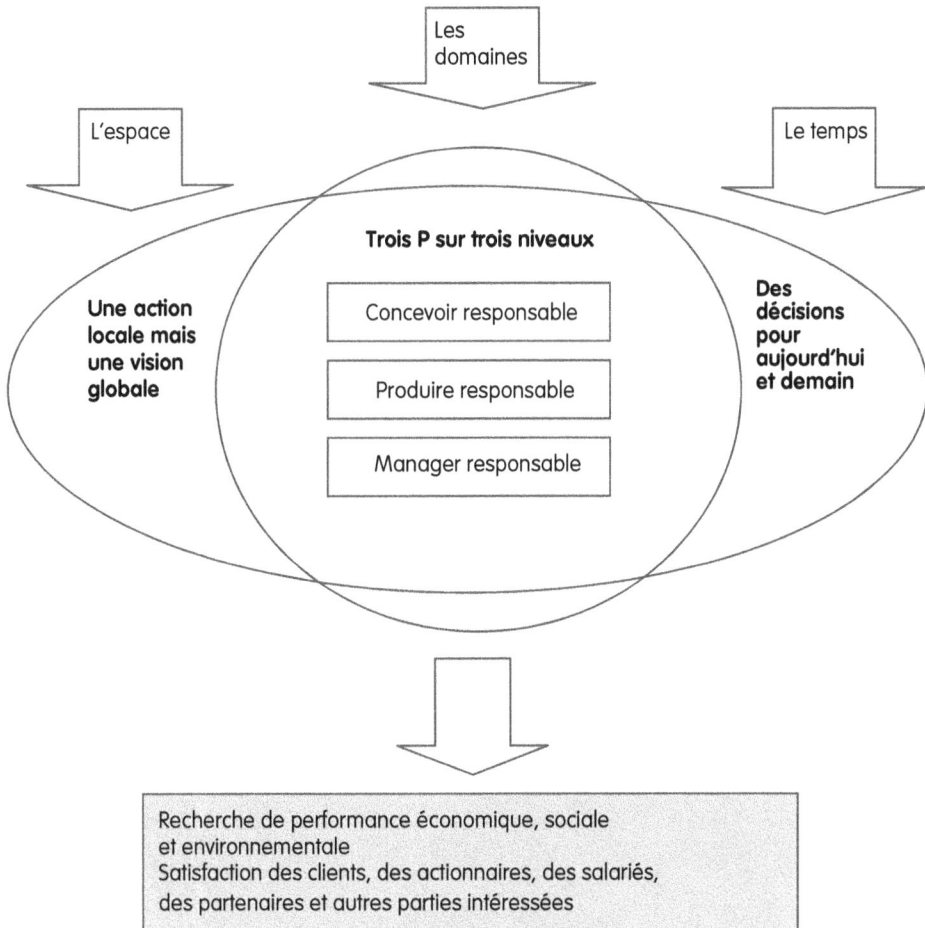

Les domaines

L'espace

Le temps

Trois P sur trois niveaux

Concevoir responsable

Produire responsable

Manager responsable

Une action locale mais une vision globale

Des décisions pour aujourd'hui et demain

Recherche de performance économique, sociale et environnementale
Satisfaction des clients, des actionnaires, des salariés, des partenaires et autres parties intéressées

Figure 92 - L'entreprise responsable

Nous pouvons miser sur le fait que demain de nombreux responsables qualité s'engageront de manière enthousiaste dans cette voie.

ANNEXES

Glossaire

A

Action corrective (AC) : Action entreprise pour supprimer les autres causes d'un dysfonctionnement/non conformité et en éviter le renouvellement.

AFNOR : Association française de normalisation.

Amdec : analyse des modes de défaillances, de leurs effets et de leur criticité. C'est une méthode qui permet d'imaginer les défaillances d'un processus ou d'un produit et d'engager des actions de prévention pour garantir la fiabilité du dispositif.

Amélioration continue : démarche qui assure l'amélioration des performances qualité de l'entreprise. Ce mouvement se déploie :

- au quotidien au travers des actions correctives et préventives engagées à la suite d'incidents, de dysfonctionnements (résolution de problème) mais aussi de suggestions du personnel ;
- à moyen terme au travers du plan d'amélioration continue annuel qui permet d'atteindre des objectifs qualité préalablement fixés.

Action préventive (AP) : action qui permet d'imaginer des causes potentielles de dysfonctionnement et de les supprimer en amont pour en éviter l'apparition.

Assurance qualité (AQ) : toute l'organisation mise en œuvre pour garantir au client la répétabilité du niveau de conformité. Sa confiance sera fondée sur les preuves apportées par son fournisseur en matière de maîtrise de la qualité, en particulier sur ses processus de fabrication.

Il s'agit de lui prouver que des règles qualité existent (plan de contrôle, procédures de gestion des non-conformes par exemple) et qu'elles sont appliquées (enregistrement qualité).

AQF : Assurance Qualité Fournisseur.

Audit : examen méthodique fondé sur des faits qui permet de vérifier l'application de ce qui est prévu et son efficacité opérationnelle.

Autocontrôle : activité de contrôle réalisée par un opérateur de production, un opérationnel qui vérifie ainsi lui-même la conformité de ses travaux.

B

Balanced Score Card (BSC) : tableau de bord suivi au niveau de la direction qui comprend une douzaine d'indicateurs stratégiques répartis de manière équilibrée selon quatre dimensions : la finance, les clients, l'organisation, la capacité d'apprentissage.

Besoin : l'expression du besoin du client est l'expression de ce qu'il veut d'une manière qui peut être très abstraite. Les fonctions du produit, ou d'un service puis leurs caractéristiques doivent répondre à ce besoin.

C

Cartographie de processus : représentation horizontale de l'entreprise partant du client pour finir au client qui permet de visualiser ses 12 à 15 macro processus.

Certification ISO 9001 : certification délivrée par un organisme accrédité après un audit du système organisationnel qualité de l'entreprise. Cet audit doit permettre de valider que le système qualité de l'entreprise répond aux exigences de la norme ISO 9001.

Certification d'engagement de services : validation par un organisme accrédité du respect des engagements concrets pris vis-à-vis des clients et de la pertinence des moyens mis en œuvre pour y répondre.

Client : celui qui exprime des exigences en tant que demandeur, celui qui achète le produit, le prescrit et/ou l'utilise. Ce client peut être interne ou externe.

CMMI : *Capability Maturity Model Integration.*

CNQ : Coûts de Non-Qualité.

COFRAC : Comité français d'accréditation.

Conformité : satisfaction à des exigences définies.

Contrôle : activité de mesure ou d'évaluation permettant de vérifier la conformité d'un produit ou service.

COQ : Coût d'Obtention de la Qualité qui comprend la somme des coûts qualité (ceux de contrôle et de prévention) et des coûts de non-qualité internes et externes (occasionnés par les réclamations clients).

Corrective (action) : permet de supprimer la cause d'un problème et d'en éviter ainsi le renouvellement.

D

DE : Défaillances Externes.

Deming (roue de) : celle de l'amélioration continue. Elle est rythmée par 4 étapes :

- *Plan* : planifier les objectifs et les moyens.
- *Do* : mettre en œuvre le plan d'action.
- *Check* : vérifier les résultats obtenus par rapport aux objectifs fixés.
- *Act* : réagir, ajuster, capitaliser.

DI : Défaillances Internes.

Dérogation : action qui consiste à accepter comme « bons » des produits qui sont en réalité hors des spécifications. Elle doit être exceptionnelle et validée par des personnes compétentes (responsable qualité).

E

Écoute client : démarche consistant à identifier et comprendre en amont de la conception, quels sont les attentes et les besoins du client. Elle est complétée, après-coup, par la mesure du niveau de satisfaction des clients et la prise en compte de ses réclamations.

Efficacité : un système est efficace quand il permet d'atteindre les résultats fixés.

Efficience : un système est efficient quand les objectifs sont atteints et les ressources optimisées.

EFQM : *European Foundation for Quality Management*, organisation européenne qui propose aux entreprises un modèle d'excellence visant à améliorer de manière cohérente la satisfaction des clients, des actionnaires, du personnel et des partenaires. Chaque année en Europe, la « meilleure entreprise » gagne le prix EFQM.

ERQ : Enregistrement Relatif à la Qualité.

Exigence : attente formulée par le client. Elle peut être précise (caractéristiques produit) ou exprimée sous la forme de besoin.

F

FAQ : Fiche d'Amélioration Qualité.

Flow chart : descriptif d'un processus qui reprend de manière chronologique les étapes permettant de « fabriquer » le produit et/ou la prestation définie. Cette représentation est utilisée pour rédiger des procédures.

FNC : Fiche de Non-Conformité.

Fonctions : le produit ou service fourni remplit des fonctions qui permettent de répondre aux besoins des clients.

H

HACCP :: *Hazard Analysis Critical Control Point*, démarche d'analyse des dangers, des points critiques pour leur maîtrise, utilisée pour assurer la sécurité sanitaire des denrées alimentaires. Son objectif est la prévention, l'élimination ou la réduction à un niveau acceptable de tout danger biologique, chimique et physique.

I

IATF : *International Automotive Task Force*.

Indicateurs qualité : indicateurs de mesure quantitative qui permettent de piloter la démarche et les plans d'actions qualité, ainsi que de mesurer les résultats. Il s'agit à la fois d'indicateurs de performance et de pilotage.

Ishikawa (diagramme) : regroupe en familles les 5 paramètres classiques influant sur la qualité des produits et services délivrés au client : Méthodes, Matières premières, Milieu, Main-d'œuvre, Moyens.

À ces 5 M on rajoute parfois le Management, la Maintenance, la Mesure, la Métrologie, etc.

Appelé aussi diagramme des 5 M ou causes-effets ou en arête de poisson.

ISO : *International Standard Organization*

ISO 9001 : norme internationale décrivant des exigences concernant le système de management de la qualité. À ce jour, la norme en vigueur est celle de 2008.

J

Juran : Joseph Juran (1904-2008) est un des pères fondateurs du management moderne de la qualité.

K

Kano : Kano définit trois types d'attentes client :
- les attentes obligatoires qu'il faut satisfaire pour ne pas déclencher d'insatisfaction de la part du client ;
- les attentes proportionnelles qui assurent un niveau de satisfaction dépendant de la performance du produit ;
- les attentes attractives qui engendrent une satisfaction quasi « inespérée » du client.

L

Lean management : a pour objectif la performance d'un processus par l'amélioration continue et l'élimination des gaspillages (*muda* en japonais), qu'ils soient exprimés en termes de productions excessives, de temps d'attente sans valeur ajoutée, de transports, d'opérations inutiles ou de productions défectueuses.

M

Malcom Baldrige : prix décerné aux États-Unis aux entreprises les plus méritantes en matière de qualité.

Management de la qualité : démarche qui engage l'entreprise dans une logique à plusieurs niveaux : celui de la maîtrise de la qualité en production liée à l'assurance qualité et celui de l'amélioration de la qualité (PDCA). C'est une logique d'obligation de résultats et de moyens.

Manuel qualité : document d'une trentaine de pages (parfois moins) qui décrit comment l'entreprise est organisée pour assurer la satisfaction de ses clients.

Métrologie : la fonction « métrologie » dans une entreprise, assure l'aptitude à l'emploi des moyens de mesure, appareils de contrôle et de vérification.

MQ : Manuel Qualité.

MSP ou SPC : Maîtrise Statistique des Procédés, technique de surveillance d'un procédé qui a pour objectif d'en détecter ses dérives au moyen de cartes de contrôle. C'est un outil de prévention pour anticiper l'apparition de produits non conformes.

MRP : Méthode de Résolution de Problème.

N

Non-conforme : produit ou service dont une ou des caractéristique(s) ne correspondent pas aux exigences définies, prévues.

Non-conformité (NC) : une réclamation client, un écart par rapport à une spécification est une non-conformité.

O

Objectif qualité : mesure chiffrée de la cible fixée exprimée en termes de performance qualité. Exemple : 80 % de clients satisfaits et très satisfaits.

OST : Organisation Scientifique du Travail.

P

PAQ : voir Plan d'Action Qualité.

PDCA : *Plan-Do-Check-Act* (voir roue de Deming).

Pareto (loi de) : elle est celle des 80/20. Par exemple, 80 % des incidents sont dus à 20 % des causes. Le diagramme de Pareto est un histogramme qui permet de mettre en évidence de manière visuelle cette répartition déséquilibrée.

Plan d'action qualité : document regroupant, généralement sur une année, les actions clés engagées dans l'entreprise pour en améliorer la performance et atteindre les objectifs fixés. Il décrit qui fait quoi dans quel délai.

Plan de contrôle : document qui clarifie en production de manière globale qui contrôle quoi, où, à quelle fréquence et en quelle quantité tout au long du processus de fabrication. Le plan de contrôle peut être issu d'une Amdec processus et peut inclure les verrous mis en place pour éviter ou éliminer les défauts.

Plan Qualité Produit (PQP) : document complet qui décrit quelles sont les dispositions prises par l'entreprise pour assurer la conformité d'un produit ou d'un projet particulier.

Procédure : document qui permet de formaliser une règle d'organisation en clarifiant qui fait quoi dans quel délai. Les procédures peuvent être complétées et explicitées dans des modes opératoires.

Processus : enchaînement d'activités qui permettent de répondre à une demande client. La notion de macro processus d'entreprise induit la notion de transversalité donc de contribution de métiers différents au sein d'un même processus.

Q

QSSE : Qualité Santé Sécurité Environnement, sigle utilisé pour intégrer les trois dimensions de management qualité, sécurité-santé, environnement.

Qualité produit : caractéristiques d'un produit qui répond aux besoins exprimés et implicites du client.

R

RAQ : Responsable Assurance Qualité.

Réclamation : expression d'insatisfaction, de mécontentement du client. La réclamation peut être écrite ou orale.

RQ : Responsable Qualité.

RSE : Responsabilité Sociétale des Entreprises.

S

Satisfaction client : sentiment positif laissé au client par l'utilisation du produit ou du service et exprimée par lui.

SMI : Système de Management Intégré (QSSE).

SPC : *Statistical Process Control* ou MSP.

Système de Management de la Qualité (SMQ) : organisation mise en œuvre dans l'entreprise pour garantir la satisfaction du client et l'amélioration continue.

T

Tableau de bord qualité : document regroupant l'ensemble des indicateurs clés d'une entité donnée. Le tableau de bord qualité peut être celui de l'entreprise mais aussi celui de la production ou d'un processus. Il y a donc plusieurs tableaux de bord qualité dans une entreprise.

TQM : *Total Quality Management* désigne en anglais la notion de qualité totale, démarche de management de la qualité déployée à tous les niveaux, dans toutes les activités, visant à la fois la satisfaction des clients, des salariés, des actionnaires et des parties prenantes. Un des modèles de TQM est le prix EFQM.

U

Utilité : logique permanente associée à la mission qualité. Le service qualité se doit d'être utile à l'entreprise au sens noble du terme : apporter de la valeur à ses managers, collaborateurs et bien sûr aux clients et aux actionnaires.

V

Verrous (ou poka-yoké ou détrompeurs) : systèmes « anti-erreur » : Ils permettent d'éviter une erreur (un câble électrique que l'on ne peut rentrer que dans un sens dans la prise). Un détrompeur efficace doit permettre d'atteindre le « zéro défaut » en production et avoir pour finalité l'élimination des contrôles qualité.

W

Les 5 « Why » : les 5 Pourquoi sont utilisés pour remonter à la cause racine d'un problème. Il s'agit de poser 5 fois la question « pourquoi ce phénomène est-il apparu ? »

XYZ

XYZ : 3 lettres qui nous rappellent autant d'inconnues dans des formules mathématiques. Attention, évitons de parler d'inconnues quand il s'agit de qualité !

Pour terminer avec humour

Nous voudrions vous faire partager quelques proverbes africains qui sont pour nous des grands principes de management de bon sens… gardez-les précieusement, redécouvrez-les régulièrement, partagez-les et surtout faites- en des principes d'action et ou de réflexion.

Le vieil éléphant sait où trouver de l'eau

Trouvez dans votre entourage ce vieil éléphant qui va vous aider à prendre du recul, à trouver des solutions, et à apprendre à vivre avec tous les autres « animaux » de l'entreprise.

La langue qui fourche fait plus de mal que le pied qui trébuche

Vous avez droit à l'erreur en matière de qualité mais gare à ne pas incriminer verbalement les autres services : « Si les études faisaient bien leur boulot. » « Si la production respectait les consignes. » « Si les commerciaux ne racontaient pas n'importe quoi aux clients. »

L'erreur n'annule pas la valeur de l'effort accompli

Faites de cet adage un réflexe face à l'échec et ne sous-estimez jamais les efforts mis en place dans un projet même si ce projet n'a pas totalement réussi ; on doit s'attacher autant à la façon de faire qu'aux résultats.

Un vieillard qui meurt, c'est comme une bibliothèque qui brûle

Dans votre entreprise, où sont ces sages qui détiennent le savoir, celui si précieux de la qualité ?

Ce qui est plus fort que l'éléphant, c'est la brousse

Mieux vaut tenir compte de l'environnement humain et organisationnel de l'entreprise pour avancer et piloter les projets sinon l'on risque de se retrouver isolé.

Pour qu'un enfant grandisse, il faut tout un village

Pour que la qualité réussisse il faut toute l'entreprise, et pour qu'un nouveau collaborateur s'intègre, chacun y met du sien.

Que celui qui n'a pas traversé ne se moque pas de celui qui s'est noyé

Eh oui ! Il faut oser… celui qui n'ose pas, ne réussit pas. Ce n'est pas parce que c'est difficile que l'on n'ose pas, c'est parce que l'on n'ose pas que les choses nous semblent difficiles.

Au chef, il faut des hommes et aux hommes, un chef

Un responsable qualité sans équipe directe ou indirecte n'est rien, mais des collaborateurs motivés sans leader qualité ne réussissent pas non plus.

Le feu qui te brûlera, c'est celui auquel tu te chauffes

Attention aux flatteurs d'aujourd'hui, ils peuvent être demain vos ennemis. Et surtout prends garde à ton chef, il t'adore aujourd'hui et pourra te brûler demain.

C'est en essayant encore et encore que le singe apprend à bondir

Ce principe de retour d'expérience est un des leviers pour actionner l'amélioration continue et l'apprentissage collectif.

C'est en mer agitée qu'on reconnaît la qualité du bois du bateau

C'est effectivement dans la tempête que se révèlent les bons managers ! C'est en situation de crise que les qualités des managers s'imposent.

Celui qui rame dans le sens du courant fait rire les crocodiles

Un responsable qualité qui ne sait pas parler le langage de l'entreprise fait aussi rire les membres d'un comité de direction ! Il faut comprendre le fonctionnement de l'entreprise, l'adopter pour être accepté.

Le chien a beau avoir quatre pattes, il ne peut emprunter deux chemins à la fois

Ce n'est pas au nombre de collaborateurs directs d'un service qualité que l'on reconnaît sa performance, c'est à son efficacité.

Aussi haut que vole un oiseau, il finit par se poser

Le danger qui guette le manager qualité est de finir par intellectualiser trop le sujet de la qualité. Il est conseillé de revenir régulièrement aux faits, au terrain, aux résultats.

Ce que le vieux voit assis, le jeune ne le voit pas debout

L'enthousiasme du jeune manager de la qualité peut être laminé par suite de son manque d'humilité : prudence, jeune manager !

Chaque rivière a sa propre source

Tout effet a une cause et il est vrai que chaque situation a eu un commencement et une cause première. Qu'il s'agisse d'un état souhaité ou au contraire d'un problème à résoudre, il y a obligatoirement une origine au phénomène.

La rivière à beau être à sec, elle garde son nom

L'équipe qualité et les résultats qu'elle obtient restent reconnus, même lorsque les difficultés s'accumulant, son efficacité semble moindre. Tôt ou tard, elle sera de nouveau au rendez-vous et son « débit » sera à nouveau puissant.

Tous les blancs ont une montre, mais ils n'ont jamais le temps

La caisse à outils de la qualité et celle du pilotage ne sont d'aucune utilité sans une lucidité, une volonté et un engagement permanent.

Un seul homme peut déclencher une guerre mais il faut être deux pour faire la paix

Tout projet qualité mal négocié, engagé sans appui vous laisse isolé et déçu.

L'ombre du zèbre n'a pas de rayures

Il est recommandé d'être prudent dans nos relations avec les autres personnages de l'entreprise. Il est difficile d'avoir une représentation exacte de la réalité de leur intention.

Ne repousse pas du pied la pirogue qui t'a déposé sur la berge

Pensez que vous en aurez peut-être à nouveau besoin. Ne critiquez pas ceux que vous rencontrez pendant une phase de réussite. Ce sont les mêmes que vous retrouverez quand les temps seront moins fastes.

Lorsque tu ne sais pas où tu vas, regarde d'où tu viens

Revenez en cas de doute aux fondamentaux de votre métier et de celui de l'entreprise pour retrouver le bon sens.

Traverse la rivière avant d'insulter le crocodile

Avant de contester la direction ou des managers assurez-vous de votre crédibilité, vous risquez de vous mettre tout le monde à dos. Réfléchissez-y à deux fois !

Quiconque taquine un nid de guêpes doit savoir courir

À critiquer sans cesse les opérationnels quand les résultats ne sont pas bons, vous vous exposez forcément à un « retour de bâton », une piqûre désagréable en somme.

Le léopard ne se déplace pas sans ses taches

Nous sommes tous identifiés et reconnus par nos « taches », c'est-à-dire notre façon d'être et de travailler avec les autres, notre image, notre « pelage » en quelque sorte.

Ce n'est pas parce que la vache bouge la queue qu'elle se déplace

Soyons vigilants lorsque nous lisons des informations chiffrées en matière de qualité. Un fait isolé ne permet pas toujours une conclusion générale.

Une pirogue n'est jamais trop grande pour chavirer

Ce n'est pas parce que votre projet qualité est ambitieux et conséquent que les risques d'échecs n'existent pas. Il vaut mieux parfois démarrer modeste et réussir !

Bibliographie

Brunetti Wayne H., *Les 7 clés du progrès de l'entreprise,* Dunod, 1996.

Détrie Philippe, *Conduire une démarche qualité*, Éditions d'Organisation, 2010.

Diridoulou Bernard, Vincent Charles, *Le client au cœur de l'organisation*, Éditions d'Organisation, 2ᵉ édition, 2001.

Juran Joseph M., De Feo Joseph A., *Juran's Quality Hanndbook*, McGraw-Hill Professional, 6ᵉ édition, 2010.

Ohana Paul, *Le Total Customer Management*, Éditions d'Organisation, 2001.

Watkins Michael, *90 jours pour réussir sa prise de poste*, Village mondial, 2010.

Index

T

tableau de bord 133, 242, 244, 275, 327, 405, 428, 466, 472
traçabilité 202, 342

V

veille 36, 112, 393, 396, 401, 423, 443

www.ingramcontent.com/pod-product-compliance
Lightning Source LLC
Chambersburg PA
CBHW082120210326

41599CB00031B/5825